The Handbook of Comparative Culture

比較文化事典

【増補改訂版】

関東学院大学国際文化学部比較文化学科 ◆編

明石書店

はじめに

　さる有名温泉地への外国人来訪者がタトゥーを理由に入浴を拒まれた出来事は，記憶に新しい。閉じた均一的な文化の中ではそれなりに有効に機能してきた自国内スタンダードも，肉体を伴った異文化間の交流が拡大する中で，今，その根拠を問われている。「異」を例外として排除する意識は，地球規模での交流が避けられない時代にあっては，もはや存続の余地はない。多数に快適な社会生活を保障してきた一国内スタンダードの多くは，その利便性ゆえに日ごろ意識から遠ざけられているものの，「小異」を切り捨てることにその本質を有し，その事実から目を背けることは許されない段階に到っている。では，どのような方向に歩みを進めればよいのか。つい先日までモノと情報の世界だと思っていた異文化との遭遇も普通の市民が生身で交流する時代に，即効的なマニュアルなどもはや誰にも書けるはずはなく，ひとりひとりが「多文化共生」の意識を育み，その可能性をそれぞれの場で地道に模索する他ないのである。それには自文化の「偏り」をより広いフィールドで相対化する視力を鍛え上げることが不可欠である。そして，その成果を試される日は，待ったなしに迫っている。東京オリンピックの招致に際して，世界に「おもてなし」という言葉を発信した私たちには，一方向的な思い込みの接客マナーにとどまらない，双方向的な，共生の出発点という中身をこの言葉に充塡させていく責任が課せられているのである。

　本書は，そのような認識をもとに，多文化共生の現状と未来に関心を寄せられる方々に，出典が明確で，検証可能な知識・情報を提供することを願って構想された。収録する項目数は200余りに限定し，「引く」よりも「読む」を念頭に置いた記述に努めた。その分，巻末の索引を充実させ，必要内容の迅速な検索の便を図っている。項目の配列は50音順にして，「個人名」も「小史」も区別せずに一括し，編者の分類で事項の関連性を一方向に限定することを避けている。一見無関係な項目が隣り合うことによって，また既知の関連が切り離されることによって，読者の方々は予期せぬ発想の転換と新たな関係付けの醍醐味を味わって頂けると考えている。

　本書が読者の方々の座右にあって，比較文化と多文化共生への関心をさらに意識化し，深化させる踏み石の用を果たせるならば，執筆者一同にとって望外の喜びである。

編者

増補改訂にあたって

旧版の項目はすべて維持して誤記のみを正し、新たに以下の30項目を加えた。

アンダルス／イベリア半島／医療人類学／エイズ自助グループ／エル・シッド／黄金世紀スペインの文化／共和国(フランス)／グローバリゼーション／「宗教」概念／神仏習合／スピリチュアリティ／スペイン語／スペイン内戦／政教分離／聖地巡礼／潜伏キリシタン／ちりめん本／通過儀礼／ディアスポラ／東南アジア諸国連合／女人禁制／パックス／パワースポット／汎ヨーロッパ・ピクニック／庇護権問題／プーミポン・アドゥンヤデード国王／ヘボンと日本／ライシテ／臨床宗教師／レコンキスタ

編者

執筆者および主な担当科目一覧(○旧版編集担当者、◎は旧版・新版編集責任者)

- 井上 和人(日本の言語文化)
- 今村 武(ドイツの言語文化)
- 碓井 みちこ(比較芸術論)
- 岩佐 壮四郎(比較文化論)
- ○岡田 桂(イギリスの文化と社会)
- 大内 憲昭(現代の朝鮮半島)
- 小野寺 玲子(美術史)
- 菅野 恵美(中国の文化と社会)
- 君塚 直隆(イギリス史)
- 熊倉 和歌子(イスラム文化論)
- ○郷原 佳以(フランスの言語文化)
- 古賀 万由里(南アジア文化論)
- 小林 恭治(日本語)
- 古谷 伸子(東南アジア文化論)
- 権田 益美(比較文化研究))
- ◎佐藤 茂樹(ドイツの文化と社会)
- 佐藤 佑治(中国の文化と社会)
- 篠原 敏昭(ドイツ史)
- 髙井 啓介(宗教文化論)
- 仙葉 豊(イギリス文学)
- 多ケ谷 有子(比較文学)
- 土屋 元(フランス史)
- 鄧 捷(中国の言語文化)
- 富岡 幸一郎(比較文化論)
- 日野 智豪(現代の東南アジア)
- 細谷 典子(アメリカの文化と社会)
- 三潴 みづほ(スペインの文化と社会)
- 宮坂 清(南アジア文化論)
- 宮崎 和広(日本語)
- 本村 浩二(アメリカ文学)
- 安井 聖(キリスト教文化論)
- 矢嶋 道文(日本史)

[凡例]
* 外国語の人名・地名等のカタカナ表記については、慣例を尊重しつつ、それぞれの分野での最新の表記法を優先した。
* 引用箇所および参考文献における上記の表記に関しては、原著者の表記のままである。
* 各項目の本文中の☞の記号は、本書中に独立した項目名として取り上げられたものへの参照指示を表わす。
* 関連項目に挙げた事項名等は、見出し項目の内容をさらに多角的に検証・理解する際に参照すべき本書中の項目名を表わす。
* 神話、聖書および文学・美術作品の登場人物名は、人名索引ではなく事項索引に含めた。必要によっては、両方の索引に記載した。
* 人名索引は、原則としてファミリーネームを見出し語とし、以下、ミドルネーム、ファーストネーム、称号の順に記載した。ただし、一部は通称のままにして検索の便を図った。

ア

アーサー王物語

▶**語義** アーサー王の一生を軸にした物語と，彼の宮廷を中心とした円卓の騎士の物語との総称。英 Arthurian cycle。

▶**人物と物語の系譜** アーサー王の史的実在については不明。モデルとなったかと思われる人物は，サクソン人のブリトン島への侵略に対抗して戦ったブリトン人の武将か。年代記にそれらしき人物は記述されるが，アーサーの名はない。伝説化されアーサーの名で登場するのは，12世紀(1130年代半ば)のウェールズ人モンマスのジェフリーによる『英国列王記』から。その後アーサー王ロマンスとして，12世紀にはヨーロッパ全土に流布し，人気を博す。イタリアはモデナ大聖堂の北扉上部の浮彫りがあり，ここに AR-TUS DE BTANIA (ブリタニアのアーサー)，その他人物名もある。初めて英語でアーサー王を語ったのはラヤモンの『ブルート』。仏語や独語による膨大なアーサー王物語がある。15世紀，仏語作品の影響を受けたトマス・マロリーの『アーサーの死』が出版され(カクストン版)，人気を博した。『アーサーの死』は1934年にウィンチェスター版写本が発見され，単一の物語か，独立の物語の集成か論争があった。筆者は，各篇に独立性は高いがおおらかな緩いまとまりのある一篇の物語と解釈。

▶**梗概** アーサー王崩御後，抜身の剣が突立てられた岩が教会の庭に現れ，剣を抜く者が王になると記されていた。新王を決める馬上槍試合が催され，アーサーは養父の息ケイの従者として来る。ケイの剣を取りに戻ったアーサーは，途中で例の石から剣を抜いてもって来た。彼は先王の正統な後継者で，魔法使いマーリンによって養父に委ねられていた。王位についたアーサーほどなくその剣を失うが，マーリンに誘われ湖の乙女から名剣エクスキャリバーを得る。その後大切な鞘を異父姉モルガン・ル・フェイに預け，裏切られ，それを失う。その後円卓の騎士の冒険の後，円卓最盛期に聖杯探求の冒険が始まる。ガラハッドら3名を除き，一部成功のランスロットを含め，すべての騎士が失敗した。その後ランスロットと王妃の恋愛が明るみに出て紛糾し，ランスロットとガウェインは敵同士となり，ランスロットは仏に帰国した。アーサーらはなおも遠征を試み，甥のモードレッドに国を託す。戦いのさなかモードレッドの叛乱が知らされ，アーサーは急ぎ帰国し，モードレッドと戦う。モードレッドとの対決でアーサーは相手をたおすが自らも瀕死の重傷を負い，治癒のため小舟でアヴァロン島に渡り，エクスキャリバーは湖の乙女に戻される。

●**関連項目**：ガヴェイン／聖杯伝説

●**参考文献**：青山吉信『アーサー伝説―歴史とロマンスの交錯』岩波書店，1985年／多ケ谷有子『王と英雄の剣：アーサー王・ベーオウルフ・ヤマトタケル―古代中世文学に見る勲(いさおし)と志(こころざし)』北星堂，2008年

[多ケ谷有子]

アーツ・アンド・クラフツ運動

▶**語義** 19世紀後半のイギリスで始まった，美術工芸品のデザイン改良を通じて社会の改革もめざした運動。芸術と社会が有機的に結びついていた中世ヨーロッパを理想化し，「生活のための美術」を基本に日常用品の中にも美を見出そうとした。デザイナーにして詩人，経営者，社会主義運動家でもあった，ウィリアム・モリスによって創始された。

▶**登場** ロンドン万国博覧会(1851)後に，美術批評家として名高いジョン・ラスキンが産業革命によって生み出された機械文明を痛烈に批判し，芸術と社会の堕落に警鐘を鳴らした。これに感銘を受けたモリスが，学生時代の友人だったエドワード・バーン＝ジョーンズらとラファエル前派の巨匠ダンテ・ゲイブリエル・ロセッティに師事し，機械に頼らず手仕事に重点を置きながらも美しさを追求した家具や日用品の制作を手がける「モリス商会」を1861年に立ち上げた。

▶**活動** ロセッティやバーン＝ジョーンズらが下絵を描いたステンド・グラスやタペストリー，ウェッブやブラウンらが農家の伝統的家具をヒントにデザインした椅子やテーブル，モリス自身が自然観察をもとに植物を主題にデザインした壁紙など，素朴さの中に美を追究した数々の作品を生み出した。それはまさに，「芸術(アーツ)」と「職人技(クラフツ)」とを結びつけたモリスの生み出した世界であった。またこれらの作品を世に出す媒体として，デザイナー，芸術家，職人が入り交じった組織を作り出した点も特筆に値する。

▶**影響** イギリス国内ではその後，マクマードらによるセンチュリー・ギルドなどの団体を生み出す一方で，大都市の郊外に機能的にも美的にも中産階級が満足できる住宅地を作り出すきっかけとなった。また，自然に対する人々の畏敬の念を駆り立てたことで，19世紀末から発生した自然や文化遺産の保護に力を注ぐ「ナショナル・トラスト運動」にも影響を与えた。さらに海外では，主にドイツ語圏に運動は波及し，ウィーン工房☞やドイツ工作連盟(ミュンヘン)，そして20世紀にワイマルに設立されたデザイン学校「バウハウス」☞の設立にも影響を及ぼした。

▶**日本への影響** 我が国にも「白樺派」を通じて明治末から大正期に紹介され，柳宗悦や浜田庄司らによる「民芸運動」の登場につながった。

●**関連項目**：ウィーン工房／バウハウス／ユーゲントシュティール／ラファエル前派

●**参考文献**：高橋裕子『イギリス美術』岩波新書，1998年／菅靖子『イギリスの社会とデザイン―モリスとモダニズムの政治学』彩流社，2006年／ジリアン・ネイラー『アーツ・アンド・クラフツ運動』(川端康雄・菅靖子訳)みすず書房，2013年

[君塚直隆]

アーユルヴェーダ

▶**語義** 「アーユル」は生命，寿命を，「ヴェーダ」は学問，知識を意味するため，アーユルヴェーダとは，生命知識，生命学，あるいは寿命科学の意味をもつ。

▶**文献と部門**　アーユルヴェーダの文献には、『チャラカ・サンヒター』と『スシュルタ・サンヒター』(後3～4世紀)があり、前者が北西インドの学派の書いたもので、後者は中東インドの学派の教えである。7世紀になって両書をまとめたものが、『アシュターンガフリダヤ・サンヒター』であり、それによるとアーユルヴェーダには8つの部門がある。それらは、内科、小児科、精神科(鬼神学)、鎖骨より上部の専門家(耳鼻咽喉科、眼科、歯科)、外科(異物除去)、毒物科、強壮法科(不老長生学)、強精法科である。現代の西洋医学と類似の科も見られるが、科の内容にアーユルヴェーダの特徴が見られる。精神の病気は悪霊が原因となっているとも考えられているため、悪霊祓いの儀礼方法の説明もなされている。外科手術の道具の説明が文献に見られるが、現在のアーユルヴェーダの治療方法は、ほとんど内科に限られている。強壮法科は、老化を防ぎ、寿命を長くすることが目的とされ、いわゆるアンチエージングである。アーユルヴェーダは西洋医学のように病気を鎮静することが主目的ではなく、病気を予防し、人生を有意義に過ごせることをめざしている。

▶**理論**　全ての生命の正常および異常は、ドーシャと呼ばれる3つの生命エネルギーによるとされる。ドーシャが正常状態から離れて不均衡になったとき、人体内の構成要素を乱して悪化させ、病状をつくりだすと考えられる。よってドーシャのバランスを元にもどすことが、治療と考えられる。3つのドーシャとは、五元素(空、風、火、水、土)のうち、空と風が主となってできているヴァータドーシャ、火と水が主になってできているピッタドーシャ、水と土が主になってできているカパドーシャである。ヴァータとは人体内に動きを起こすドーシャで、活動を示す。血液循環、栄養物と老廃物の輸送、蠕動、神経や筋肉の伝導性などに関する動きを司る。ピッタは消化を起こすドーシャで、代謝を示す。燃焼や体温の動きが含まれる。カパは結合を起こすドーシャで、安定性および構成を示す。成長や同化作用もカパの働きである。

▶**診察法と治療法**　診察には、主に視診、触診、問診があり、さらに詳しく診察するには、脈診、尿検査、糞便検査、眼球の検査、舌の検査、皮膚の検査、爪の検査、肉体的特徴の観察が行われる。主な治療法は、パンチャカルマと呼ばれるが、その前に、パンチャカルマをより効果的にするための処置として、スネーハナ(オイルマッサージ)とスヴェーダナ(発汗法)がある。パンチャカルマとは、5つの療法で、ヴァマナ(催吐法)、ヴィレーチャナ(瀉下法：薬草を飲んで下痢をさせる方法)、ニルーハ・バスティ(非油性浣腸)、アヌヴァーサナ・バスティ(油性浣腸)、ナスヤ(経鼻法)である。ヴァマナやヴィレーチャナは体にかかる負担も少なくないため、体の弱い人は行ってはならない。薬物の剤形には、液剤、粉剤、浸剤、煎剤、練剤、舐剤、油剤などがある。かつては医師が自ら集めた薬草を調合して生薬を作っていたが、現在では製薬会社の薬草園と工場で作られたものが主流になっている。

▶**アーユルヴェーダの復興** アーユルヴェーダの文献は古くからあるが，インドの伝統医学として復興したのは，20世紀初頭のインドのナショナリストと欧米のオリエンタリストたちによってである。西洋医学に対抗する医学として，アーユルヴェーダの推進が政府によって行われ，1970年中頃までに91のアーユルヴェーダ大学が設立された。毎年およそ1万人が国家試験を合格している。復興する以前は，アーユルヴェーダの知識は口頭伝承によって師から弟子に受け継がれたが，現代では大学のカリキュラムの中で学ばれるようになった。

▶**現代のアーユルヴェーダ** 現代インドの総合病院の一部では，西洋医学科の他にアーユルヴェーダ科，ヨーガ科，ホメオパティー科などがあり，患者は医師と相談して自らに合った治療法が選べるようになっている。小さな村には総合病院がなく，副作用の少ないアーユルヴェーダの診療所では，特に幼児と老人が好んで治療を受けている。アーユルヴェーダは西洋医学の代替医療ではなく，医療の一つの選択肢として存在している。またアーユルヴェーダはインド国外にも紹介され，受容されている。しかし，そこで受け入れられているのは，体に負担の大きいパンチャカルマではなく，前処置であるオイルマッサージであるのが特徴である。

●関連項目：ヨーガ

●参考文献：B・ダス＋M・ジュニアス，アーユルヴェーダ研究会(監修)『入門アーユルヴェーダ』平河出版社，1990年 『南アジアを知る事典』平凡社，1992年／クリシュナ・U・K『アーユルヴェーダ入門』東方出版，1993年／古賀万由里「インドにおける民俗医療の諸相―ケーララの部族医療を中心として」『哲学』107, 2002年

[古賀万由里]

アイルランド共和国軍(IRA)

▶**語義** IRA 1922年にアイルランド自由国(アイルランド島の南部4分の3)がイギリスから自治権を与えられた後，北アイルランド(アルスター)との統合をめざし，全島完全独立を掲げてテロ活動を続けている軍事組織。

▶**起源** 1866年にカナダでフィニアンと呼ばれるアイルランド系の一団が叛乱を起こし，その際に使用した「アイルランド共和国軍(Irish Republic Army)」という名称が始まりである。ただし，のちにも続く組織としてのIRAが成立したのは，1919〜21年の対英独立戦争の過程においてであった。メンバーのほとんどがカトリック教徒である。

▶**経緯** IRAの指導者として独立戦争を指揮したマイケル・コリンズが，北部6州をイギリスの支配下に残すことを条件に，南部26州(自由国)の自治権を獲得する条約をイギリスと結んだ(1921)後，IRAは条約賛成派と反対派に分かれて内戦に突入した。特に反対派は，アイルランド全島を共和国として完全独立させることを標榜(ひょうぼう)し，1922年3月に軍大会で綱領を発表した。これがのちのテロ組織としてのIRAの原型となった。翌23年に内戦が終結した後は，シン・フェイン党の指導者で共和国設立をめざ

すエイモン・デ・ヴァレラに近づくが，その後両者は離合集散を繰り返し，最終的には決裂した。

▶独立後　第二次世界大戦☞中にIRAの活動は一時衰退したが，1949年に自由国がアイルランド共和国として独立し，コモンウェルス☞からも脱退すると，北部のIRAと協力して，全島完全独立を掲げた対英闘争に乗り出していく。共和国内で強硬な弾圧を受けた後は，IRAの活動の拠点は北部に移り，1960年代末頃からは北部の首都ベルファストでイギリスからの分離に反対するプロテスタント系組織との抗争が激化した。北部の都市デリーでデモを行っていたカトリックの民衆が英軍に虐殺された「血の日曜日事件(1972.1.30)」を契機に，IRAとイギリスとの闘争は継続し，王族マウントバッテン伯爵の暗殺(1979)やサッチャー首相暗殺未遂事件(1984)も生じた。

▶和平　1990年代になるとイギリス政府とシン・フェイン党との間で和平交渉が進められ，1998年に一応の和平合意が成立した。その後，北アイルランドに独自の政府と議会も設置され，IRAの元指導者であったマーティン・マックギネスが副首相として入閣するなど，21世紀に入って北部6州にも一定の平和は訪れたものの，プロテスタント系住民とカトリック系住民との対立は今日も続いている。

●関連項目：コモンウェルス／第二次世界大戦

●参考文献：堀越智『北アイルランド紛争の歴史』論創社，1996年／鈴木良平『アイルランド問題とは何か』丸善ライブラリー，2000年

[君塚直隆]

アウシュヴィッツ強制収容所

▶概要　ナチス・ドイツがさまざまな反ユダヤ主義的政策の末に行った，総数で600万人にも及ぶユダヤ人大量殺戮，いわゆるホロコーストを象徴する施設で，第二次世界大戦中ドイツ占領下のポーランドに建設された6つの絶滅収容所のうちの最大のもの。アウシュヴィッツと隣接の施設だけで約100万人のユダヤ人が殺害されたといわれる。

▶初期のユダヤ人政策　ヒトラーとナチスは1933年の政権獲得以前からユダヤ人をドイツに害毒をもたらす劣等人種として攻撃し，ユダヤ人の排除を政策目標に掲げていたが，それはヒトラーが最初からユダヤ人の絶滅を計画していたことを必ずしも意味するものではない。ヒトラー＝ナチ党の独裁が成立すると政権はまず，当時ドイツにいた56万のユダヤ系住民を公的機関から排除し，さらにユダヤ人のドイツ人との結婚を禁じ，経済的圧迫を加えてユダヤ人のパレスチナ移住を促していた。だが，この移住政策はユダヤ人国家創出への懸念から1937年には放棄され，1938年11月に起こった「水晶の夜」事件と呼ばれる大がかりなユダヤ人迫害以後，ナチス政権はユダヤ人のドイツからの強制出国を推し進めた。

▶強制移住　1939年9月ドイツのポーランド侵攻によって第二次世界大戦が始まると，ドイツ占領下のポーランドにいた200万以上のユダヤ人は，独裁政権が各

地に設けたゲットーと呼ばれる強制居住地区や強制収容所に集められ，劣悪な環境のもとで使い捨ての労働力として利用された。1940年ナチス政権は旧フランス領のマダガスカル島へのユダヤ人移送を計画するが，制海権を奪えなかったためにこの計画は断念され，ソ連征服後にシベリアへ移送することも検討された。

▶**大量殺戮** 1941年6月，300万ものユダヤ人がいたソ連への侵攻開始とともにナチス政権は，特別部隊を投入してソ連領のユダヤ人を大量射殺し，同年末までに少なくとも50万のユダヤ人を殺害した。1941年末には最初の絶滅収容所であるヘウムノ強制収容所でのユダヤ人のガス殺が試みられていたが，その頃にはソ連征服の見通しが失われてナチス政権は膨大な数のユダヤ人の処理に直面し，1942年1月のヴァンゼー会議でユダヤ人の大量殺戮を優先的な実行課題として確認した。それ以降ポーランドのベウジェツ，ソビブル，トレブリンカ，マイダネクにガス殺設備をもつ絶滅収容所が次々と建設され，以前から大規模な強制収容所として機能していたアウシュヴィッツ強制収容所にも1942年7月にガス殺装置が設けられて，ポーランドだけでなくドイツ，オーストリアや東欧のさまざまな地域から移送されたユダヤ人やロマ（ジプシー）が大量に殺害された。アウシュヴィッツを含む6つの絶滅収容所でのユダヤ人の犠牲者は200万人前後にのぼると推計されている。

●**関連項目**：独ソ不可侵条約の締結
●**参考文献**：ティル・バスティアン『アウシュヴィッツと〈アウシュヴィッツの嘘〉』（石田勇治ほか訳）白水社，2005年／芝健介『ホロコースト』中央公論新社，2008年

[篠原敏昭]

アスレティシズム

▶**概要** 19世紀中葉から20世紀初頭にかけてのイギリスで，主にパブリックスクール☞を中心に，教育において特にチーム・スポーツなどの競技・身体活動を重視した気風。そのピークには，教室で行われる学課教育よりも課外活動としてのスポーツが重視される時期もあり，数多くのパブリックスクールがこぞってチーム・スポーツを教育カリキュラムに取り入れ，わずか数年の内に競技用のグラウンド面積が数倍になった学校もあった。

▶**経緯** パブリックスクールは，もともとジェントルマンや貴族といった上流階級の子弟が学ぶエリート教育機関であったが，必ずしも品行方正な学生たちで溢れていたわけではなかった。19世紀頃になると，出身階層で教員を上回る学生たちの蛮行が目に余るようになり，教師への反抗や周辺住民との軋轢，学校内での暴力やいじめなどによって，パブリックスクールの秩序は乱れていった。結果として，子弟をパブリックスクールに送らずに家庭教育を施す選択をする上流階級も増え，代わりに経済力を強めた上層中産階級からの入学希望が増加していった。こうした状況にあって，パブリックスクールは教育の改革を迫られたが，この要請に応えたのがラグビー校に赴任したカリスマ的な校長トマス・アーノルド

であった。彼はプリフェクト‐ファギング制などで共同生活の秩序を取り戻し，伝統的な教養教育に加えて，新興の中産階級からの要望に応えた近代的(実学的)な教育カリキュラムを取り入れた。この改革は功を奏したため，数多くのパブリックスクールがその後に続いた。この時期にラグビー校で学んだトマス・ヒューズは，自伝的な小説『トム・ブラウンの学校生活』(1857)を著し，その中で描かれたチーム・スポーツ重視の学校生活は評判となって，後に「アスレティシズムのバイブル」と呼ばれるようになった。

▶特徴　この小説の影響もあり，結果として，チーム・スポーツを取り入れてパブリックスクール改革を行ったのはトマス・アーノルドであるとのイメージが膾炙したが，実際にはスポーツを教育，特に学生の責任感を養う道徳教育として熱心に取り入れていったのはアーノルドの次世代以降である。しかし，アーノルドがめざしたのは，秩序と自制心を保ったキリスト教的なジェントルマンの育成であり，結果としてその後のスポーツによる徳育への道を開いたともいえる。また，アスレティシズムは，競技を通じてリーダーシップや責任感，役割分担といった近代社会で求められる価値観を養成したのであり，これは伝統的な上流階級のための教養教育☞というパブリックスクールの役割を，上層中産階級を含んだ子弟をあらたに近代的な価値観を備えたジェントルマンとして社会に送り出すものへと転換したともいえる。

●関連項目：教養教育／スポーツ／パブリックスクール／マスキュラー・クリスチャニティ

●参考文献：村岡健次・鈴木利章・川北稔編『ジェントルマン——その周辺とイギリス近代』ミネルヴァ書房，1995年／阿部生雄『近代スポーツマンシップの誕生と成長』筑波大学出版会，2009年

[岡田桂]

ASEAN⇒東南アジア諸国連合

アトリビュート

▶語義　ヨーロッパの伝統的な造形作品において，人物像の属性を示すために添えられるモチーフ。神や人，擬人像☞などについて，神話や伝承の中でその各々と強く結びついた物を持たせたり着せたりすることで，描かれているのが誰であるかを識別することが容易になる。たとえばローマ神話の月の女神ディアナは，通常，三日月形の髪飾りをつけて描かれる。三日月はディアナのアトリビュートであり，これによって他の神々と区別できる。王冠や玉座，聖人の光輪など，特定の個人ではなく職業や地位・身分を示すモチーフもアトリビュートである。日本語では持物(じもつ)とも言うが，持ち物に限らず，衣服の色や装身具，乗り物，動植物，人物など種類は幅広い。

▶シンボルとアトリビュート　視覚的に提示されているものが，それ以上の意味を伝える場合，それを象徴(シンボル)という。たとえば「鳩は平和を象徴する」「鳩は平和のシンボルである」といった言い方をする。アトリビュートも象徴の一種であ

り，「三日月はディアナを象徴する」あるいは「三日月はディアナのシンボルである」ということもできる。ただし，象徴が一般に抽象的な概念を伝えるのに対し，アトリビュートはもっぱら人物像に結びついている。

▶**用例** アトリビュートは，描かれる人物の身分や性質，神話や伝承のエピソードを連想させるモチーフが決められているが，ひとりにひとつとは限らない。かといって，すべてのアトリビュートが必ずいつも描かれるわけではなく，必要に応じていくつかが組み合わされることが多い。また同じモチーフが複数の人物のアトリビュートとなっている例も少なくない。たとえばローマ神話の女神ウェヌス(ヴィーナス)は，つがいの鳩とクピド(キューピッド)を伴って描かれることもあれば，ホタテの貝殻に載って薔薇の花がまき散らされていることもある。つがいの鳩，クピド，ホタテの貝殻，薔薇はいずれもウェヌスのアトリビュートである。一方，薔薇の花は聖母マリアのアトリビュートでもあるし，赤い薔薇であれば殉教者であることを示すのにも使われる。このように，アトリビュートと人物像は単純に一対一の関係ではないが，歴史画☞を読み解くうえで重要な手掛かりとなる。

●関連項目：擬人像／歴史画
●参考文献：ジェイムズ・ホール『西洋美術解読事典　絵画・彫刻における主題と象徴』(高階秀爾監修) 河出書房新社, 1988年／ルーロフ・ファン・ストラーテン『イコノグラフィー入門』(鯨井秀伸訳) ブリュッケ, 2002年

[小野寺玲子]

アマチュアリズム

▶**語意** 物事(特に技芸)を職業としてではなく，楽しみや趣味として(アマチュアとして)行うこと。その行為によって報酬を得ないこと。素人芸やプロフェッショナルなレベルに至らないことを表す否定的な意味合いと，スポーツ☞などにおいて報酬のためでなく競技そのものを目的化して行うことを尊ぶような肯定的な意味の両面をもつ。

▶**歴史** 「アマチュア」がプロフェッショナルの対義語として現在も広く使用されるのに対して，「アマチュアリズム(アマチュア主義)」は多くの場合，スポーツに関する文脈で用いられる。スポーツにおけるアマチュアリズムとは，プレイによって報酬を得る職業選手よりも，自発的に競技を目的化して行う者を好ましいと捉える概念といえる。そもそもスポーツにおいてアマチュアであることに価値が置かれるのは，もとは19世紀のイギリスにおいてスポーツが上流階級を中心とした文化の中で発達してきたことによる。貴族やジェントルマンといった上流階級を他の階級(中産階級・労働者階級)と隔てる大きな要素は，生活のために働く必要がない有閑階級だという点にあり，このため彼らは職業に結びつく実学的な知識ではなく，教養主義的価値観を重視した。そして，スポーツはその実用性のなさ，スポーツというゲームそのものにはいかなる実用性もないという点に関して，教養の概念に非常によく合致し，パブリックスクール☞などの教育機関における教

養教育☞に加えられていくことになった。結果として，スポーツは競技自体を楽しむ，あるいは自己陶冶に役立てるべきものであり，アマチュアであるべきだとするアマチュアリズムが成立し，それを職業とすること（プロフェッショナル）は理念に反すると見なされるようになった。

▶現在　アマチュアリズムはスポーツを覆う価値観として長く影響力を保ってきたが，スポーツを行う間の給与補填がなければ選手として活動することができない労働者階級の状況や，勤労を尊ぶ中産階級の価値観が近代の主流となっていくにつれ，プロ化を押しとどめることは不可能となった。結果的に，アメリカを中心としてスポーツのプロ化・商業化が進み，現在のスポーツは莫大な金額が動くビジネスとなっている。しかしながら，オリンピック競技会において1980年代までプロ選手の出場が認められなかったことや（現在も認められていない競技がある），学生スポーツにおける報酬の取り扱いなど，いまだにアマチュアリズムの影響の一端を垣間見ることができる。

●関連項目：教養教育／スポーツ／パブリックスクール

●参考文献：阿部生雄『近代スポーツマンシップの誕生と成長』筑波大学出版会，2009年

［岡田桂］

アメリカ革命

▶語義　北米植民地が英本国から独立を勝ち取り国家体制を整えるまでの一連の動きを指す。フレンチ・アンド・インディアン戦争終結以降，英本国が課税や統制を強化したのに対して北米植民地が行った抵抗運動，武力衝突と独立の承認，憲法制定と国家体制の確立の過程を総称してアメリカ革命と呼ぶ。

▶経緯　英国初の植民地ジェームズタウン建設以来，比較的良好だった英本国と植民地の関係は1763年のフレンチ・アンド・インディアン戦争（7年戦争）終了とともに終わりを告げた。戦争の結果，英国は仏から米大陸の広大な土地を獲得したものの，そこに住むカトリック系住民や先住民統治のための費用や戦費が嵩み財政難に陥り，米植民地にも費用の分担を迫る，つまり課税する必要性が生じた。そこで，1764年に砂糖税，65年には印紙税を課したが，植民地側はそれを内政干渉として「自由の息子たち」等，反英組織を結成し抵抗運動を開始した。66年には印紙税は廃止されたものの，1767年には紙・ガラス・茶などの日用品に税金をかけるタウンゼンド諸法が制定され再び課税されると，今度は女性の反英組織「自由の娘たち」が結成され，紅茶や綿布等の英商品をボイコットする運動は勢いを増した。こうして両者の関係が悪化する中，英東インド会社の財政救済と関税徴収のために植民地に売りつけようと運ばれてきたお茶を，先住民の格好をした植民地人が海に投げ捨てるボストン茶会事件が発生すると，態度を硬化させた英本国が74年に強制諸法を制定し，植民地の自治権や港の使用を制限した。それに対して植民地は代表が集まって第一回大陸会議を開き，英商品のボイコットや王への請願を決議した。

▶**独立戦争** 1775年4月にコンコード・レキシントンの戦いをきっかけに武力衝突が開始された。5月には，第二回大陸会議において大陸軍が編制され，後に初代大統領となるジョージ・ワシントンが総司令官に就任した。戦いは当初英国優位に展開されていたが，1777年のサラトガの戦いで植民地軍が勝利して以来，仏西蘭が米国を承認し英に宣戦布告をしたこともあり，植民地側が優勢に転じた。1781年のヨークタウン(ヴァージニア)の戦いで英軍が降伏し，1783年のパリ条約で正式に独立が承認された。

▶**建国** 英より独立した各植民地(独立後は州)の連合体として成立した合衆国は，各州が主権を持つ分権的な体制であったが，中央政府に一定の権限を持たせる統一国家としての体制を整える必要性を認識したジェイムズ・マディソンやアレグザンダー・ハミルトン等の指導者がその動きを進めた。1787年には連合規約改定を目的とした会議で合衆国憲法案をまとめ，各州の批准を経て1788年に発効，1789年には議会が開催され，ジョージ・ワシントンが初代大統領に就任し，統一国家としての第一歩を踏み出した。

●**参考文献**：メアリー・ベス・ノートン他著・本田創造監修『アメリカの歴史①新世界への挑戦15-18世紀』三省堂，1996年／エリック・フォーナー『アメリカ 自由の物語』(横山良ほか訳)岩波書店，2008年

[細谷典子]

アメリカン・ドリーム

▶**語義** 民主主義を旗印に掲げる自由な競争の国であるアメリカでは，人種，性別，出自を問わず，誰でも才能と努力があれば，経済的・社会的成功をおさめられるという夢のことである(したがって，アメリカン・サクセス・ドリームの略称であると言っていい)。この考えた方はアメリカ人のフロンティア・スピリット☞の軸になっているものである。現在においても，このフレーズは世界各国の人々を魅了し，彼らを移民としてアメリカに向かわせる重要な役割を果たしている。

▶**起源** 「アメリカン・ドリーム」という言葉は，長年にわたって幅広い多様な文脈で用いられており，意味の判然としない場合も少なくない。上述の「アメリカでは如何なる夢でも実現できる」というもっとも広義な意味で，最初にそれを使ったと言われているのは，歴史著述家ジェイムズ・トランスロウ・アダムズ(1878-1949)である。彼は『アメリカの歴史』(1931)という本の中で，「アメリカン・ドリーム」について「……誰もが人生をより良い，より豊かな，より充実したものにするべき土地の夢であり，そこでは能力と業績に応じて機会が与えられるのである」と記しているからだ。

▶**体現者** アメリカの歴史を振り返ってみれば，「アメリカン・ドリーム」を体現している人物は枚挙にいとまがない。代表的な例をいくつか挙げるなら，アメリカ植民地時代の政治家・作家ベンジャミン・フランクリン(1706-1790)，第16第大統領エイブラハム・リンカーン(1809-1865)，「石油王」として世に広く知られている実業家ジョン・ロックフェラー(1839-1937)などである。

▶**作品** アメリカ文学の作品に「アメリカン・ドリーム」をテーマにしているものが多数存在することは興味深い。おそらくそのもっとも有名なものは，F・スコット・フィッツジェラルド(1896-1940)の代表作『グレート・ギャツビー』(1925)であろう(フィッツジェラルドは，「アメリカン・ドリーム」を追い求める男を主人公に立て，その男の愛の悲劇を物語化している)。他にも，ホレイショ・アルジャー(1832-99)の『ボロ着のディック』(1867)，ウィリアム・フォークナー(1897-1962)の『アブサロム，アブサロム！』(1936)，アーサー・ミラー(1915-2005)の『セールスマンの死』(1949)などの作品が，このきわめてアメリカ的なテーマを取り扱っている。

●関連項目：フロンティア・スピリット
●参考文献：F・スコット・フィッツジェラルド『グレート・ギャツビー』(村上春樹訳)中央公論新社，2006年

[本村浩二]

アラブの春

▶**語義** 2010年末から中東地域および北アフリカのアラブ諸国で連鎖的に発生した民主化運動の呼称。これは欧米のメディアが「プラハの春」からとった呼称である。

▶**経緯** 2010年12月17日，チュニジア中部のスィーディー・ブーズィードで，露天商を営む青年ムハンマド・ブーアズィーズィーが，当局の許可がないとして警察に商品を没収され，抗議の焼身自殺をはかった。これによって当局を糾弾する抗議活動が起こり，反政府デモへと発展，チュニジア各地に波及した。2011年1月14日，ベンアリー大統領はサウジアラビアに亡命し，23年間続いた政権はわずか1ヵ月のうちに崩壊した。これに続いてエジプトでも大規模な反政府デモが勃発し，2011年1月25日，30年間続いたムバーラク大統領の独裁政権は倒れた(「1月25日革命」)。チュニジアとエジプトの革命における死者は，それぞれ約150人，約300人にのぼったとされるが，内乱状態に陥ることはなく，短期間のうちに終わった。一方，リビア，イエメン，シリアでは深刻な事態に陥った。リビアでは，カッザーフィー革命指導者が武力で反政府勢力を弾圧，これに対して反政府側はNATOの支援を受けて武力で対抗した。2011年10月カッザーフィーが殺害されたことにより，内戦は終結した。イエメンでは，湾岸協力会議諸国の調停にもとづきサーレフ大統領が退陣，2012年2月ハーディー副大統領が大統領に選出された。しかし，「アラブの春」以前から継続している南部の分離独立運動やアルカーイダによるテロ活動などの国内問題は依然として解決されておらず，現在でも不安定な状況は続いている。シリアではバッシャール・アサド大統領が反政府派を武力で弾圧した。今なお内戦状態は継続しており(2015年1月時点)，軍による攻撃や無差別殺戮によって多数の死者や難民が出ている。この他，豊かな産油国であるバハレーンやオマーンでも反政府デモが起こり，政府は政治改革を迫られた。

▶**民主化運動の背景** チュニジア，エジプト，リビア，シリアでは，長年にわた

る大統領の独裁や大統領位の世襲，政治腐敗，就職難や物価高といった種々の政治・社会問題による民衆の不満が噴出した結果として反政府デモが展開された。一連の民主化運動は，フェイスブックやツイッターなどのソーシャルネットワークサービス（SNS）が積極的に利用されたことでも注目を集めた。民主化を求める運動が瞬く間に国境を越えて波及し，秘密警察などによって民衆の言論が政府の監視下に置かれる体制においても，大規模な反政府デモが展開された背景には，これらの地域におけるSNSの普及があると考えられている。

●**参考文献**：保坂修司『イラク戦争と変貌する中東世界』山川出版社，2012年／酒井啓子編『中東政治学』有斐閣，2012年

［熊倉和歌子］

アンダルス

▶**語義**　イスラーム支配下のイベリア半島☞をアラビア語でアンダルスという。定冠詞を付けてアル・アンダルスとされることもある。アンダルスの語源は諸説あるが，未だ決定的な説はない。当初はイベリア半島全域を示す地理的な呼称であったが，後にイスラーム支配下という意味が含まれるようになった。

▶**後ウマイヤ朝**　現在のシリア辺りを本拠地としたイスラーム勢力のウマイヤ朝の軍隊は，711年にイベリア半島に侵入し，半島の大部分を支配していたキリスト教王国西ゴートを滅ぼした。キリスト教やユダヤ教を信仰する被征服民は，多めの税負担と引き換えに身体と財産を保障され，信仰の維持などが許された。北部に残ったキリスト教勢力は力を蓄え王国を築き，やがて南下して勢力を拡大し，レコンキスタ☞と呼ばれるこの動きのなかで度々アンダルスと対峙した。ウマイヤ朝は8世紀半ばに他のイスラーム勢力によって滅ぼされる。本拠地のダマスクスからイベリア半島に逃れたウマイヤ家のアブド・アッラフマーンは，後ウマイヤ朝を開いた。この王朝は三百年近く続き，南部の都市コルドバを都として繁栄する。

▶**ムラービト朝，ムワッヒド朝**　後ウマイヤ朝が政治的混乱から1031年に崩壊すると，アンダルスはターイファと呼ばれる群小諸王国に分かれた。レコンキスタ運動の進展に危機感を強めたターイファ諸王はマグリブ地方（北西アフリカ）を支配するイスラーム勢力ムラービト朝に軍事援助を求めた。ムラービト朝はターイファ諸王国を併合し，アンダルスを支配した。12世紀半ばに新興イスラーム勢力であるムワッヒド朝がマグリブ地方でムラービト朝を倒すと，アンダルスは再びターイファ時代となる。ムワッヒド朝は，アンダルスからの要請に応じてイベリア半島に上陸しターイファ諸王国の多くを服属させたが，1212年にキリスト教諸国の軍に大敗を喫する。別のイスラーム勢力の攻撃を受けムワッヒド朝が滅亡すると，再度ターイファ時代となった。

▶**ナスル朝グラナダ王国**　1230年代に生まれたナスル朝グラナダ王国はアンダルス最後のイスラーム王国となる。レコンキスタ運動によって侵攻されることを回避するためにキリスト教王国カスティー

リャの封建家臣となる一方で，マグリブ地方のイスラーム勢力とも同盟し，バランスをとりながら王国を維持した。しかし，1492年にレコンキスタを完成すべく侵攻してきたカスティーリャ女王イサベル1世とアラゴン王フェルナンド2世によって都グラナダは陥落し，アンダルスのイスラーム政権は終わりを迎えた。

●関連項目：イベリア半島／レコンキスタ
●参考文献：関哲行「月とコーランのスペイン」関哲行編『スペイン』山川出版社，25-36頁，2002年／佐藤健太郎「イスラーム期のスペイン」関哲行・立石博高・中塚次郎編『世界歴史大系 スペイン史1－古代～近世』山川出版社，70-135頁，2008年／黒田祐我「『イスラーム世界』としてのイベリア半島」立石博高・内村俊太編著『スペインの歴史を知るための50章』明石書店，46-57頁，2016年

[三猪みづほ]

EU ⇒ヨーロッパ連合

イエス・キリスト

▶語義　この言葉は新約聖書に登場するイエスの呼び名として広く知られているが，厳密には人名であるイエスと職名を指すキリストを合わせた言葉である。キリストとはヘブライ語のメシア(油注がれた者)のギリシア語訳である。ユダヤ人の間では自分たちを苦難から救い出す存在であるメシアの到来が待望されていたが，キリスト教会はその来るべきメシアこそイエスであると信じた。したがってイエス・キリストとは，イエスこそメシアで あるという意味の，教会が自らの信仰を言い表すために用いた定式表現である。

▶生涯　イエスの生涯を知る手がかりとなる資料は，新約聖書，その中でも福音書をおいて他にほとんどない。福音書によれば，イエスの誕生は紀元前7～4年頃と推測される。ナザレで育ち，約30歳でバプテスマのヨハネから洗礼を受け，ユダヤのガリラヤ地方を中心にして宣教活動を始めた。その教えの主題は「神の国の福音」である。すなわち神の国(神の支配)はイエスとともにすでに到来しており，同時に将来においてそれが完成するのだということを，さまざまな比喩を用いて教えた。けれどもその神の国とは，当時のユダヤ人が期待していたようなローマ帝国の政治的支配からの解放によってもたらされるものではなかった。神の国に生きるとは，イエスをメシアとして受け入れることによって与えられる，死に勝つ命(永遠の命)に生きることであった。イエスは自分が殺され，死から復活することによって，メシアとしての自らの使命を成し遂げるのだということを，たびたび弟子たちに話していた。またすべての福音書は非常に多くの分量を割いて，イエスの十字架による処刑と死からの復活の出来事を記している。イエスは当時のユダヤ教の指導者たちの嫉妬と憎しみのゆえに不当に逮捕され，ローマ総督ポンティオ・ピラトの裁判によって十字架刑となった。ただしその際福音書は，群衆もその裁判においてイエスを敵視して「十字架につけろ」と叫んだこと，また弟子たちは十字架で処刑されるイエス

を裏切り，見捨てたことを伝えている。こうしてイエスは死んで墓に葬られ，三日目に復活し，再び弟子たちの前に現れた。そのときイエスは裏切った弟子たちを非難したのではなく，かえって悲しみと失意の中にいた彼らを愛し励ましながら，その信仰を回復させた。さらに十字架と復活に基づく福音を，ユダヤ人だけにではなく，地の果てにいる人々にまでも伝えるように弟子たちに命じた。そしてイエスは弟子たちの見ている前で天に引き上げられた。

▶**キリスト論の変遷** 古代キリスト教史の時代に，キリストが神であるか人であるかをめぐってさまざまな議論がなされた。教会は381年に制定されたニカイア・コンスタンティノポリス信条と451年に制定されたカルケドン信条によって，「イエス・キリストはまことの神であり，まことの人である」との信仰を明確化した。

●**関連項目**：山上の説教／三位一体／宗教改革／聖書

●**参考文献**：新カトリック大事典編纂委員会編『新カトリック大事典 第1巻』研究社，1996年／X・レオン—デュフール編『聖書思想事典』(小平卓保・河井田研朗訳) 三省堂，1999年／共同訳聖書実行委員会訳『聖書—新共同訳』日本聖書協会，1999年

[安井聖]

イギリス王室

▶**語義** グレートブリテン及び北アイルランド連合王国(イギリス)を統治する君主一族のこと。具体的には，君主とその配偶者，直系の子どもや孫，いとこたちで構成される。

▶**中世** 古くは西暦5世紀に，アングロ・サクソン系の民族がグレートブリテン島に襲来した頃にまでさかのぼれるが，1066年にノルマンディ(フランス北西部)の領主が国王に即位した「ノルマン征服」以後のイングランド王家を直系の祖先とするのが定説である。ノルマン王朝(1066-1154)からプランタジネット王朝(1154-1399)初期まではフランスに有した所領のほうが大切にされ，13世紀に多くを奪われた後も百年戦争(1337-1453)でフランスと係争したが敗北し，大陸の大半の土地を失った。

▶**近世** テューダー王朝(1485-1603)の時代に，カトリックと袂を分かって独自のイングランド国教会☞を創設し，歴代の国王がその首長を兼ねた。ステュアート王朝(1603-1714)からはスコットランド国王がイングランド国王を兼ねるようになり，ピューリタン革命で一時王制が廃止されたものの，1660年に王政復古。1707年にイングランドとスコットランドが合同され，1801年にアイルランドも併合されると，連合王国(United Kingdom)は一人の人物によって統治されるようになった。

▶**近代** ハノーヴァー王朝(1714-1901)の時代にイギリスは世界大に植民地を拡大し，他国に先駆けて産業革命を推進し，ヴィクトリア女王☞の治世に最盛期を迎えた。この時代に王室一家(9人の子宝に恵まれ夫婦仲よく生活する)は中流家庭の理想像とされ，また女王自身は七つの海を支配するイギリス帝国の支柱と見なされた。

▶現代　第一次世界大戦☞および第二次世界大戦☞では，王室は国民とともに戦い，二度の勝利に導いた。しかし，アジア・アフリカの植民地が次々と独立し，イギリス帝国は溶解した。そのようななかでも，自治領や独立後の旧植民地はコモンウェルス☞としての結びつきをとどめ，エリザベス2世☞はその首長としての責務を果たしている。また，イギリス君主は，カナダ，オーストラリア，ニュージーランド，ジャマイカなど，世界16ヵ国の君主を兼任しており，これらの国々の協議により，2013年からはそれまで男子優先だった王位継承法も改められ，ウィリアム王子の第一子からは性別に関係なく，継承順位で優先されることになった。なお，王室はこれら16ヵ国で3500以上の各種団体の長を務めており，国民生活に根ざした存在でもある。現在はウィンザー王朝(1917年-　)を名乗っている。

●関連項目：イングランド国教会／ヴィクトリア女王／コモンウェルス／エリザベス2世／第一次世界大戦／第二次世界大戦

●参考文献：小林章夫『イギリス王室物語』講談社現代新書，1996年／森護『英国王室史話(上・下)』中公文庫，2000年／君塚直隆『肖像画で読み解く イギリス王室の物語』光文社新書，2010年

[君塚直隆]

イギリス産業革命

▶語義　1760年代から1830年代までイングランド北部のマンチェスターやバーミンガムなどを中心に展開した，機械制の大工場生産を特色とする工業の飛躍的発展を意味する。

▶経緯　それまでは工場制手工業(マニュファクチュア)によって生産されていたものが，機械を使っての生産形態に変わり，近代産業社会の礎を築いた。イギリスでこの生産形態が登場した背景には，①中世以来の工業生産的な地盤，②豊富な工業資源(石炭・鉄鉱石)の存在，③豊富な労働力の存在，④運河や鉄道の開発によるヒトやモノの移動の迅速化(交通革命)，⑤各種の発明や発見(ワットの蒸気機関発明など)，⑥世界規模の輸出入ルートの確立(商業革命)，⑦国内外の資本の流入(金融革命)，といったさまざまな要素がこの時期のこの地に集中していたことが考えられる。

▶結果　産業革命は人類にとって良い結果と悪い結果の双方をもたらした。良い結果としては，品質の良い商品を安く大量に生産できるようになり，それまでは王侯や一部の上流階級に独占されていた品物が広く一般に普及できるようになったことである。また，地主貴族階級によって支配されてきた政治の世界では，新たな商工業階級の登場によって，より下の階級にも選挙権や被選挙権が与えられていった。悪い結果としては，社会における貧富の格差を増長することにつながった。労働者の労働条件は劣悪であり，一日12時間以上を衛生状態の悪い工場内で働かされることも稀ではなかった。1820年のマンチェスターでの綿工業労働者の平均寿命は19歳だったという統計もある。これが，のちにマルクスらの社会主義運動へとつながっていくが，1830年代に入ると政府による改革が進

められ，労働条件も改善されていった。産業革命期の労働者階級の悲哀については，19世紀イギリスを代表する小説家ディケンズの作品群によく現れている。また国際的な視点からとらえると，イギリス産業革命はこののちヨーロッパ大陸諸国やアメリカ，日本にも伝播し，現代の工業化社会を準備する重要な出発点となっていった。

●関連項目：イギリス二大政党制
●参考文献：E・J・ホブズボーム『産業と帝国』(浜林正夫訳)未來社，1996年

[君塚直隆]

イギリス二大政党制

▶語義　17世紀後半(1680年代)のイギリス議会内に登場したトーリ(王権尊重・イングランド国教遵守の党派)とホイッグ(議会重視・プロテスタントに寛容な党派)という二つの党派が，19世紀半ば以降に近代的な政党として再編され，それぞれが交互に政権を担当するという，21世紀にまで至るイギリス議会政治に特有な政治システム。

▶経緯　1834年12月にトーリ政権の首相ピールが史上最初の本格的な選挙綱領(マニフェスト)を発表し，政治・社会改革にも迅速に対応できる政党としての「保守党」を党名として用いるようになった。この後，1840年代後半に保守党は分裂するが，党首であったダービー伯爵の尽力で再生され，二大政党の一翼を担うことになる。対するホイッグは，1830年代前半にグレイ伯爵のもとで種々の改革を進め，分裂した保守党の一派や急進派(議会内の最左翼)と合同し，1859年6月に「自由党」を結成した。1865年以降に両党の間で第二次選挙法改正(都市の労働者階級への選挙権拡大)をめぐって対立が表面化するようになり，ディズレーリ率いる保守党とグラッドストン率いる自由党との，二大政党制の時代へと突入していった。

▶現在　1906年に労働者階級が自ら立ち上げた「労働党」が登場し，第一次世界大戦☞を境に男女普通選挙権が導入される(1928)と，党内対立に明け暮れた自由党に代わって，労働党が二大政党の一翼となり，1930年代からは保守党・労働党の時代に移った。ただし，イギリスが戦争や大恐慌などの国難に直面した場合には，挙国一致体制がとられ，二大政党間での政争は一時棚上げとされた。しかし，平時には保守党と労働党とが総選挙の結果などをもとに交互に政権を担当する状態となっている。第二次世界大戦☞後では「英国病」と呼ばれた経済不振からイギリスを立ち直らせたサッチャー保守党政権(1979-90)や，新たな社会福祉・雇用政策を打ち出したブレア労働党政権(1997-2007)などが代表的である。

●関連項目：第一次世界大戦／第二次世界大戦
●参考文献：君塚直隆『イギリス二大政党制への道』有斐閣，1998年

[君塚直隆]

イスラーム主義

▶語義　イスラームの理念を掲げ，シャリーア☞に基づく政治を行う国家を建設しようとする政治運動，およびそのイデオロギー。

▶「イスラーム原理主義」と「イスラーム主義」　注意が必要な類似の用語に「イス

ラーム原理主義」がある。これは，特に9.11事件以降，関与した組織や実行犯について説明する際に，マスメディアによって盛んに用いられた語である。しかしこの語には，イスラームと「原理主義」が本来的に密接に結びついているような印象を与え，ムスリム☞なら誰もが「原理主義」であり，その理念達成のためには暴力行為に走りうるという誤解を与えかねないという問題がある。また，「原理主義」という用語自体はもともとキリスト教の用語からの借用であるため，無批判にイスラームにも使うべきではないとの考え方がある。このため現在，学術的には「イスラーム主義」を用い，「穏健派」，「急進派」，「過激派」といった語と組み合わせることでその性質を表すのが一般的である。近年，一部の過激派によるテロ活動が報道されることによりさまざまな誤解を招いているが，イスラーム主義は必ずしもテロやその他の暴力を正当化するわけではない。そうした思想を持つ人はイスラーム主義者の中でも一部であり，ムスリム全体からすれば，むしろ少数派である。

▶近代におけるイスラーム主義の展開　イスラーム主義の思想は19世紀の帝国主義の時代において成立し，発展した。ムスリムたちが植民地支配の下に置かれた状況に対し，イスラーム主義者たちは西洋列強の侵略を許した既存の政治支配のあり方を批判し，イスラームに基づく政治・社会改革と，反植民地闘争を展開した。その先駆者としてアフガーニーが挙げられる。また，預言者とその教友たちによって実現されていたウンマ☞(共同体)の再興をめざすサラフィー主義を提唱したムハンマド・アブドゥフやラシード・リダーも加えることができる。さらに，イスラーム主義を標榜する代表的な政治組織としてはムスリム同胞団がある。20世紀前半のエジプトでハサン・バンナーが創設したムスリム同胞団は大衆の組織化を実現し，イスラーム主義を掲げた政治団体として強い力を獲得した。2012年のムバラク政権崩壊後に行われた議会選挙では，ムスリム同胞団を母体とする政党「自由公正党」が第一党となり，大統領選では元同胞団員であったムルシー氏が当選するなど，同国におけるムスリム同胞団の組織力が示される結果となった。

●関連項目：サラフィー主義／シャリーア
●参考文献：『岩波イスラーム辞典』岩波書店,2002年／横田貴之『原理主義の潮流—ムスリム同胞団』山川出版社,2009年／酒井啓子『〈中東〉の考え方』講談社現代新書,2010年

[熊倉和歌子]

イベリア半島

▶語義　ヨーロッパの南西部にある半島で，スペインとポルトガルがその大部分を占める。北にはフランスとの境にピレネー山脈，南には短いジブラルタル海峡をはさんでアフリカ大陸がある。西には大西洋，東には地中海があり，二つの海と大陸に挟まれた半島である。

▶地形と気候　全面積の約4分の3を，中央台地(メセタ)と呼ばれる高原が占める。イベリア半島のほぼ中央にあるスペインの首都マドリードは，メセタの中央

の海抜655メートルのところにある。周囲を山脈に囲まれたメセタは，海からの湿った空気が届きにくいため，降雨量が少なく乾燥している。寒暖の差が激しい。イベリア半島で緑豊かな場所は降雨量の多い北部で，温暖湿潤である。また，南にアフリカ大陸があるため，サハラ砂漠からの熱風が吹き込んだ地域は灼熱の暑さとなる。

▶**異文化の出合いの場**　イベリア半島は海と大陸に挟まれたその立地から，様々な人やモノが行き交う文化の交差点であった。まず，古代には地中海を通って様々な文化がイベリア半島にもたらされた。フェニキア人やローマ人は，文字，言語，食物，建築や農業の技術などで足跡を残した。ヨーロッパとアフリカに接しているイベリア半島は，たびたびキリスト教世界とイスラーム世界の出合いの場にもなった。イスラーム文化はイベリアの文化に大きな影響を残したが，今日よく目にするイスラーム建築や美術以外に，技術面での貢献も際立っていた。イベリア農業における水の問題を大幅に改善した灌漑システムもその一つである。やがてスペインやポルトガルの航海者たちは大西洋に漕ぎ出し，アフリカの大西洋岸やアメリカ大陸に到達する。そこからの人やモノの行き来もまた，イベリア半島に多様な文化をもたらすことになる。

●関連項目：アンダルス
●参考文献：田辺裕・滝沢由美子・竹中克行『イベリア』朝倉書店，1997年（普及版2010年）／坂東省次「多様な自然環境－国土の概観」坂東省次編著『現代スペインを知るための60章』明石書店，18-22頁，2013年

［三浦みづほ］

医療人類学

▶**定義**　医療人類学とは，「医学と人類学を架橋（ブリッジ）する学問」体系を指す。そして，現在のような批判的視点を内包した医療人類学は，1960年代の科学万能主義の行き詰まり・市民運動の高まりの時期に萌芽し，80年代以降，医学からの要請を受けて急成長を遂げた。アメリカでは，医学部のなかに医療人類学講座が設置され，医学史，サイエンス・スタディーズ，バイオエシックス（生命倫理）と連携しつつ発展した学問体系として捉えられている。

▶**医療人類学の問題意識**　医療人類学の問題意識としては，非西洋世界の伝統医療に光をあて，伝統医療と科学に裏打ちされた生物医療・近代医療との共存・拮抗のプロセスのなかで生まれる緊張関係を分析することで，両者の間の異なる疾病観・人間観・世界観を明らかにしようとするところから始まっている。そして，近代医療自体を，一つの（もしくは複数の）文化として分析し，その根底にある西洋世界独自の世界観・人間観を明らかにし，その普遍性を問い直そうとする。さらに，近代医療という文化のなかで紡ぎ出されていく人間の自己意識や主体性を問題とし，特にローカルな文脈で息づき，刻々と変化していく医療実践や病むことの経験を聞き取り，記述していくことで，医学の側から語ることのできない患者の生活世界を明らかにしようとしている。

▶**医療者―患者間関係**　身体と病気につ

いて語る能力を持っているのは、医療者だけではない。患者もまた、病むことの経験を語る能力を持っている。一般的に医療者と患者は異なる理解、世界観を持ちながらも、一定の臨床的事実を協働で構成しているとされている。この医療者と患者の交渉のプロセスを分析することで、患者がどのように構成され、医療者と患者の間で生じる齟齬はどのように対処されるのか、そして患者としての自己像をどのように患者自身が内面化していくのかが検証されてきた。今日、医療者と患者が協働で何を作り上げていくのか、患者がより良い医療のなかで生きやすさを追求していくにはどうすれば良いか、などさらに一歩進んだ議論が展開されている。

▶科学的技術の発達との関係　現代の医療は、生殖技術、老人医療、終末期医療、精神医療など先端的である。このような科学(医療)技術の発達によって、問題となるのは、人はどこから人となり、いつから人ではなくなるのかという問いである。例えば、欧米においては、生命の誕生時をめぐって、医学的・倫理的に激しい論争が繰り広げられてきたのに対し、日本では逆に死をめぐって国民を巻き込んだ論争へと発展していった経緯がある。不妊治療、脳死・臓器移植は、従来、医療の対象として扱われてこなかったが、科学技術の発達によって医療の対象となり、問題とされるようになった。このような現代の「医療化」と呼ばれる現象によって、医療は文化だけでは説明することのできない生と死の重層性に直面しており、ここで改めて人間観・身体観・死生観が問われている。

▶新たな災厄としての病気　近代医療はさまざまな病気を科学的に解明し、どのように治療するかについては応答してきた。しかし、その病気でなぜ苦しまなければならないのかという問いに対して応答してはいない。それは近代医療が「なぜ」に対する応答を排除するかたちで発展してきたからに他ならない。現在、効果的な治療は存在するものの、寛解が実現していないエイズのような病気、また、近年問題とされている難民問題におけるPTSD（心的外傷後ストレス障害）など、新たな病気の発生に関しては、医学・医療の発展とともに、患者の側からの語りを蓄積することの必要性が指摘されている。果たして、近代医療は「なぜその病気で苦しまなければならないのか」という問いに応答することができるのであろうか。

●参考文献：アーサー・クラインマン『病の語り　慢性の病いをめぐる臨床人類学』(江口重幸他訳)誠信書房、1996年／バイロン・J・グッド『医療・合理性・経験　バイロングッドの医療人類学講義』(江口重幸他訳)誠信書房、2001年／マーガレット・ロック『脳死と臓器移植の医療人類学』(坂川雅子訳)みすず書房、2004年／池田光穂・奥野克巳編『医療人類学のレッスン』学陽書房、2007年／北中淳子「医療人類学とは？」慶應義塾大学人類学研究会発表資料、2004年10月20日／アネマリー・モル『多としての身体　医療実践における存在論』(浜田明範他訳)水声社、2016年

[日野智豪]

イングランド国教会

▶**語義** キリスト教の教派のひとつ。16世紀にローマ・カトリックと袂を分かって成立し、イングランドの君主を首長とする。日本では「聖公会」として知られている。

▶**起源** テューダー王朝の国王ヘンリ8世(在位1509-47)の離婚問題を原因に、1533～34年の一連の議会立法により成立した。ヘンリの長女メアリ1世(在位1553-58)の時代に一時カトリックに揺り戻しが見られたり、17世紀半ばのピューリタン革命(1642-49)後の共和制時代(1649-60)に廃止されたこともあるが、基本的には今日までイングランド宗教界の主流を占め、現在はエリザベス2世☞が首長を務める。

▶**特色** ローマ教皇の宗教的権威を否定するが、主教制度はそのまま残し、聖餐式や儀礼などにはカトリック的な要素を残している。その意味でも、カトリックとプロテスタントの間で「中道」をいく教派であり、16～17世紀のヨーロッパ全土を巻き込んだ宗教戦争でも中立的な立場に立つことが多かった。ただし、スペインやフランスによる王位簒奪(さんだつ)の動きが見られるときは、プロテスタント勢力と積極的に手を結んだ。教義の上でも、カトリックの伝統を重んじる高教会派(ハイチャーチ)と、プロテスタントに立場が近い低教会派(ローチャーチ)とに分かれる。

▶**経緯** エリザベス1世(在位1558-1603)の時代から、礼拝の様式や聖書も統一され、イングランド宗教の主流派の地位を占めてきたが、16世紀末からはその教会改革が不完全であるとするカルヴァン派プロテスタント(ピューリタン)、17世紀初頭に幼児洗礼を否定するバプティスト派、17世紀半ばに直接神に語りかけることを信条とするクエーカー(フレンド派)、18世紀半ばに工業化の進展とともに下層の労働者階級に近づいたメソジストなど、さまざまな教派が国教会に反発するかたちでイングランドに現れ、彼らの多くが迫害などを理由に北アメリカ植民地などに移り、そこで布教に励んだ。

▶**発展** 19世紀以降にイギリス帝国が世界大の規模で拡大すると、まずはカナダ、オーストラリア、ニュージーランドといった白人系植民地に、次いでアジアやアフリカに宣教師が送られ、世界中に信者が拡大した。日本にも、幕末から明治初期にかけて、アメリカ聖公会の宣教団が先駆けとなって布教に訪れ、日本聖公会を設立した(1887)。

▶**現在** イングランド国教会とそれに連なる教派は、21世紀現在、世界に8000万人の信者を有している。非カトリック系の教派の中ではいち早く「エキュメニズム(教会一致)」を主張し、他教派との対話を開始したが、非白人系の主教や女性司祭の叙任、同性愛結婚への対応など、現代的な課題にも柔軟に取り組んでいる。

●関連項目：イギリス王室／エリザベス2世／宗教改革

●参考文献：八代崇『イングランド宗教改革史研究』聖公会出版、1997年／塚田理『イングランドの宗教』教文館、2006年

[君塚直隆]

印象主義(美術)

▶**名称** 19世紀後半のフランスで起きた革新的な絵画運動。主要な画家はクロード・モネ(1840-1926)，カミーユ・ピサロ(1830-1903)，オーギュスト・ルノワール(1841-1919)，アルフレッド・シスレー(1839-99)等。ものの外形を再現することよりも，それを取りまく大気と光の印象を写し取ることをめざした。自然の再現を旨とする美術アカデミー☞の理念とは相容れず，官設の展覧会であるサロンに落選したのを機に，1874年から自分たちで展覧会を開いて作品を発表した。その第一回展の批評記事において，モネの出品作《印象——日の出》(1873，マルモッタン美術館)をもじって，「印象派」という呼称が嘲笑的に使われたのが，その名称の由来となった。

▶**特徴** 印象主義の画家たちは，現実世界の目に見える対象，すなわち風景や同時代の人々の日常を描こうとした。そして慣習的な手法にとらわれず，自分の視覚体験に忠実に再現することをめざして，戸外での制作を重視した。その際，混色した絵の具は彩度が落ち，明るい外光の下で見える色彩を再現できないため，純色を小さなタッチで並置していく，筆触分割の手法をとった。隣り合う色が網膜上で混色され中間色として感知でき，なおかつ色の明るさが保たれるからである。それとともに，影の部分には対象の色の補色や紫色などを用い，従来のような黒や褐色の使用を避けて，画面全体を明るくすることに成功した。そのため画面上では，草は緑，木の幹は褐色といったような，対象に固有と思われてきた色が必ずしも採用されないことになる。必然的に，同じ色の明るさを段階的に変えていくことで立体感を出す陰影法の効果は用いられない。また筆触が寸断されていることにより，細部の写実性を欠くとともに形体の輪郭が曖昧になる。近景も遠景も同様の筆触，同様の色調となるため，奥行き感も出しにくい。このように，絵画表現の伝統から大幅に逸脱することによって表現し得たものは，ある瞬間の光が作る色彩の印象であり，対象を包む空気と光の「ゆらぎ」である。ルノワールの《陽光の中の裸婦》(1875-76，オルセー美術館)は，肌がさまざまな色の斑点で描かれ，木洩れ日のちらつきを感じさせるし，モネが睡蓮の池や積み藁など，同じ対象を季節や時間を変えて繰り返し描いたことは，絶えず変化する印象を追い求めた証でもある。

▶**影響** 印象主義の画家たちは1874年から10年あまりの間に，「印象派展」と呼ばれた自主的な展覧会を，断続的に8回開いた。歴史画☞一辺倒のアカデミズムに対抗し，現代社会と都市近郊の風景を重視した点，および習慣ではなく視覚体験に則って色彩を選び，全体に色調を明るくした点において，彼らは広く同時代の画家たちに影響を与えた。1886年，最後の印象派展に参加したジョルジュ・スーラ(1859-91)は，筆触分割をさらに徹底させた点描法を編み出して，「新印象主義」と呼ばれる，いわば印象主義の新しいヴァージョンを提示した。また一方，一過性の光景を追うことへの反動も現れ

た。対象の確固たる形体を把握しようとしたポール・セザンヌ(1839-1906)，目に映るものの奥にある，人間の魂に迫ろうとしたポール・ゴーギャン(1848-1903)とヴィンセント・ファン・ゴッホ(1853-90)らは，印象主義の後に続く世代として「ポスト印象主義」と呼ばれる。

▶日本と印象主義　印象主義の画家たちの多くが，日本の版画(浮世絵)を所有していたことはよく知られており，その大胆な構図や明るい色調，モチーフの平面性などが，新しい絵画表現の可能性にヒントを与えたといわれる。一方，近代日本への印象主義の影響は，1880年代にパリで学んだ黒田清輝(1866-1924)が，明治期の洋画教育の中心的地位についたことにより大きくなった。正確に言えば印象主義とアカデミズムの折衷的な様式が，日本の洋画の方向性として定着した。

●関連項目：ジャポニスム／美術アカデミー／歴史画

●参考文献：ジェームズ・H・ルービン『岩波世界の美術　印象派』(太田泰人訳)岩波書店，2002年／『美術フォーラム21〈第7号〉特集　印象派研究大全』醍醐書房，2003年／ジョン・リウォルド『印象派の歴史』(三浦篤・坂上桂子訳)角川学芸出版，2004年

[小野寺玲子]

インド系移民

▶語義　インド系移民とは，世界各地に移住し自らをインド人として認識している人々を指し，NRIs(Non Resident Indians, 非居住インド人)とPIOs(Persons of Indian Origin, インド出自外国市民)を含む。NRIsとは，雇用，転勤，転職，あるいは事業経営，就学，その他の目的で，不特定期間海外に居住するインド市民，インド国籍を保有する者を指し，PIOsは，インド出自の外国市民，もしくはその子孫を意味する。

▶数と地域　2001年に公表されたインド政府の「インド系移民に関する委員会」報告書からは，インド系移民の総数は約2,000万人と推定され，世界の国際的移民総数の約1割以上を占める。インド系移民の約6割は，南アジア，東南アジア，西ヨーロッパや北アメリカに集中している。国別でみると，インド系移民の多い国は，ネパール，ミャンマー，アメリカ合衆国，マレーシア，サウジアラビア，イギリス，スリランカ，南アフリカ共和国，アラブ首長国連邦，カナダである。このことからも，インド系移民の分布は，世界各地に広がっていることがわかる。

▶インド系移民の歴史　インド系移民が各地に広がっている背景には，それぞれの地域での移民の歴史がある。第一期は，19-20世紀(1860年代以降)の植民地時代である。1833年に奴隷制が廃止されたイギリスは，アフリカ人の代わりにインド人を世界各地の植民地に送り込んだ。移住先は，モーリシャス，ガイアナ，スリナム，ジャマイカ，南アフリカ，東アフリカ，フィジー，ビルマ，マレーシアであり，インド人はサトウキビ・プランテーションや鉄道建設に従事する年季契約労働者として働いた。同時期の1870-80年代以後に，商売目的で来た人々は，東・中央アフリカ，モーリシャス，フィジーに定住している。第二期は，第二次世界大戦後である。西洋社会の経済復興，

工業化にともなって移民が増え，1950-60年初期，熟練，半熟練労働者がイギリスへ，1960年代半ばから学生，各種専門家とその家族がアメリカ合衆国や，カナダ，オーストラリアに渡るようになる。第三期は，1973年の石油危機以後である。中東産油諸国が石油価格の上昇により開発投資を行い，建設ラッシュが始まることにより海外に労働力を求め，インドから多くの人が中東諸国に渡った。第四期は，1990年代から現代に至るまでである。IT技術者などがアメリカへ渡るものの数は，年平均3万から4万5000人であるといわれる。

▶移民と文化の問題　移民は移住先でコミュニティを形成し，同じ居住地区に住み，インド料理店や雑貨店，サリー店などをよく利用している。インドでは重視されているカーストも移住先では和らぎ，同じ地域の出身者同士でインドの祭りを祝うなど，カーストの枠を超えて結集することが多い。移民一世と二世，三世以降では，言語，宗教的慣習，衣，食などに違いがみられる。一世はインドの言語が母国語であるのに対し，二世以降は移住先の言語とのバイリンガルか，移住先の言語がメインとなる。宗教的慣習や衣，食に関しても，一世はインドでの習慣を維持しようとするが，二世以降になると，移住先の文化を取り入れ，融合していく。移民のアイデンティティは複雑であり，世代が新しくなるほど，インド人であるという認識よりも，移住先の国民であるという認識が強まっていく傾向にある。

●関連項目：カースト

●参考文献：古賀正則・内藤雅雄・浜口恒夫編『移民から市民へ――世界のインド系コミュニティ』東京大学出版会, 2000年／内藤雅雄・中村平治編『南アジアの歴史――複合的社会の歴史と文化』有斐閣アルマ, 2006年／南埜猛「インド系移民の現状と動向――インド政府発表資料（1980年報告と2001年報告）をもとに」『移民研究』2008年／古賀万由里「イギリスにおけるインド系移民の生活スタイルと価値観の変容」『生活学論叢』15号, 2009年

［古賀万由里］

陰陽五行

▶概要　陰陽，五行ともに「気」の思想に生じたカテゴリーである。陰陽は相対する属性を持つ二気であり，五行は木・火・土・金・水の五気で，人間世界に不可欠な五物質である。これらの分類を用いれば，森羅万象を陰陽や五行のそれぞれの分類ごとに振り分け，同じ属性の者同士の特徴によって相互説明し合える。また，陰陽間あるいは五行間の相互関係に依ることで，異なる属性のもの同士の関係を理解することができる。これによって，遠く不確かなものを身近で確実なもので説明し，壮大なものを微小なもので推量し理解することができる。後にこれらは儒学の中に取り入れられ，陰陽五行として結びつくと，王の政治や王朝交代を説明する思想として発展してゆく。

▶天人相関説　殷周時代，人間社会が農業を行う中で次第に季節の変化に則った行事が生まれる。それは季節ごとに為政者の行うべき行為「時令」となり，行為が時令に合致するか否かによって天は順

調に推移するか災害を起こすか感応すると考えられるようになった。このような君主の行為の当否によって天が正か負の感応を起こす思想を「天人相関説」という。陰陽は季節の推移を司り、五行は季節・方位の四に中央を加えた五を基本数とし、分類としての要素あるいは季節の順序や王朝の変遷を説明し予言する思想を生んだ。このように時令思想の下で陰陽と五行は生じ定着し、戦国末期までには陰陽と五行それぞれの素地が出来上がっていたようである。

▶災異思想　前漢前期でもなお、陰陽と五行のカテゴリーはまだ未統合な思想であった。しかし前漢中期には、未統合ながらも陰陽や五行の気を媒介させることで、王の政治を春夏秋冬の運行の中で位置づけた考え方が広まる。董仲舒はそうした時令説の流行の中で「災異思想」を展開した。それは、時令説の持つ天人相関説を応用し、天子の行為の善悪が人格神としての天による祥瑞あるいは災害・異常現象としての災異をもたらす、というものである。その後、互いの内属および相互関係を確立した陰陽五行は、前漢後期の儒学思想において王朝交替の預言思想「讖緯（しんい）」の中で用いられ、続く王莽の新、後漢・三国時代の王朝変遷に大きく影響していった。

▶五行の変遷秩序　五行は木徳・火徳・土徳・金徳・水徳で五徳とも呼ばれる。五行と王朝の変遷の関係について最初に提唱したのは、戦国時代の鄒衍（すうえん）である。鄒衍の「五徳終始説」は、土徳から相勝の順で（後掲の五行相勝説）転移する徳を獲得した王朝が王となり、新王朝が出現する際には、その徳に対応する祥瑞が出現するというものである。漢代中期にはこの五徳終始説が盛んに提唱され、古代王朝の変遷はこの五行の徳の移り変わりで説明された。五行の変遷秩序には大きく「五行生成説」（水火木金土の順）、「五行相勝説」（土木金火水の順）と「五行相生説」（木火土金水の順）がある。前漢中期には五行相勝説が、前漢後期以降の王朝では五行相生説が唱えられた。前漢末期、皇后の一族であった王莽は自らを土徳の王朝とし、火徳の漢王朝から「禅譲」（天子の位を譲り受ける）という形式により新を建国した。ほどなく新を滅ぼす結果となった農民反乱「赤眉の乱」の首謀者らは、火徳王朝である漢の再興を唱えたため、火徳の色である赤で眉を染めた。また、後漢末に発生した「黄巾の乱」の名は、その加担者らが土徳を示す黄色の頭巾を目印として身に着けたことに由来する。

●関連項目：儒教／天の思想

●参考文献：徐復観『両漢思想史』香港中文大学出版社，1975年／関口順「秦漢期の気の思想」小野沢精一・福永光司・山井湧編『気の思想』第三章，東京大学出版会，1978年／安居香山『緯書と中国の神秘思想』平河出版社，1988年／池田知久「中国古代の天人相関論—董仲舒の場合」溝口雄三ほか編『世界像の形成』アジアから考える7, 東京大学出版会，1994年

[菅野恵美]

ウィーン改造

▶前史　1529年のトルコ軍による包囲の後、ウィーンは17世紀までに城塞都市

として防備を固めた。その後，人口が増え建物が立て込むにつれ，市壁と斜堤（防衛のための幅500メートルの傾斜した無人地帯）に囲まれた市街地は過密さを増し，住環境は限界を迎えていた。そのためナポレオン戦争直後から，改造計画は幾度も練られていた。市壁も斜堤もすでに軍事的な意味を失っていたが，これを撤廃して市街地を拡大することは，軍関係者の抵抗により長い間不可能となっていた。当時の火器の射程距離を上回った幅の斜堤は，トルコ軍を撃退しキリスト教を守った「名誉の要塞」と考えられたためである。無用の長物と化した堡塁の上や斜堤は，かろうじてプロムナードとして，息苦しさから束の間逃れる憩いの場を市民に提供していた。

▶**クリスマスの贈り物**　1857年12月25日，「我が帝国の整備と美化」と題した皇帝フランツ・ヨーゼフの親書が「ウィーン新聞」に掲載される。市壁と斜堤を撤廃して環状道路を作り，市街地と郊外地区とを連結して，この通り沿いに公共建築群を配した都市計画の導入を命じたものであった。これによって，13世紀以来の大改造が始動することになる。親書には，コンペ（85件の応募数）の導入，余剰の用地を民間に払い下げてその利益を公共施設の建築費に充てる財源構想（市街地拡張基金）が謳われ，実施に当たっては払下げ地の購入を促進する免税措置（30年間の固定資産税の免除）も講じられた。クリスマスの贈り物と称されたこの改造計画のもたらす解放感の前では，「七千万帝国」の首都の威光を視覚化するという動機の保守性は人々の意識には上らなかった。

▶**リング通り**　市壁と斜堤の解体で生じる240万㎡のうち，150万㎡が道路・広場・公園用地，40万㎡が公共建築物用地，50万㎡が民間に払い下げられた。軍部の懸念は，騎兵の展開を容易にし，バリケード建築を困難にする（1848年の三月革命時の教訓）のに十分な道幅が払拭した。1865年，幅57（予定では70）メートル，全長6.5キロメートルの環状道路が完成する。シュテファン大聖堂のある広場をほぼ中心点として，この環状道路内部の旧市街，それを取り巻く外環状道路内部のフォア・シュタット，さらに外側に広がるフォア・オルトが同心円的に広がる今日のウィーンの姿が整った。王宮の正面にはこの道路を挟んで向かい合った一対の美術史博物館と自然史博物館，そこから時計回りに国会議事堂，市庁舎，ウィーン大学，市庁舎の正面には道路を挟んでブルク劇場といった公共建築が並ぶ。これら「法と文化の四辺形」（ショースキー）は，王宮とブルジョアジーを結び付ける役割を果たした。また民間に売却された土地には，オフィスビルや高級ホテル，「貸し宮殿」と呼ばれる高級アパートが建てられた。20世紀初頭の最終的完成時には，公共・民間を合わせて建築物の数は，800を数えた。環状道路の内側にも外側にも，大規模な公園緑地が点在する。天気の良い昼下がりには，この環状道路を名士たちが連れ立って散歩するコルソと呼ばれる習慣が生まれ，それを見物する人々も加わって戸外の社交場とし

て賑わった。

▶ポチョムキンの街　リング通り沿いにはさまざまな公共建築が建てられたが，ゴシック(市庁舎)，バロック(ブルク劇場)，ルネッサンス(ウィーン大学)，古典ギリシア(国会議事堂)等，時代を異にする既存の様式の応用が混在する。建物の目的は確かに歴史的連想を伴う様式を借りることで視覚化されているが，新たな生の実感が形を成した様式とは無縁で，上辺を飾っただけの印象は免れない。そのため，エカテリーナ2世の視察に対応するために急遽張りぼての建造物で表面を繕ったロシアの街になぞらえて，「ポチョムキンの街」という蔑称も生まれた。

▶備考　ウィーン改造は，市の干渉を排して，内務大臣アレクサンダー・フォン・バッハの指揮のもと，徹底して内務省主導の国家事業として行われた。

●関連項目：オスマン

●参考文献：カール・E・ショースキー『世紀末ウィーン──政治と文化』(安井琢磨訳)岩波書店，1983年／山之内克子『ウィーン　ブルジョアの時代から世紀末へ』講談社新書，1995年／平田達治『輪舞の都ウィーン　円型都市の歴史と文化』人文書院，1996年／上田浩二『ウィーン「よそもの」がつくった都市』ちくま新書，1997年／田口晃『ウィーン都市の近代』岩波新書，2008年

[佐藤茂樹]

ウィーン工房

▶語義　ウィーン工芸美術学校の教授であり，ウィーン分離派☞のメンバーでもあった二人の建築家，ヨーゼフ・ホフマン(1848-1903)，コロマン・モーザー(1868-1918)と，実業家フリッツ・ヴェルンドルファー(1868-1939)が1903年に設立した工芸家の組織。機械による粗悪な量産品と古い様式を模倣したデザインが蔓延する現状に対抗し，手仕事による簡素ながら良質な製品を，芸術家と職人との対等で緊密な連携から生み出すことを目標に掲げた。この思想は，イギリスのアーツ・アンド・クラフツ運動☞の影響を受けている。建築・家具・テキスタイルから食器などの日用品まで，統一されたデザインの実現を理想とし，プルカースドルフ療養所(1904-05)，ストックレー邸(1905-11)といった代表作を残した。

▶デザインの特色　使用目的と素材の特性に合致した機能的なデザインを標榜したため，初期の作品はモノトーンで装飾が少なく，幾何学的で無機質な要素が強い。ホフマンとモーザーによってデザインの統一性が保たれており，とくに小さな正方形を連続させた意匠が特徴的である。モーザーの脱退後，徐々にデザインは多様化し，1915年にダゴベルト・ペッヒェ(1887-1923)が参加して以降は，初期の冷たさ・硬さが後退し，曲線や動植物モチーフを使った，軽やかでファンタジックなデザインが増えた。また1907年から販売を始めたポストカードは，素朴な民芸ふうのものから，都会のモードを取り入れた洒脱なものまで幅広いが，いずれも文字と絵が融合した，色鮮やかで明快なデザインであり，独特の「ウィーン工房らしさ」を共有している。工芸美術学校の学生が多く制作に参加しており，このうちエゴン・シーレ(1890-

1918)，オスカー・ココシュカ(1886-1980)等は，その後20世紀のウィーンを代表する画家となった。
▶限界　材質とデザインに妥協を許さず，時間のかかる手仕事にこだわったため，生産のコストが高く，一般家庭に「生活の美」をもたらすという理想に反して，顧客は一部の富裕層に限られる結果となった。1911年に設立したファッション部門と，機械印刷を外注したテキスタイル部門を除いては収益が上がらず，たびたび経営の危機に陥り，1932年ついに解散に至った。
●関連項目：アーツ・アンド・クラフツ運動／ウィーン分離派／バウハウス／ユーゲントシュティール
●参考文献：『ホフマンとウィーン工房展』図録, 豊田市美術館, 1996年／『ウィーン工房 1903-1932　モダニズムの装飾的精神』美術出版社, 2011年

[小野寺玲子]

ウィーン体制

▶語義　「長い18世紀」☞最後の戦争ともいうべきナポレオン戦争後に，ヨーロッパに平和を構築するため，オーストリア帝国の首都ウィーンを舞台に各国の代表が一堂に会し，正統主義(レジティマシー)(フランス革命以前の諸王朝の復位と領土支配権の復活)と勢力均衡(バランス・オヴ・パワー)(平和を脅かす征服者の力が大きくなる前に周辺諸国が同盟を結んでこれを抑える)を基調に打ち立てた集団安全保障体制のこと。1815～70年に一応の平和の時代が続いた。
▶経緯　ナポレオン戦争の戦後処理問題を話し合ったウィーン会議(1814-15)では，各国の勢力圏が確定していくとともに，イギリス，オーストリア，プロイセン，ロシアの戦勝四大国にフランスを加えた五大国が「勢力均衡」を基本にお互いの勢力圏に介入しないと同時に，自らの勢力圏に軍事介入する場合にも，五大国全体の合意を得てから行動に移すという基本原則も打ち立てられた。こののち，アーヘン(1818)，トロッパウ(1820)，ライバッハ(1821)，ヴェローナ(1822)の各会議で，オーストリア宰相メッテルニヒを議長にこの基本原則は守られたため，この時代を「会議体制」の時代と呼ぶ。
▶変容　しかし「会議体制」は主に東欧・南欧に登場した自由主義や民族主義を抑圧する弱者の犠牲の上に立った平和でしかなく，フランスでの七月革命(1830)や二月革命(1848)の余波を受けて，メッテルニヒ流の会議のあり方は行き詰まりを見せていった。これに取って代わったのが，イギリス外相パーマストンが主導したより柔軟性に富んだ自由主義に基調を置く「会議外交」であった。ベルギーの独立やデンマーク問題などもこれで穏便に解決され，「ヨーロッパ協調(コンサート・オヴ・ヨーロッパ)」の時代を打ち立てた。
▶崩壊　ところが五大国いずれの勢力圏にも属さないオスマン帝国支配地で問題が起きると，五大国の均衡は途端に崩れてしまった。ロシアとトルコの戦争に端を発するクリミア戦争(1853-56)は，ロシア・オーストリア・プロイセン間の絆にひびを入れることになり，これに乗じてフランス皇帝ナポレオン3世が勢力を拡張した。また，1862年にプロイセン首

相に就任したビスマルクがプロイセン主導型のドイツ統一に乗り出し、普墺（ふぉう）戦争(1866)、普仏（ふふつ）戦争(1870-71)を経てここにウィーン体制は倒壊された。これ以後は、ドイツのビスマルクを調整役とするビスマルク体制☞の時代に移行する。

●関連項目：長い18世紀／パクス・ブリタニカ／ビスマルク体制

●参考文献：君塚直隆『近代ヨーロッパ国際政治史』有斐閣, 2010年

［君塚直隆］

ウィーン分離派

▶語義　1897年、ウィーン造形芸術家協会から改革派の芸術家たちが離脱して、新たに設立した団体。より自由な活動を求める若手グループが、保守的で制約の多い旧来の組織から離反する例は、1892年のミュンヘンを皮切りに、世紀転換期のドイツ、オーストリア各都市で相次ぎ、古代ローマにおける為政者に対する民衆の離反(secessio plebis)にちなんで「分離派（ゼツェッション）」と呼ばれた。ウィーン分離派は画家グスタフ・クリムト(1862-1918)をリーダーとして、画家・彫刻家だけでなく、ヨーゼフ・ホフマン(1848-1903)、ヨーゼフ・マリア・オルブリヒ(1867-1908)といった建築家も参加した。

▶芸術観　ウィーン分離派は、過去の様式への依存やブルジョワに迎合した商業主義と決別し、時代にふさわしい新しい芸術様式を生みだすことを目標とした。そのために諸外国の芸術家と積極的に交流し、自国の芸術に刺激を与えると同時に、オーストリア美術を国外に普及させようとした。そして絵画・彫刻などのいわゆるハイ・アートと、工芸やグラフィック・デザインなどの装飾美術・応用美術とを差別せず、建築・音楽等も含む諸芸術が融合した「総合芸術」を理想と考えた。

▶分離派館　新しい芸術のための専用の展示施設として、1899年、オルブリヒの設計により分離派館が建設された。白亜の矩体に金色の月桂樹のドームを戴く斬新なデザインは、今日もウィーンのランドマークとなっている。正面入口上には「時代にはその芸術を、芸術には自由を」というスローガンが掲げられている。分離派の展覧会は、毎回異なるテーマに基づいて展示作品が選ばれ、それに合わせて会場の空間構成が決められた。そのため一回の展覧会ごとに間仕切りを変えることのできる可動壁が採用されたが、これも新しい試みであった。総合芸術の理念をもっともよく体現した有名な展示は、1902年の第14回分離派展である。ベートーヴェン(1770-1827)へのオマージュをテーマとするこの展覧会では、ドイツの芸術家マックス・クリンガー(1857-1920)によるベートーヴェンの彫像を中心に据え、「歓喜の歌」を含む『交響曲第9番4楽章』を表現したクリムトの壁画（通称ベートーヴェン・フリーズ）が三方を取り巻く構成となっていた。そしてオープニングではグスタフ・マーラー(1860-1911)の指揮でこの楽曲が演奏された。

▶機関誌　ウィーン分離派の活動を広める機関誌として『ヴェル・サクルム（聖なる春）』が1897年に創刊された。ここでも

総合芸術の理念に沿って，詩や散文とイラストレーションとの密接な連携が図られている。掲載されたイラストレーションは，アール・ヌーヴォーのドイツ・オーストリア版であるユーゲントシュティール☞の様式から，ジャポニスム☞の傾向が強いものまで多様であり，分離派展のカタログ，ポスターとともに，世紀末オーストリアのグラフィック・デザインを牽引した。

◉関連項目：ウィーン工房／ジャポニスム／ユーゲントシュティール

◉参考文献：R・ヴァイセンベルガー編『ウィーン　1890-1920　芸術と社会』(池内紀,岡本和子訳)岩波書店，1995年／『ウィーン分離派　1898-1918』展図録,東京新聞,2001年／宮下誠『クリムト　金色の交響曲』小学館,2009年

［小野寺玲子］

ヴィクトリア女王

▶基本データ　Queen Victoria　1819-1901　イギリス・ハノーヴァー王朝の君主。在位年(1837-1901)。在位は63年7ヵ月でイギリス史上最長である。

▶幼少期　ジョージ3世(在位1760-1820)の四男ケント公爵の長女として生まれる。伯父のジョージ4世(在位1820-30)，ウィリアム4世(在位1830-37)ともに世継ぎがなかったため，1837年6月20日に女王に即位した。翌38年6月に戴冠式を挙行。

▶治世前半期　議会内の党派では，即位当初の政治を支えたホイッグに肩入れすることがあったが，1840年2月に従弟のアルバート公と結婚してからは彼の助言に基づき，公正中立の立場から政党政治に対処するようになった。ピールの保守党政権とともに諸改革を推進し，1850年代にはイギリスも自由貿易の黄金時代を迎え，世界最大の経済大国となった。それを象徴したのが，アルバートが企画・立案・運営にあたった，第1回ロンドン万国博覧会(1851)である。この万博はその後の博覧会のモデルとなった。

▶治世後半期　1861年12月にアルバートが亡くなり，女王はしばらく隠遁生活に入った。当初は若くして未亡人となった女王に同情的だった世論も，彼女が長らくロンドンに姿を現さなくなるや，次第に女王に批判的となり，60年代末から70年代初頭にかけては共和制危機と呼ばれる，王政廃止運動もみられた。しかし72年頃から女王は国民の前にも頻繁に姿を現すようになり，当時から趨勢を示すようになった帝国主義の拡張とあいまって，世界の陸地面積の4分の1近くを擁するイギリス帝国の象徴となった。また，19世紀後半からは，ディズレーリの保守党とグラッドストンの自由党とが交互に政権を担当する二大政党制の時代を迎え，イギリス議会政治も黄金期を迎えた。

▶その死後　女王は四男五女の子宝に恵まれ，子どもたちの姻戚関係からヨーロッパ中の王室と縁続きとなった。しかしその孫の世代(ドイツ皇帝ヴィルヘルム2世,ロシア皇帝ニコライ2世,イギリス国王ジョージ5世など)になると各国の対立が激化し，彼らの間で第一次世界大戦(1914-18)が勃発してしまう。

●関連項目：イギリス二大政党制／第一次世界大戦
●参考文献：スタンリー・ワイントラウブ『ヴィクトリア女王1-3』(平岡緑訳)中央公論新社, 2006年／君塚直隆『ヴィクトリア女王』中公新書, 2007年

[君塚直隆]

ヴェール

▶語義　覆い，幕などを意味するラテン語に由来する語。アラビア語では，ヴェールを意味する用語としてはヒジャーブが一般的である。顔の中央から眼だけを残して足元までたらす長い布のブルクー，顔全体を覆う布のニカーブ，体全体を覆う黒い布のチャドルなどさまざまな形状と名称がある。

　イスラーム世界に関する通俗的なイメージでは，ムスリム☞女性は外出時には常にヴェールを被ることを強制され，男性から抑圧されている存在であると思われがちである。しかし，クルアーンにおいては，大事なところは慎む深く隠すようにという指摘があるだけで，顔を隠せという規定があるわけではない。そもそもヴェールの着用はイスラーム世界に限定されるものではない。公共の空間で不特定多数の男性の視線から女性を守るヴェールの習慣は，ギリシア，ローマなどのイスラーム以前の地中海地域の社会に見られた。ムスリム女性のヴェール着用は，預言者ムハンマドの妻たちの義務とされたものがその後ムスリム女性一般の範とされたことや，東地中海世界の征服後，ビザンツの貴族社会の習慣が支配層に受容されたことなどとの複合的な要因が考えられる。無論，ヴェールにはジェンダー的・社会的な役割のほか，埃や強い日差しから身体を護るという実質的な役割もある。

▶シンボルとしてのヴェール　近代になると，ヴェールはムスリム女性の社会的劣位の象徴，さらにはイスラーム社会とその文化全般の後進性の証として，西洋的な近代化をめざす者たちによってその廃棄が主張された。西洋列強の帝国主義勢力によっても，植民地政策の正当化のために利用された。その結果，この時代においてヴェールは植民地主義に対する民族抵抗のシンボルの意味を持つようになった。その後，女性解放運動が活発化した20世紀前半以降には，女性の社会進出のシンボルとして脱ヴェール化が浸透したが，20世紀後半にイスラーム復興運動が高まると再びヴェールを被る女性が増加した。こうした社会の動向を背景としたヴェールの脱着は，女性自身が選択して行っているものであり，彼女たちの主張を，ヴェールを被る／被らないという行為によって示していると考えられる。

　一方，サウジアラビアや革命後のイランのように法的規制でヴェール着用が義務づけられている国もある。

●関連項目：オリエンタリズム／スカーフ論争
●参考文献：『岩波イスラーム辞典』岩波書店, 2002年／『新イスラム事典』平凡社, 2002年／大塚和夫『イスラーム主義とは何か』岩波新書, 2004年。

[熊倉和歌子]

ウェストファリア条約の成立

▶**概要** ウェストファリア条約は1648年に締結された三十年戦争の講和条約で、条約の成立は中世以来のドイツ国家、神聖ローマ帝国の領邦国家への分裂を決定的なものにした。

▶**神聖ローマ帝国** 神聖ローマ帝国の歴史は800年のカロリング朝カール大帝の皇帝戴冠から911年のカロリング朝断絶までを前史として、962年のザクセン朝オットー1世の皇帝戴冠から1254年のホーエンシュタウフェン朝断絶まで、ついで大空位時代の後、1273年にハプスブルク家のルドルフ1世が皇帝位に就いてからルターの宗教改革が始まる1517年まで、さらに宗教改革から1648年の三十年戦争終結まで、最後にウェストファリア条約の成立から1806年の帝国崩壊までの4つの時期に分けられる。帝国の領域は、近世以降はほぼ現在のドイツ、オーストリア、チェコを範囲としたが、中世にはイタリア、フランス東部なども含んでいた。名称は最初たんに「帝国」、10世紀末に「ローマ帝国」、12世紀半ば頃には「神聖ローマ帝国」、15世紀末頃から「ドイツ国民の神聖ローマ帝国」と変化した。

▶**帝国の変化** 帝国の構造も時代とともに変化した。当初皇帝は事実上世襲で大きな権限を有し、ローマ教会を統治に組み入れて帝国内の大小の諸侯を統合した。最初は皇帝が教皇に対しても優勢だったが、教皇が巻き返して11-12世紀の聖職叙任権闘争では皇帝が敗北した。その後教皇と教会の力は弱まるが、この間に諸侯の力が増大し、大空位時代以後は帝国の分権化が進んだ。14世紀半ばには皇帝は7名の選帝侯に選出されるようになるが、選帝侯は大幅な自治権をもち、15世紀末には帝国は諸侯の連合体としての性格を強めていった。

▶**宗教改革と帝国の形骸化** この傾向に拍車をかけたのが1517年のルターの宗教改革で、帝国は宗教改革を支持する諸侯と、ローマ教皇側に立つ皇帝・諸侯に分裂、宗教戦争の様相を呈した。1555年のアウクスブルクの和議において皇帝と帝国議会がプロテスタント諸侯を容認することで収拾が図られたが、1618年には両派の宗教対立が再燃、デンマーク、スウェーデン、フランスも介入して、三十年戦争と呼ばれる長期の戦争となった。1648年に成立したウェストファリア条約によって神聖ローマ帝国内の300余の諸侯の領邦は大小・宗派にかかわりなく外交権をもつ独立した主権国家と見なされ、帝国は国家として形骸化し領邦国家への分裂が決定的になった。皇帝は名目上の存在となり、1438年以降皇帝位をほぼ独占してきたハプスブルク家の支配する君主国も、強大ではあるが一領邦国家にすぎなくなった。

●**関連項目**：神聖ローマ帝国の崩壊

●**参考文献**：木村靖二『ドイツ史(新版 世界各国史)』山川出版社、2001年／ピーター・H・ウィルソン『神聖ローマ帝国 1495-1806』(山本文彦訳)岩波書店、2005年

[篠原敏昭]

ヴェルサイユ体制

▶**語義** 第一次世界大戦☞後のヨーロッ

パに平和の体制を構築するため，パリ郊外のヴェルサイユ宮殿を舞台に戦勝国が一堂に会してドイツの戦後処理問題を討議したヴェルサイユ講和会議での決定事項をもとに形成された集団安全保障体制のこと。

▶経緯　1919年1月18日にヴェルサイユ宮殿「鏡の間」を会場に32ヵ国の代表が集まってドイツの戦後処理問題を話し合った会議に端を発する。実際には，戦勝国のうちで，イギリス，フランス，アメリカ，イタリア，日本の五大国が主導権を握り，ドイツは「民族自決」の原則下でヨーロッパで10％の領土を失い，海外の植民地もすべて連合国側による「委任統治」の名の下で没収された。講和条約は同年6月28日に調印された。なお，ドイツ以外の敗戦国に対しては，サンジェルマン（オーストリア），トリアノン（ハンガリー），セーヴル（オスマン）などの各条約が個別に締結されている。

▶意義　アメリカのウィルソン大統領が1918年1月に発表した「14ヵ条平和原則」に基づき，秘密外交の禁止や通商の自由が提唱されるとともに，戦後の地域紛争を解決する国際調停機関としての「国際連盟」の設立もここで決まった。各国は陸軍の軍備縮小を進めるとともに，1921-22年にアメリカの首都で結ばれた海軍軍縮条約によってアジア太平洋の安全保障も決められていったため，「ヴェルサイユ＝ワシントン体制」という呼ばれ方もする。さらに1925年のロカルノ（スイス）条約などにより，各国は今後は武力ではなく，まず外交交渉により地域紛争を解決していくことも取り決め，この体制を強化した。

▶崩壊　ドイツをはじめとする敗戦国に対する懲罰的な条約が結ばれた（この後，賠償金額も定められたが，「100年賦」という天文学的な金額となった）こともあり，1929年に世界恐慌に突入するや，連合国への復讐に燃える勢力がドイツで登場し，ヒトラー率いるナチスの台頭につながった。また大戦後のアメリカは再び自国に閉じこもり，ヨーロッパの安全保障に手を貸さなかった（国際連盟にも加入せず）こともあり，ヨーロッパや日本での全体主義的な勢力の拡張を助長し，第二次世界大戦☞のきっかけを作った。

●関連項目：第一次世界大戦／第二次世界大戦

●参考文献：マーガレット・マクミラン『ピースメイカーズ 1919年パリ講和会議の群像』（稲村美貴子訳）芙蓉書房出版, 2007年／E・H・カー『危機の二十年』（原彬久訳）岩波文庫, 2011年

[君塚直隆]

雨月物語

▶概要　上田秋成作の読本。明和5年(1768)3月自序，安永5年(1778)4月刊。5巻5冊。「白峰」「菊花の約」「浅茅が宿」「夢応の鯉魚」「仏法僧」「吉備津の釜」「蛇性の婬」「青頭巾」「貧福論」の全9話より成る怪異小説集。

▶『雨月物語』の典拠主義　『雨月物語』の文章は，大は一話の構想にはじまり，小は文辞のすみずみに至るまで，典拠を有するのが特徴である。その全体像をうかがうに，「典拠及び関係書一覧」（『雨月物語

評釈』所収)によれば、「中国関係の典拠・関係書」が60種を超え、「日本関係の典拠・関係書」は110種以上。主なものを挙げると、中国の『剪灯新話』『警世通言』『古今小説』『五雑組』、日本の『万葉集』『源氏物語』『保元物語』『撰集抄』『古今著聞集』および謡曲「松山天狗」「砧」「道成寺」など。このうち注意すべきは中国白話小説☞の翻案利用であり、すでに都賀庭鐘作『英草紙』(寛延2年〈1749〉刊)という、よき先達が存在していた。

▶読本の成立と中国白話小説　読本というジャンルの成立に与ったものとして、①中国白話小説、②仏教長編説話、③実録巷談――おおまかにいって、以上の三つを挙げることができるが、とりわけ中国白話小説の果たした役割は大きい。『三国志演義』『水滸伝』に代表される長編演義体小説から「三言二拍」と呼ばれる短編小説集まで、当代日本の文人を魅了した中国白話小説。その魅力を中村幸彦説(1995)の要約により示せば、①ストーリー・構成の妙、②作中人物の性格が明確、③あふれる人情味、④描写・表現の真実味、⑤作中にこめられた思想、⑥文章、⑦小説観となる。もともと現代中国語の教科書として読まれはじめた中国白話小説ではあったが、当時の文人たちが、在来の日本の小説にない魅力にひかれ、中国白話小説の翻案をこころざすのは、むしろ自然ななりゆき。庭鐘しかり、秋成しかり。建部綾足にも『水滸伝』を翻案して『本朝水滸伝』(安永2年〈1773〉前編刊)があった。山東京伝といえば後期読本に属する江戸の作者だが、その京伝に『忠臣水滸伝』(寛政11年〈1799〉前編刊)があり、曲亭馬琴の諸作品はいうまでもなく、中国白話小説の翻案は、秋成『雨月物語』以後も読本の骨子たり続けるのである。

●**関連項目**：中国白話小説
●**参考文献**：鵜月洋・中村博保『雨月物語評釈』角川書店, 1969年／中村幸彦「読本発生に関する諸問題」『中村幸彦著述集』5, 中央公論社, 1982年／中村幸彦・高田衛・中村博保『新編日本古典文学全集78　英草紙・西山物語・雨月物語・春雨物語』小学館, 1995年／長島弘明『雨月物語の世界』ちくま学芸文庫, 1998年

[井上和人]

歌会始

▶**語義**　年頭に皇室の公式行事として行われる歌会。宮中歌会始。天皇皇后両陛下、皇太子殿下など皇族、召人、選者の和歌、および内外から公募され選ばれた和歌が披講(詠唱)される。

▶**起源**　従来は歌会始の起源は「和歌御会始」の名の行事をさかのぼることにより検討されていた。「和歌御会始」の語の初出は建仁元年7月27日の記事(東大史料編纂所D.B.)。これは二条殿に設置した和歌所での初の歌会のことで年中行事ではない。『明月記』の建仁2年1月13日の記事が歌会始の記録上の初見との指摘があり(『世界大百科事典』)、これは同年初の歌会であるが「歌(御)会始」の語はない。弘長2年(1262)、弘長3年の各正月に「和歌御會始」「和哥御會始」の語が見られ、文永2年(1265)正月に「内裏詩歌御会始」があり和歌題も記されている。文永4年正月

に「和哥御會始」があり宮内庁のHPはこれを引用している。筆者は，「歌会始」の起源をその名で称される行事に求めるより，日本の古代からの歌垣，踏歌，また歌会，歌合せ，勅撰集の伝統に求めるべきと考えている。現在の歌会始は，披講を必須とするところが歌合せと同じであり，広く公募した短歌の中から選ぶことが勅撰集と似ており，国民的行事の点で歌垣，宮中の公式行事の点で踏歌と対応するからである。

▶**日本の詩歌の伝統** 朗詠：『万葉集』巻頭の雄略天皇の歌，山上憶良の宴を罷る歌，額田王と天武天皇の宴席でのかけあい歌などから，歌が朗詠されたことがわかる。『万葉集』の字余りと詠唱法の関係の研究からも支持される。漢詩の朗詠については『和漢朗詠集』や，『枕草子』『源氏物語』に記述がある。

▶**年中行事と歌** 古代日本で春の初めに筑波山や海石榴市(つばいち)で「歌垣」が行われた。『古事記』によれば歌垣の場で顕宗天皇と志毘(しび)との歌争いがあった。3月上巳なり3日に曲水の宴が開かれ，歌が詠まれる伝統があった。踏歌は中国から伝わった行事であるが，古来の歌垣と融合して宮中の正月行事となった。男踏歌は衰退したが女踏歌は洗練されて発展した。これらを背景に，宮廷と国民との歌を通してのつながりの志向性が維持され，現在の歌会始の伝統に連なっていると理解できる。

▶**歌合せと勅撰集** 日本の天皇はすべて歌人であったと言える。自ら歌を詠むだけでなく，歌合せを主宰し，また勅撰集の編さんを命じた。最初の勅撰の和歌集は醍醐天皇の勅による紀貫之ら撰の『古今和歌集』。

●**関連項目**：百人一首

●**参考文献**：坊城俊周「和歌披講の所役について」日本文化財団編『和歌を歌う—歌会始と和歌披講』笠間書院，7-11頁，2005年／中島宝城「宮中歌会始」日本文化財団編『和歌を歌う—歌会始と和歌披講』笠間書院，13-43頁，2005年／多ケ谷有子「朗詠としての歌会始—詩歌と朗詠の伝統 桂冠詩人と「歌会始」」『関東学院大学文学部紀要』第124号，61-103頁，2012年

[多ケ谷有子]

写し絵

▶**語義** 日蘭貿易によりもたらされた西洋の幻燈を手本にして考案された和製幻燈。染め物の上絵師の都屋都楽(亀屋熊吉)が享和3年(1803)に牛込神楽坂の茶屋春日井で上演したのが始まりとされる。

▶**成立と発展** 幻燈とは，透明な写真または画に光を通し，レンズによって映写幕に拡大投影する器械である。発明者としてドイツ人のアタナジウス・キルヒャー(1602-80)の名がしばしば挙げられるが，彼はすでに発明されていた幻燈の形態・機構をさらに発展させ記録に残した人との見方もある。幻燈は，遅くとも18世紀後半には日本に入っていた。享和元年(1801)，上野において「エキマン鏡」の名で披露されたことが分かっており，都屋都楽はこれを見た後に写し絵を考案したものと思われる。写し絵は，寄席や夏の川涼みの屋形船などで催され，日本独自の芸能に発展していった。演者

は，和紙の映写幕の裏から，複数の風呂(木製の幻燈器)と種板(種絵と呼ばれるガラス絵の付いたスライド)を手持ちで操作する。語りや鳴物に合わせて芝居仕立てで演じられた。怪談やお笑い物は手軽であり，特に好まれた。江戸から他の地方にも伝わり，関西では「錦影絵(にしきかげえ)」，松江では「影人形(かげにんぎょう)」など，さまざまな呼ばれ方をした。また幕末頃から，江戸近郊(八王子，多摩地方，埼玉など)の農村にも広がり，郷土芸能としてすでに浸透していた説経節の語りが付けられ，3～40分程度の長さを持つ劇として，農民たちの貴重な娯楽のひとつとなった。こうして写し絵は，江戸後期から明治・大正期にわたり庶民の娯楽として親しまれた。

▶衰退　明治に入り，写真スライドを用いた西洋の幻燈が再移入される。明治7年(1874)手島精一がアメリカより幻燈機とスライドを持ち帰ったのを皮切りに，続々輸入され，やがては写真業者の鶴淵初蔵，中島待乳など国内で幻燈を製作するものも出る。この幻燈の再輸入，そして映画の誕生により，写し絵は徐々に廃れていく。農村では都市部より長く楽しまれていたが，村のコミュニティが変化を遂げるにつれ，上演の担い手が不足するようになり，やがて途絶えた。昭和に入る頃にはほぼ消滅し，長らく忘れ去られていたが，第二次大戦後に市井の研究家・小林源次郎が，その存在に再び光を当てた。現在では，劇団みんわ座により復活上演が行われるようになっている。

●参考文献：小林源次郎『写し絵』中央大学出版部，1987年／小松弘「日本におけるスクリーン・プラクティス あるいは映画以前の動く映像」川崎市市民ミュージアム編『映画生誕100年博覧会』，1995年／岩本憲児『幻燈の世紀 映画前夜の視覚文化史』森話社，2002年／碓井みちこ「写し絵とその観衆」藤木秀朗編『観客へのアプローチ』森話社，2011年

[碓井みちこ]

ウラマー

▶語義　イスラーム諸学を修めた知識人を意味するアラビア語。ウラマーは複数形で，単数形はアーリム。イスラーム諸学とは，クルアーン学，ハディース学，法源学，法学，神学，アラビア語学などであり，哲学や数学などのいわゆる科学分野は含まれない。

▶歴史　史料のなかでウラマーという社会集団の存在が確認できるのはアッバース朝以降のことである。ウマイヤ朝時代にもハディース☞の収集やシャリーア☞などを扱う学者は認められるが，彼らは政治とは関係をもたずに独自に活動していた。アッバース朝は統治理念としてスンナ派イスラームを確立し，自らの支配に正当性をもたせるためにウラマーを保護した。ウラマーが果たした社会的役割の第一は，シャリーアの解釈とその適用である。ムスリムの日常生活から国家統治や外交までの多岐にわたる事柄を規定するシャリーアの体系化と，実社会における適用を担ったため，彼らが果たした役割もまた多岐にわたる。彼らはマドラサ(学院)の教授，カーディー(裁判官)，ムフティー，説教師，礼拝のイマーム(導師)，クルアーン読誦者としてムスリム

の日常生活を支えた。イスラームには，聖職者制度はないが，他の宗教において聖職者が担う役割はウラマーが果たしている。一方，政治権力とのつながりも大きい。とりわけ11世紀以降に割拠した軍人政権にとって，自らの支配の正当性を示すためにウラマーの支持と協力は不可欠であった。そのため為政者はマドラサやモスクを建設してウラマーを保護し，相互の協力関係を築いていった。

　19世紀以降の近代化の中で世俗化が進められた結果，ウラマーの役割は，イスラーム諸学の教師，礼拝のイマーム，説教師，ムフティーといった宗教に関わる部分に限定されるようになった。しかし，社会におけるウラマーの影響力は現在においても依然として保たれており，イスラーム復興の声が高まるのに比例してウラマーの果たす役割は大きくなるという傾向が見られる。

▶スンナ派とシーア派の相違　スンナ派のウラマーとシーア派のウラマーの大きな相違点は，ヒエラルヒーの有無である。スンナ派ではヒエラルヒーは認められていない。これに対し，十二イマーム派の場合は，ただのウラマーから，"イスラームの証(ホッジャテ・エスラーム)""アッラーの徴(アーヤトッラー)""最高の徴(アーヤトッラー・ウズマー)"といった位階が存在する。イラン・イスラーム革命後は，これに4位階を加えた7位階がもうけられた。

●関連項目：シャリーア／ハディース／ファトワー

●参考文献：『岩波イスラーム辞典』岩波書店，2002年／『新イスラム事典』平凡社，2002年／堀井聡江『イスラーム法通史』山川出版社，2004年／湯川武『イスラーム社会の知の伝達』山川出版社，2009年

［熊倉和歌子］

ウンマ

▶語義　アラビア語で「共同体」，とくに宗教に立脚した共同体を意味する語。現代アラビア語では，民族共同体もさす。

▶イスラームのウンマの誕生　クルアーンの語法では特定の預言者と彼に従う人びとの集団がウンマである。神は幾度となく預言者を地上に派遣し，人間に対し，神に服従するように警告させた。過去には多数のウンマが地上に出現し，その多くは神に反抗したため神によって滅亡させられた。イスラームでは，モーセのウンマであるユダヤ教徒，イエスのウンマであるキリスト教徒は使徒を受け入れ，それぞれ「律法の書」，「福音書」を神から与えられたとし，彼らを「啓典の民」と呼ぶ。しかし，彼らも互いに対立し，道を踏み誤ったと見なす。そこで，神が最後の預言者として派遣したのがムハンマドであり，その教えに従う人びとの共同体がイスラームのウンマである。単にウンマというときは，イスラームのウンマを指す。

▶イスラームのウンマ　イスラームのウンマは，神の下した真理を正しく地上に具現するものであり，正義の行われる理想社会の実現をめざし，人類に対して模範的なウンマであるべきものとされる。このウンマの理想はシャリーア☞として具体化された。シャリーアが人間の日常

生活の包括的規範である以上，ウンマは信仰共同体だけでなく，同時に，政治や経済，社会活動の場としての生活共同体である。

▶ウンマの内と外　イスラームのウンマによってシャリーアが適用されている地域は，「イスラームの家」（ダール・アルイスラーム）と呼ばれる。これに対して，イスラームのウンマの支配に服さず，シャリーアが適用されていない地域は「戦争の家」（ダール・アルハルブ）と呼ばれる。戦争の家は，改宗やジハード☞を通じてイスラームの家に組み込まれるまで，イスラームの家と「戦争」状態にあるとされる。他方，たとえ非ムスリム☞であっても，イスラームのウンマとのあいだにズィンマと呼ばれる保護契約を結んだウンマは，生命と財産の安全や信仰の自由を保証され，イスラームの家に属するものとして見なされた。このような人びとは「ズィンミー」（庇護民）と呼ばれ，ムスリムに政治的に服従することや人頭税や地租の支払い，戦時におけるムスリムへの協力といった義務を負った。

●関連項目：ジハード／シャリーア／ムスリム

●参考文献：東長靖『イスラームのとらえ方』山川出版社，1996年／『岩波イスラーム辞典』岩波書店，2002年／『新イスラム事典』平凡社，2002年／佐藤次高編『キーワードで読むイスラーム』山川出版社，2003年

[熊倉和歌子]

エイズ自助グループ

▶定義　エイズ自助グループとは，HIV/AIDSに関する治療法や社会的な対応についてお互いに持つ情報を交換し，さらにその他の困難な状況にあるHIV感染者，AIDS発症者たちを救済するための相互扶助グループのことである。このような自助グループは，自分のことは自分で完結させるという自助機能に加えて，自立と依存との両面を意味する相互扶助機能をも有しているとされる。

▶背景　タイにおいては1984年9月，タイ政府が国内でのHIV感染者の存在を公式に認めたが，それはアメリカから帰国した男性同性愛者が持ち込んだ病気であるとされた。そのため，HIV/AIDSは性的倒錯者や性産業従事者など，「特殊な」状況に置かれたハイリスク集団に属する人びとが罹患する病気であるとの認識が広がった。80年代後半，政府は100％コンドーム運動の実施など，エイズ撲滅を掲げた政策を積極的に実施した結果，一定の成果を見たが，90年代に入り，都市部のハイリスク集団だけではなく，地方の農村部に暮らす農民にもHIV感染が拡散し，タイはエイズパニックに陥った。このような状況のもと，誰もが受けることのできる効果的な治療法が存在していなかった当時の農村地域においては，残された女性たちがエイズと向き合い，病気と闘いながら生きるためのグループを結成したのである。HIV感染者が自助グループを結成したのは，①貧困，②社会的烙印，③HIV/AIDS医療体制の不備，をタイ政府・タイ社会に対して訴えかけるためであった。このような動きに対して，タイ政府（保健省）は，HIV感染者の組織化について，そ

れが実際の治療をかれらの自助努力にのみ委ねるという危険性をはらんでおり、また、HIV/AIDSがもつ負のイメージからさらなる差別を助長するとの否定的見解を示していた。

▶**活動内容** 活動内容については、次の3つに大別される。まず、①感染者同士がお互いの自宅を訪問し合うことである。家庭訪問によって、病気や日常生活の悩みを共有し、グループの結束を強化することができる。次に、②農村内での啓蒙活動である。HIV/AIDSで苦しむ理由、病気と向き合う経験を話すことによって、それが農村内におい予防教育としての意味を持つことになる。そして、③経済活動である。手押しミシンを共同で借入し、洋服作りや刺繍をおこなうことで、それが家計の足しとなり、現金収入を得ることができる。また、メスの水牛を共同で飼育し、交配させて生まれた子牛を売却し、エイズ遺児に奨学金として分配することで、相互扶助を実践できる。

▶**転回** 2002年5月、チェンマイ県では、NGOの試験的プロジェクトとして、抗HIVウィルス薬(ARV)が有料で配布されるようになった。そして、2年後、タイ政府がARVの無償配布政策を採ったため、地方農村においてもARV治療が普及した。これが一つの契機となり、エイズ自助グループの活動に大きな影響を与えることになった。そもそも、エイズ自助グループは、HIV/AIDS医療体制の不備をタイ政府・タイ社会に訴えることを一つの目的として活動を始めたが、このようなHIV/AIDS医療体制の改善が自助グループの活動規模を縮小させたのである。このことは、エイズ自助グループが反体制をスローガンとして掲げながらも、医療の対象として地域開発の渦に巻き込まれていくプロセスとして捉えることもできる。今後、エイズ自助グループはその存在すら形骸化され、そして、エイズ自助グループの枠組みを越えて、HIV感染者個人と病院との関係性がより強化され、両者の間で新たな相互扶助関係が構築されていくのではないだろうか。

●**参考文献**：田辺繁治『生き方の人類学 実践とは何か』講談社現代新書,2003年／浮ヶ谷幸代『病気だけど病気ではない 糖尿病とともに生きる生活世界』誠信書房,2003年／田辺繁治『ケアのコミュニティ』岩波書店,2008年

[日野智豪]

越境の文学(外国人の日本語文学)

▶**語義** 「越境の文学」とは戦争や革命によって主に20世紀に生まれた亡命者・越境者たちが、母語ではないそこに住んだ国や地域の言葉を駆使して創作活動を展開したことを指す。それは具体的にはベケット(フランス語と英語の両言語を使った作家)やナボコフ(ロシア語と英語で創作をした)などがいるが、ユダヤ人であったカフカなどはプラハのドイツ語という通常のドイツ語とはやや違った言語によって作品を著した。

近年、日本語作家として活躍しているリービ英雄(アメリカ人で日本語で創作を書いている)や楊逸(中国出身で芥川賞を受賞した)なども越境の文学と呼んでいい。それは母語

ではない日本語で小説を書くという試みであり、日本文学に新たな1ページを築きつつある。

▶**背景** 近代日本文学においては小泉八雲(ラフカディオ・ハーン)などのように、来日して日本に留まり、その文化や文学に親しみ『怪談』のような創作を成した作家がおり、またドナルド・キーンやサイデン・ステッカーのように川端康成や三島由紀夫の文学を英語に翻訳し、日本の文学についての評論を書く日本文学研究者もいた。しかし、1987年に「星条旗の聞こえない部屋」でデビューしたリービ英雄は、アメリカ人として初めて日本語で小説を著し、注目された。万葉集の英訳を成したジャパノロジストであったリービは、母語ではない日本語で創作することで、名実ともに日本語作家となった。また、中国出身の楊逸は、2007年に「ワンちゃん」で『文學界』新人賞を受賞し、翌年に「時が滲む朝」で芥川賞を受賞した。さらに1980年に台湾に生まれた温又柔は、2009年に「好去好来歌」で『すばる』文学賞を受賞した新鋭作家である。3歳の時に来日して日本語を生来の言葉としてきたが、母親の台湾語と中国語(大陸の言葉)とのやりとりなど、言葉の葛藤を小説の重要なテーマにしている。

▶**特徴** 日本語を母語としない日本語作家の登場は、グローバルな現代の象徴であるとともに、近代日本語を用いて小説を書くということによって、日本語の新たな可能性をひらいている。たとえば、リービ英雄は日本語の文脈のなかに英語の文章や発音を取り込み、さらに中国語の漢字と発音を取り入れている。それはルビによって外国語の音を日本語表記できるからである。すなわち日本語という言語が他言語をもその内側に取り込む合切袋のような柔軟性と包容力を持っているということだ。こうした国籍を超えた作家たちによる日本語の創作は今後さらに展開されていくものと思われる。

●**参考文献**:リービ英雄『天安門』講談社文芸文庫, 2011年

[富岡幸一郎]

エッフェル塔

▶**概要** 1889年にギュスターヴ・エッフェル(Gustave Eiffel)の設計によりパリのセーヌ河岸シャン・ド・マルス公園北西側に建てられた324メートルの塔。建設当時は反対運動にも遭ったが、現在ではパリの街になくてはならない象徴として愛されている。

▶**歴史** 19世紀後半からヨーロッパの大都市で競って万国博覧会が催され、各国が威信を顕揚するようになった。1870-71年の普仏戦争でプロイセンに敗北したフランスは、産業国家として国力を顕示するため、第三共和政下、1889年にパリで革命100周年を記念する万国博覧会を開催することを決定した。そして、万博の機会に共和国の威信を示すような建築物を建てることになり、設計の公募が行われた。パリの中心部にそのような建築物を建てることは、カトリック勢力がモンマルトルに建てたサクレ・クール寺院への抵抗の意味もあった。公募の結果、満場一致で選ばれたのは、「橋造りの天才」、「鉄の魔術師」と言われていた

鉄橋技師ギュスターヴ・エッフェルの案であった。1887年からエッフェルの指揮のもと建設工事が始まったが、パリの街を愛する芸術家たちが、エッフェル塔はパリの景観を損ねるとして建設反対運動を起こし、同年2月、『ル・タン』紙に名高い作家・作曲家・建築家らによる「芸術家の抗議文」が掲載された。しかし、着々と計画通りに工事は進行し、1889年3月30日、3階建て、高さ300メートル（当時）、重さ9700トン（鉄骨部分は7000トン）の鉄の塔が完成した。

▶**完成後**　2階プラットフォームができた頃から建設反対派はなりを潜めるようになり、完成後は、反対運動に加わっていた芸術家たちも好んでエッフェル塔を訪れるようになった。反対運動の署名者の一人モーパッサンが「エッフェル塔を見ないで済む唯一の場所だから」と言ってエッフェル塔内のレストランで食事をしていた逸話は有名である。エッフェル塔が人々に愛されるようになった大きな理由は、「鉄の魔術師」エッフェルが風対策のために組み合わせた鉄骨の美しさにあり、後に20世紀の評論家のロラン・バルトはエッフェル塔を「鉄のレース」と呼んでその「軽さ」に注目することになる。エッフェル塔に魅せられた芸術家は数多く、詩人のアポリネールやコクトーら、画家のユトリロ、ドローネー、シャガール、デュフィーら、シャンソン歌手ミスタンゲットなどの音楽家たちがエッフェル塔をモチーフにした数々の作品を生み出している。

●**参考文献**：ロラン・バルト『エッフェル塔』（宗左近・諸田和治訳）ちくま学芸文庫, 1997年／松浦寿輝『エッフェル塔試論』ちくま学芸文庫, 2000年／フレデリック・サイツ『エッフェル塔物語』（松本栄寿・小浜清子訳）玉川大学出版部, 2002年

［郷原佳以］

エリザベス2世

▶**幼少期**　Elizabeth Ⅱ（1926-, 在位1952-）1926年4月21日に時のイギリス国王ジョージ5世の次男ヨーク公爵の長女として誕生。1936年12月、伯父のエドワード8世が俗に「王冠を賭けた恋」と呼ばれる、離婚歴のあるアメリカ人女性との結婚に踏み切って退位したため、父が国王ジョージ6世として即位。第二次世界大戦☞を国民とともに乗り切った国王は、1952年2月6日に死去、エリザベスがウィンザー王朝初の女王として即位した。戴冠式は53年6月2日。

▶**家族**　1947年11月にギリシア王室のフィリップ王子（エディンバラ公）と結婚。三男一女に恵まれる。2011年4月には孫のウィリアム王子が結婚した。

▶**治世前半**　植民地であったアジア・アフリカ諸国が次々と独立を果たすが、独立後も各国との関係を保ち、しばしば公式訪問を行った。またヨーロッパ各国はもとより、日本、中国、韓国など東アジア諸国にもイギリス君主として初の公式訪問を果たした。さらに、戦後のアメリカとの「特別な関係」を維持すべく、トルーマンからオバマまでの12代の大統領たちとも親しく接した。コモンウェルス☞諸国首脳会議にもほぼ毎回出席し、首脳たちとの長年の友好関係が功を奏し、

1990年には南アフリカでマンデラ釈放に貢献した。

▶治世後半　1981年に長男チャールズ皇太子がダイアナと結婚し，王室は国民からの人気を不動のものにしたかに見えたが，その後二人の仲は急速に冷め，96年に離婚した。長女アン，次男アンドリューも離婚に至り，97年のダイアナの事故死(ダイアナ事件)で王室の人気は急落した。しかし年間500件前後の公務をこなし，80歳を過ぎても600の団体の長を務めるなどの活動が国民にも認識されるようになり，2012年の在位60周年記念式典(ダイヤモンド・ジュビリー)も無事に迎えることができた。

▶記録　在位60年の間にのべで350ヵ国を歴訪し，100人以上の国賓を迎えた。2007年12月には，ヴィクトリア女王☞を超えて，歴代最長寿のイギリス君主となった。夫君のエディンバラ公も2011年6月に90歳を迎え，君主の配偶者として歴代最長期間を誇る。

●関連項目：ヴィクトリア女王／コモンウェルス／第二次世界大戦

●参考文献：君塚直隆『女王陛下の外交戦略　エリザベス二世と「三つのサークル」』講談社，2008年

［君塚直隆］

エル・シッド

▶語義　エル・シッドという言葉は，アラビア語で「君主」を意味するサイードに由来する。レコンキスタ☞期に活躍した，中世イベリア半島☞のキリスト教王国カスティーリャ・レオンの騎士ロドリーゴ・ディアス・デ・ビバールの異名である。エル・シッドという異名はイスラーム側から贈られたとされるが，このことが，ロドリーゴがキリスト教徒のみならず異教徒からも一目置かれた存在であるとされる所以である。叙事詩『わがシッドの歌』の主人公として広く知られている。

▶エル・シッドの生涯　ロドリーゴ・ディアス・デ・ビバール(1043頃-99)は，カスティーリャ・レオンの都市ブルゴス近郊のビバールという地で下級貴族の家に生まれた。カスティーリャ・レオン王国が2人の王子の分割相続によりカスティーリャとレオンに分かれると，カスティーリャを継いだサンチョがロドリーゴの主君となった。しかし，1072年にサンチョが暗殺されると，ロドリーゴはサンチョの弟でカスティーリャ・レオン王となったアルフォンソ6世に仕えることになった。ロドリーゴは王の姪に当たるヒメーナと結婚するが，謀反の疑いをかけられて追放される。1087年にいったん赦されてカスティーリャに戻り，城と土地を与えられたが，再び王の不興を買って追放される。その後は王に赦されることはなかったが，1094年にアンダルス☞の要衝バレンシアを攻略し，イスラーム勢力のムラービト朝による侵攻からバレンシアを守ることに尽力した。

▶『わがシッドの歌』　エル・シッドことロドリーゴ・ディアス・デ・ビバールの武勲を描いた叙事詩で，スペイン最古の文学作品といわれる。題名や作者は不詳で，後世の研究者によって『わがシッドの歌』という題が付された。制作年代に

ついては諸説あるが、ロドリーゴの死後半世紀から1世紀を経て書かれたとの推定から12世紀の作品と考えられる。他の地域の中世ヨーロッパ叙事詩『ローランの歌』や『ニーベルンゲンの歌』に比べ、リアルな描写が特徴的である。実在の騎士が主人公であることに加え、叙事詩につきものの神話的な要素や現実離れした表現は比較的少ない。史実と異なる創作部分もあるが、武具、衣装、戦利品などについては詳細に記され、具体的な地名や人名も多く挙げられており、当時の様子を窺い知ることができる。

●関連項目：アンダルス／イベリア半島／レコンキスタ

●参考文献：『スペイン中世・黄金世紀文学選集1　わがシッドの歌』(牛島信明・福井千春訳)国書刊行会，1994年／リチャード・フレッチャー『エル・シッド―中世スペインの英雄』(林邦夫訳)法政大学出版局，1997年

[三浦みづほ]

黄金世紀スペインの文化

▶語義　スペインでは一般に、16～17世紀にかけての政治・軍事、経済、芸術・文学において栄えた時代を黄金世紀(シグロ・デ・オロ)と呼ぶ。

▶時代背景　黄金世紀のスペインは進出したアメリカ大陸から多額の銀を得たが、拡大した支配領域を治めるための費用はそれをはるかに上回って人々を経済的に圧迫した。オランダ独立戦争、カタルーニャ反乱、ポルトガル独立などが次々と起こるなか、人々は覇権の衰えを感じざるを得なかった。しかし、王や貴族たちの豪勢な暮らしぶりは変わらず、首都になったマドリードは華やかな文化の中心地であった。市井の人々の気晴らしのための娯楽として演劇や様々な催しものも盛んに行われた。

▶文学　この時代を代表する作家であるセルバンテスは、戦争で負傷し捕虜生活を送ってからスペインに帰還した。彼の代表作『ドン・キホーテ』の主人公ドン・キホーテが理想に憑りつかれて無謀な戦いをする姿は、当時のスペインの姿と重なる。セルバンテスの作品のほかに、小悪党が活躍する様子を社会風刺とともに描いたピカレスク小説(悪漢小説)も、この時代を代表する文学である。民衆の娯楽であった演劇では、劇作家ロペ・デ・ベガやカルデロンの劇が人気を博した。

▶美術　特に絵画で多くの優れた作品が生まれた。クレタ島出身で「ギリシア人」という意味のエル・グレコという通称で知られる画家は、カトリック信仰と芸術が切り離せないこの時代において色使いが特徴的で神秘的な宗教画を生み出した。宮廷画家を志望したが宮廷芸術では禁欲的な画風はあまり好まれなかったようで職を得られず、トレドを拠点とした。17世紀に現れたベラスケスは、描写力、色使い、構成力などあらゆる面で卓越しており、「画家の中の画家」と称賛される。宮廷画家として重用され、同時代のルーベンスとも交流した。

●参考文献：林屋永吉・小林一宏・佐々木孝・清水憲男・大高保二郎『スペイン黄金時代』日本放送出版協会，1992年／立石博高「スペイン帝国の時代」立石博高編『スペイン・ポルトガル史』山川出版社，2000年，

141-170頁／関哲行編『スペイン』山川出版社, 2002年

[三湏みづほ]

王立協会

▶**起源** 王立協会（ロイヤル・ソサイエティ）は, イギリスのもっとも古くもっとも権威のある学術団体であり現在も存在して活動を続けている。1660年にチャールズ2世が王政復古で復位した際に国王から認可された科学者の団体であったので「ロイヤル」と呼ばれていたのだが, この団体は国王からの資金的な援助があったわけではなく, 会員たちの年2ギニーの会費の拠出で運営をされていた。この団体は, 科学（当時は「自然哲学」と呼ばれていた）の愛好者の集まりで, 会員制のジェントルマンのクラブのようなものであり, 必ずしも一流の科学者ばかりではなく, 医師や古物蒐集家, そしてヴァーチュオーソーと呼ばれたアマチュアの科学愛好家など幅広い会員から成り立っていた。その起源は, 1650年代頃からあったオクスフォード大学のウォダム・カレッジに拠点を置いていたロバート・ボイル, ヘンリー・オールデンバーグ, ロバート・フックなどの科学者たちの「インヴィジブル・カレッジ」と呼ばれていたグループの活動であったといわれている。

▶**意義** 王立協会に依拠した科学者たちは, 中世以来の自然科学の伝統であったアリストテレス主義に反対し, 質量とか形相などという形而上学的な演繹的理論から自然現象を把握する方法よりも, 実験と観察による自然理解を基本にすえていたところが従来とは大きく違っていた。彼らの学問的方法が17世紀前半のフランシス・ベーコンあたりから始まる, いわゆる実験主義的な帰納法に拠っており, 「言葉に拠らず」という協会のモットーが示すように, あらゆる自然現象を実証的な手段のみで考究しようとしたのだった。「実験哲学」とか「新哲学」と呼ばれていたのもこの理由からだった。また彼らの自然観は基本的には, フランスのデカルトなどの影響を強く受けた粒子や原子などに基づいた機械論的なものであった。自然界の物質的な現象をこれら粒子の位置, 運動, 静止などに還元して説明したので, 従来の神秘的・魔術的な自然観とは大きく違ったものになっており, 18世紀の啓蒙期への科学技術の発展の出発点になったのであった。

▶**組織** 1662年から1677年の間に事務局長を務めたオールデンバーグは, オクスフォード大学のグレシャム・カレッジを拠点とし, 協会の国際化と研究報告の公開に力をそそいで, 名事務局長の誉れが高かった。1665年に協会の学会誌ともいえる『フィロソフィカル・トランザクションズ（哲学紀要）』を創刊し, 会員たちの研究活動報告を載せ, 最新の研究成果を公表したのである。この定期的学術誌の発刊は, 知識の公開と情報交換の場として非常に有力なシステムとなり, また, ある意味では新発見者の顕彰とその特権の擁護にもなったので, イギリス国内はもちろん広く大陸諸国からの投稿もあり, 王立協会の国際的名声を高めるのに与って力があった。

▶**著名な会員たち** 協会の発足当時から

の有力な会員としてはボイルがいる。アイルランドの有力な貴族の末子だったボイルは，実験に基づく有用な学問という理想をかかげ，その資力にものをいわせて，当時には高価だったさまざまな実験器具を購入，利用し，数多くの実験結果を公表した。空気圧の実験結果を用いて，現在でいうところの「ボイルの法則」を発見したのはもっともよく知られている。ボイルのもとで空気ポンプなどの実験道具の製作，管理をしていたフックは，実験器具の考案に優れた能力を発揮して，気象観測器具や反射望遠鏡などを製作した。顕微鏡をつかって微細な動植物の観察結果を報告した『ミクログラフィア』によってその名を残している。日記作家として知られているサミュエル・ピープス，建築家のクリストファー・レン，医者で収集家のハンス・スローンなど多彩な人物がこの協会で重要な役割を担っていたが，なかでも，1703年からその死の1727年まで協会の会長を務めたアイザック・ニュートンは「万有引力」の発見者としてあまりにも有名であろう。この協会の果たした歴史的な役割に関していえば，革命的ともいわれており，科学史家の間では，17世紀後半の「科学革命」を引き起こした原動力となったといわれている。

●参考文献：ヒュー・カーニー『科学革命の時代』(中山茂・高柳雄一訳) 平凡社，1983年／マイケル・ハンター『イギリス科学革命』(大野誠訳) 南窓社，1999年／ジョン・ヘンリー『一七世紀科学革命』(東慎一郎訳) 岩波書店，2005年。

[仙葉豊]

大岡昇平

▶略歴　大岡昇平は明治42年(1909)に東京で生まれた。渋谷の小学校を卒業後，青山学院中学部に入学，キリスト教の感化を受け一時は牧師を志望した。その後，成城中学・高校に移り，小林秀雄や中原中也という後に日本の評論や詩を代表する人々との交流が始まる。京都帝国大学に進んだ大岡は，フランスの近代文学を代表するスタンダールの研究をして，卒業後は国民新聞社等に勤務しながらスタンダールの翻訳や研究書を次々に刊行した。昭和19年(1934)，当時35歳であった大岡は，召集を受けフィリピンのミンドロ島という島の守備隊に配属された。昭和20年1月，米軍の捕虜となりレイテ島の収容所に入れられたが，12月に復員した。この戦争体験は『俘虜記』や『野火』という作品に描かれ，戦後文学の代表作となった。その後旺盛な作家活動を展開し，中原中也の評伝や『レイテ戦記』などの記録文学を刊行した。昭和63年(1988)12月に脳梗塞により死去。

▶人物像　大岡はその青春期において小林秀雄らの影響により，フランスの近代文学や詩の新しさに目覚め，特にスタンダールの心理描写を受容することで，日本近代小説にそれまでなかった人間の意識や心理を精密に分析的に描く文体を作り上げた。『野火』は，レイテ島で敗走する日本兵の孤独な心理を描いた作品であるが，そこには作家が若き日に関心を持った聖書の言葉が重要な要素として盛り込まれている。戦後文学が世界文学と

しての広さを持つに至ったひとつの要因として大岡昇平の文学活動を挙げることができる。また、歴史に題材を得た作品も多く書いている。歴史を描くことは史実を無視してフィクションの可能性を高めるのではなく、むしろ史実をしっかりと把握することにおいて歴史の真実を表すことに力点を置いた。晩年の大岡は、夏目漱石の文学を論じたり、さまざまな文壇的な論争にも関わり、その文学者としての多彩な活動は亡くなるまで途絶えることがなかった。

▶**主な著作** 『俘虜記』(1949)『野火』(1952)『レイテ戦記』(1971)などの戦争体験に題材を得た小説や記録、『花影』(1961)『武蔵野夫人』(1950)などの恋愛小説、『朝の歌──中原中也伝』(1958)などの伝記、『天誅組』(1974)などの歴史小説、『幼年』(1973)『少年』(1975)などの自伝的作品、『文学における虚と実』(1976)などの評論・随筆など多様なジャンルにわたる。

●**関連項目**：戦後文学
●**参考文献**：『大岡昇平全集』(全23巻別巻1) 筑摩書房, 1994〜2003年

[富岡幸一郎]

オスマン

▶**略歴** Georges-Eugène Haussmann (1809-1891) フランスの行政官、政治家。大学法学部を卒業後、地方の県の郡長職と知事職を歴任する。1853年に時の皇帝ナポレオン3世によりセーヌ県知事に抜擢される。オスマンは在任中、皇帝の求めに、衛生的で秩序だった、最新の設備を備え、また威厳のあるパリへの都市改造(「オスマニザシオン」)を実施した。しかし乱脈財政が批判され、1870年に解任される。その後、1877年から1881年までコルシカ選出の下院議員を務めた。晩年には『回想録』を執筆した。

▶**業績** オスマンは、改造計画の立案者である皇帝の庇護のもと、その治世となった第二帝政のほぼ全期間にわたり、行政官、計画実行者として大胆に、そして徹底的にパリを破壊し、作り変えた。皇帝の目的はパリの衛生化、過密解消、美化とともに、産業発展との調和であったが、この産業への積極性はサン＝シモン主義の影響によるものである。パリのブルジョワ化と産業社会への適応はオスマニザシオンの眼目であり、改造は街路から緑地・街路樹、公共建築物、商店街、ガス灯、鉄道、橋、公園、校舎、教会堂、施療院、上下水道および、パリは今日見られる景観を呈するようになった。

▶**歴史的評価** オスマンの事業には肯定的な評価と否定的な評価との双方がある。前者には、その壮大な構想を賛美するものや、徹底した実務本位主義が今日においてもなお大プロジェクト遂行の指針となりうる点を評価するものがある。他方、否定的なものとしては、人間味あふれる町を破壊し、無味乾燥で画一的な街並みを生み出したと批判するもの、逆に破壊と創造の不徹底や、建築学上の混淆趣味を批判するものがある。さらに、オスマニザシオンの真の目的は民衆反乱を防止しうる街並みを作ることにあったとするものや、貧困層を強制移住させ諸階層の隔離居住(セグレガシオン)を進めることによって貧困問題をよそに移しただけだと

する批判がある。いずれにせよ、オスマンによるパリ改造は後のヨーロッパやアメリカの多くの都市の都市計画に多大な影響を与えることになる。

●関連項目：ウィーン改造
●参考文献：松井道昭『フランス第二帝政下のパリ都市改造』日本経済評論社，1997年

［土屋元］

伽婢子

▶概要　おとぎぼうこ　浅井了意作の仮名草子。寛文6年(1666)3月刊。全13巻13冊，全68話の短編から成る怪異小説集。

▶典拠と方法　『伽婢子』の特徴は翻案にある。全68話中65話の典拠が判明している。「新日本古典文学大系」花田富二夫解説によれば，中国小説は『剪灯新話』から16話，『剪灯余話』から2話，『五朝小説』から45話，朝鮮小説では『金鰲新話』から2話という。

▶牡丹の灯籠　『伽婢子』のうち，とりわけ名高いのは，『剪灯新話』の「牡丹灯記」を翻案した巻三の三「牡丹の灯籠」。明治期の三遊亭圓朝の怪談噺まで脈々と続く「牡丹灯記」翻案の嚆矢である。とはいえ，『剪灯新話』から「牡丹灯記」に注目，これを紹介したのは了意『伽婢子』が最初ではない。『伽婢子』に先立って，『漢和希夷』(『奇異雑談集』の古態本という)に採録され，林羅山も「牡丹灯詩」なる詩を詠じた。また，後述『剪灯新話句解』の和訳本ともいえる『霊怪艸』も成り，『剪灯新話句解』から8話をとり，「牡丹灯記」も含まれている。ただ，羅山の詩はともかく，『漢和希夷』『奇異雑談集』『霊怪艸』，これらは翻案というより翻訳というのが妥当であろう。一例を挙げれば，『剪灯新話』「牡丹灯記」の喬生と麗卿とが出会うのは，死者の魂を祀る元宵(正月十五夜)の夜。『漢和希夷』『奇異雑談集』『霊怪艸』はこれをそのままにし，日本にない習俗ゆえ，元宵の説明を加える。対して『伽婢子』が，これを盂蘭盆に設定を変えるなどは，見やすい例。紹介や翻訳ではなく，翻案の嚆矢といった所以である。

▶朝鮮経由の移入　それでは，了意はいかなる本に基づいて，「牡丹の灯籠」を執筆したのだろうか。『剪灯新話』の渡来は古く，文明14年(1482)以前にさかのぼる。しかし，日本でもっとも流布した本は，『剪灯新話』に注解を付した『剪灯新話句解』の方であった。『剪灯新話』自体は中国明の瞿佑の著であるが，『剪灯新話句解』は朝鮮で出た本である。垂胡子林芑が注解を付し，後にその滄洲尹春年訂正版が出る。前者が1549年刊，後者が1595年刊。日本では慶長・元和(1596〜1624)頃に古活字版が出，慶安元年(1648)刊整版本によって流布した。ここに，中国の小説が朝鮮で注を施され，それがさらに日本に渡り，翻案の材を提供するという，興味深い事実を見ることになる。これに加えるに，了意が『伽婢子』に用いた朝鮮小説『金鰲新話』は，朝鮮の金時習の著作。やはり『剪灯新話』に取材した作で，編纂は『剪灯新話句解』の尹春年による。和刻本も，承応2年(1653)版，万治3年(1660)版，およびその寛文13年(1673)後印本など出，日本で

も流布した作品であった。

▶**秋成そして明治へ**　まず，『伽婢子』そのものが江戸期を通じて，改題改竄されながら，版を重ねた。ついでは，書名に「御伽」を冠した怪異小説集が出る。『伽婢子』の人気に便乗したのである。たとえば，『御伽物語』(延宝6年〈1678〉刊)，『新伽婢子』(天和3年〈1683〉刊)，『拾遺伽婢子』(宝永元年〈1794〉刊)等々。江戸も中期，読本の成立に中国白話小説の与るところ大であったとは，別項に述べたとおりだが，前期読本の代表作たる秋成の『雨月物語』には，『剪灯新話』(もしくは『剪灯新話句解』)も材を提供しており，「牡丹記」は「吉備津の釜」にとられる。秋成「吉備津の釜」には了意「牡丹の灯籠」から直接の襲用は認められないものの，『雨月物語』中の別の一編「浅茅が宿」は『剪灯新話』の「愛卿伝」を主たる典拠としつつ，同じ典拠による『伽婢子』巻六の三「遊女宮木野」も参照したことが確認されている。秋成が『伽婢子』を読み，その影響下にあったことは確実。あたかも了意『伽婢子』は，秋成にとって大先達なのであった。さらに，途中を端折って述べれば，了意「牡丹の灯籠」は，三遊亭圓朝の落語『怪談牡丹燈籠』に採られ，明治に至るのである。

●**関連項目**：雨月物語／中国白話小説

●**参考文献**：北条秀雄『新修浅井了意』笠間書院，1974年／江本裕『原本現代語訳59　伽婢子』教育社新書，1980年／太刀川清『牡丹灯記の系譜』勉誠社，1998年／黄昭淵「『伽婢子』と叢書―『五朝小説』を中心に」『近世文芸』67，1998年／松田修・渡辺守邦・花田富二夫『新日本古典文学大系75　伽婢子』岩波書店，2001年

[井上和人]

オリエンタリズム

▶**語義**　元来，近代ヨーロッパの文学・芸術に現れた東洋趣味・東洋研究を意味する言葉であったが，1978年に『オリエンタリズム』を刊行したパレスティナ出身のアメリカ合衆国の批評家エドワード・サイード(1935-2003)によって「ヨーロッパのオリエントに対する思考と支配の様式」という新たな批判的定義が一般的に受け入れられるようになった。

▶**サイードの定義**　『オリエンタリズム』日本語版の監訳者の一人である杉田英明はサイードによるオリエンタリズムの定義を次のようにまとめている。「ヨーロッパ(西洋)は歴史的にオリエント(東洋)を自己とは正反対の他者として措定し，世界をヨーロッパ対オリエントという厳格な二項対立で割り切ることにより，はじめて自己のアイデンティティを獲得してきた。その過程でオリエントには，後進性，不変性，停滞性，受動性，被浸透性，曖昧性，奇矯性，敵対性，非合理性といった負の印象が画一的に割り当てられ，しかもそれが政治的権力と学術的権威とによって繰り返し強制され，オリエントに関する一貫した言説を形成した。その結果，嘆かわしいオリエントを進歩したヨーロッパが救済する手段として，植民地主義や人種差別主義が正当化されることになった。」

▶**反響**　サイードの議論は，中東研究のあり方の再考を促しただけでなく，人文

科学の諸分野に大きな影響を及ぼした。それは第一に，オリエンタリズム的思考様式はヨーロッパとオリエントの間に存在するだけでなく，例えばロシアや近代日本のアジアに対する認識のように，異文化や他者認識において同様の思考様式が他地域においても見出すことができるからである。また，オリエンタリズム的思考様式のなかでこれまで自らの声を奪われてきた第三世界の諸民族，女性，黒人，その他さまざまなマイノリティの存在を視野に入れたポスト・コロニアリズム☞と総称される一連の批評・研究活動を活性化させた。

●関連項目：ポスト・コロニアリズム
●参考文献：エドワード・W・サイード『オリエンタリズム』上・下（板垣雄三・杉田英明監修, 今沢紀子訳），平凡社，1993年／三浦徹「サイード Said, Edward W.『オリエンタリズム』Orientalism, 1978」樺山紘一編著『新・現代歴史学の名著——普遍から多様へ』中公新書, 2010年

［熊倉和歌子］

カースト

▶**語義** インドに8割近く存在するヒンドゥー教徒に根付いている身分制度で，その起源には諸説あるが，職業や食の習慣をともにした血縁集団。16世紀にインドに侵入したポルトガル人が，習慣をともにする血縁集団に対し，血統や家柄を指すポルトガル語の「カスタ」を当てたのが，19世紀以降英語化してカーストといわれるようになった。インドでは同じ概念にあたるものは，「ジャーティ」と呼ばれる。日本でカーストは一般に，バラモン（僧侶階級），クシャトリヤ（王侯・武士階級），バイシャ（商人階級），シュードラ（隷属民）と理解されるが，これらの4つは「色」を意味する「ヴァルナ」と呼ばれる概念で，実際のインドでのカーストは，何千もの名前をもつ集団に分かれる。

▶**カーストのヒエラルキー** カーストは，バラモンに属するものを頂点とした序列をなしており，上のカーストほど浄性が高く，下へいくほど不浄の度を増すと言われる。カーストのヒエラルキーを支えるのは，業と輪廻転生の思想で，前世の行い（業）により現世での立場が決まるというものである。これによれば，前世の行いが良ければ来世に高いカーストに生まれ変わり，行いが悪ければ，低いカーストに生まれ変わることになり，カースト社会を維持する論理であった。

▶**不可触民** 四つのヴァルナにも入らない人は，不可触民（アンタッチャブル）と呼ばれ，不浄性の高い仕事を担わされ，学業や就職のみならず日常生活でも差別されてきた。しかし，1935年のインド統治法では彼らを指定カーストとして認定し，その他の後進カーストとともに，高等教育入学や公的雇用，議席数などを一定比率で優遇する措置（留保制度）をとった。

▶**植民地支配とカースト** イギリスは1871年以降，インドの人口動態と住民の属性を把握するため，人口調査を実施する。言語や宗教とともに調査の関心と

なったのは，カーストランキングであった。20世紀にはいり，カーストランキングを公表するようになると，自らの属するカーストの地位を意識するようになった。カースト・ヒエラルキーはインドに既存のものであるという認識が長年なされてきたが，近年の歴史研究では，植民地時代のカーストの取り扱いがヒエラルキー形成に大きく影響したことが指摘されている。

▶**カーストの慣習** カーストには，主に3つの慣習があった。第一に，職業はカースト内で世襲される。第二は，同じカーストの者同士のみ飲食をともにすることができる。第三に同じカーストの者同士の結婚が原則とされる。第一に関しては，近代以降，伝統的職業以外の職種に就くものが増え，家業を継ぐ必然性もなくなってきた。また，電気機器や医療をはじめとする技術の発達により，油つくりや洗濯といった仕事が機械によってなされ，出産は産婆による自宅出産から病院出産へと移行することになり，特定のカーストの職業として継承されることは少なくなった。第二の慣習も現在では，学校や職場での食事や外食の機会が増えることにより，守られることはほとんどない。第三に関しては，他の慣習よりも厳格に維持されており，現代でも親の決めた同位カーストの相手と見合いをして結婚するケースが多い。しかし，都市部の若者やインド系移民の中には，カーストや出身地，国籍の枠を超えた恋愛結婚をするものも出てきている。

▶**カースト・ヒエラルキーの流動性** カーストは生まれながらにして決まるもので，原則変えることはできない。しかし，カースト集団による地位向上運動の結果，ヒエラルキー内での位置が上昇しているケースもある。マハラーシュトラ州のプラブ・カーストは非バラモンであったが，イギリス支配が始まる以前から，バラモンの慣習(菜食主義，禁酒，礼拝儀礼，寡婦の再婚禁止など)を模倣することを続けることにより，バラモンであると認識されるようになった。また，ケーララ州のティーヤ・カーストのように，政治・経済力をつけた後進カーストの中には，上のカーストとの差を縮小しているものもあり，ヒエラルキーにも流動性がみられる。

●関連項目：インド系移民

●参考文献：小谷汪之『大地の子(ブーミ・プトラ)─インドの近代における抵抗と背理』東京大学出版会，1986年／『南アジアを知る事典』平凡社，1992年／藤井毅『歴史のなかのカースト─近代インドの〈自画像〉』岩波書店，2003年／金基淑編『カーストから現代インドを知るための30章』明石書店，2012年

[古賀万由里]

カール5世

▶**称号** Karl V (1500-1558, 在位1519-56)
ハプスブルク家のフィリップとスペイン王女フアナの長男として生まれる。父の急逝で6歳にしてブルゴーニュ公爵に即いたのを皮切りに，1516年にはスペイン国王に即位(スペインでの王名はカルロス1世)，1519年に神聖ローマ皇帝に選ばれた。その領土は，今日のオーストリア，ハンガリー，チェコ，スペイン，オランダ，

ベルギー，イタリアなどヨーロッパ全土にまたがり，71の称号を持っていた。

▶**治世前半** しかしその治世は波瀾に富んだものであった。皇帝に即位する2年前に始まったルターの宗教改革☞は，帝国北部の諸侯を反カールで立ち上がらせる契機となった。カールもルター派の考え方を全面的に否定し，ここにカトリックとプロテスタントの宗教戦争が幕を切って落とされた。さらに1529年には，東方からスレイマン1世率いるオスマン帝国軍が襲来し，カールの宿敵であるフランス国王フランソワ1世がこれに荷担した。また，1530年代半ばまでには，カールの叔母キャサリンの夫であったイングランド国王ヘンリ8世が自らの離婚問題を理由にカトリックと袂を分かつとともに，カールと敵対する勢力に味方する。ヨーロッパ最強の皇帝とはいえ四面楚歌の状態にあった。

▶**治世後半** オスマンやフランスと講和を結んだ後，1546年からカールの許に集まったカトリック諸侯はプロテスタント諸侯によるシュマルカルデン同盟との間で戦闘を開始。1547年のミュールベルクの戦いでカールは大勝した。しかしこの直後にカトリック諸侯やローマ教皇までカールの強硬路線から離れてしまい，この後の話しあいは弟フェルディナントに託された。それは1555年に「アウクスブルクの宗教平和令」として結実し，「一人の支配者のいるところ，一つの宗教」を基本原則に，ルター派の信仰・布教が認められ，帝国内でのカトリックとプロテスタントの棲み分けが確定された。

▶**退位** 即位後早々からの戦争の連続に疲れ切ったカールは，1556年にすべての公職から退き，帝国東部(オーストリア・ハプスブルク)は弟のフェルディナント1世に，西部(スペイン・ハプスブルク)は長男フェリーペ2世にそれぞれ譲った。その生涯は70にも及ぶ自らの所領を計40回も巡回することに費やされ，1558年9月にスペインの修道院で静かに息を引き取った。近世最大の封建領主の最期であった。

●**関連項目**：イングランド国教会／宗教改革
●**参考文献**：ジョゼフ・ペレ『カール5世とハプスブルク帝国』(塚本哲也監修,遠藤ゆかり訳)創元社，2002年／君塚直隆『近代ヨーロッパ国際政治史』有斐閣，2010年

［君塚直隆］

ガウェイン

▶**語義** アーサー王☞宮廷の円卓の騎士の一人。モンマスのジェフリー『英国列王伝』ではアーサーの姉とノルウェイ王の孫ロトとの間の息子。12歳で教皇サルピキウス(架空)に仕え，その後アーサーの許で騎士となる。アーサーがローマ皇帝と戦うときの使節の一人。モードレッドとの戦いを前にして戦死。ワース，ラヤモン，頭韻詩のアーサー王物語では，すぐれた人望厚い騎士と描かれる。頭韻詩ではモードレッドとの一騎打ちでたおれる。仏およびマロリーのアーサー王物語では野蛮で好戦的，好色という人物設定。

▶**由来** ウエールズの伝承では，太陽神(アイルランドのクフリンに該当)，また雷神，半神半人。ロマンスの中で正午にもっとも力が増すのは太陽神の名残。名剣エクス

キャリバーの本来の持ち主とも聖杯伝説の本来の主人公ともいう。ウエールズの伝承物語ではグヴァルシュメイ(5月の鷹)の名で登場，アーサー王の側近，有能，雄弁な信頼厚い騎士。マルムズベリーのウィリアム『王国列王譚』では，ウァルウェイスを治める騎士であったがヘンギスト兄弟(大陸からの侵略者でケントの建国者)らに追われてアーサーのもとへ行ったとある。墓はウエールズのロスにあるという。

▶『ガウェイン卿と緑の騎士』 14世紀の頭韻詩による英文ロマンス。ここではガウェインは理想の徳と品性を持つ騎士。アーサー王の元旦の宴に乱入した緑の騎士が，自分の首を斬らせる代わりに，後に相手の首も斬るという挑戦をする。アーサー王に代わりガウェインが応戦，緑の騎士の首を打つ。緑の騎士は落された首を持って，12ヵ月と1日後に，お返しの首切りを受けに来るよう言って去る。ガウェインは11月2日の諸死者の日に緑の騎士をたずねて旅立つ。降誕祭の前夜，行き暮れた彼が神に祈ると城を見つけ，3日間の宴を楽しむ。緑の騎士のチャペルが程近いと知り城に滞在し，3日間城主はガウェインと獲物の交換を約束して狩りに出る。その3日間ガウェインは城主の若い美貌の夫人の誘惑を受けるが斥ける。受けたキスは交換で城主に返したが，3日目に貰った緑の飾り帯のことは黙っていた。新年の日に緑のチャペルに赴き，緑の騎士に首を差し出す。最初の2回の空振りに続く3撃目は首を少し傷つけただけだった。緑の騎士は実は先の城主で，ガウェインが受けた一撃は城での3日間のゲームの報いで緑の帯を黙っていたためと知る。ガウェインはアーサーの宮廷に戻り，一切を物語る。

▶暦との関連 11月2日の諸死者の日にあたかも死者とともに帰るかのごとく出立するガウェインの行く先は死者の国，特に煉獄を思わせる。新年から次の新年という物語の時と首切りのゲームは，新年の神と旧年の神の交代を示唆するとも読める。

▶物語構造 トロイの戦いへの言及を冒頭と末尾にもつ大枠A, A'の中に，アーサーの新年の宴会での緑の騎士の挑戦Bと結末の祝宴B'の枠，その中にガウェインの応戦Cと緑の騎士との再会C'の枠，その中に三日間の狩と誘惑D①, D②, D③が入れ子式に構成される。大枠の物語も各々の枠もゲームであり，差し手と駒は枠で変わる。物語の展開はキアズマ，コンチェントリックといった詩形で語られ，詩形にはテーマが投影される。

▶ガウェイン詩人 『ガウェイン卿と緑の騎士』の作者は不明であるが『真珠』等の作品と同一作者と考えられ，パール詩人あるいはガウェイン詩人と呼ばれる。

●関連項目：アーサー王物語

●参考文献：鈴木栄一『サー・ガウェイン頌』開文社, 1990年／多ケ谷有子『星を求むる蛾の想い——中世文学における至福願望』八千代出版, 1996年／多ケ谷有子「*Sir Gawain and the Green Knight* における修辞的詩形の意味と役割」『関東学院大学文学部紀要』第120・121号合併号上巻, 73-107頁, 2010年

[多ケ谷有子]

仮名の発生

▶**漢字の伝来**　日本の記録上は，『日本書紀』の応神天皇15，16年の百済からの阿直岐と王仁の来日の記述が日本への漢字伝来の記事となるが，志賀島で発見された「金印」が建武中元2年(57)に光武帝から贈られたものであれば，紀元前から漢字文化との接触があったと推測される。紀元前108年，漢の武帝が楽浪郡などを設置した頃から，朝鮮半島への漢字文化の流入が始まったと考えられ，漢字文化は朝鮮半島を経て，日本へ伝えられ，4世紀末から5世紀にかけて，百済からの渡来人による漢文作成が盛んになったと考えられる。

▶**漢字の仮借と翻訳**　『説文解字』(121，許慎)における六書の一つである仮借文字は，漢字から字義を廃した宛字で，同音，類似音の漢字の流用であるが，それは，例えば，インドから中国に伝えられた仏教用語(サンスクリット語)を表記する際に，Śakyaを「釈迦」，stūpaを「卒塔婆」など，翻訳時に意訳できない言葉を音訳(音写)する際にも用いられた。

▶**万葉仮名とは**　漢字の伝来に伴い，仮借の用法も伝えられた。この用法による日本語音の音写が「仮名」のはじまりであり，そうした仮名を，万葉集でよく使用される仮の文字の意で「万葉仮名」と呼ぶ。1音節に対して複数の字母が当てられたり，濁音仮名が存在したが，7～8世紀に整理され，実用文では清音仮名が濁音も表すようになった。後の「ひらがな」「カタカナ」のもととなった。また，音写であることから上代特殊仮名遣いの発見に繋がった。

▶**音仮名**　万葉仮名の中で，日本語の音節に音が類似する漢字を対応させたものを「音仮名」という。音仮名は，無韻尾で一音節表記する「全音仮名」(阿／あ，加／か)，字音の韻尾を省略する「略音仮名」(安／a，能／の)，字音の韻尾を後続音節の頭子音によって解消する「連合仮名」(獲居／wakkeの獲／wakのkを居／keのkと重複させて獲をwaに)，字音の韻尾に母音を添えて二音節相当にする「二合仮名」(足／sukにuを添えてsukuに)に分類される。6世紀初頭までは，「意富比垝」(オホヒコ：人名)，「意柴沙加」(オシサカ：地名)など，固有名詞のみが音仮名で表記された。

▶**訓仮名**　6世紀中頃から，「各田マ(額田部)」を「ぬかたべ」と読むような，漢字を訓読みする例が現れ，7世紀前半から，訓読みの漢字を仮借する万葉仮名が見られるようになる。姓の「八田部」を「矢田部」，地名の「美濃」を「三野」とした際の「矢」「三」がそれで，それらを「訓仮名」という。当初，音仮名と訓仮名が一語の中で混用されることはなかったが，7世紀後半から混用される。

●関連項目：日本漢文

●参考文献：春日政治『仮名発達史の研究』勉誠社，1982年／沖森卓也『日本語の誕生　古代の文字と表記』吉川弘文館，2003年／沖森卓也『日本の漢字1600年の歴史』ベレ出版，2011年

[小林恭治]

カフェ

▶**語義**　café　飲み物としてのコーヒーは，アラビアで栽培された木の実で作ら

れたカフワ（quhwa）という黒い飲料が11世紀頃からイスラーム教徒の間で新規な飲み物として拡まったのを発祥とする。カフワは15世紀以降，トルコを経由してヨーロッパに伝えられ，17世紀の半ば頃から急速に普及するようになった。と同時に，覚醒効果を持ったこの飲み物を供する場所が都市に立ち並び，人々を惹き寄せ，その時代の精神文化の発信地として重要な役割を果たすようになった。フランスにおいて，「カフェ（café）」という語は飲み物としてのコーヒーとコーヒーを供する店舗を同時に指すが，場所としてのカフェの歴史を辿ることはフランスの社会と文化の流れを辿ることでもあると言える。パリには歴史上に名高いカフェがいくつも存在する。

▶歴史　フランスにコーヒーがもたらされたのは1669年，駐仏トルコ大使ムスタファ＝ソリマン＝アガがルイ14世に献じたことによるとされるが，パリでカフェ文化が本格的に開花したのは1684年に左岸のリュ・ド・フォッセ・サン・ジェルマンにプロコープが開店してからである。プロコープは初めは演劇関係者が多かったが，18世紀には有名な文士や哲学者が足を運ぶ「文学カフェ」となり，さらにはディドロ，ダランベール，ヴォルテール，ルソーといった啓蒙主義の哲学者たちが議論を闘わせる場となった。18世紀末には革命運動の志士たちが出入りし，革命派のフリジア帽などもここで生まれたとされる。19世紀にはまたロマン派の作家たちが訪れる静かな「文学カフェ」に戻り，一旦閉店したのち現在はレストランとなっている。革命期には他に，ラ・レジャンス，フォワ，コラザ，カヴォ，ロトンドといったパレ＝ロワイヤル広場周辺のカフェが人気を呼び，思想論議，あるいは政治論議の場となった。19世紀にオスマンのパリ改造によって大通り（グラン・ブールヴァール）が開けると，オペラ座界隈の大通りを中心にリッシュ，トルトーニ，ラ・ペといったカフェが立ち並び，芸術家，文学者たちのみならず，台頭してきたブルジョワたちがこぞって通うようになった。19世紀末からはモンマルトルの丘に印象派，続いてロートレック，ピカソらの前衛芸術家が住み着き，ラパン・アジル，シャ・ノワール，ゲルボワ，ヌーヴェル・アテーヌ等のカフェに集った。また，「ベル・エポック」期の終わりの時期，1910年前後から第二次世界大戦勃発時にかけては，モンパルナス界隈のロトンド，セレクト，クーポール，ドーム等のカフェに，モディリアーニ，藤田嗣治，アポリネールといった前衛芸術家，また，ヘミングウェイ，ミラーといったアメリカ作家たちが集った。さらに，第二次世界大戦後，実存主義が登場すると，サン・ジェルマン・デ・プレ地区のドゥ・マゴ，フロール，リップといったカフェがサルトルやボーヴォワールの仕事場となり，実存主義者たちの溜り場として一躍，世界中にその名を馳せた。

▶現在　パリには2万軒のカフェがあると言われる。コーヒーやアルコールを飲み，軽食をとるだけでなく，仲間と語り合い，議論をしたり，書き物をしたりす

る場として，フランス人の日常生活に欠かせない重要な場となっている。上記のような名高いカフェだけでなく，どの界隈にも小さな無名のカフェがあり，一部のカフェではタバコや宝くじ券，電車・バスの切符も売っており，市民の憩いの場となっている。

●関連項目：オスマン／フランス革命
●参考文献：菊盛英夫『文学カフェ』中公新書，1980年／スティーヴ・ブラッドショー『カフェの文化史』(海野弘訳)三省堂, 1984年／渡辺淳『カフェ』丸善ライブラリー, 1995年／アルノー・オフマルシェ『ドゥマゴ物語』(中条省平訳) Bunkamura, 1995年

[郷原佳以]

カンタベリー物語

▶**語義** 英国の廷臣で著名な詩人のジェフリー・チョーサー（1343?-1400）の作品。当時流行の聖地巡礼を舞台に，行き合わせた巡礼者の話を集めたという形の物語。

▶**内容** カンタベリー寺院に向かう巡礼者たちが行きと帰りの道々に，ひとりずつ何か話をすることになった。騎士，女子修道院長，騎士見習い，免償符売り，説教師，教区司祭，商人，粉屋，船乗り，バースの女房など，さまざまな階層や身分の人々が話す。チョーサーは傍観者を装い，客観的に人々を観察して読者に紹介，そのあと語り手は「前置き」と「話」を語るとの設定。姫をめぐって争い決闘に及んだ二人の騎士の物語，間抜けでやきもち焼きの大工の女房と学生の浮気の顛末，幼いキリスト教殉教者の健気で切ない物語，5人の夫をもったバースの女房の語る心の貴族性や心の高さについての持論など，さまざまな人間模様が展開される。教区司祭の話で終わっており，未完との説もあるが，筆者は司祭の説教で締めくくることを意図していたと解する。祈りで終わる"ペリノーゼ"が付され，作中の「世俗的なたわごと」を「撤回」する旨が記されている。

▶**構成** 話の順序は明確でない。続き具合から切り離せない章片を組み合わせて復元するため，説により順序は変わる。

▶**比較** この作品は中世時代の文学的特徴を留めると同時に近代小説の萌芽をみてとれる点で重要。また形の範をデカメロンに取り，イングランドのみならず諸外国の説話を取り入れるなど，比較文学的にも重要。シェイクスピアの『血縁の二公子』の典拠の話もある。

▶**語義枠物語と巡物語** 枠物語は，大きな筋の枠の中に個々の物語が語られる形式の物語。妃に裏切られた女性不信の王が毎夜召した女性を処刑したので，大臣の娘シャーラザードが毎夜物語を語り，続きを聞きたい王が処刑を延ばして千一夜を過ごし王も改心するアラビアンナイトが有名。巡物語(めぐりものがたり，じゅん(の)ものがたり)は『古事談』巻五に発し，貴人や神仏の許で複数人が順にある程度定まった話題の話を語る日本の物語形式(小島)。御伽草子の『三人法師』は高野山で各々身の上話をするが，互いに因縁があったことがわかる。谷崎潤一郎が小説化。『カンタベリー物語』は結末がはっきりしないが，枠物語や巡物語の要素をもつ。

▶**チョーサーの他の作品** 『薔薇物語』『善

女伝』『鳥の議会』『トロイルスとクリセイデ』などがある。

●**参考文献**：『カンタベリー物語』(笹本長敬訳)英宝社, 2002年／小島孝之「巡物語」久保田淳編『別冊國文學 古典文学史必携』學灯社138頁, 1992年／多ケ谷有子「中世文学の幻想と調和」関東学院大学英語英米文学科編『英語のしくみとこころ——英語の世界を探る』関東学院大学出版会, 93-115頁, 2005年

[多ケ谷有子]

記紀

▶**語義** 『古事記』と『日本書紀』の総称。『古事記』は和銅5年(712)太安麻呂(おおのやすまろ)が献上,『日本書紀』は養老4年舎人親王(とねりしんのう)が奏上。いずれも神代からの日本の歴史を語る。重なる記事も多く,『日本書紀』の編さんに太安麻呂も関わっていたと思われる。舎人親王は天武天皇の皇子で淳仁天皇の父。太安麻呂は1979年に奈良市で発見された墓誌によると最終位階は従四位下, 養老7年7月6日没。『記紀』ともに散文の記事に歌謡を織り混ぜた形式で叙述される。目加田さくを『世界小説史論 上』はこれを仏典の「偈をもった説話構成」に倣ったとみている。

▶**古事記** 天地(あまつち)の始めから推古天皇までを語る。上中下3巻。変体(日本語風)漢文で記される。江戸時代の本居宣長(もとおりのりなが)により校訂され, その『古事記伝』は詳細な注解。2代綏靖天皇から9代開化天皇まで(欠史八代)と, 24代仁賢天皇から33代推古天皇まで(欠史十代)は事跡の記事を欠く。成立事情が他の文書に記述がないので後代の偽書(本文か少なくとも序が後の平安時代の成立とする)との説もある。万葉ですでに失われた2種類の「も」の書き分けやその他上代特殊仮名遣いの厳密な用法から見て, 偽書説は成立しない。明治時代の東京帝大の教師B・H・チェンバレン(1850-1935)による英訳があり, その詳細な序は当時の日本の古典学者の評を付して和訳された(『日本上古史評論』)。日欧の考え方の比較上興味深い。

▶**日本書紀** 天地開闢(てんちかいびゃく)から持統天皇までを語る。30巻。漢文で記される。神代(巻1, 2)には「一書」で異伝を記す。森博達によれば, 巻14(雄略紀)〜巻21, 巻24〜27, 30(α群)が先に日本の事情に疎い渡来人により日本的誤用の少ない漢文で記され, その後巻1〜13, 巻22(十七条憲法含む推古紀), 23, 28, 29(β群)が漢文を母語としない日本人により記された(日本的誤用が多い), とする。明治時代の日本駐在外交官アストン(1841-1911)による英訳がある。江戸時代の『日本書紀集解(しっかい)』『日本書紀通證』などの注釈書がある。

▶**記紀の日付記載** 『古事記』には年月日の記載は基本的に欠く。15天皇についてのみ没年を干支で示す。これらの天皇が実在だったとする説がある(水野祐)。『日本書紀』は神武天皇以降, 基本的に年月日を干支で示す。神武天皇の即位の紀年は辛酉革命説に基づく創作とされ, このため大幅に年代の古代への繰り上げがなされているとされる(那珂通世)。

●**参考文献**：倉野憲司・武田祐吉『古事記 祝詞』岩波書店, 1958年／坂本太郎ほか『日本

書記 上・下』岩波書店, 1967年；1965年／森博達『日本書紀の謎を解く——述作者は誰か』中央公論新社, 1999年

［多ケ谷有子］

擬人像

▶語義　視覚芸術において,「愛」「真実」「欺瞞」等々の観念や概念を人の姿で表したものを擬人像という。それぞれの擬人像は, それとわかる特定の衣装や持ち物（アトリビュート☞）を身につけていることが多い。たとえばルネサンス以降定番となった「時」の擬人像は, 砂時計と鎌を手にした老人である。擬人像を組み合わせることで, 格言など, なんらかの意味を表現することが可能になる。たとえば「時」の擬人像が「真実」の擬人像のヴェールを剝ぎ取る図は,「時が真実を暴く」という意味であると理解できる。このような作品を寓意画とよぶ。擬人像は寓意画や神話画のほか, 記念碑や建築装飾など, ヨーロッパ文化において広く用いられてきた。

▶神と擬人像　古代ギリシア, ローマで, 神々は人の姿で表された。しかしまた, それぞれの神にはなんらかの超越的な能力や特質が備わっているため, 描かれた神の姿はその特質であるところの抽象概念を意味することにもなる。つまり神の表象と擬人像の区別は曖昧で, 明確な境界線はない。たとえば美しい女性像として表現された愛の女神は, ウェヌス（ヴィーナス）という名の神であると同時に,「愛の擬人像」であるともいえるのである。同様に人の姿をした「山の神」「泉の精霊」が,「山の擬人像」「泉の擬人像」とみなされることもある。

▶擬人像の流行と整備　ルネサンス期に古典古代の神話と造形芸術が再評価されたのに伴い, 擬人像への関心も高まった。16世紀には新しくアトリビュート☞や擬人像を考案することが芸術家や知識人の間で流行し, 難解な寓意画が数多く生まれた。宮廷人を中心とする芸術愛好家たちは, 知的な遊びとして寓意画の謎解きを楽しんだのである。16世紀末にイタリア人チェーザレ・リーパ(1565頃-1625)は, 膨大な数になった擬人像を収集し詳細な解説をつけて, 図像集『イコノロギア』(初版1593)を出版した。増補を重ねて最終的に採録された擬人像の数は1250を超えると言われる。これらは17, 18世紀の画家, 彫刻家たちにとって, 貴重で豊かなイメージの宝庫となった。

●関連項目：アトリビュート

●参考文献：E・H・ゴンブリッチ『シンボリック・イメージ』(大原まゆみ, 鈴木杜機子, 遠山公一訳)平凡社, 1991年／ルーロフ・ファン・ストラーテン『イコノグラフィー入門』(鯨井秀伸訳)ブリュッケ, 2002年

［小野寺玲子］

強制収容

▶語義　日本の真珠湾攻撃の後, 日系アメリカ人がそれまで住んでいた住居から立ち退かされ, 第二次世界大戦が終わるまで強制収容所での生活を強いられたことを指す。

▶経緯　1941年12月7日(現地時間)の真珠湾奇襲攻撃から2ヵ月半近く経った翌年2月19日, 大統領フランクリン・ローズヴェルトは大統領行政命令9066号に署

名した。それにより西海岸に軍事区域が設定され，敵性外国人とされた1世だけではなく米国市民である2世3世にもその区域からの立ち退きが命じられ，1942年11月までに米国市民8万人を含む11万7000人の日系人が，軍が準備した「再定住センター」へと収容された。

▶収容所の生活　収容所は夏の暑さも冬の寒さも厳しい地域にあり，西海岸の温和な気候に慣れた日系人には辛い気候だった。建物は木造のバラックで一家族に一部屋が与えられ，隣の部屋との境は高さ約2mの板で仕切られていたが，上のほうは空洞で会話や赤ん坊の泣き声，物音が筒抜けでプライバシーは完全に剥奪されていた。夜間外出は禁止，消灯は9時と決められ，食事は大食堂で配給を受けたが，アメリカ的な食事や，鐘の合図で食物をもらう配給制度に抵抗を感じる者も多かった。収容所内の仕事にはさまざまな職種があり不熟練・熟練・専門職に分けて給料が支払われたが，同じ仕事でも白人に比べ日系人の給料は低かった。子どもたちは収容所内の小・中・高等学校で教育を受けることができたが，カリキュラムは歴史の授業で先住民の強制移住が省かれる一方で，西部開拓が勇敢な米国人の歴史として語られる等，愛国心や忠誠心を養い若い日系人の「アメリカ化」を促す内容となっていた。スポーツも柔道や剣道が禁止され，野球が奨励された。

▶リドレス運動　1948年，トルーマン大統領が制定した立ち退き賠償請求法により，米政府は強制立ち退きの道義的責任を認め財産の損失に対する賠償を支払った。その低賠償率や心理的苦痛への無配慮に問題はあったが，しばらく補償を求める運動は鳴りをひそめた。それから20年以上経過した1970年，アフリカ系アメリカ人の公民権運動を初めとするマイノリティの復権運動の盛り上がりを背景に，日系市民協会は全国大会において全米補償請求委員会を立ち上げ，「賠償」だけではなく「不正を正す」ことを求めるリドレス運動を開始した。強制収容を市民権剥奪としてその不正を正し補償を求めるというアメリカ的な手段を採ったこの運動は1988年，ロナルド・レーガン大統領が謝罪文と補償金の支給を保証する法案に署名したことで成功に終わった。

●関連項目：公民権運動／先住民
●参考文献：竹沢泰子『日系アメリカ人のエスニシティ―強制収容と補償運動による変遷』東京大学出版会，1994年／水野剛也『日系アメリカ人強制収容とジャーナリズム―リベラル派雑誌と日本語新聞の第二次世界大戦』春風社，2005年／明石紀雄・飯野正子『エスニック・アメリカ―多文化社会における共生の模索　第3版』有斐閣選書，2011年

[細谷典子]

教養教育

▶概要　西欧を中心とした人文・社会・自然科学を包括する教養(リベラルアーツ)の習得を目的とした教育。もともと教養とは古代ギリシアに遡る概念であり，手工業や商業，奴隷労働など実用的な技術とは区別された，自由市民が自発的に学ぶべき諸知識の体系とされた。長く教養

教育の内容が，人文・自然系学問の基礎領域を中心としてきたことは，こうした実用性との対比による。教養教育の内容と概念は時代とともに変化しており，一般社会での常識や知識の洗練を指すこともあるが，本項では前者を中心として解説している。

▶歴史　中世以来，ヨーロッパの大学では専門課程に進む以前に，教養教育として自由7科（文法・修辞学・弁証法，算術・幾何・天文・音楽）を学習することが定められていた。こうした傾向は長く続いたが，近代に入ると，学校機関に対して新たな科学知識や工業的技術に対応した教育への要請が高まり，教育のカリキュラムは徐々に変化してゆくことになる。しかし，近代においても強固な階級で区分される社会であったイギリスにおいて，上流階級（貴族，ジェントルマン）は地代収入や財産管理で生活してゆく「働く必要のない」有閑階級であることから，実用性のない学問としての教養教育と親和性が強く，教養の概念が長く保たれた。ヘンリー・ニューマンが著書『大学の理念』(1873)の中で示した「古典語，スポーツ☞，（英雄的にならない限り）戦争など，実用性がないこと」という教養の定義は，こうした価値観をよく反映しているといえる。こうした状況を背景に，イギリス（イングランド，ウェールズ）においては，大学およびパブリックスクール☞において伝統的な教養教育が長期間継続した。

▶現在　イギリスにおいても，階級の区分が緩み始めるのと同時に，パブリックスクールや大学にあらたに増加した中産階級の入学者の声を反映して，近代的な実用教育への要請が高まった。結果として，これらの学校においても改革が行われ，伝統的な教養教育と近代的なカリキュラムを混在させてゆくようになった。1992年の継続・高等教育法以降，大学が激増したイギリスでは，高等教育の飽和状態にあり，職業知識や社会の要請に結びつきにくい教養教育の役割は狭まりつつある。これは，日本を含めて高等教育が一般化した他の国も直面する問題であり，教養教育の価値と役割に関する議論が継続している。

●関連項目：スポーツ／パブリックスクール
●参考文献：ソースタイン・ヴェブレン『有閑階級の理論』(小原敬士訳)岩波書店, 1961年

[岡田桂]

共和国(フランス)

▶語義　フランスの正式名称は「フランス共和国」であるが，「共和国」を意味する「république」のラテン語源「res publica」の原義は「おおやけの事柄」である。フランスは，この原義に基づいて公私を峻別し，公共の場面では一般利益を優先するフランス的共和主義を国家の拠って立つ原則としており，現憲法にも，「フランスは，非宗教的，民主的，社会的，単一不可分の共和国である」と明記されている。

▶経緯　共和国の理念は1789年に勃発した革命の理念によって基礎づけられている。1789年の「フランス人権宣言（人および市民の権利宣言）」によって，国民主権，および，法の前の自由と平等が定められた。同時に，その法とは「一般意志」の

表明であるとされた。「一般意志」とは，理性的市民により構成された抽象的・普遍的な国民の意思のことである。言い換えれば，法の前に平等である国民とは，現実に個々人がもっている出自・属性を括弧に入れたうえで，共和国の一員としてその統一性を担う抽象的な存在のことである。共和国市民であることにとって，私的属性という「特殊的なもの」は無関係であるとされる。その意味で，共和主義とは普遍主義である。ここで括弧に入れられる私的属性には，宗教信条も含まれる。フランス的共和主義においては，政治や公立学校などの公の場は個々人の信仰から切り離されていなければならない。カトリックを国教とする絶対王政の体制から脱却し，共和主義を確立するにあたり，政治と教育から信仰を切り離すことが不可欠であったからである。とはいえ，旧体制からの脱却は容易ではなかった。フランス史上に初の共和制が誕生したのは1792年であるが，その後，帝政や王政復古の反動が繰り返され，共和主義が安定したのはようやくその80年後の第3共和政（1871-1940）である。この間に共和派とカトリック教会の対決が行われ，革命理念が実質化していった。そのため，上記の憲法条文（第4共和国憲法および第5共和国憲法）にもあるとおり，脱宗教性（ライシテ）☞は共和国の基本原則である。

▶現代　フランスは現代でも共和主義をきわめて重視しており，そのことはスカーフ論争☞に象徴的に見てとれる。フランスでは，大統領が国民に呼びかけるときは「共和国万歳！　フランス万歳！」であり，アメリカのように「神のご加護あれ」と「神」を持ち出すことはない。フランス的共和主義にとって，英米の多文化主義（マルチカルチュラリズム）は「共同体主義」として否定的に捉えられる。ただし，現代では，フランスも多文化主義を採り入れなければならない局面が出てきており，パリテ☞はその一例である。

●関連項目：スカーフ論争／パリテ／ライシテ

●参考文献：レジス・ドゥブレ・樋口陽一・三浦信孝・水林章『思想としての〈共和国〉』みすず書房，2006年／J＝P・シュヴェヌマン・樋口陽一・三浦信孝『〈共和国〉はグローバル化を超えられるか』平凡社新書，2009年

［郷原佳以］

キリスト教と日本文学

▶語義　キリスト教が日本文学に与えた影響は，明治以降の近現代文学の形成の根幹にある。明治期の文学者たちは特に新教（プロテスタント）に関心を持ち，実際に洗礼を受けた作家たちも少なくない。それは，キリスト教が西洋の文明や思想そして文学そのものと深く関わっていたからであり，その意味ではキリスト教受容は西洋の受容でもあった。そのことは，同時にキリスト教を信仰的・神学的あるいは思想的に深く受け止めるというよりは，時代のモードとして関わるといった雰囲気を構成した。戦後においては，カトリックの信仰を持つ遠藤周作や小川国夫のような現代作家がその文学において，聖書の深い読みと文学的イメージの飛躍

をもたらした。

▶**背景** 明治期におけるプロテスタントと文学の出会いをもっとも劇的に体現した文学者は、北村透谷(1868-94)である。透谷は、横浜海岸教会で洗礼を受けた石坂ミナという女性と出会い、自身も洗礼を受ける。その代表的な評論「内部生命論」は近代的な個人の内面や自我を語ったものと言われているが、その内実は自己を超越した「神」との応答によって人間は自らの声明を知るというきわめて聖書的な、そして聖霊論的な思考に貫かれている。透谷は短い生涯を終えることになるが、その影響は日本の近代文学を代表する島崎藤村などにも大きな影響を与えた。

プロテスタントの思想家としては、内村鑑三(1861-1930)を代表的存在としてあげなければならない。内村は、特定の教派ではなく無教会という信仰のグループを作り、そこには志賀直哉や有島武郎などの文学者も関わった。有島は、とりわけ内村の深い影響を受けている。その代表作『或る女』には、キリスト教と格闘した作家自身の精神的痕跡が色濃く描かれている。また、プロテスタントの教会の牧師として植村正久は、正宗白鳥らに洗礼を授け、近代日本の教会形成に尽力した。

▶**特徴** キリスト教はその信者の数は日本人の人口の1％にとどまっているといわれるが、明治以降の文学にさまざまな形で深い影響を与えてきた。それは戦後文学においても顕著であり、遠藤周作のようなカトリック作家だけではなく、戦後派の代表作家のひとりである椎名麟三は昭和25年にプロテスタントの洗礼を受け、その後の創作活動は神と人間の狭間にある逆説や矛盾を積極的に引き受けることで、それまでの近代日本文学になかった新たな言葉の地平を開いた。また、三浦綾子、曽野綾子、加賀乙彦、小川国夫、島尾敏雄、森内俊雄、木崎さと子、高橋たか子、津島佑子などの現代作家もキリスト教の洗礼を受けている。明治以来のキリスト教受容のひとつの大きな分野として、近現代文学の諸作品があるといってもよい。

●関連項目：戦後文学

●参考文献：富岡幸一郎編『講座　日本のキリスト教芸術3　文学』日本キリスト教団出版局, 2006年

[富岡幸一郎]

禁酒法

▶**語義** 米国においてアルコール飲料の製造・販売・運搬・輸出入を禁止した憲法修正第18条。法案は1917年に議会に提出され、年内に上下両院を通過、1919年1月に4分の3以上の州の承認を得て批准された。同年10月に施行のためのヴォルステッド法(Volstead Act)が制定され、1920年1月に発効した。1933年に憲法修正第21条により廃止された。

▶**禁酒運動** 植民地時代から飲酒の習慣があった米国では当初、泥酔禁止や販売免許発行を定めた法律は存在したが、節酒・禁酒の世論は形成されなかった。禁酒が運動として機能するのは、1810年代に各地で節酒組織が結成された後のことである。1820年代には各地の組織を統括

する「アメリカ禁酒協会(American Teperance Society)」が誕生し，しばらくしてカナダの禁酒協会も参加して「アメリカ禁酒同盟(American Temperance Union)」が設立された。こうして全国的な広がりをみせた19世紀前半の運動は，一貫してパンフレット配布や説教師の派遣による道徳的説諭を主たる活動としたが，絶対禁酒，法的規制，女性の参加への対応をめぐっては足並みが揃わず次第に行き詰っていった。

▶法的規制　1840年代後半，道徳的説諭による禁酒運動が下火となる一方で，法的規制をめざす政治活動が盛んになり，1850年代にはメイン州を皮切りに11州と2準州で州禁酒法が成立した。その後，南北戦争で一旦下火となるも1870年代に女性が加わり運動が復活し，1895年には新たに全国組織「アメリカ反酒場同盟(Anti-Saloon League of America)」が設立された。その最終目標は禁酒法成立だったが，法的規制に否定的な組織も含まれていたため，短期的にはウェット(反禁酒派)かドライ(禁酒派)か，つまり酒類販売を許可するか否かを住民の意思で決定する自治体選択権法成立をめざした。それは酒場や小売業者が扱うアルコール飲料は取り締まるが，自ら製造したものや家庭内で飲むものには言及しない比較的穏健な内容だった。そのため，組織内から厳格な酒類の製造・販売・運搬を禁止する「禁酒法」制定を求める声が大きくなり，1906年以後は州禁酒法を，1913年には連邦レベルの立法をめざす運動を展開し，憲法修正第18条成立に至った。

▶廃止　禁酒法成立後，人々は医療用産業用アルコールの転用，密輸入，家庭内での密造酒製造により非合法に酒類を入手した。密売人が横行し「もぐり酒場」が栄え，酒類の密輸・密売で富を得たアル・カポネのような「暗黒街のボス」も出現し，大都市の治安は悪化した。それゆえ禁酒法を批判する動きが強まり，1933年に廃止された。

●関連項目：ジャズ・エイジ

●参考文献：F・L・アレン『オンリー・イエスタデイ』(藤久ミネ訳)筑摩叢書，1986年／岡本勝『アメリカ禁酒運動の軌跡』ミネルヴァ書房，1994年

[細谷典子]

筋肉的キリスト教⇒マスキュラー・クリスチャニティ

金ぴか時代

▶語義　Gilded Age　南北戦争終了後から世紀末に至る約30年間を指す。その名は，この時代を風刺したマーク・トウェインとチャールズ・ウォーナー共著の小説"Gilded Age"(1837)に由来する。トウェインは，19世紀を表面はピカピカに光っていても内側は腐敗しているとして，「金ぴか時代」(Gilded Age)と称したが，戦後の米国が農業社会から工業都市へと変貌を遂げた経済成長著しい時代であった反面，その歪みとして物質主義，拝金主義，金権政治，企業の独占等が存在した時代であったことを言い表している。

▶概要　南北戦争終了後，急速な工業化が進んだ米国は，1880年代には英国を超えて世界第一の工業国に成長した。そ

れに伴い産業化・都市化が進行すると，政治・経済・社会的にさまざまな変化が起こった。労働力は大量の移民と国内の農村からの人口移動によって賄われたが，仕事を求めてやって来た労働者は，概ね都市中心部のスラムに住み，出身地の言語や宗教，生活習慣を持ち込んで独特のエスニック・コミュニティを構築した。そこには同時に政治的な変化ももたらされた。移民に職や帰化手続きの世話をし，警察や裁判所との話し合いの仲介をする等，移民の日常生活を助けるのと引換に票を集め，当選を手にしたボス政治家が市政を支配するようになった。彼らは業者から賄賂を受け取り，市の予算や公共事業，契約，許認可の権限を手にして政治を腐敗させた。経済的には，熾烈な競争を勝ち抜き巨万の富を蓄えたカーネギーやロックフェラーら大企業家が出現すると同時に，競争を回避あるいは有利にする目的で独占が進行した。

▶労働運動　強大な資本が出現したと同時に，労働組合活動も本格化した。戦後間もない1866年に組織されたのは全国労働組合で，労働時間の改善や賃金奴隷制の廃止を唱え，人種や性別を超えた連帯を志向したが，73年の不況で破綻した。次に，1869年に発足した労働騎士団は，職種，熟練，人種，民族，性別を超えた全労働者の団結を図り，1880年代半ばには70万人以上のメンバーを抱える大きな組織となった。経営者との団体交渉では，賃金や労働条件の改善に加え，生産・消費協同組合の設立を求め実現した。最後に，騎士団に所属しない職能組合の代表らが1886年に集まってサミュエル・ゴンパーズを中心に結成したアメリカ労働総同盟であるが，1890年代にかけて徐々に加盟する組合の数を増やして成長し，労働運動の国際的な連携や8時間労働の実現に大きく貢献した。

▶労資対立　1870～80年代にかけて全国的に広がったストライキは，群衆を巻き込み軍が出動した大規模なもので，労働者や民衆の資本主義企業に対する怒りの表れであった。しかし，金ぴか時代の労資対立を考察したガットマンが明らかにしたように，地域社会を味方に資本家に勝利していた金ぴか時代の工場労働者は，従来イメージされていたような受け身で無力な犠牲者ではなかったのである。

●参考文献：H・G・ガットマン『金ぴか時代のアメリカ』(大下尚一ほか訳)平凡社，1986年／野村達朗『アメリカ労働民衆の歴史』ミネルヴァ書房，2013年

[細谷典子]

寓意画⇒擬人像

グランド・ゼコール

▶語義　grandes écoles　フランスにおける高等教育機関だが，バカロレア☞を取得すれば誰でも入学できる大学とは異なり，高級官僚・学者・知識人を養成する実質上のエリート養成機関である。大統領を筆頭に，フランスの有力政治家はみなグランド・ゼコールを卒業している。

▶経緯　グランド・ゼコールは専門や進路によって，理工科大学校(元は理工科系，官僚養成)，高等師範学校(文科系・理科系，学

者・教授養成），国立行政学院（政治系，官僚養成），パリ政治学院（政治系）等々，現在およそ300校存在するが，その起源はフランス革命後の教育改革にある。理工科大学校はプロイセン軍の軍事技術に抵抗すべく土木工事を指導する人材を育成するために，高等師範学校は市民を教育する教師の養成のために，1794年に創設された。

▶入学までとその後　グランド・ゼコールに入るには，バカロレア取得後，有力リセ（高等学校）の上に付設されたグランド・ゼコール準備学級（通称クラス・プレパ）に進学し，2年間猛勉強したうえで各グランド・ゼコールを受験する。不合格の場合，1年間の留年が認められる。準備学級入学は，リセの成績およびバカロレアの成績から各校校長が選別する。したがって，社会のリーダーとなるべき人材が18歳の段階で選別されることになる。グランド・ゼコールに入学すると，最高レベルの教育を受けられるだけでなく，国家公務員として国から給与が支払われ，住居・食費も保証される。グランド・ゼコール生および準備学級の学生は，高等教育を受ける全学生数の4％にすぎないが，高等教育予算の30％が注ぎ込まれている。卒業後は国家公務員になることが推奨されるが，最近は企業に就職する者も多い。グランド・ゼコール卒業者の4分の3が上級専門職や企業経営者となるのに対し，大学の学部卒業者ではその割合は28％であり，大学卒業者との格差は顕著である。

▶問題点　グランド・ゼコールはフランス革命後のナショナリズム，および，平等精神に則った能力主義（メリトクラシー）に基づいて生まれ，発展してきたが，結果的には，家庭環境が子どもの教育に影響することが多いため，グランド・ゼコール生は両親も高学歴である場合が多く，階級再生産が起こっているのが現状である。また，育成される高級官僚や経営者は実務能力には優れているが一般市民の感覚を欠き，独善に陥る恐れもあると指摘されている。

●関連項目：バカロレア
●参考文献：マリー・ドュリュ＝ベラ『フランスの学歴インフレと格差社会』（林昌宏訳）明石書店，2007年／柏倉康夫『指導者（リーダー）はこうして育つ』吉田書店，2011年

[郷原佳以]

グリム童話集

▶概要　正確には，『子どもと家庭のメルヘン集（Kinder- und Hausmärchen）』という。ヤーコプとヴィルヘルムの兄弟によって1812年に初版第一巻，15年に初版第二巻が出版された後，1857年まで7回の増補改訂を重ね，いわゆるメルヘン200話に子どものための聖人伝10話を加えて今日に伝わる形となった。

▶成立　①大学時代の師サヴィニー，②ナポレオンのドイツ占領，③アルニム／ブレンターノとの交友，の3点が重要である。サヴィニーは，成文化される以前の法の生きた精神を古文書の中に読み取ることを教え，兄弟を民俗的史料へと導いた。卒業後，兄弟はカッセルのナポレオンの陣営に通訳として勤務した。その際に痛感させられたフランス文化の脅威

は，大学時代に培ったロマン派的心情と相まって，言語を通じて継承される自国の遺産の保護・継承へと兄弟を促した。それを具体化するきっかけとなったのが，アヒム・フォン・アルニムとクレメンス・ブレンターノとの交友である。ふたりは，1805年に古謡集『少年の魔法の角笛』の刊行を開始し，民衆的文化財の出版に先鞭をつけていた。この活動をさらにメルヘン集の編纂にまで広げようとしていた彼らは，低地ドイツ語方言で書かれた2編の範例(実は，画家ルンゲの翻案)を兄弟に提供し，これに準じて民衆的な物語を収集するよう促した。

▶意義 ①新しい教育観，②類話と伝承の屈折への着眼，③民俗的伝承の再現法の提起，の3点がまず挙げられる。これらは，いわばマニフェストとして兄弟自身によって表明された。後年，自身による発言と再話の実際との齟齬が指摘され，グリム兄弟の脱神話化が行われたが，ここで表明された方法がメルヘンの収集，再話の手続き，出版等この分野のすべてにおいて，大きな分水嶺となったことに異論の余地はない。

▶受容 出版当初は，各方面からの批判にさらされ，売れ行きも芳しくなかった。批判の主だったものは，①再現法への批判，②内容への批判，③出版意図への批判，の3点に要約できる。グリム兄弟は，民衆が口伝えに伝えてきた物語財を何も足さず何も引かずに再現することを表明した。それに対して，①は，「子どもの活発さを伝えるのに，泥に汚れた衣服を提示する他に方法はないのか」というブレンターノに代表される批判，②は，「未婚の女性の妊娠を子守り娘が顔を赤らめずに，子どもに語れるだろうか」という同姓のアルベルト・グリムに代表される批判，③は，乳母の「迷信」が子どもの理性的発育を阻害するという啓蒙思想世論に代表される批判である。これらの批判はどれも，民衆的な物語が村の糸紡ぎ部屋や遍歴職人の集う居酒屋を出て，新しい受容者(市民家庭の子ども部屋)と出会ったため生じた葛藤の表れであり，端境期における必然である。この意味で，グリム童話集は，限られた場の限られた機会に語られてはすぐ消滅する娯楽が，印刷・出版を通して「公共の議論の場」に登場し，「影響」や「教育的効果」という新たな存在基準を背負わざるを得なくなった市民時代の受容を象徴する書物となっている。

●関連項目：ドイツ・ロマン派

●参考文献：高木昌史『グリム童話を読む事典』三交社 2002年／佐藤茂樹『ドイツ児童書の社会史 ほらばなしはいかにして啓蒙の時代を生き延びたか』明石書店, 2013年

[佐藤茂樹]

グレゴリオ聖歌

▶語義 中世ヨーロッパに創始されたローマ・カトリック教会典礼のためのラテン語の聖歌集。七世紀初頭のローマ教皇グレゴリウス1世(在位590-604)の名(グレゴリオはイタリア語読み)にちなんで象徴的にこの名称がつけられた。

▶起源 ローマ帝国時代に迫害されていたキリスト教は，4世紀半ばには容認されるようになり，西ローマ帝国が滅亡し

た後も，ヨーロッパ西部でローマ教皇庁を中核に独自の発展を遂げるようになっていた。こうしたなか，各地で礼拝中などに歌われる聖歌が別々に作られるようになったが，これをひとつにまとめるよう号令をかけたのが，各種の改革で教会の発展に貢献し「大グレゴリオ」と呼ばれた，グレゴリウス1世であった。

▶成立　実際に作られ今日にまで残っている聖歌は，グレゴリウス1世の時代にまでさかのぼれるものはなく，最古のもので8世紀か9世紀頃にアルプス北部のガリア・ゲルマン世界で作られたとされている。今日のようにまとめられたのは10世紀から11世紀である。

▶特色　現代世界で広く聴かれている今日の音楽とはまったく異なる形式で演奏される。①単旋律音楽(声部はみな同じで斉唱で演奏される)，②教会旋法(長・短調がなく独自の音階)，③自由リズム(無拍節)が主な特徴といえる。ただし時代が下ると，長・短調への志向やひとつのモチーフを核として楽曲全体の構成を試みる造形性，終止に向かって一貫して流れていこうとする合目的な論理性も見られるようになっていく。

▶種類　初期のローマ・カトリック教会の典礼には，秘蹟，聖務日課，ミサなどがある。このそれぞれに聖歌が用いられたが，一般の信者にも頻繁に触れる機会があったのは毎週日曜日に教会で行われるミサで歌われるミサ曲である。特に，キリエ(哀れみの賛歌)，グロリア(栄光の賛歌)，クレド(信仰宣言)，サンクトゥス(感謝の賛歌)，アニュス・デイ(平和の賛歌)はどのような種類のミサでも必ず歌われ，14世紀頃からはこの5曲を組み合わせたミサ曲がさまざまな作曲家によって作られていくようになった。

▶影響　独自の楽譜に基づくラテン語の楽曲であるため，演奏するのは聖職者だけであった。また初期のキリスト教では楽器・女声は禁じられていたため，無伴奏で男声のみからなる。西洋音楽の源流であり，こののちルネサンス，バロック，古典派，ロマン派と続く音楽の歴史に絶大な影響を与えた。

●関連項目：ジョスカン・デ・プレ
●参考文献：皆川達夫『中世・ルネサンスの音楽』講談社学術文庫，2009年

[君塚直隆]

グローバリゼーション

▶定義　現代社会においては，国境を越える人，モノ，カネ，情報，技術，文化の流れが激しさを増している。例えば，運輸技術の発展にともない，運賃の低価格が実現されることで，国境を越える人びとの数は増加している。また，インターネット，テレビ電話，SNSなど，通信技術の発達が，離れた場所にいる人との交信を可能にさせ，人びとの情報収集を容易にさせている。このような動向は，国家や国境の隔たりを越えて，地球全体が一つに繋がっていく状況，すなわち地球市民社会の到来を想起させるものである。ここで，グローバリゼーションとは，情報・通信・運輸技術の急速な進歩により，政治・経済・文化など，さまざまな分野で，時間・空間が圧縮されるとともに，国境の枠組みや人びとの境界意識が

希薄化し，世界が一体化・一元化すること，また，そのような意識が形成されることを意味するものである。

▶**グローバリゼーションの脆弱性** グローバリゼーションは，一般的にすばらしい社会的効果をもたらすものと認識されているが，同時に多くの危険をはらんでいることを看過することはできない。なぜなら，グローバリゼーションによってもたらされる相互の結びつきは，さまざまな犠牲のうえで実現されるといった側面もあるからである。空港デング熱を例にとると，ある特定地域にしか生息しない蚊がジェット機で運ばれることによって，デング熱の無い地域にまでその病気が拡散してしまう。また，ある投資銀行の経営破綻に端を発して，連鎖的に世界規模の金融危機が発生する。さらに，開発途上国出身の貧しいドナーの臓器が国際取引され，開発国出身の裕福なレシピエントに移植される。このように，グローバリゼーションは，ある特定の地域が持つ政治・経済・自然・文化にまつわる力を別の地域に押し付けてしまう危険性のうえに成立しているのである。

▶**移住が人間関係に与える影響** グローバリゼーションの最も重要な構成要素の一つが移住である。国境を越える，越えないにかかわらず，人が新しい生活を求めてある地域から別の地域に移動することで，移住先のコミュニティに文化的・社会的多様性をもたらしている。移住者を受け入れるコミュニティにおいては，そこに長らく居住してきた人びとのなかでも特に年配者は，移住者を歓迎しながらも，彼らと自分たちの違いに気づき，カルチャーショックを受け，悩んでしまうことがある。一方，移住者側の家族関係を照射すると，①移住先の国で生まれた子どもたちが，両親よりも移住先の言語・文化に精通していることによって，②妻が移住先で夫よりも経済的に自立した状態になることによって，既存の権力関係が反転することがある。また，祖国を知る親・祖父母世代と祖国を知らない移住先で生まれた子ども・孫世代の間に祖国をめぐる認識の違いから双方に感情的な動揺をもたらし，家族関係を悪化させることがある。このように，移住者を受け入れる側も，移住者として受け入れられる側も，移住をめぐるカルチャーショックを経験し，それに向き合っているのである。

▶**多文化共生社会の実現に向けて** 水不足や地球温暖化などの環境問題，核兵器やテロ，民族対立や地域紛争により非自発的な移動の経験を余儀なくされた難民など，人類の平和を脅かすような問題に，もはや一民族や一国家で対応することはできない。グローバリゼーションが進む現代社会において，異質なものを排除するのではなく，多文化に基づいた世界観を認め，真に理解することが，今求められている。なぜなら人びとが地球で起こるさまざまな問題に共闘し，立ち向かう時期はもう来ているからである。

●**参考文献**：綾部恒雄・桑山敬己編『やわらかアカデミズム・〈わかる〉シリーズ・よくわかる文化人類学［第2版］』ミネルヴァ書房，2010年／セシル・G・ヘルマン『ヘルマン

医療人類学 文化・健康・病い』(辻内琢也他監訳)金剛出版, 2018年

[日野智豪]

啓蒙児童誌(ドイツ)

▶概要　ドイツ啓蒙☞期に市民階級の児童(主に男児)のための教育の補助手段として，成立。公教育が十全でなかった時代に，優秀な生身の教師を補う有力な啓蒙のメディアとして普及した。基本的な知識や生活の範囲を超えた情報を提供するとともに，市民階級の後継者にふさわしい合理的な推論・議論の能力と行動力を育成することを目的とした。定期刊行という知の新しい提供形態は，先行する「道徳週刊誌」が開拓したものである。

▶小家族　ドイツの児童書の成立の背景には，家族形態の変化がある。寝食をともにする徒弟や奉公人を含む生産共同体であった中世以来の大家族制は，市民階級の成長に伴って血縁の2世代を核とする新しい家族形態に移行し，職住の分離した〈私的な空間〉としての小家族制が成立する。それに伴って〈幼年期〉がふさわしい教育を与えられるべき固有の時期として認識され，〈子ども部屋〉のための教材の需要を呼び起こした。

▶家族の会話　啓蒙の児童誌は，〈家族の会話〉という共通した枠構造を備えている。最初の篇で，ある家族とそれを取り巻く人々が紹介され，以後は全篇を通じてその家族の会話(外枠の物語)の中でさまざまなエピソード(枠の中の物語)が提供される。この構造には，内容的・形式的に多岐にわたる各篇に全体的な統一を与え，合わせて次篇への関心を持続させる実際的な必要に加え，もうひとつ重要な仕掛けが認められる。それは，その都度のエピソードにそれぞれの立場から論評を加える会話の外枠を設けることによって，対象を客観化する方法と批判的議論のモデルを読者に体験させる仕掛けである。同時に，会話のあり方を通して，新しい家族のあり方のモデルケースをも提供している。

▶〈父〉に倣いて　家族の会話の中心にいるのは，父である。この父は，職務の時間を家庭に持ち込まず，友人を迎える時間を確保し，晩には子どもと過ごすことに努める市民階級の新しい父親像を示している。父は，知識や認識の誤りを正し，議論の方向を示し，望ましい結論へと導く「正しい知識，思考，行動の仲介者」(カンペ)であり，子どもが自己の将来像を重ねる規範である。啓蒙の考えにとって，父と息子による教養の世代間継承がいかに重視されていたかをここに認めることができる。

▶挿絵　この時代の児童書には精緻な挿絵が付され，今日の写真の役割を果たして文字情報を正確に補うことに努めている。デフォルメし，現実感をいわば面取りした画像で関心を惹く昨今の子ども向け画像は，啓蒙の児童誌には無縁である。18世紀の風俗を精緻な筆致で今日に伝える画家ダニエル・コドヴィエツキも主だった児童書に挿絵を提供し，それが掲載誌の評判にも一役買っていた。

▶汎愛主義教育者　代表的な児童誌には，ヨーハン・クリストフ・アーデルング『ライプツィヒ児童週刊誌』(1772-74)やク

リスティアン・フェリクス・ヴァイセ『児童の友』(1776-82)がある。後者は，当初は週刊，後に季刊の形で刊行され，最終的には24部362篇を数えた。その後『新児童の友』のタイトルで幾多の同様の試みが19世紀に到るまで続いている。また週刊誌ではないが，ヨーハン・ハインリヒ・カンペのロビンソン翻案(1779／80)は，家族の会話を外枠とした〈枠物語〉の中でもっとも成功した例として特筆に値する。著者の多くは何らかの形でデッサウの汎愛学舎に関係した教育者であり，後に各人が設立した学舎での教育実践が誌上で再現されている。なお，アーデルングもカンペも18世紀を代表するドイツ語用例辞典の編纂者であり，児童の教育と国語の整理・育成がこうした形で結びついているところに市民階級成立期の啓蒙の特徴を認めることもできるだろう。

●関連項目：ドイツ啓蒙
●参考文献：佐藤茂樹『ドイツ児童書の社会史　ほらばなしはいかにして啓蒙の時代を生き延びたか』明石書店，2013年

[佐藤茂樹]

KKK

▶**語義**　アメリカにおけるテロリストの秘密結社"Ku Klux Klan"のこと。通常は"KKK"と略称される。そのトレードマークは，白色の，山形頭巾と衣装である。

▶**語源**　クー・クラックス・クランという名前の由来にはいくつかの説がある。現在もっとも広く流布しているのは，「輪，集会」を意味するギリシア語の「キュクロス(kyklos)」が"Ku Klux"となり，語呂合わせで"Klan"が付け足されたという説である。なお，"Klan"とは「氏族，一族」を意味する"clan"の綴り字異形である。

▶**経緯**　クランは，南北戦争☞後の再建期にテネシー州の奥地で，6人の南部の退役軍人によって組織されたのがはじまりである。当初は闇に隠れて幽霊のような扮装で黒人を脅かすといった軽いいたずらであったが，やがて過激化し，実害をまねく暴力集団となって，南部の各地に広がっていく。1867年にクランが正式に確立されたとき，それは脅迫，放火，鞭打，殺人などの犯罪行為によって，奴隷制度☞から解放された黒人の行動を抑制することをめざす，白人至上主義の団体となっていた。とはいえ，1870年代初頭にクランを取り締まる連邦法が成立すると，彼らの運動は一気に下火になる。クランが再び息を吹き返すのは，1920年代――アメリカ文学史上「ジャズ・エイジ」☞と呼ばれる時代――に入ってからのことである。この第二次クランの運動では，従来の人種主義に，民族主義と宗教色が付加されているのが特徴である(彼らは黒人だけでなく，カトリック教徒，ユダヤ人，進化論支持者なども迫害の対象にしている)。1924年に，第二次クランは会員数が400万を超える全国的な大組織となる。その成長にともない，彼らのテロリスト的行動が世論にさらされ，組織内部の腐敗に光が当てられるようになると，彼らの運動はまたしても急速に衰退に向かう。しかしながら，クランはここで完全に消滅する

わけではない。公民権運動☞の最中（1950年代）にも、それは復活のきざしを見せているからだ。
▶現在　クランの全国的な影響力はもはやない。だが彼らは社会の周縁に追いやられながらも、いまだに水面下でさまざまな活動をつづけており、アメリカの見えざる暗部として生きながらえている。
▶作品　クランの秘密活動をヒーロイックに描き出している歴史小説に、トマス・ディクソン・ジュニア(1864-1946)の『クランズマン』(1905)がある。これは1915年にD・W・グリフィス(1875-1948)監督の手により『国民の創生』というタイトルで映画化され、全米で大ヒットしている。
●関連項目：公民権運動／黒人奴隷制度／ジャズ・エイジ／南北戦争
●参考文献：トマス・ディクソン・ジュニア『クー・クラックス・クラン──革命とロマンス』（奥田暁代・高橋あき子訳）水声社、2006年

[本村浩二]

ゲーテ時代

▶語義　ドイツの詩人ヨハン・ヴォルフガング・フォン・ゲーテは1749年フランクフルトに生まれ、1832年ワイマルに没した。このことから一般に「ゲーテ時代」は、ゲーテの生年から没年までの時期を指す文学史用語と理解されている。しかし、ゲーテが実際に詩人としての活動を本格化させた1770年頃から最晩年までの時期を意味することもある。さらにゲーテに影響を与えた人々や文学、あるいはゲーテから影響を受けた詩人、芸術家等を考慮して、広く1720年代から1840年代を「ゲーテ時代」と称する場合もある。

▶経緯　ドイツ文学者ヘルマン・アウグスト・コルフの著作『ゲーテ時代の精神』が1923年ライプツィヒの出版社から刊行され、用語としての「ゲーテ時代」が広まり、定着する。コルフの著作に従えば、「ゲーテ時代」はシュトゥルム・ウント・ドラング☞から古典主義、さらにロマン主義をも包む時代概念となる。加えてコルフの著述により、18世紀前半の啓蒙主義文学が重んじた合理性に対し、シュトゥルム・ウント・ドラングは感情の自由を主張したこと、ゲーテのみが疾風怒濤の激しい感情表現の時期を克服し、感情と理性的規範の調和的表現であるドイツ古典主義文学の高みに到達し得た、というドイツ文学の発展史観が広く共通理解となったことは重要である。

▶定義　「ゲーテ時代」におけるドイツ文学は、ギリシア・ローマ古典古代の芸術を模範として、完成と調和を求める古典主義を主な芸術思潮とする。しかし「ゲーテ時代」は、中世を再評価して無限への憧憬や幻想的なものを追求したロマン主義文学が開花した時期も含んでいる。「ゲーテ時代」に活躍した詩人としては、ゲーテ本人のほかドイツ古典主義文学の盟友シラー、シュトゥルム・ウント・ドラングの詩人レンツ、さらにヘルダーリン、クライスト、ジャン・パウル、ロマン派のノヴァーリス、ティーク等を挙げることができる。

　この「ゲーテ時代」にイマヌエル・カントの『純粋理性批判』(1781)『実践理性

批判』(1788)『判断力批判』(1790) が出版され，ドイツ観念論哲学が築かれている。カント哲学は，詩人の中では特にシラーの美学に影響を及ぼした。社会的背景を考えると，ドイツにおいてはこの時期，イギリスに始まった産業革命が進行し始めている。政治的には多くの領邦国家に分断されていた18世紀末葉のドイツではあったけれども，諸侯国の連合体として存続していた神聖ローマ帝国☞は，フランス革命☞を集結させたナポレオンの侵攻により，1806年に解体する。

▶**結果** コルフの著作『ゲーテ時代の精神』は，ドイツでの出版から数年後には日本語に翻訳されている。以来日本においても「ゲーテ時代」は，多くの書籍，論文，記事等の表題や記述中に用いられ，一般に定着した。現在でもドイツ，スイス，オーストリア等のドイツ語圏はもちろん日本においても「ゲーテ時代の」という冠をタイトルに付した書籍が多数出版されている。「ゲーテ時代」という用語は，18世紀後半から19世紀初頭の，ゲーテが活躍した時代を想起させ続けている。

●**関連項目**：シュトゥルム・ウント・ドラング／ドイツ・ロマン派

●**参考文献**：ヘルマン・アウグスト・コルフ『ゲーテ時代の精神』(末松譲一訳) 桜井書店，1944年／岡田朝雄・リンケ珠子『ドイツ文学案内』朝日出版社，2000年

[今村武]

月曜デモ

▶**概要** 1989年11月9日のベルリンの壁崩壊につながる重要な行動のひとつ。旧東ドイツのライプツィヒ市民によるホーネッカー国家評議会議長体制に対する批判行動。毎週月曜日に行われたので，この名で呼ばれる。ただし，「東西ドイツの統一」を視野に入れて始まった行動ではない。

▶**ニコライ教会** 市民の集会の自由が制限されていた東ドイツにあって，教会には人々の体制不満のガス抜きの場として，唯一集会の自由が認められていた。そのような中で，ライプツィヒのニコライ教会には，東ドイツの現状に不満を持つ若者が集い，定期的に自由な議論の機会を重ね，次第に反体制的な世論を形成する中心点になっていた。言論の自由，旅行の自由，人権，環境問題などを議論し合ったが，西側の現状や価値観をも同時に批判の俎上に載せていた。1986年に行われた統一選挙を監視し，結果発表の歪曲を指摘した活動なども，この教会に集った人々の中から出ている。

▶**「平和の祈り」** 西ドイツへの核配備および東側の対抗措置が懸念される中で，1982年9月20日，同教会の牧師クリスティアン・フューラーによって「東西の軍拡に反対する平和の祈り」が捧げられた。その後この「平和の祈り」は月曜日ごとの恒例となるが，この「祈り」が教会を出て「月曜デモ」となるのは，89年9月4日からである。同年8月19日，「汎ヨーロッパ・ピクニック」☞を利用して，約1000人の東ドイツ市民がハンガリー国境を越えてオーストリアに入り西側に「逃亡」した。それを皮切りに，同様の事態が相次ぐ。この事態を受けて，9月

4日，教会前に集まった約1500人が「大量逃亡の代わりに，旅行の自由を！」をスローガンに初めて市中を行進した。その映像は，居合わせた西側の報道によって世界に流れ，この行動を広く知らしめることとなった。9月25日には8000人，10月2日1万人〜2万人，9日7万人，16日15万人，23日30万人と，回を重ねるごとにその参加者数を増やした（参加者数は，下記ドリス・ムンドゥスの書による）。

▶10月9日　一連の月曜デモのうち，分水嶺となったのは，10月9日のそれである。2日前の建国40周年記念日には，各地でデモ隊と警備の保安部隊との間で大規模な流血の事態が生じ，ライプツィヒでも210名の逮捕者を出した。衝突はさらなる介入と弾圧を招き，「非暴力」を貫かなければ第二の天安門事件になると懸念された。フューラーの書『そして私たちはそこにいた』には，不安を訴える参加予定者の電話と匿名の脅迫の電話がひっきりなしに続いた緊迫した一日が記されている。教会は17時に始まる「祈り」の開始3時間前にすでに体制側の偽の会衆で満杯になり，本来の参加者たちの大半は外での待機を余儀なくされる中で「祈り」は終了する。外に出た参加者たちはろうそくを手にする。「ろうそくをひとつ持てば，両手がそれに必要となる。明かりを消さないように注意しなければならないからだ。石を持ったり，棍棒を持ったりするための手は空いていない。ろうそくを持つという選択は，まさに非暴力を選択することなのだ」（上掲書，214-9頁）。こうして流血の衝突は回避され，「非暴力」がその後の展開を大きく支配することになる。

▶「我々こそが国民だ！」　行進の参加者たちが唱えたスローガンに「我々こそが国民だ！Wir sind das Volk!」という言葉がある。体制側の地区委員のひとりは，この言葉を唱えて行進したことにこそ9日の行動の成功があったと回想している。意志の表示をためらっている人々に自分たちこそ主権者であるという正統性の意識を与えて後押しをした，ということである。草の根運動の中の言葉がデモのスローガンとして公に躍り出たことで，運動自体も公然たる力を得たと言えるだろう。また，非暴力を訴えた5日付けの声明には，冠詞を一つ代えただけの「Wir sind ein Volk!（我々は同じ国民だ！）」とひと際大きく印刷された言葉が見られる。これは後に意味を読み換えられて，「東西ドイツ統一」のスローガンとなるが，この時点では警備に当たる側に「同じ国民」同士として非暴力を訴える言葉であった。

●関連項目：汎ヨーロッパ・ピクニック／ベルリンの壁崩壊

●参考文献：NHK放映のシリーズ「こうしてベルリンの壁は崩壊した」の第一回「ライプツィヒ市民たちの反乱」／［引用したクリスティアン・フューラー『そして私たちはそこにいた』（ベルリン，2008）及びドリス・ムンドゥス『ライプツィヒ1989　ひとつの年代記』（ライプツィヒ，2009）には，邦訳がない］

[佐藤茂樹]

言文一致

▶語義　幕末維新期に始まる，日本人の

思想や感情の表現にふさわしい口語文体形成の主張や文体革命運動、および文体の制度そのもののこと。言文一致体、言文一致文とも。

▶五つの時期区分　山本正秀『近代文体発生の史的研究』は、その確立過程を以下の①発生期1866〜1882年、②第一自覚期1883〜1889年、③停滞期1890〜1894年、④第二自覚期1895〜1899年、⑤確立期1900年〜の五期に分けている。

▶発生期　幕末から明治期にかけて、公用文に用いられていたのは漢文直訳体だが、言文一致の発生期には前島密が「漢文御廃止之議」(1866)を徳川慶喜に建議、西周が「漢字を以て国語を書するの論」(1874)を著したのに呼応して、かな専用論やローマ字論が展開され、植木枝盛も『民権自由論』(1879)で言文一致を試みるなど、啓蒙家達によって「言」と「文」の一致が唱えられた。

▶第一自覚期　いわゆる欧化政策のもと、「かなのくわい」(1883)が結成され、外山正一が『漢字を廃すべし』(1884)ことを唱え、「羅馬字会」(1885)も設立されるなど「文」を「言」に従属させる論も展開されたが、三遊亭圓朝の速記本『怪談牡丹燈籠』(1884)が売れ、二葉亭四迷『浮雲』(1887)、山田美妙『言文一致論概略』(1888)、尾崎紅葉『二人比丘尼色懺悔』(1889)なども発表され、自由党、改進党経営の新聞の社説にも談話体が採用されるなど、「言」と「文」の一致が実践的に試みられるようになった。

▶停滞期　停滞期は模索期でもあり、雅文体の森鷗外『舞姫』(1890)や西鶴調と称される幸田露伴・尾崎紅葉の文体、鷗外らの和漢洋調和体、民友社や概念小説の欧文直訳体も現れた。なお試みとして若松賤子訳、バーネット『小公女』(1890)もあった。

▶第二自覚期　日清戦争(1894-95)を契機に、日本が中華文化圏から決定的に離脱した時期。紅葉『多情多恨』(1896)によって言文一致は一応の完成を見たとされるが、二葉亭四迷によるツルゲーネフ『うき草』(1897)翻訳にも影響され、言文一致による表現はしだいに広がりをもつようになった。

▶確立期　1900年代になると前島密や菊池大麓、井上哲次郎、大槻文彦らによって「言文一致会」(1900)が結成され、主要文芸誌の小説の大半が口語体になり(1902)、言文一致体は確立期に入るが、そこには、「標準語」の制定と、国定小学校教科書を中心としたリテラシー教育によるその普及が関与していた。「標準語」は、「文」の性格を強く刻印した「東京山の手言葉」を基本に制定されるが、こうした「言」に「文」を一致させることにより確立した言文一致体は、在来的な美意識と倫理意識の表現による変革をめざした自然主義文学☞運動を通して、国民国家の文体として浸透していくことになる。しかし、法律などの公用語は依然として漢文直訳体を用いていたのは、国歌や憲法が示してもいたところである。

●関連項目：硯友社／自然主義文学

●参考文献：山本正秀『近代文体発生の史的研究』岩波書店、1965年／同『言文一致の歴史論考』桜楓社、1971年／野村剛史『日本語

スタンダードの歴史』岩波書店, 2013年

[岩佐壮四郎]

硯友社

▶概要　東京大学予備門の生徒の尾崎紅葉, 山田美妙を中心として石橋思案, 丸岡九華らによって1885年2月に結成された文学愛好の団体。「社」は「結社」の意。機関誌『我楽多文庫』(全43冊)を刊行し, 小説, 新体詩のほか和歌, 漢詩, 俳文, 狂句, 都都逸, 落語なども載せた。やがて巌谷小波, 川上眉山, 広津柳浪, 江見水蔭, 大橋音羽らが加わり, 明治中期の文壇の一翼を担った。

▶活動時期　紅葉は文友会などの文学会に参加していたが, 1884年9月に紅葉に一年遅れて山田美妙が入学し, 翌1885年2月には硯友社を結成, 5月には機関誌『我楽多文庫』を創刊した。雑誌は発行形態により, ①筆写回覧本時代1885年5月〜翌年5月(8冊), ②活版印刷非売本時代1886年11月〜1888年2月(8冊), ③公売時代1888年5月〜1889年2月(16冊), ④『文庫』時代1889年3月〜10月(11冊)の四期に分けられる。『文庫』は, 誌名, 発売元を変更したもの。

▶『文庫』期以前　①には紅葉『江島土産滑稽見屏風』や美妙『竪琴草紙』, ②には紅葉『娘博士』, 美妙『嘲戒小説天狗』, 眉山の『雪の玉水』, 小波の『真如の月』があり, 美妙の言文一致の試みも注目されている。③の初号には「硯友社社則」として「本社は広く本朝文学の発達を計る」と掲げ, また「但し, 建白書の草案起稿其外, 政事向の文章は命に替えても御断」ともして, 雑誌の性格を明らかにした。紅葉『風流京人形』, 小波『五月鯉』, 眉山『黄菊白菊』, 未完となった連載の美妙『情詩人』などがある。美妙は紅葉よりも先に世に認められ, 金港堂創刊(1887)の雑誌『都の花』の主幹となり, 同人から離脱した。13冊目から美妙の名は完全に消え, 雑誌は看板作家を失って凋落し始めた。

▶『文庫』期　④には新社員の広津柳浪『柳桜』や江見水蔭『旅画師』等の他に社外の淡島寒月『百美人』, 幸田露伴『一利那』を載せるなど改革も行われ, 紅葉も『やまと昭君』などを書いたが, 雑誌の売れ行きは回復しなかった。一方, 1889年4月には『文庫』の発売元になった吉岡書店から「新著百種」というシリーズの一冊目として, 紅葉の『二人比丘尼色懺悔』が刊行され, 石橋思案, 巌谷小波, 広津柳浪, 大橋音羽など硯友社の面々も執筆し, 同人たちが一本立ちできたこともあり, 10月には雑誌を廃刊にした。

▶その後　その後も交友は続き, 散発的に1889年11月創刊の『小文学』, 1890年6月創刊の『江戸むらさき』, 1891年創刊の『千紫万紅』(1893年終刊)などの雑誌を出してみたり, 旅をしたり, 文士劇の開催なども行った。泉鏡花, 小栗風葉, 柳川春葉, 徳田秋声が紅葉に弟子入りしたのも『文庫』廃刊後であり, 彼等も硯友社の一員と見なされている。しかし日清戦争前後から徐々に疎遠になりはじめ, 1903年10月の尾崎紅葉の早逝によって実質的に解体した。

●関連項目：言文一致

●参考文献：福田清人『硯友社の文学運動』山

海堂, 1933年／伊狩章『硯友社と自然主義研究』桜楓社, 1975年／山田有策ほか校注『硯友社文学集』岩波書店, 2005年

[水沢不二夫]

江文也

▶概略　こうぶんや，ジャン・ウェンイェ（1910-83）　1930〜40年代の日本及び占領下北京で活躍した音楽家，詩人。日本植民地台湾に生まれ，四歳のとき厦門に移住し，14歳で日本に渡り，長野県上田中学校，武蔵高等工業学校に通う傍ら作曲を学んだ。1936年には「台湾舞曲」によって第11回ベルリンオリンピックの音楽部門で第四位に入賞し，日本で音楽家として名を馳せる。1938年北京師範大学の招聘を受けて日本占領下の北京へ赴き，戦争協力の音楽活動を行う一方，血統上の祖国中国を見つめて，その伝統文化に心酔しながらも内心の苦悩を吐露した日本語詩集を出版する。1945年終戦後に北平（ペイピン，1928年以後中華民国期の北京の都市名，日本占領下では北京と呼ばれた）で国民党政権によって逮捕され，10ヵ月服役した。1947年に北平国立芸術専科学校音楽科の教授となる。人民共和国の中国では，1950年に天津中央音楽学院作曲学部の教授になり，反右派運動中に右派とされ，文化大革命中に批判された。1976年に名誉回復され，1983年10月24日に北京で生涯を終えた。

▶作品　音楽作品に「台湾舞曲」(1936)，「孔廟大成楽章」(1940)，「北京点々」(1944) など多数。そのほか詩集に『北京銘』(東京青梧堂, 1942)，『大同石仏頌』(東京青梧堂, 1942)，著書に『上代支那正楽考』(東京三省堂, 1942) など。

▶音楽史・文学史における位置づけ　江文也は宿命的に台湾・中国・日本という複雑な文化背景を抱えもっていた。台湾では，侯孝賢の映画『珈琲時光』(2004) の中で，主人公が音楽家・江文也の足跡を訪ねるシーンが描かれているように，その知名度が一般化している。音楽家のほか，詩人江文也に関する研究も盛んに行われ，『北京銘』は葉笛によって対訳（日本語と中国語）出版され，葉は彼を「台湾40年代の卓越した詩人」として位置づけている。中国では，江文也はおもに音楽家として知られる。祁文源『中国音楽史』(甘粛人民出版社, 2002) では，彼を「30年代の日本に留学し」，「西洋音楽の作曲理論と技法を用いて濃厚な民族的風格をもつ多くの作品を創作し，国際的に一定の影響を与えた」音楽家として中国音楽史に位置づけている。日本では，江文也はほとんど注目されないが，『まぼろしの五線譜──江文也という「日本人」』(井田敏, 1999) は彼の生涯を詳細に描いているが，江文也の日本側遺族の意向により刊行間もなく回収された。

●参考文献：井田敏『まぼろしの五線譜─江文也という「日本人」』白水社, 1999年／祁文源『中国音楽史』甘粛人民出版社, 2002年／江文也『北京銘─江文也詩集』(葉笛訳) 台北県政府文化局出版, 2002年／葉笛「用音樂語言写詩的江文也」『台湾早期現代詩人論』国家台湾文学館, 2003年／鄧捷『中国近代詩における文学と国家』御茶の水書房, 2010年

[鄧捷]

公民権運動

▶**語義** アフリカ系アメリカ人をはじめとするマイノリティグループが，差別に抗議し平等な公民権を求めて闘った運動。運動がもっとも高揚したのは，アフリカ系アメリカ人が人種差別撤廃を求めて非暴力直接行動を繰り広げた1955年のバス・ボイコット(乗車拒否)運動から1965年の投票権法成立までの期間。

▶**経緯** 1955年12月アラバマ州モントゴメリーにおいて，アフリカ系アメリカ人女性ローザ・パークスはバスの車内で運転手から白人に席を譲るよう命じられたが，従わなかったため市の人種隔離条例違反で逮捕された。これに対し，モントゴメリーのアフリカ系アメリカ人はマーティン・ルーサー・キング牧師を指導者として約1年にわたりバス・ボイコットを継続し，「バスの人種隔離は違憲」とする連邦最高裁判決を勝ち取った。この非暴力抵抗運動の成功を契機として，人種差別撤廃を求める公民権運動は急速に拡大した。学校の人種共学を求める抵抗運動，「黒人お断り」のランチ・カウンターで注文した飲食物が出てくるまで座り続ける座り込み運動，長距離バスの車内とバスターミナルの人種隔離撤廃をめざすフリーダム・ライド(自由のための乗車運動)等，新しい形の運動が次々と展開された。これら非暴力直接行動を基盤とした運動が最高潮に達したのが，1963年の夏，20万人(内，4～5万が白人)もの人々が参加したワシントン大行進である。ここでキングは「私には夢がある」と聴衆に語りかける名演説を行い，拍手と共感を呼び起こした。

▶**成果と限界** 最大の成果は，1964年に公共施設や公立学校の人種差別・隔離を禁止，雇用の平等を保障した公民権法が，翌1965年には地方政府による投票権剥奪を禁ずる策を講じた投票権法が成立し，法的平等が実現したことである。それにより多方面で状況は改善され，全般的にアフリカ系アメリカ人の地位も上がった。政治家や判事等公職に就く人数は急増，専門職や管理職に就く中産階級以上の富裕層も増加した。学校の人種統合も進んだ。ところが，その一方で階級分化が進み，住宅や教育水準が低く劣悪な生活を送る貧困層も増大した。経済的不平等の改善という困難な問題が解決をみずに残された。

▶**その後** 1960年代半ばには，非暴力では闘えないとして「ブラック・パワー」をスローガンとして掲げる急進的なグループも現れ，運動の担い手の考えや方向性が多様化していった。運動は1960年代末から他のマイノリティに波及し，先住民や女性など広範な差別されてきた集団の権利と解放を求める運動に影響を及ぼした。

●関連項目：強制収容／黒人奴隷制度／ジム・クロウ法

●参考文献：本田創造『アメリカ黒人の歴史』岩波新書，1991年／川島正樹『アメリカ市民権運動の歴史』名古屋大学出版会，2008年／アン・ムーディー『貧困と怒りのアメリカ南部』(樋口映美訳)彩流社，2008年

[細谷典子]

古活字版

▶**概要** 近世初期，文禄年間(1592-)から寛永年間(-1644)にかけての約50年間，日本でも，主に木製活字(木活字)による印刷が行われた。この時期の活字による出版物を，近世後期に再び行われる近世木活字印刷と区別して，古活字版という。

▶**活字渡来以前** 日本に活字が渡来する以前，印刷は整版印刷によっていた。整版印刷とは，一枚の板木に彫刻刀で文字や絵画を彫り，墨を塗り，紙をかぶせて，ばれんで刷る印刷方法である。称徳天皇が作らせた『百万塔陀羅尼』(韓国仏国寺の陀羅尼とならび世界最古の印刷物のひとつ)が，木版か銅版かは決着を見ないが，中世に臨済宗の五山の禅僧たちにより出版された「五山版」(出版内容は禅籍を中心に詩文集などの漢籍が加わる)は，中国宋・元の技術にならった整版印刷であった。その後も長く日本の印刷は，専ら整版印刷によっていた。

▶**活字の来た道** ところが，文禄年間末(1590年代)に，新しい印刷技術が渡来する。それが活字による印刷である。活字が日本に渡来したルートはふたつ。ひとつは，イエズス会宣教師ヴァリニャーノが持ちこんだ西洋式活字印刷。もうひとつは，豊臣秀吉の朝鮮侵攻(文禄の役・慶長の役)の際，日本に持ち帰った朝鮮式活字印刷である。ヴァリニャーノらは，九州において，ローマ字と国字の両方を用い，キリスト教関係の書物を中心とした出版活動を行った。これをキリシタン版という。しかしながら，キリシタン版は，慶長末年のキリスト教禁令により断絶してしまう。一方，朝鮮銅活字による最初の日本国内での印刷物は，文禄2年の勅版『古文孝経』であったが，記録に残るのみで現存しない。

▶**古活字版の展開** その後の古活字を用いた出版を挙げていくと，まず，天皇による文禄・慶長・元和の勅版，徳川家康の命による伏見版・駿河版がある。興味深いことに，これら古活字版初期の印刷技法には，部分的にキリシタン版の技法が採用されている。ついで注目すべきは，角倉素庵や本阿弥光悦らによる嵯峨本である。出版された作品は，『伊勢物語』『方丈記』『徒然草』『観世流謡本』など。料紙は紅・黄・緑・青などの色に染められた厚手の雁皮紙を用い，胡粉が引かれ，雲母摺り模様が施される。活字は光悦の(あるいはそれに類似した)書風。装丁には日本古来の列帖装を採用するなど，造本に美術工芸品として趣向の限りを尽くしていた。このような造本の嵯峨本は，当然，大量印刷には不向き。いわば「写本感覚」で制作された出版物であった。

▶**整版の復権** 概要の項に述べたとおり，古活字版の時代は約50年間ほどで終わった。その後はといえば，やや意外なことに，整版印刷に逆戻りし，江戸期を通じて(一部は明治に至っても)，整版印刷が日本の印刷技法の主流たり続けたのである。理由は諸説あるが，整版印刷の版木そのものが商品価値をもつようになったことを第一に挙げておこう。読書人口の増加，それにともなう出版部数の増大。こうした事態を背景に，出版がビジネスとして成り立つようになる。本屋の誕生である。

売れ筋の出版物の版木は、それ自体が商品価値をもち、本屋の間で売買される。版木を所有することは、版権を有することにほかならない。古活字版が下火になり、整版が復権してきた寛永期は、出版をめぐる諸システムが、機能しはじめた時代でもあった。

▶**古活字版の果たした役割**　たしかに古活字版の時代は短かった。が、その果たした役割は大きい。まず、キリシタン版についていえば、前に述べた技術面での影響に加え、漢字仮名交じり文の印刷がキリシタン版に始まることを強調しておきたい。近世期以前の出版物(前述の五山版など)では、印刷の対象は漢籍であり、文字は楷書体の漢字。日本独自の連綿体の漢字仮名交じり文は、専ら写本の範疇であった。その壁を打ち破ったのが、キリシタン版である。キリシタン版によるブレイク・スルーなくしては、嵯峨本も現れなかっただろう。次にその嵯峨本であるが、美術工芸品としての価値は前述のとおり。それのみならず、嵯峨本は本文校訂も厳密に行われており、本文もまた価値が高い。付された挿絵ともども、その後出版された流布本の祖となることで、古典作品を巷間に流布させるのに貢献したのである。

●**参考文献**：川瀬一馬『増補　古活字版之研究』A・B・A・J, 1967年／井上宗雄他編『日本古典書籍書誌学辞典』岩波書店, 1999年／今田洋三『江戸の本屋さん』平凡社ライブラリー, 2009年／中嶋隆『新版　西鶴と元禄メディア』笠間書院, 2011年

[井上和人]

黒人奴隷制度

▶**語義**　英領北米植民地において商品作物栽培のための労働力需要が高まった17世紀後半に成立した社会経済制度。法律により「黒人」は終身奴隷と定められた人種奴隷制である。合衆国憲法にも容認されたこの制度は、南北戦争で廃止されるまで続いた。

▶**成立と発展**　イギリス人が植民地建設に成功してまだ間もない1619年、オランダ船がヴァージニア植民地に西アフリカから運んできた20人の「黒人」を「陸揚げ」し、植民者に売り渡した。北米植民地に奴隷が初めて「輸入」されたこの時から約半世紀が過ぎた1680年頃から、それまで主要な労働力であった白人の年季奉公人が減少し始め、「黒人」がそれに代わり奴隷制度が発展し、独立革命時には13植民地すべてが奴隷制度を法制化していた。革命後、北部では自主的な解放や漸進的廃止措置により徐々に廃止されたため南部の「特有の制度」となったが、煙草の価格低下等が影響して一旦は衰退傾向に陥った。ところが、1793年の綿繰り機の発明とそれに伴う綿花の生産増大により息を吹き返し急速に拡大した。1808年に奴隷貿易が禁止された後は、主に再生産(奴隷の夫婦の子供、白人の奴隷主と女性奴隷の子供を奴隷とすること)に頼って奴隷の数は増え続け、南北戦争直前の1860年には約400万人に達した。

▶**反対運動**　反奴隷制の運動は独立革命前後から存在していたが、即時・無条件・全面的廃止を主張する「アボリショニズム(奴隷制廃止主義)」を基盤に据えた運

動は1830年以降に盛んになった。『解放者』を発刊したウィリアム・ロイド・ガリソンや逃亡の経験を持つ元奴隷フレデリック・ダグラスを指導者として、自由黒人と北部の白人が参加する運動が広がった。非合法組織「地下鉄道」は逃亡奴隷に宿泊場所・食糧・移動手段等を提供するという形で逃亡を手助けした。

▶廃止　1860年、奴隷制反対政党である共和党の大統領候補エイブラハム・リンカーンが当選すると奴隷制の存続に脅威と感じた南部諸州が連邦から脱退し、1861年、南北戦争☞が始まった。1865年、戦争は南部の敗北に終わり奴隷は解放され、憲法修正第13条により奴隷制度は廃止された。

●関連項目：公民権運動／南北戦争
●参考文献：辻内鏡人『アメリカの奴隷制と自由主義』東京大学出版会, 1997年／川島正樹編『アメリカニズムと「人種」』名古屋大学出版会, 2005年

［細谷典子］

国性爺合戦

▶概要　近松門左衛門作の浄瑠璃。5段。正徳5年(1715) 11月15日、大坂竹本座初演。明国の忠臣鄭芝龍は、皇帝に諫言したために追放され、日本に渡る。日本では老一官と名乗る鄭芝龍、平戸(現在の長崎県平戸市)で漁師の娘との間に和藤内(後の国性爺鄭成功)をもうける。折しも明国の皇女を乗せた舟が漂着。皇女が訴えるには、韃靼に攻められ、明国から逃れて来たと。故国の危機を知り、明国に渡る老一官夫婦と和藤内。かの地では老一官の娘の錦祥女と対面、娘婿の甘輝と力を合わせ、韃靼を追い払い明国を救った。

▶国姓爺鄭成功　清の支配に抵抗した鄭成功は、実在の人物である。明の遺臣鄭芝龍を父に、日本人田川氏を母に、平戸に生まれた。清に抗戦し、一時は南京近くまで攻め入るも敗退。台湾に渡り、そこで病死した。この中国の政変は、鎖国下にあった当時の日本でも、民衆に知られていた。それは、通俗軍談『明清闘記』(寛文元年〈1661〉序)によるところが大きい。近松もまた『国性爺合戦』の執筆に『明清闘記』を利用している。

▶国姓爺ブーム　『国性爺合戦』は大いに当たり、足掛け3年越し17ヵ月のロングランを記録、一大ブームを巻き起こした。上演中から歌舞伎化され、浮世草子に採られて、『国姓爺御前軍談』(西沢一風作カ, 享保元年〈1716〉刊)・『傾性野群談』(八文字自笑作, 享保2年正月刊)・『国姓爺明朝太平記』(江島其磧作, 享保2年5月刊)などの作を生み、江戸でも読物として出版された。近松自身が記すところ、「五月菖蒲の甲、幟、団の絵、野も山も国性爺国性爺」(正徳6年〈1716〉4月晦日付書簡)であったという。

▶ブームの背景　それでは、なぜ『国性爺合戦』は成功を収めることができたのか。筑後掾没後の竹本座の命運を賭けて臨んだ座元竹田出雲の構想力もあろう。もちろん、作者近松の筆力はいうまでもない。だが、ここでは時代の雰囲気として、人々の当代中国への熱烈な関心を強調しておこう。八代将軍吉宗からして、中国の新しい資材の輸入を希望した。黄檗宗のいかにも中国風な寺院が京都周辺に建てられる。この頃、中国由来の卓袱

料理も，大坂近辺で味わうことができるようになった。こうした中，中国の新しい書物も輸入される。儒学に，詩文集に，とりわけ中国白話小説☞の与えた衝撃は大きかったが，これは別項に譲る。その他，中国趣味を伝えるさまざまな文物が輸入された。『国性爺合戦』に喝采を送ったのは，このような時代の人々であった。そして，『国性爺合戦』がまた人々の中国熱を煽り――。こうした循環の中，国姓爺ブームは加熱していったのである。

●関連項目：中国白話小説
●参考文献：野間光辰「『国姓爺御前軍談』と『国性爺合戦』の原拠について」「『明清闘記』と近松の国性爺物」『近世芸苑譜』八木書店，1985年／中野三敏編『日本の近世12　文学と美術の成熟』中央公論社，1993年／鳥越文蔵ほか『新編日本古典文学全集76　近松門左衛門集③』小学館，2000年

[井上和人]

国会議事堂放火事件

▶概要　ヒトラー内閣が成立した直後の1933年2月27日夜にドイツの国会議事堂が放火され炎上した事件。直接には共産党の弾圧に利用されたが，ヒトラー＝ナチ党によるワイマル共和国☞の転覆と独裁権力掌握への一歩となった出来事である。

▶国家と国民を保護する緊急令　1933年1月30日，極右政党ナチ党の党首ヒトラーは大統領の憲法権限によって首相に任命され内閣を組織したが，この内閣はナチ党と右派の国家人民党，および右派のヒンデンブルク大統領と連携して帝制復活をねらう副首相パーペンらの右派政治家・軍部の連立政権で，11名の閣僚のうちナチ党員はヒトラーも含めて3名，ナチ党は警察権力こそ握ったものの独裁権力には程遠かった。ヒトラーの当面のねらいは，政府に立法権を与える全権委任法を国会で成立させて，国会を無力化しワイマル共和国を事実上転覆させることにあった。これには憲法改正手続きと同じ国会の三分の二以上の賛成が必要だったが，ナチ党は国会第一党ではあったものの過半数にも達していなかった。ヒトラーは2月2日に国会を解散し，政権基盤の強化のために3月5日投票の選挙を実施し，社会民主党や共産党などの活動を規制しながら激しい選挙戦を繰り広げたが，選挙戦終盤の2月27日夜，オランダ人の共産党員による国会議事堂放火・炎上事件が起こると，ヒトラーはこれを共産党の弾圧に利用し，翌2月28日大統領を促して，共産主義の暴力行為の防止のためと謳って，ワイマル憲法に規定された身体の自由，言論出版の自由，結社集会の権利，信書の秘密，所有権などの基本的人権を当分の間停止する「国家と国民を保護する緊急令」を出させ，警察権力を動員して立候補者を含む約4,000人の共産党員を一斉に検挙した。

▶政権掌握のための諸法律　3月5日の選挙でもナチ党は総議席467のうち288と過半数に届かなかったが，国家人民党の52を合わせて過半数に達し，3月23日には，当選した共産党議員81名を拘禁中の理由で議席数から除外，さらに中央党72名の支持をとりつけてようやく三分の二以上を確保し，「国家と国民の危

難を除去する法律」という名称の全権委任法を採択させた。反対は社会民主党の94のみだった。これ以降ヒトラー内閣の定める法律は憲法違反でも効力を有し，ナチ党以外の諸政党が解散し禁圧されたあと，1933年7月に制定された新党設立禁止法，翌1934年8月1日，ヒンデンブルク大統領死去の前日に制定された，大統領の権限を首相に委譲する法律など，ヒトラー＝ナチ党の独裁権力掌握のための法律はすべて政府立法だった。当分の間とされた，国会議事堂放火事件翌日の基本的人権停止の大統領令は結局ヒトラー＝ナチ党独裁体制が崩壊する1945年5月までこの体制を支え続けた。

●関連項目：ワイマル共和国
●参考文献：セバスチャン・ハフナー『ヒトラーとは何か』(赤羽龍一訳)草思社，1979年／木村靖二『ドイツ史(新版 世界各国史)』山川出版社，2001年

[篠原敏昭]

コミュナリズム

▶語義　Communalism　一般には地方自治主義，共同体主義を指す用語だが，南アジアにおいては特殊な意味で用いられる。すなわち，同一の宗教・言語などをもつ地域社会の利害を優先させ，その優位性を強調する考え方であり，とりわけ，対立が顕著なヒンドゥー教☞とイスラームのそれを指すことが多い。宗派主義。

▶経緯　南アジアの文化は多様性をその特徴とし，宗教文化についても，それぞれの地域に地域色豊かな信仰が育まれてきた。しかし，南アジアに存在する多様な宗教は，やがていくつかの大きなまとまりとして輪郭を与えられ，次第に社会的な利害を代表するコミュナル(Communal)な存在と見立てられていく。それを方向づけたのは，イギリスによる植民地支配であり，それとともにもたらされた「近代」である。たとえば1905年の「ベンガル分割令」は，ベンガル州が広大であることを理由に，ヒンドゥー教徒が多いベンガル本州と，ムスリム☞住民が多い東ベンガル・アッサム州に分割するものであった。反英運動を宗教によって分断し宗教同士の対立にすり替えるという，このようなやり方が繰り返された結果，イギリスからの独立は，インドとパキスタンに分かれる「分離独立」(Partition)となった。

▶コミュナリズム再燃　こうした経緯から，南アジアにおいては「ネーション」(Nation，民族，国家)が「宗教共同体」と互換的な意味で用いられる。インドにおいても，民族自決の原則に基づき，インドをヒンドゥー教徒の国家にしようというヒンドゥー・ナショナリズム運動が根強い。1980年代以降，この運動を母体とした政党BJP (Bharatiya Janata Party) が躍進するなどコミュナルな動きが高まり，1991年，アヨーディヤのモスクをヒンドゥー教徒が破壊した事件を機に，全国でコミュナル暴動が頻発した。

▶現在　1998年，国民会議派に代わってBJPが政権を握った結果，パキスタンとの対立が深まり，一時は核戦争の危機さえ叫ばれた。その後BJPは下野したものの，長年の懸案であるカシミール紛争が収束せず，コミュナルな動機に基づくテ

ロ事件が頻発するなど，問題解決の糸口はいまだ見いだせていない。

●関連項目：ヒンドゥー教
●参考文献：バーバラ・D・メトカーフ，トーマス・D・メトカーフ『インドの歴史』(河野肇訳)創土社，2006年

[宮坂清]

コモンウェルス(旧英連邦諸国)

▶語義　かつてのイギリス帝国(大英帝国)の下で，自治領・植民地となっていた国々が，独立後も対等の関係でイギリスやその他の国々との結びつきを続け，共同体を形成した。Commonwealthとは，元来は「共通の富」を意味し，一部の特権階級(この場合にはイギリス本国)だけに独占されていた富が，すべての構成員が平等に分かち合えるように変化したことを示す。2012年現在の構成員は54ヵ国。首長にはイギリスのエリザベス2世☞が就いている。加盟国の人口をあわせると21億人に及ぶ。

▶起源　1929年にアメリカの経済不況に端を発した世界恐慌は，第一次世界大戦☞での痛手から立ち直ったばかりのイギリスにも直撃した。ここは白人系移民自治領であるカナダ，オーストラリア，ニュージーランド，南アフリカなどと対等の関係から経済協力を行わなければ生き残れないと考えたイギリスが，1931年のウェストミンスター憲章に基づき，それぞれに主権を有する独立国家の自由な共同体として立ち上げた。

▶拡張　第二次世界大戦☞後に，非白人系のアジア，アフリカ，カリブ海の植民地も次々と独立を達成したが，そののちもイギリスと経済的・文化的なつながりは保ち続け，コモンウェルスの構成員に加わっていった。ミャンマー(旧ビルマ)やアイルランド共和国のようにコモンウェルスに加わらずに独立した国も少数ながらある。

▶活動　1960年代まではイギリスが主導権を握るかたちで運営されたが，「英国病」と呼ばれたイギリスの経済不振で，1971年からは構成員からなる「コモンウェルス諸国首脳会議(CHOGM)」を2年に1度ずつ各国が輪番制で主催国となって開催されることになった。また1930年からすでに開始していた，ミニ・オリンピックとも言うべき「コモンウェルス競技大会(ゲームズ)」も4年に1度ずつやはり輪番制で主催国を決めて開かれている。こうした文化的な交流に加え，首脳会議では共同体全体に関わるさまざまな問題が討議され，南ローデシア(現ジンバブエ)や南アフリカの人種差別政策の撤廃にも大きな影響力を行使した。近年では，構成員であるツバルにも直接的な影響が出ている，地球温暖化の防止など，地球環境問題に焦点が当てられることが多い。

●関連項目：エリザベス2世／第一次世界大戦／第二次世界大戦

●参考文献：君塚直隆『女王陛下の外交戦略　エリザベス二世と「三つのサークル」』講談社，2008年／小川浩之『英連邦』中公叢書，2012年

[君塚直隆]

暦

▶語義　年月日を特定する用具または手法。

▶**由来** 周期的な月の満ち欠けや，より長い周期での季節の一巡を人類は経験した。長い周期を「年」とし，短い周期を「月」とすることで，各周期のとの時点かで日を特定するのが，暦。

▶**太陽暦と太陰暦** 日の長さや季節は太陽の運行(地球の公転)に従う。これに基づく暦が太陽暦。月の形の変化は月の運行に従う。これに基づく暦が太陰暦。両周期は各々独立であるので，暦の年と月は必ずしも整合しない。多くの暦は月の運行で1ケ月を決め，季節に従って1ケ1年を決め，両者を「閏」により調整(太陰太陽暦)。現行のグレゴリオ暦は月の運行は無視し，地球の公転に基づく年を人為的に12分割して1ケ月とする。純粋な太陰暦はイスラム暦に見られ，例えばラマダン(断食月)の季節は年によってずれる。

▶**現行の暦** 現行のグレゴリオ暦は，ユリウス暦を改暦したもの。ユリウス・カエサルはローマ暦をエジプト暦をもとに改暦，紀元前45年以来ユリウス暦は長く用いられたが，ローマ教会が春分の日を3月21日に固定したため実際とずれ，春分の日を基にする復活祭の日取りに問題が生じた。そこで1582年10月4日，教皇グレゴリウス13世は閏年を400年に3回減らす暦法改正を行い，かつ同10月4日の次の日を15日とした。カトリック国はほぼ直ちに，スコットランドも1600年から改暦に従ったが，英国は1752年ジョージ2世のときに改暦。植民地アメリカを含め，1752年9月2日の翌日を14日とした。英国は改暦に伴い年初を1月1日に変更，それまでは3月25日を西暦の年が変わる節目としていた。ただし年中行事としての新年は以前からクリスマスシーズンに続く1月1日。

▶**年初** 節目は冬至，立春，春分，クリスマス，復活祭などさまざま。「正朔を奉ずる」というように，年の初め，月の初めは為政者が決め，その暦に従うことはその文化圏に入ること。

▶**日本の暦** 持統4年(690)11月に初めて元嘉暦と儀鳳暦を行う(『日本書紀』)。推古12年(604)を暦の初めとする説もある(『政事要略』)。『日本書紀』の暦法は，神武即位前紀からの古い記事は編さん当時の新しい儀鳳暦，雄略即位前紀の安康4年(457)以降推古紀までは古い元嘉暦を使用(小川清彦)。以下大衍暦，五紀暦，宣明暦と中国伝来の五暦が使用され，宣明暦は渋川春海による貞享暦まで823年間(平安時代の貞観4年～江戸時代の貞享元年)続く。この間日本では基本的な改暦はなく，地方によりさまざまな暦が出現した。例：中央の京暦では天正11年正月，次に閏正月であったが，三島暦を用いる関東では，天正10年閏12月を立て，次に天正11年正月とした(織田信長は閏12月を立てるよう死の直前まで朝廷と交渉)。明治5年11月9日政府は布告して，来る12月3日を明治6年1月1日とし以後現行暦に改暦。

●関連項目：時

●参考文献：桃裕行桃裕行著作集第7巻第8巻『暦法の研究(上)』『同(下)』思文閣，1990年／多ケ谷有子「イングランドにおける暦—新年，お年玉，そして十二夜」『関東学院大学文学部紀要』第103号，1-32頁，2005年

[多ケ谷有子]

コルベール主義

▶**概要** Colbertisme　絶対王政期フランスの国王ルイ14世治下で，財務長官コルベール(Jean-Baptiste Colbert, 1619-83)が実施した重商主義的経済政策。その目的は，当時の経済危機を克服してイギリスとオランダとの商業競争に打ち勝ち，また王政の財政的必要を満たして王国を強化することであった。国富は保有する貴金属の量によって決まると考えられたため，輸出を可能な限り増やし，輸入を可能な限り減らして，貿易差額を得ることがめざされた。

▶**内容** コルベール主義の，オランダやイギリスの重商主義との違いは，それが国家(王室)が「上から」強力に介入して行われたことである。その具体的内容は，以下のとおりである。①保護関税の設定：毛織物に関する関税が1664年，67年と二度にわたって引き上げられた。67年の引き上げは，イギリス，オランダ産の毛織物の輸入をほとんど禁止するほどのものであった。②特権商事会社の設立：貿易におけるフランスの地位を高めるために，東西両インド会社(ともに1664)，北方会社(69)，レヴァント会社(70)，セネガル会社(73)が設立された。③特権王立マニュファクチュアの設立：高級織物，奢侈品，鉱山・精錬業，火砲製造のマニュファクチュアが設立され，助成金，特別融資，税制上の優遇，市場の独占の権利が与えられた。④産業規制の強化：1669年に織物に関する詳細な法規(産業一般規則)が制定され，73年には宣誓手工業令によって手工業の宣誓ギルドへの再編がはかられた。

▶**歴史的評価** コルベール主義は，規制により産業の自由な発展がさまたげられ，さらに振興の対象とならなかった産業の発達が阻害されたなどとする評価が強い。またのちの重農主義者からは農業が犠牲にされた点が批判された。コルベール主義の真価は，貿易の出超をめざすという従来からの重商主義の発想をもとにしながらも，経済全体を管理する具体的な政策を規定し，実施したことにある。

●**関連項目**：「重商主義」と日本

●**参考文献**：河野健二『西洋経済史』岩波書店，1980年／大阪市立大学経済研究所編『経済学辞典 第3版』岩波書店，1992年／柴田三千雄・樺山紘一・福井憲彦編『フランス史 2』山川出版社，1996年／福井憲彦編『フランス史』山川出版社，2001年／奥西孝至・鴋澤歩・堀田隆司・山本千映『西洋経済史』有斐閣，2010年

［土屋元］

サ

サダカ

▶**語義** 自発的な喜捨。ここでの喜捨とは，金銭などの財の喜捨だけでなく，より広い意味での慈善行為を含める。

▶**サダカとザカート** イスラームにはサダカとザカートという二種類の喜捨がある。ザカートは五行の一つで，義務としての喜捨を意味する。これは，経済的に余裕のあるムスリムに課される一種の救貧税であり，国家が社会的弱者の救済

のために，財産税として徴収するものである。これに対して，サダカはムスリム個人が自発的に行う喜捨を意味する。

▶サダカの対象と方法　サダカの対象者は，自分の家族，扶養者，親族，貧者，困窮者，寡婦，孤児，債務者，旅行者などである。これには，ムスリムだけでなく，「啓典の民」であるキリスト教徒やユダヤ教徒，非イスラーム世界（「戦争の家」）にいる多神教徒や敵対者もサダカの対象として含まれる。このため，サダカの対象は，ウンマ☞の枠を越えて広がり得るといえる。サダカは，金品の施しだけでなく，他者を助けるための慈善行為を指す。他人を助けるための時間と尽力，親切な言葉，病人の見舞いなどもサダカと見なされる。サダカを行う時期やタイミングに規定はないが，ラマダーン月に善行を施すことは特に推奨されている。また，イスラームの二大祭である断食明けの祭り（イード・アルフィトル）と犠牲祭（イード・アルアドハー）に行うことや，イスラームの聖地マッカとマディーナでの実践も推奨される。

▶サダカの報酬　サダカは，見返りを期待して行ってはならないとされながらも，神からの報酬が得られる行為と見なされている。イスラームでは，死後，最後の審判において死者の生前の善行と悪行が計量され，神によって楽園と地獄に振り分けられると考えられている。こうした考えを持つムスリムにとって，サダカは，来世に楽園に行くために必要な善行を積むための有効な方法の一つである。

●関連項目：六信五行／ワクフ

●参考文献：『岩波イスラーム辞典』岩波書店，2002年／長谷部史彦編『中世環地中海圏都市の救貧』慶應義塾大学出版会，2004年

[熊倉和歌子]

サラフィー主義

▶語義　イスラームは長い歴史のなかで本来的要素以外のものが付加され，それがイスラーム世界衰退の原因となっているとし，その逸脱（ビドア）を排して，イスラームの初期世代（サラフ）の原則や精神への回帰と彼らの築いた共同体の再興をめざそうとする思想。サラフとは，ハラフ（後代）の対義語で，「祖先，先人」を意味するアラビア語であるが，ここでは通常，預言者ムハンマドの教友（サハーバ）である第1世代から第3世代のうちの預言者の教えを正しく伝えている者を指す。

▶展開　思想的源泉は，マムルーク朝（1250–1517）のエジプト・シリアで活躍した法学者であるイブン・タイミーヤ（1263–1328）にさかのぼることができるが，明確な出発点として位置づけられるのは，18世紀のアラビア半島におけるワッハーブ運動，南アジアでのシャー・ワリー・ウッラー（1703–62）による改革思想である。19世紀に入り，イスラーム世界が西洋列強の支配下におかれるようになると，イスラーム世界の劣勢の原因を，イスラーム自体の衰退・堕落に求める考え方が生まれ，サラフィー主義が展開した。その理論を確立したのは，ムハンマド・アブドゥフ（1849–1905）とラシード・リダー（1865–1935）であった。アブドゥフはパリでアフガーニー（1839–1897）とともに雑誌『固き絆』を刊行し，西欧帝

国主義に対する「東洋人」の団結を呼びかけた。彼は、イスラーム世界を西欧近代に随従する勢力と、伝統に固執する勢力とに分裂した危機的状況と認識し、合理的思考を求める本来のイスラームに立ち返れば、その危機を打開して近代文明と調和することができると考えた。彼の思想は、人知の及ばぬ神意としての「啓示」を信仰しつつ、人間の「理性」を重視し、クルアーンの解釈にも近代科学の知識を導入すること（「啓示と理性の調和」）を訴えるなど、イスラーム的要素とともに、近代西洋的要素が多く見られた。その思想を継いだ弟子のリダーは、イスラーム的要素を重視した。リダーはアブドゥフとともに雑誌『マナール(灯台)』を刊行し、近代におけるイスラームの改革と復興を説き、アジア・アフリカのムスリム知識人に大きな思想的影響を与えた。一方で、近代西洋的要素を継承したアブドゥフの弟子の中には、19世紀末に「女性の解放」を説いたカースィム・アミーン(1863-1908)、20世紀前半のエジプト・ナショナリズム運動の指導者サアド・ザグルール(1859-1927)らがいる。この思想は、ハサン・バンナー（1906-1949）にも影響を与え、彼によるムスリム同胞団の設立と20世紀におけるイスラーム大衆運動の展開に結び付いた。ただし、初期の同胞団は自らをサラフィー主義と説明したが、1970年以降の急進的路線をとったイスラーム主義運動の中ではサラフィー主義を自称していない。

●関連項目：イスラーム主義／ムスリム

●参考文献：『岩波イスラーム辞典』岩波書店、2002年／『新イスラム事典』平凡社、2002年／大塚和夫『イスラーム主義とは何か』岩波新書、2004年／横田貴之『原理主義の潮流――ムスリム同胞団』山川出版社、2009年／小杉泰編『イスラームの歴史２――イスラームの拡大と変容』山川出版社、2010年

[熊倉和歌子]

三月革命

▶概要　1848年3月ドイツ諸邦で勃発した市民革命で、統一ドイツ国家形成と自由主義的改革をめざしたが、翌1849年8月までにすべて君主側の権力に敗北した。

▶市民層の改革要求　フランス二月革命の勃発に触発されて、3月に入るとドイツでは市民層の改革要求活動が活発化し、中小諸邦では君主側が譲歩して平穏のうちに自由主義的改革が実施され、ドイツ統一への努力が表明されたが、革命と呼びうる事態が生じたのは、オーストリア帝国とプロイセン王国というドイツの2大強国の首都、ウィーンとベルリンである。ウィーンでは3月13日、市民や学生の要求行動に対して皇帝の軍隊が発砲し、これをきっかけに郊外の労働者や失業者も加わって騒乱状態に発展。この事態に対して宮廷政府はただちに宰相メッテルニヒを解任し、出版・結社の自由と国民軍・学生軍団の設立を認め、憲法の制定を約束、5月には自由主義派内閣を発足させ、7月には帝国議会が開会した。またハンガリー、北イタリアでは反乱が起こってオーストリアから独立する構えを見せた。ベルリンでも3月18日にウィーンと同様の事態が発生し、翌19日国王側は出版・結社の自由、市民軍の結

成などを認め，ドイツ統一のために先頭に立つことを約束，3月下旬には自由主義派内閣が成立し，5月にはプロイセン憲法制定議会が招集された。

▶**フランクフルト国民議会** ドイツ革命でウィーンとベルリンの事態以上に重要な意義をもったのは，5月18日にフランクフルトで開かれた，統一ドイツ国家形成のためのドイツ国民議会(フランクフルト国民議会)である。これは3月初めの自由主義派の政治家・知識人の集会の呼びかけから始まり3月末の準備議会を経て成立したもので，それまで諸邦を束ねていたドイツ連邦はこれとともに解散，国民議会は統一ドイツ国家の憲法制定に向けて動き出したが，統一ドイツの中心にオーストリアを据えるか(大ドイツ主義)，オーストリアを除外してプロイセンを据えるか(小ドイツ主義)の対立が生じて，憲法は1848年のうちには決まらなかった。

▶**王政復古** この間にオーストリアでは皇帝軍が6月にボヘミア，7月には北イタリアを鎮圧，一時急進派が支配し穏健派が離反し始めた革命ウィーンも11月初めには皇帝軍に制圧された。プロイセンでも同様の事態が進行し，やはり11月には国王の軍隊にベルリンが制圧された。諸邦の革命勢力がほとんど敗北した1849年3月，フランクフルト国民議会はようやく小ドイツ主義による連邦制的立憲君主制のドイツ国憲法を公布するが，憲法上のドイツ皇帝の位をプロイセン国王に拒絶されて国民議会は瓦解。5月に南西ドイツで起こった憲法擁護の反乱や6月の左派議員による残骸議会もプロイセンの軍隊に鎮圧された。8月には独立ハンガリーが鎮圧されて，前年3月に始まった革命はすべて敗北。1852年にはドイツ連邦が復活して，革命以前の体制に復した。

●関連項目：三月前期／ドイツ帝国創設

●参考文献：シュターデルマン『一八四八年ドイツ革命史』(大内宏一訳)創文社，1978年／良知力『向う岸からの世界史』ちくま学芸文庫，1993年／木村靖二『ドイツ史(新版 世界各国史)』山川出版社，2001年

[篠原敏昭]

三月前期

▶**概要** 1848年3月，ドイツ諸邦で勃発した革命を三月革命☞と呼ぶが，三月前期とはドイツ史において1815年のウィーン会議以後，三月革命に至るまでの時期を指す。

▶**ウィーン体制** かつて神聖ローマ帝国に属していたドイツの300余邦は1815年，ナポレオン戦争後のウィーン会議において，大小35の君主国と4つの自由都市からなるドイツ連邦に再編されたが，これは最強国の盟主オーストリア帝国と第二の強国プロイセン王国が中心となって，ドイツの国家的分裂状態を維持すると同時に，フランス革命のような民衆騒乱を予防する体制でもあった(ウィーン体制☞)。そのためこの体制下のドイツでは，ナポレオンの支配からの解放戦争(1813-1814)をつうじて高まったドイツの自由と統一，すなわち，各邦における自由の拡大と国家的分裂の克服という，自由主義的，国民主義的要求を掲げる運動や活動が取締りの対象となった。

▶**ブルシェンシャフト運動**　解放戦争を闘った帰還学生たちを中心に，ドイツの自由と統一を要求するブルシェンシャフト(学生結社)運動が1817年のワルトブルク祭をきっかけに広まったが，1819年に反動派と目された作家コッツェブーを急進派学生が殺害する暗殺事件が起こると，ドイツ連邦議会はカールスバート決議を採択して運動と言論の弾圧にのりだした。また工業化の進展とともに登場してきた，主に工場主からなる新興の市民階級も，知識人・文筆家とともに，ドイツの自由と統一を求める勢力となったが，出版・結社の自由や政治参加の権利，立憲制の導入などの彼らの要求も拒絶された。ドイツ連邦を主導したメッテルニヒが宰相を務めるオーストリア帝国ではとりわけきびしい弾圧や検閲が行われ，支配下のマジャール人，イタリア人，チェコ人の民族独立ないし自治の要求も抑圧された。

▶**革命の勃発**　プロイセンの首都ベルリンやオーストリア帝国の首都ウィーンの郊外には，多くの工場労働者が住みつくようになっていたが，1840年代後半には経済不況と農作物の不作が重なって，失業した労働者や職人，没落した手工業者，農村からの流入民が無権利のままに放置されて，首都の社会不安の要因となっていた。この時期に渦巻いていたさまざまな階層や民族の不満が，1848年のフランス二月革命をきっかけに，ドイツの諸邦，諸都市において三月革命として一斉に噴き出すのである。

●**関連項目**：三月革命／神聖ローマ帝国の崩壊

●**参考文献**：良知力『向う岸からの世界史』ちくま学芸文庫, 1993年／幅健志『帝都ウィーンと列国会議』講談社学術文庫, 2000年／木村靖二『ドイツ史(新版 世界各国史)』山川出版社, 2001年

[篠原敏昭]

山上の説教

▶**語義**　山上の説教とは，マタイによる福音書第5章3節～第7章29節に書かれているイエス・キリスト☞の一連の講話を指す。第5章1節，第8章1節にこの講話が語られた状況が「山上」であったことが述べられているために，このように呼ばれる。「山上の垂訓」とも言われる。

▶**内容**　新共同訳聖書の見出しによれば，以下のような内容である。「幸い」(第5章3～12節)，「地の塩，世の光」(13～16節)，「律法について」(17～20節)，「腹を立ててはならない」(21～26節)，「姦淫してはならない」(27～30節)，「離縁してはならない」(31～32節)，「誓ってはならない」(33～37節)，「復讐してはならない」(38～42節)，「敵を愛しなさい」(43～48節)，「施しをするときには」(第6章1～4節)，「祈るときには」(5～15節)，「断食するときには」(16～18節)，「天に富を積みなさい」(19～21節)，「体のともし火は目」(22～23節)，「神と富」(24節)，「思い悩むな」(25～34節)，「人を裁くな」(第7章1～6節)，「求めなさい」(7～12節)，「狭い門」(13～14節)，「実によって木を知る」(15～20節)，「あなたたちのことは知らない」(21～23節)，「家と土台」(24～27節)。このように山上の説教の内容は多岐に渡

っているが，中でもきわめて高い倫理的要求を述べている箇所（第5章21〜48節）はこれを読む者たちに強い印象を与えてきた。その箇所でイエスは，人を殺さないだけでなく怒りをもつことさえも禁じ，行為で姦淫しないだけではなく心でも異性に欲情をもつことを禁じ，離婚を禁じ，偽りの誓いだけでなくすべての誓いを禁じ，復讐の放棄を訴え，敵をさえ愛するようにと命じている。イエスはユダヤ教の律法の教師が教える義に勝る生き方を，自らに従う者たちに求めたのである（第5章20節）。

▶解釈の歴史　山上の説教の高い倫理的内容は，教会の歴史においてさまざまに解釈されてきた。例えば中世のローマ・カトリック教会では，一般の信徒が山上の説教の要求に従うことは，はなはだ困難であり，むしろ教会指導者や修道士に向けられた教えであると解釈した。また宗教改革者たちは，山上の説教の倫理的要求は人間には実行不可能であり，かえってその事実によって人間に罪の深さを認めさせ，信仰によってのみ義とされる（救われる）ことを受け入れさせるところに，この教えを述べたイエスの目的があると解釈した。さらに20世紀になって新約学者のアルバート・シュヴァイツァーは，イエスがこの倫理的要求を，間近に迫った終末に至る短期間においてのみ実行可能な倫理として教えたのだ，と解釈した。

●関連項目：イエス・キリスト／三位一体／宗教改革／聖書

●参考文献：E・シュヴァイツァー『山上の説教』（青野太潮・片山寛訳）教文館，1989年／新カトリック大事典編纂委員会編『新カトリック大事典第2巻』研究社，1998年／共同訳聖書実行委員会訳『聖書：新共同訳』日本聖書協会，1999年

［安井聖］

三位一体

▶語義　実体（ラテン語でスプスタンティア〔substantia〕）として唯一である神が，父と子（イエス・キリスト）☞と聖霊という三つの区別された位格（ラテン語でペルソナ〔persona〕）であるという，キリスト教会における重要な教義である。この教義の源泉は聖書に求められるが，「三位一体」という表現は古代キリスト教史の時代に教会が作り出したものである。

▶源泉　聖書の中に三位一体という言葉やその意味を説明する箇所はないが，父，子，聖霊が相互に結びついて世界と人間に働きかけるとの言及は数多く見られる。「だから，あなたがたは行って，すべての民をわたしの弟子にしなさい。彼らに父と子と聖霊の名によって洗礼を授け，あなたがたに命じておいたことをすべて守るように教えなさい」（マタイによる福音書第28章19〜20節）。その他にもコリントの信徒への手紙I第12章4〜6節，コリントの信徒への手紙II第1章21〜22節，第13章13節，ガラテヤの信徒への手紙第4章4〜6節，エフェソの信徒への手紙第2章14〜22節，テサロニケの信徒への手紙II第2章13〜14節，テトスへの手紙第3章4〜6節，ペトロの手紙I第1章2節などを参照。したがって，父，子，聖霊の三者が一体となって神のわざをなす，との信仰は，聖書に由来するも

のに他ならない。

▶歴史的展開　古代キリスト教史の時代に，キリストが神であるかどうかをめぐってさまざまな理解が生まれた。そのような中で，中期プラトン主義のロゴス論を取り入れつつ，キリストこそ神のロゴスであるとする「ロゴス・キリスト論」が，教会におけるキリスト理解の主流となった。しかしロゴス・キリスト論には，子が神として父よりも劣った存在であると見なす従属説的な傾向があった。この傾向が完全に払拭されたのは，4世紀におけるアレイオス派との論争においてであった。アレイオス派はきわめて従属説的に子を理解し，子は神の最高の被造物であるが，まことの神ではないと主張した。これに対してアタナシオス，カッパドキアの三教父らは，子がまことの神であると主張してアレイオス派を批判した。そして381年のコンスタンティノポリス公会議において，三位一体の教義を内容とするニカイア・コンスタンティノポリス信条が制定された。これによってアレイオス派との論争は終結し，父とともに子も聖霊もまことの神であるとの信仰が確立した。その後東方教会と西方教会との間で，三位一体の教義の理解をめぐって対立が起こった。すなわち東方教会が聖霊を父から発出した霊であると理解したのに対して，西方教会は聖霊を父から，「そして子から」(ラテン語でフィリオクエ〔filioque〕)発出する霊であると主張した。フィリオクエ論争と呼ばれるこの対立は，1054年の東西教会分裂の一つの原因となった。

●関連項目：イエス・キリスト／山上の説教／宗教改革／聖書
●参考文献：新カトリック大事典編纂委員会編『新カトリック大事典第2巻』研究社，1998年／A・E・マクグラス『キリスト教神学入門』(神代真砂実訳)教文館，2002年／J・ペリカン『キリスト教の伝統──教理発展の歴史(第1巻)，公同的伝統の出現(100-600)』(鈴木浩訳)教文館，2006年

[安井聖]

シーア派

▶語義　預言者ムハンマドの後継者をめぐって，イスラームの多数派であるスンナ派とは異なる見解をもつ人びとおよびその教説。

▶シーア派のイマーム論　ムハンマドの死後，ウンマ☞の指導者は，歴史的に，正統カリフ，ウマイヤ朝，アッバース朝へと引き継がれた。これを受け入れるのがスンナ派であるのに対し，シーア派はムハンマドの従兄弟であり娘婿であるアリーこそウンマの正統な指導者であり，その資質はアリー，その後はその子孫に確実に受け継がれると信じる。シーア派はスンナ派と同様に，預言者ムハンマドの死をもって啓示は封印されたとみなすが，シーア派は預言者の後継者としてイスラーム共同体を宗教的，政治的に指導する者は，クルアーンの奥義までをも理解する特殊な資質をもった人物でなければならないと考え，このような資質を受け継ぐ人物を「イマーム」と呼ぶ。このように，シーア派では代々のイマームを無謬であると見なし，スンナ派が重視するウラマーによる合意(イジュマー)そのも

のを否定する。歴史的に，誰をイマームとして認定するかの問題をめぐって，カイサーン派，十二イマーム派，ザイド派，イスマーイール派などのさまざまな支派が生まれた。

▶十二イマーム派　シーア派最大の支派。信者はイラン，イラク，レバノン，アラビア半島東岸などに分布している。ムハンマドの娘ファーティマとアリーの子孫にイマーム位は継承されると主張する。この派の考えは，イマーム位はアリーから第11代のハサン・アルアスカリー（874年没）までその男系子孫に受け継がれたが，アルアスカリーには認知された男子がいなかったために，誰を12代目イマームとするかをめぐって混乱が生じた。そこで，第11代には本当は男子がおり，彼は死んだのではなく，874年に第12代イマーム，ムハンマド・ムンタザルとして「お隠れ」（ガイバ）の状態に入り，将来マフディー（救世主）としてこの世に再臨し，正義と公正をもたらすとした。十二イマーム派は，シャリーア☞の基本的実践についてはスンナ派とほぼ共通している。礼拝については，スンナ派では日に5回の礼拝が定められているが，十二イマーム派は日に3回である。

●関連項目：ウンマ／シャリーア

●参考文献：『岩波イスラーム辞典』岩波書店，2002年／桜井啓子『シーア派―台頭するイスラーム少数派』中公新書，2006年／佐藤次高編『イスラームの歴史1　イスラームの創始と展開』山川出版社，2010年

［熊倉和歌子］

死刑停止（日本，平安時代）

▶語義　平安時代に，約350年間，国家が行う公式の死刑が停止され，死罪に該当する罪は刑一等を減じられて流刑とされていた史実。

▶史実の検討　『保元物語』等によると，仲成（なかなり）・薬子（くすこ）の乱で藤原仲成が死罪（実際は戦死）とされて以来，長い間朝廷は死刑を科さず，死刑に当たる罪は流刑に減刑されていた。それを保元の乱の戦後処理で，後白河天皇の側近の信西（しんぜい）が首謀者の死罪を主張，約350年ぶりに死刑が復活した（この結果平清盛は叔父を，源義朝は父や弟たちを処刑）。あり得なさそうな長期間の死刑停止が史実である根拠は次のとおり。①弘仁年間の官符の規定で強盗とそれに伴う殺人には死罪を適用しないことが明記されている。これが拡大解釈されて死刑は事実上停止された。②『西宮記』に記される「口伝」により①の場合は流刑にすることになっている。③死刑が減刑された旨の史料は豊富にあるが，国家による死刑が行われた史料はない。④身分に拘わらず死罪が適用されなかったことが史料に見える。例外として戦場における敵の処刑（藤原純友の乱におけるなど）や刑吏が勝手に死刑を執行した場合があるが，前者は戦時特別法，後者は結局私刑であり国家による死刑ではない。また武家社会で主君が家臣を処刑することは「武家の習い」として認められていた。

▶理由　この長期間の死刑停止の理由として，日本人の温和性，仏教思想の影響などが指摘されている。聖武天皇の仏教

的政策など以前からの寛刑の傾向が，嵯峨天皇の時代に古来からの穢れの思想（死穢の回避）と怨霊思想（祟りの怖れ）と浸透した仏教思想とに基づき法制化され，死刑停止になったと理解できる。直接的には唐の玄宗皇帝の死刑廃止政策に影響を受けたとの説がある（利光）。これが先例踏襲主義，自らの手は汚したくない（死の責任の回避）という傾向によって長く続いたのであろう。

▶他国との比較　玄宗皇帝の時代は死刑が少なくなったとされるが，死刑は行われ，その政策も長続きしなかった。共和制ローマの末期の一時期に死刑が廃止されたとの記録があるが，これは市民階級のみに対してであった。アショカ王の時代にインドで死刑が廃止されたとの説もあるが，史実とは認めがたい。現代ではバチカンその他多くの国で死刑廃止。

●参考文献：利光三津夫『律の研究』明治書院，1988年／多ケ谷有子「わが国平安朝期における350年に及ぶ死刑停止の史実と意味──『保元物語』と『古事談』を中心に」『関東学院大学文学部紀要』第125号，75-101頁，2012年

［多ケ谷有子］

私小説

▶語義　私小説とは，作家である書き手の「私」を主人公にして自分とその周囲の現実をありのままに描く近代日本文学のリアリズムの手法のことである。西洋の近代文学を受容することで出発した明治以降の我が国の文学は，自然主義☞といわれる流れを形成したが，それはフランスなどの社会や人間の現実を客観的に描く自然主義小説ではなく，作者イコール主人公といった平板な作風としての私小説を生んだ。昭和25年(1950)に評論家の中村光夫は『風俗小説論』で明治後半からの文学史を辿りながら，私小説が「狭い特異な歪み」を持っていたことを批判的に指摘した。しかし，私小説は西洋近代小説とは違った日本独自の小説の可能性をひらいたともいえる。その意味で，「私小説」という用語は決して過去のものではなく現代文学にも影響を与えつづけている。

▶背景　私小説の嚆矢といわれているのは，田山花袋の『蒲団』（明治40年）である。この時代には，まだ私小説という言葉はなかったが，自己をありのままに描くというその創作の方法は当時の自然主義文学の流れに決定的な影響を与えた。文学史において私小説の代表的作家としては，志賀直哉，嘉村磯多，葛西善蔵，尾崎一雄などの名前が挙げられるが，一人称で「私」を物語るという意味では，きわめて広範な作家が該当するといえよう。小林秀雄は『私小説論』という評論を昭和10年に発表した。これはプロレタリア文学や新感覚派という昭和前期の文壇の潮流を見据えながら，明治末年から大正期の小説の骨格を成していた私小説を西洋近代文学と比較し，その落差を捉え直してみせたものであり，以後私小説と呼ばれる文学のイメージを決定づけた。

▶特徴　私小説は，ただ作者の「私」を語るだけでなく，「私」と関わる他者の現実をも赤裸々に描くことを成した。また，ありのままに描くということはその

方法の基本であったが，小説はフィクションとしての要素を必ず持っているのであれば，そのありのままの現実もまた，ある種の虚構化を帯びる。すなわち「虚」と「実」の織物のような変幻自在の面白さを持っているといってもよい。近代日本文学のさまざまな流派や主張の底をくぐりながら，私小説的な方法論は100年の文学史を貫いて今日に至っている。最近でも芥川賞を受賞した西村賢太のように意図的に貧困や自己暴露的な作風を駆使する作家や車谷長吉，佐伯一麦，柳美里のような現代文学の一線で活躍する作家たちも「私小説」的な要素を大いにその文学に取り込んでいる。

●関連項目：自然主義(文学)
●参考文献：『国文学　解釈と鑑賞』ぎょうせい，2011年6月号

[富岡幸一郎]

四神相応

▶語義　都の東西南北を青龍，白虎，朱雀(赤い霊鳥)，玄武(亀と蛇の合体で黒)の四神が守護するとの思想。四神に対応する地形が存在する場が都としてふさわしいと考えられた。

▶由来　四神は元来，天体の四方の星が各動物の形を示していると見られたことに由来。四神を守り神とする思想は，漢籍，古墳の壁画，正倉院御物の模様などに見られる。

▶建都思想としての四神相応　藤原京から平城京に遷都する詔に，新都が「四禽」に叶う地であることが示され，四神相応の考え方があったことがわかる。京都の地も四神相応の地と考えられた。京都の四神相応は，北の船岡山が玄武，東の鴨川が青龍，南の巨椋池(現在はない)が朱雀，西の山陰道が白虎とされているが，足利健亮によるとこの考え方は比較的最近，誰言うともなく示されたもので，南は横大路の朱雀にあった人工池，西は蚕の社前の木島大路であるのが元の形であろうとする。北東西南の玄武，青龍，白虎，朱雀を各山川道沢に当てるのは，少なくとも一部は空海にさかのぼることができるので平安初期には成立していたと考えられる。しかし平泉でこれ以外の配当の仕方が見られるなど，さまざまな思想があった。『平家物語』の「都遷」では，遷都において四神相応の思想が用いられたことが種々説かれている。

▶江戸と四神　江戸も四神相応の思想で建都されたとの説がある。その場合四方をややずらした形で，地形を四神に対応させたということになる。

▶家相と四神　江戸時代に伝来した漢籍『居家必用』は建築思想としての四神相応の思想を示す。これは平安中期の『明衡往来』にも似た考えが示されている。中国から伝来した四神相応の思想が，大陸と日本で各独自に発展したと考えられる。

●参考文献：伝安倍清明『簠簋(ほき)内傳』(『續群書類従31上』)，1927年／渡邊照宏ほか校注空海『三教指帰，性霊集』日本古典文學大系71，岩波書店，1965年／足利健亮『景観から歴史を読む 地図を読む楽しみ』日本放送出版協会，1998／多ケ谷有子「平安京 境界考」『関東学院大学文学部紀要』，第112号，181-213頁，2008年

[多ケ谷有子]

自然主義(美術)

▶語義　自然界にある対象を，あるがままに再現しようとする芸術表現の姿勢。特定の時代やグループに固有のイデオロギーを指す語というよりも，表現形式の特徴について「自然主義的描写」などという使い方をすることが多い。彫刻であれば，古代エジプトの彫像のように硬直した姿勢よりも，人間らしく自然なバランスで立つ古代ギリシアの彫像の方が「自然主義的」である。絵画の場合は，遠近法を用いて空間の奥行きを暗示し，モチーフに陰影をつけて立体感を出しているものが「自然主義的」であって，描く対象の形を歪曲あるいは単純化したり，平面的に処理したりするものは，自然主義的とは言わない。歴史上もっとも早い自然主義的様式の登場はギリシア古典期（紀元前5～4世紀）であり，イタリア・ルネサンスの様式はその復活であるとされる。それ以降19世紀前半まで，西欧の絵画・彫刻は基本的に自然主義的であったが，近代になって表現は多様化した。日本の浮世絵のような，非自然主義的絵画との接触も要因のひとつとされる。

▶自然主義と写実主義　19世紀中頃に台頭した写実主義は，対象を三次元的に，本物らしく再現するという点では，自然主義と共通しているが，その本質は，醜い現実も包み隠さず描くところにある。これに対して本来の自然主義は，描写される対象のあらゆる現実を忠実に写し取ることはせず，プロポーションの修正や瑕疵の省略を行う。なぜなら自然主義の根底にあるのは，自然に備わっている美を映し出すのが芸術であるという考えだからである。つまり自然主義には自然美の探求という態度が含まれており，対象の理想化はその必然なのである。その意味で，写実主義は自然主義と対立する概念であるとも言える。

●関連項目：印象主義／ジャポニスム／美術アカデミー

[小野寺玲子]

自然主義(文学)

▶起源　もともとは，近代の合理主義思想のもとに発展した実証的自然科学理論をふまえて，19世紀末フランスを中心に試みられたゾラ，フロベール，モーパッサンらの作品と，その影響下に展開された20世紀初頭の日本の文学を指す。ダーウィンの進化論や，クロード・ベルナールの「実験医学序説」の知見を文学に適用，遺伝や環境に支配された人間を客観的に観察し，その真実の姿をありのままに表現することをめざして『居酒屋』(1876)などの小説を試みたゾラの理論に代表されるその方法は1900年代初めには小杉天外らによって日本にも移植された。

▶独自の展開　しかし日本で自然主義という場合には，島崎藤村が『破戒』(1906)を，田山花袋が『蒲団』(1907)を発表したのを契機に，「早稲田文学」を拠点に，島村抱月や長谷川天渓を中心に展開された文学運動と，それに積極的に関わった徳田秋声，岩野泡鳴，正宗白鳥らの作品にみられる傾向を言うのが一般的。彼らが共通してめざしたのは，ゾラの理論の

忠実な適用というよりは，制度的拘束となってしまった在来的な美意識や道徳観念にとらわれない視線で人間や社会の真実を捉えることだったが，虚構を排除し，主観的な真実性と客観的な事実性を徹底して追求するあまり，私小説という一切の独特のスタイルを生み出すことにもなった。

▶**影響** 実生活上の経験的事実の描写をめざし，虚構を排除する私小説の方法には，市民社会を基盤に，社会における人間を客観的に捉えようとする，西欧で共有された近代小説の概念を異質なものとみなす小林秀雄や中村光夫をはじめ伊藤整らによって理論的な批判に晒され，新感覚派やプロレタリア文学，戦後文学などの流派に分類される作家たちによるその克服も，多様に試みられてきた。しかし基本的には近代日本の社会構造，感性構造にねざしたこのスタイルは，深層において日本近代文学を支配してきたといわねばならず，その影は21世紀になった今日にまで及んでいる。

▶**分類** フランス自然主義の直接的な移入の試みに止まった天外らのそれを前期自然主義と呼ぶのに対し，藤村や花袋の小説を契機に始まる文学運動を後期自然主義，また，日本独自の発展をとげたところから日本自然主義と呼称する場合もある。また，実生活における自己を客観的にとらえることを通して人間性の真実を認識することこそ芸術であるとする近松秋江，葛西善蔵，嘉村磯多らの小説や，実生活上の内面を観照することを通して芸術的な超越をめざす，志賀直哉にみられるような作風を生み出すことにもなるスタイルについて，平野謙は前者を破滅型私小説，後者を調和型私小説に分類している。

●関連項目：私小説／白樺派
●参考文献：伊藤整『小説の方法』河出書房，1948年（のち新潮文庫，岩波文庫に収録）／平野謙『芸術と実生活』講談社，1958年（のち新潮文庫，岩波文庫に収録）／吉田精一『自然主義の研究』上・下，東京堂，1958年

[岩佐壮四郎]

ジハード

▶**語義** 聖戦。元来「努力」を意味するアラビア語であるが，クルアーンの解釈から，神のために自己を犠牲にして戦うこと，さらには異教徒との戦いを指す。

▶**ジハードの理念** ジハードの目的は，イスラームとウンマを守り，その教えを広めることである。シャリーア☞の理念では，世界はイスラームの主権が確立された「イスラームの家」（ダール・アルイスラーム）でなくてはならない。このため，異教徒が主権を握る「戦争の家」（ダール・アルハルブ）に対しては，イスラームの主権が確立されるまでジハードを行わなくてはならないとする。ただし，「啓典の民」であるユダヤ教徒やキリスト教徒は，イスラームの主権を認めれば信仰を保持したままムスリム☞との共存が許される。一方，異教徒によって「イスラームの家」が脅かされる場合においても，防衛のためにジハードを行わなくてはならない。

▶**社会活動によるジハード** 一般的にジハードは戦闘行為を指すが，イスラーム

とウンマ☞の防衛・拡大のためになされる奉仕や社会活動もまたジハードと見なされる。例えば，ムスリム同胞団を創設したハサン・バンナーは戦闘によるジハードを促すと同時に，モスクと学校の建設，教育活動，出版活動，医療サービスの提供などのさまざまな活動を通じて社会活動によるジハードを実践した。

▶ジハード主義の登場　ジハードは信仰とウンマの拡大・防衛のためにウンマに課せられた連帯的義務である。そのため，本来ジハードは統治者の決定によって開始されるものであり，個人の判断によって行われるものではない。第一次世界大戦中にオスマン帝国のスルターンが全世界のムスリムにジハードを呼びかけたのを最後に，統治者によるジハードの発令は途絶えている。近年，武装闘争を基本目的として，そのイデオロギーとして「ジハード」を掲げる急進的なジハード主義があらわれ，紛争地帯での武装闘争やテロ活動を展開している。

●関連項目：イスラーム主義／ウンマ／サラフィー主義／シャリーア

●参考文献：『岩波イスラーム辞典』岩波書店，2002年／『新イスラム事典』平凡社，2002年／横田貴之『原理主義の潮流――ムスリム同胞団』山川出版社，2009年

［熊倉和歌子］

ジム・クロウ法

▶語義　南北戦争☞から再建期（リコンストラクション）を経て1880年代に入ると，アメリカ南部の各州では，鉄道，バス，学校，住宅，レストランなどのあらゆる公共の施設において白人と黒人を分離する法律が制定される。これらの一連の，黒人分離の法律が，一般的にジム・クロウ法と称される。

▶語源　"Jim Crow"という用語は，1830年代に，トマス・D・ライスという名の白人芸人が顔を黒く塗りたて黒人に扮し，愛嬌をふりまいて歌い踊る寄席演芸「ミンストレル・ショウ（Minstrel Show）」の歌「跳べジム・クロウ（Jump Jim Crow）」に由来する。ライスの人気と名声により，その用語は1838年までに黒人を指す蔑視的な形容詞となり，やがて黒人の共同体全体，さらには黒人分離の法体系までも意味するようになる。

▶経緯　ジム・クロウ法は，はじめは非公式に制定されたものにすぎなかったが，徐々に南部諸州で正規の法律となっていった。その過程で特に重要なのが，連邦最高裁判所のプレッシー対ファーガソン裁判(1896)である。そこで「分離すれども平等（Separate but Equal）」という判決が下されたことが，南部社会における人種分離法の定着に拍車をかけたと考えられるからだ。白人優越体制を明らかに支持するこの法律は，ブラウン対トピーカ教育委員会裁判(1954)で公立学校における人種別学制度を違憲とする判決が下され，その後公民権運動☞の気運が一気に高まり，公民権法が1964年に，投票権法が1965年に制定されるまで，南部の多くの州で維持されることになる。

▶記録　黒人作家リチャード・ライト(1908-1960)は自伝的スケッチ「ジム・クロウを生きる倫理」(1937)のなかで，当時の二分化された社会の実相とそのなかで

の黒人の困難な存在形態をユーモアのオブラートに包みながら，リアリスティックな筆致で描き出している。なお，このスケッチはその後，彼の代表作『ブラック・ボーイ』(1945)のなかに組み込まれている。近年では，1993年にアメリカの黒人作家として初のノーベル文学賞を受賞したトニ・モリスン(1931-)が，写真集『覚えておこう──学校の統合への道程』(2004)のなかで，人種分離の社会体制の問題性を巧みに表現している。

●関連項目：公民権運動／南北戦争
●参考文献：C・V・ウッドワード『アメリカ人種差別の歴史』(清水博・有賀貞・長田豊臣訳)福村出版，1998年

[本村浩二]

社会ダーウィニズム

▶概要　チャールズ・ダーウィンによる進化論を社会に対する説明に応用し，生物と同じように社会もまたより理想的な状態に進化(進歩)してゆくという思想。これは進化論の俗流の解釈ではあるが，ハーバード・スペンサーによる適者生存という概念や，進化論に続く優生学☞思想の興隆と相まって19世紀以降の社会に大きな影響を及ぼし，結果的には人種主義や帝国主義を正当化する一つの根拠ともなった。

▶経緯　ダーウィンによる『種の起源』(1859)以降，それまでのキリスト教神学的な創造説と進化論の間で多くの議論が闘わされたが，人々の間には，次第に合理的な思考として進化論が膾炙していくことになった。これは，近代社会において，社会の原理が宗教的な価値観から科学・合理的な価値観へと変化してゆく決定的な節目の一つともなった。社会に大きな衝撃を与えた進化論は，やがて社会そのものを説明する概念として単純化され，流用されてゆく。単純で原始的な社会からより複雑で洗練された状態へ進歩してゆくという考えは，そのわかりやすさから大いに受け入れられてゆくが，同時に「環境に適したもの(進化したもの)だけが生き残る」という適者生存の思想は，その裏面として「適応できないものは退化・退廃して滅んでしまう」のではないかという怖れを生むことにも繋がった。こうした不安は優生学という思想によって明確に提示されてゆくことになった。

▶影響　この時期，イギリスでは帝国主義の機運が最高潮に達してゆくことになるが，この「優れた民族(白人種)による未発達な地域の植民地支配」を正当化する背景には，社会ダーウィニズムと優生学的思想があった。また，自らの人種的優越を担保する上で身体そのものに対する管理意識が高まり，身体を鍛え健康に保つことで退化の不安を払拭し，良い資質を備えた国民を再生産してゆくことが国力の維持に不可欠であるとの認識が広まった。これに対して，中・上流階級においては教育機関におけるアスレティシズム☞の高まりがスポーツによる心身の鍛練を促し，下層中産階級・労働者階級の一部では身体文化☞の流行がスポーツに変わるものとしてその役割を果たし，自発的にその要請に応えたといえる。

●関連項目：スポーツ／アスレティシズム／身体文化／優生学

●参考文献：富山太佳夫『ダーウィンの世紀末』青土社, 1995年

[岡田桂]

ジャズ・エイジ

▶語義　アメリカの1920年代——より正確に言えば，第一次大戦☞終結の1919年から1929年のウォール街の株大暴落にいたる期間——の繁栄と喧騒の世相を示す言葉。アメリカ国民(特に若者たち)が前世代の保守的な道徳律に公然と反抗し，享楽的になっていく時代のことで，"the Roaring Twenties"とも呼ばれる。ここでの"Roaring"とは，「どんちゃん騒ぎの」／「商売が大繁盛する」の意味である。

▶経緯　第一次大戦が終了し，戦勝国となったアメリカは対外的には，資本主義世界の中心となる。国内的には，画一的な大衆消費社会が出現し，T型フォードやラジオ，洗濯機，アイロンなどの電化製品が一般家庭に普及していく。こうした物質的豊かさのなか，社会風俗面において急激な変化が見られる。特に重要なのが，女性たちの意識やライフスタイルの変化である。1920年の婦人参政権の成立により，女性たちは社会参入への第一歩を踏み出した。好景気から生じる労働者不足の事情から，彼女たちの社会進出をさらに促す結果を生じさせたことは想像に難くない。「フラッパー (Flapper)」と呼ばれる，新しいタイプの女性像は，このような戦後の社会状況の産物である。「フラッパー」とはヴィクトリア的道徳観を無視して自由奔放に遊びまわる，上流階級の若い女性たちを指す言葉であり，彼女たちのシンボルは，ショート・ヘアー，ミニスカート，濃い口紅，アイシャドーなどである。派手なファッションで消費生活を享受する彼女たちはジャズ・エイジの花形的存在となっている。

▶暗黒面　ジャズ・エイジという用語には，華やかで，革新的な，良いイメージが付与されている。だが，実際には，この黄金の10年間にも保守反動の動きが見られないわけではない。その例として，禁酒法☞の制定，「赤狩り」の強化，排他的な愛国主義，移民制限法の成立，KKK☞の勢力拡大，ファンダメンタリストたち☞による進化論批判などが挙げられる。これらが，1920年代の闇の部分として存在していたことは見逃せない。

▶作品　ジャズ・エイジの寵児と言えば，小説家F・スコット・フィッツジェラルド(1896-1940)であろう。彼は1922年に『ジャズ・エイジの物語』という短編集を出版し，この用語の普及に貢献しているだけでなく，代表作『グレート・ギャツビー』(1925)において，1920年代の時代精神を芸術的に表現することに成功している。

▶黒人文化　ニューヨークのハーレムでは，1920年代に黒人の作家，画家，芸術家，ミュージシャン，ダンサーなどが集い，華やかな文芸開花が起こっている。一般的にそれは「ハーレム・ルネッサンス」☞と呼ばれている。彼らの文化がこの時代のジャズの隆盛に大きく貢献したことは言うまでもない。

●関連項目：禁酒法／KKK／ハーレム・ルネッサンス／ファンダメンタリスト

●参考文献：F・L・アレン『オンリー・イエスタデイ──1920年代・アメリカ』(藤久ミネ訳)筑摩叢書, 1986年(ちくま文庫, 1993年)

[本村浩二]

ジャポニスム(ジャパニズム)

▶**語義** ①19世紀ヨーロッパにおける日本の美術工芸・絵画の流行。日本趣味。②日本美術の造形的特質が西洋美術に影響を及ぼした現象。もともと①は、18世紀に流行した中国趣味をシノワズリーと呼んだのと同様に、ジャポネズリーと呼ばれていた。しかし近年、美術品の蒐集や日本的なモチーフの採用という表面的な流行現象を超えて、日本美術が西洋の伝統的な造形原理や美意識に大きな変革を促した側面が注目されるようになり、②の意味で、または①と②を併せてジャポニスムと呼ぶようになった。絵画様式の近代化に貢献したという観点では、印象主義☞を生んだフランスでの影響が重視されるため、通常フランス語の読み方で「ジャポニスム」というが、英語の発音である「ジャパニズム」が使われる場合もある。

▶**経緯** 日本の開国に伴い、日本文化に関する情報が大量にヨーロッパに流入した。1860年代初めには、パリに日本の品物を扱う店が登場する。また1867年、1878年のパリ万国博覧会を通じて、より多くの人々の目に、日本の美術工芸品が触れるようになる。1880年代には、雑誌が特集を組んで日本美術を紹介し、歌麿(1753頃-1806)や北斎(1760-1849)の浮世絵も掲載された。19世紀後半のフランスは、ちょうど旧態依然たるアカデミズムに対抗して新しい絵画様式を模索する芸術家が増えつつある時期にあたり、浮世絵の平面性、明るく豊かな色彩、俯瞰や大胆な切り取りを用いた斬新な構図などが、彼らの共感を呼び、さまざまに咀嚼されてその試みに取り入れられた。また他方、工芸品についても、実用性と美を兼備した形態、写実的描写と装飾性を両立させたデザインが、装飾美術の復権運動に刺激を与えた。

▶**作例** 表面的な日本趣味としては、和服の女性と団扇をモチーフとしたクロード・モネ《ラ・ジャポネーズ》(1876, ボストン美術館), 背景に浮世絵を描きこんだエドゥワール・マネ《エミール・ゾラの肖像》(1867-68, オルセー美術館)など。造形感覚に影響を受けた例は、背景・人物ともに平面性を強調したマネ《笛を吹く少年》(1866, オルセー美術館)をはじめ、俯瞰構図のモネ《舟遊び》(1887, 国立西洋美術館), 大胆なトリミングのエドガー・ドガ《オーケストラ席の音楽家たち》(1871-74, シュテーデル美術館, フランクフルト)など。ほかトゥールーズ・ロートレック(1864-1901), ヴィンセント・ヴァン・ゴッホ(1853-90), ポール・ゴーギャン(1848-1903)等に、浮世絵の影響が明らかである。イギリスでは唯美主義☞のJ・M・ホイッスラーによる《青と金のノクターン──オールド・バターシー・ブリッジ》(1872-73頃, テイト美術館)や, オーブリー・ビアズリーによる戯曲『サロメ』(オスカー・ワイルド作, 1893)の挿絵, オーストリアでは分離派☞を率いたグスタフ・クリムト《ユディットⅡ》(1909, ヴェネツィア近代美術

館)なども同様である。ウィーン分離派☞の機関誌『ヴェル・サクルム』(1897創刊)の表紙デザインには，日本の染織型紙の影響を見ることができる。工芸品では，E・W・ゴドウィンのいわゆる「アングロ・ジャパニーズ・スタイル」の食器棚(1877頃)が代表的である。

●関連項目：美術アカデミー／印象主義／唯美主義／ウィーン分離派／ユーゲントシュティール

●参考文献：『ジャポニスム展』図録，西洋美術館，1988年／ジャポニスム学会編『ジャポニスム入門』思文閣出版，2000年／谷田博幸『唯美主義とジャポニズム』名古屋大学出版会，2004年

[小野寺玲子]

シャリーア

▶語義　イスラーム法。アラビア語の原義は「水場にいたる道」の意味。

▶規定内容　シャリーアの特徴として第一にあげられるのは，それが規定する範囲の広さである。シャリーアの規定は狭義の「法」だけでなく社会生活のすべてを包摂する。規定内容は，神に対して人間がどのような関係を結ぶかを規定するイバーダートと，人間同士の関係を規定するムアーマラートに大別される。イバーダートは，礼拝・ザカート・断食・巡礼といった宗教儀礼に関わるものであり，ムアーマラートは婚姻・相続・離婚などの家族に関わるもの，売買・契約・利子などの財産に関わるもの，犯罪や「イスラームの家」(ダール・アルイスラーム)と「戦争の家」(ダール・アルハルブ)の関係などである。

▶法源　シャリーアの第二の特徴は，それが法学者の学説に立脚しているという点である。すなわち，法学者たちは法源にもとづいてシャリーアの規定を導きだしていったのであるが，その第一の法源がクルアーンである。しかし，クルアーンの内容は概括的であることが多く，現実に起こるさまざまな問題に対処できなかった。そこでクルアーンからは判断が得られないような問題が生じた場合に判断のよりどころとなったのが預言者ムハンマドの言行をおさめたハディース(言行録)☞である。ムハンマドの死後，学者たちは膨大な量のハディースを各地で収集し，それらの伝承経路を精査することによって，信頼に足る真正なハディースを厳選してハディース集を編纂していった。スンナ派の主要なハディース集は9〜10世紀に，シーア派のハディース集は10〜11世紀に成立した。このふたつの法源から明確な規定が得られない問題については，法学者たちの解釈に依拠する。第三の法源は，「イジュマー」と呼ばれる法学者たちの合意である。第四の法源は，合理的な類推を意味する「キヤース」である。法学者たちはクルアーンとハディースを主要な法源としつつ，イジュマーとキヤースによって法体系を補完していったのである。スンナ派では，法規範をつくりあげる過程においてどの法源を重視するかによってハナフィー派・マーリク派・シャーフィイー派・ハンバル派の四つの法学派が生まれた。他方，シーア派は預言者の血を引くイマームの権威を重んじ，その言行を預言者の

ハディースと同様に法源としている。ある問題についての学説は法学派によって異なる場合があるが、スンナ派では四つの法学派のいずれかに基づいて下された判決はいずれも正しいとされる。このようにさまざまな法解釈が可能とされていることがシャリーアの第三の特徴である。

●関連項目：ウラマー／ウンマ／シーア派／ハディース

●参考文献：『岩波イスラーム辞典』岩波書店、2002年／佐藤次高編『キーワードで読むイスラーム』山川出版社、2003年／堀井聡江『イスラーム法通史』山川出版社、2004年／三浦徹編『イスラーム世界の歴史的展開』放送大学教育振興会、2011年

[熊倉和歌子]

シャリバリ

▶語源・語義　人々の安眠を妨げる交尾期の猫の鳴き声に由来する。猫ばやし。ドイツ語では、カッツェン・ムジーク。不当な利益を得ていると目される商店主や地域社会の有力者などに対して、夜半、その家の前で楽器による不協和音はおろか鍋やフライパンの類まで用いて騒音をかき立てる民衆的制裁の一種。三月革命期（1848）のウィーンで流行した。

▶対象　司祭、男爵、地区裁判官、国民軍地区長、パン屋（数件の家を持つ家主であったり、国民軍の指揮官を兼ねたりする町の有力者でもあった）、肉屋（地所を持つ金持ちが多く、屠畜解体から販売までの過程を独占し、肉の値段を自由に操ることができた）、家主、工場主など。

▶きっかけと経緯　1848年4月1日にアン・デア・ヴィーン劇場で上演されたローベルト・ベネデックスの『万年学生』中の一場面。それを真似てみたいウィーン民衆によって、同5日、最初のシャリバリがシュテファン教会の大司教ヴィンツェンツ・ミルデの家に仕掛けられた。瞬く間にウィーン中に広がる。穏健で、遊びを兼ねた一種の不満の捌け口として始まったシャリバリも、革命的意識の高まりに伴って政治的傾向を強めた。同時に、反ユダヤ主義や民族問題も加わって、革命派対反革命派などの主謀者と対象者をめぐる図式的な色分けは困難になる。さらに、三月革命が市民や学生主導の市民社会の内部革命から、労働者や下層民といった市民社会の外部に位置づけられた存在による反市民社会的反乱に性格を転じるに伴い、シャリバリの性格も、政治的敵対者に圧力を加えるためのものから、目に見える敵に対する民衆的制裁の意味を持つ社会的な反乱へと転化していく。恣意的に値段を決めたり、規定の重量以下のパンを製造・販売したりするパン屋は、その代表的な「目に見える敵」であり、攻撃目標であった。あるパン屋襲撃の顛末と正当性を謳った「大きな猫ばやしと小さなパン」と題するビラは、社会的シャリバリが政治的シャリバリに取って代わる転換点を表している。

▶弾圧　シャリバリが共同体の内部規制から共同体そのものに対する外からの反乱に転じるに伴い、「所有は神聖である」という市民社会のスローガンを覆すものだとして、市当局のみならず革命の執行機関である「公安委員会」によっても弾圧の対象とされる。6月30日、最初の武力規制の宣言がなされ、ついで8月3日、

先の弾圧命令がさらに強化された。
●関連項目：三月革命／三月前期
●参考文献：良知力『青きドナウの乱痴気——ウィーン1848年』平凡社，1985年／増谷英樹『ビラの中の革命 ウィーン・1848年』東京大学出版会，1987年

［佐藤茂樹］

宗教改革

▶語義　16世紀のヨーロッパにおいて，ローマ・カトリック教会から分離してプロテスタント諸教派を生み出した教会改革の運動のこと。これによって誕生したプロテスタントの主な教派には，ドイツのルター派，スイスの改革派，イングランドの英国国教会がある。

▶経緯　第一にドイツの改革運動であるが，発端はアウグスティヌス修道会の修道士であり，ヴィッテンベルク大学の神学教授であったマルティン・ルターが，1517年10月31日に「95ヵ条の提題」を公にしたことに始まる。ルターはその文書の中で，ローマ・カトリック教会による贖宥状(罪の赦しに伴う償いを免除する証明書，いわゆる免罪符のこと)の販売を批判した。これに対してローマ・カトリック教会はルターを断罪した上で破門したが，各地でルター支持の気運が高まり，また反カトリック的なドイツ諸侯がルターを保護したために，この運動をとどめることができなかった。ルターによる改革の三大原理は，聖書のみ(教会は聖書のみに立脚すべきとの理解)，信仰のみ(救いはただイエス・キリストの救いを信じる信仰のみによって与えられるとの理解)，全信徒祭司性(すべての信徒に共通の祭司職が与えられているとの理解，いわゆる万人祭司性のこと)である。この三大原理はすべてのプロテスタント諸教派の共有財産となった。このドイツで生まれたルターによる新しい教会(ルター派)は，やがて北欧諸国に広がっていった。第二にスイスの改革運動であるが，チューリヒでは1520年頃からフリードリヒ・ツヴィングリによって，ジュネーヴでは1530年代にジャン・カルヴァンによって開始された。この二つの流れはその後統合されて，改革派教会と呼ばれるようになった。特筆すべきは，カルヴァンの書いた『キリスト教綱要』が世界各地でプロテスタントの信仰の基準となる書物として読まれるようになったことである。この書物の中でカルヴァンはルター以上に，プロテスタントの信仰にのっとった教会組織や信仰生活の具体的な姿を提示できた。その結果，改革派の影響はルター派よりも大きく，フランス，オランダ，ドイツ，またスコットランドからイングランドへ，さらにイングランドのピューリタンを通じて北アメリカ大陸へと広がっていった。第三に英国国教会は，1534年に国王ヘンリー8世の離婚問題をめぐってローマ・カトリック教会から組織的に分離して誕生した。カトリックから分離したという意味ではプロテスタントと言えるが，教義や礼拝の形式などはそのままカトリックの伝統を受け継いだので，英国国教会はプロテスタントとカトリックの間に立つ教会であると言える。しかしやがてイングランドにおいて，そのような英国国教会を批判しプロテスタントとしての改革を徹底するように求めて，ピューリ

タン運動が起こった。バプテスト派は，このピューリタン運動の中から誕生した。
●関連項目：イエス・キリスト／山上の説教／三位一体／聖書
●参考文献：山折哲雄編『世界宗教大事典』平凡社，1991年／Ａ・Ｅ・マクグラス『宗教改革の思想』(高柳俊一訳) 教文館，2000年／熊沢義宜・高柳俊一編『現代キリスト教神学思想事典』新教出版社，2001年

[安井聖]

「宗教」概念

▶日本人と「宗教」　現代の日本人は自らの宗教を問われて「無宗教」と答える人が多い。戦後の日本人の信仰の有無や宗教行動についての読売新聞の全国世論調査(2008)によると，信仰している宗教を持つ割合が1952年の64.7%から2008年には26.0%となり，おおむね7割以上の日本人が「宗教を信じていない」「信仰をもっていない」と考えていることがわかる。一方で，盆や彼岸などに先祖の墓参りをする人は78%，正月に初詣に行く人は73%(2008)であり，そのような行動をとる人々もまた7割以上を数えるのである。初詣や墓参りに行く人たちは自分たちが宗教行動をしているという意識はないと思われるが，宗教学的にはどちらも宗教と深いつながりを持つ行動である。「信仰」の有無にかかわらず慣習的な宗教行動を行うというところに，日本人の宗教性の特徴があるといえる。それでは，なぜ日本人は上記のような慣習的な宗教行動を「宗教」的であると認識しないのであろうか。じつは「宗教」という言葉そのものにその理由が隠れている。

▶「宗教」ということば　「宗教」ということばが現在の意味での一般的な概念として使われるようになったのは，西洋語のreligionの訳語として定着した明治初期以降のことである。重要なのは「宗教」に統一される以前のreligionには，プラクティス(practice, 儀礼のような非言語的な慣習行為)としての意味と，ビリーフ(belief, 教義・信条のような概念化された信念体系)としての意味の両方があったことである。墓参りや初詣といった日本人の宗教行動はまさに上記のうちのプラクティス型に相当する。しかしながら，日本語に定着するに至った西洋語のreligionが指し示す概念の中核にはキリスト教(とくにプロテスタント)の影響があり，儀礼的要素よりも個人の信仰をより重視するビリーフ中心の意味合いがある。したがって，翻訳語としての「宗教」には，西洋的な「信仰のある宗教」のイメージが強くあることを理解しなければならない。religionに基づいたブリーフ中心の意味合いがある「宗教」ということばで，初詣や墓参りといった理由で寺社を訪れる日本人の行動を表現することの違和感は，「宗教」概念そのものに起因すると考えられる。

▶自覚　このように「宗教」という概念は，すでに西洋のキリスト教を背景にもつことばであるから，たとえば「宗教」ということばを使って世俗とは異なる固有の領域を表現し，世俗との差異を強調しようとするときなどには細心の注意が必要であろう。

●関連項目：スピリチュアリティ
●参考文献：磯前順一『近代日本の宗教言説

とその系譜―宗教・国家・神道』岩波書店，2003年／島薗進・鶴岡賀雄編『〈宗教〉再考』ぺりかん社，2004年／磯前順一，タラル・アサド編『宗教を語りなおす―近代的カテゴリーの再考』みすず書房，2006年／石井研士『データブック現代日本人の宗教（増補改訂版）』新曜社，2007年／大谷栄一・川又俊則・猪瀬優理編『基礎ゼミ宗教学』世界思想社，2017年

[髙井啓介]

周作人

▶概略　しゅうさくじん，チョウ・ツオレン(1885-1967)　散文作家，翻訳家。兄の魯迅☞と並ぶ現代中国の大知識人。本名は周槐寿。浙江省紹興の人。南京の江南水師学堂を卒業した後，1906年に一時帰国した兄の魯迅に連れられて日本に留学，立教大学で古典ギリシア語と英文学を学ぶ。民族革命運動の潮流の中で，魯迅とともに，ロシア・東欧の短編小説の翻訳『域外小説集』(1909)を出版した。下宿手伝いの貧しい娘羽太信子と恋愛結婚し，辛亥革命☞直前に帰国。1917年，北京大学の教授に就任し，文学革命運動の中で旺盛な創作・批評・翻訳活動を展開した。個人主義ヒューマニズムを唱えることなどによって，中国の新文学の形成に大きな貢献を果たし，また，日本，古典ギリシア，欧米文学の翻訳紹介は，現代中国の新しい知の創出に大きな影響を及ぼした。運動退潮後も，1921年に鄭振鐸，沈雁氷らと「文学研究会」を発起し，多くの風刺的雑文を書き，旧文化批判と啓蒙主義の使命を果たした。1923年，兄の魯迅との間に不和が生じ，決別に到る。国民革命分裂後，次第に韜晦の色を濃く帯びた散文小品の制作に深く身を入れていった。近代的知性に満ち，中国伝統の文人筆記の風格をそなえもつこれらの随筆群は，散文の最後の高峰とされる。日中戦争開始後，日本軍占領下の北京に留まり，傀儡政権の要職まで務めた。日本敗戦後の1945年，国民党政府によって逮捕され，漢奸(敵に通じるもの，売国奴)裁判で10年の徒刑に処せられた。1949年の共産党の勝利により釈放され，中華人民共和国では日本文学の翻訳や，魯迅研究資料の提供に努めた。文化大革命中に紅衛兵のリンチを受け，1967年に死去。漢奸の汚名は現在でもそそがれていないが，日本占領下の北京での行動は，地下共産党の指示によるという説もある。

▶周作人と日本　「日本管窺」をはじめ，日本文化について数多くの文章を書き残し，深い共感と理解を示した。それらは彼の中国伝統文化批判，新しい知の創出という大きな構想の中で行われていた。しかし，文化上の親日は日中戦争中に日本側に利用されて，政治的立場において彼は追い込まれて翻弄させられた。

▶作品　『自己的園地』(1923)，『雨天的書』(1925)，『談虎集』(1928)，『中国新文学的源流』(1934)，『魯迅的故家』(1952)，『魯迅小説里的人物』(1954)，『知堂回想録』(1970)／『日本談義録』(木山英雄訳，2002)

●関連項目：辛亥革命／魯迅

●参考文献：木山英雄『北京苦住庵記―日中戦争時代の周作人』筑摩書房，1978年／銭理群『周作人伝』北京十月文芸出版社，1990年

／劉岸偉『東洋人の悲哀―周作人と日本』河出書房新社，1991年／伊藤徳也『生活の芸術と周作人―中国のデカダンス＝モダニティ』勉誠出版，2012年

[鄧捷]

銃社会

▶語義　米国では21歳以上なら身分証明書さえあれば比較的簡単に銃を購入できるためか，国内には2億数千万丁の銃が氾濫し，銃犯罪が後を絶たない。

▶論拠　憲法修正第2条には「規律ある民兵団は，自由な国家の安全にとって必要であるから，国民が武器を保有し携行する権利は，侵してはならない」とあるが，その解釈を巡って，銃規制推進派と反対派の間で対立がある。規制推進派は民兵（現在の州兵にあたる）として国防軍に加わる場合に限って銃を持つ権利が保障されるとするが，反対派は連邦政府による圧政から民主主義と市民の自由を守るために国民の武装する権利，つまり個人が銃を持つ権利が保障されていると解釈する。

▶銃規制　連邦の銃規制法は，禁酒法時代のギャングによる銃犯罪増加に対し機関銃や拳銃を登録制とした1934年の全国銃砲法（National Firearms Act）が最初で，続いて1938年に犯罪者への拳銃販売禁止等を定めた連邦銃砲法（Federal Firearms Act）が成立した。ケネディ大統領やキング牧師の暗殺を受け，1968年には銃販売免許制や輸送制限等を定めた銃砲規制法（Gun Control Act）が成立した。1990年代は規制の動きが活発となり，クリントン政権下の1993年11月，レーガン大統領暗殺未遂事件（1981）で弾丸を受け負傷した報道官ジム・ブレイディの尽力により，銃砲店での拳銃購入者に身元調査を義務付けたブレイディ法が成立した。1994年には攻撃型ライフル銃の製造販売禁止を条項として盛り込んだ包括的犯罪防止法も成立したが，その後規制反対派のブッシュが政権につき，ブレディ法も攻撃銃の禁止条項も2004年に失効した。

▶反規制　全米ライフル協会（National Rifle Association, NRA）は1871年，北軍の退役軍人が射撃訓練推進のために設立した組織。1930年代の連邦法制定を機に，訓練や講習会から規制法成立阻止に活動の重点を移し，1968年の銃砲規制法成立後は，規制内容緩和と銃所持の権利を守ることを最大の課題としてきた。強力な圧力団体として，300万人を超える会員の会費と銃製造メーカーの寄付金で賄われる資金力を背景に，連邦議会でのロビー活動や選挙運動を行い銃規制法案の採決や選挙に影響を及ぼし，銃社会を先導してきた。1980年代以降は銃で身を守ることが真のフェミニズムとする論法も用い，自己防衛のための銃所持を推奨し女性の銃所持者を増加させた。

▶現在　銃による凶悪犯罪は後を絶たないが，9.11のテロ以降，自己防衛の重要性が強調される傾向にあり，銃規制は進んでいない。

●関連項目：禁酒法／対テロ戦争
●参考文献：矢部武『アメリカよ，銃を捨てられるか』廣済堂出版，1994年／丸田隆『銃社会アメリカのジレンマ』日本評論社，1996年／小熊英二『市民と武装』慶應義塾大学出版

会, 2004年

[細谷典子]

儒教

▶総論　仏教・道教とならぶ中国三教の一つ。中国思想の根幹をなすのみならず, 朝鮮半島, 日本列島, ヴェトナム北部の東アジア一帯に広がり, あたかもヨーロッパのキリスト教のごとき役割をこの地域で果たした。

▶開祖　姓は孔, 名は丘, 呼び名である字(あざな)は仲尼といい,『史記』によれば生没年はBC551〜479とあるので「春秋時代」を生きたことになる。「春秋時代」は, 西周の「封建制」が解体に向かう下剋上の時代であった。彼はなによりも, この時代に, 君主を補佐し, 人民を指導する「君子」を育成しようとした教育者であった。

▶その生涯　周王室にもっとも近い諸侯国である魯に, 没落士人の子として生まれた彼は, 学問を進める中で, 魯の国の開祖である周公の行ったとされる政治を復活させることに道を求めた。魯の定公の時代に, 大臣に上り,「下剋上」で魯の政治を牛耳っていた三桓氏の権限を縮小しようとして失敗し, 国内逃亡を余儀なくされた。これ以後諸国の諸侯をへめぐり, 彼の政治の実現を図ったが, 諸侯に受け入れられず, 14年後68歳の時, 魯国に戻り, 以後亡くなるまでの最後の数年間を弟子の教育にあたり, 73歳でなくなった。

▶その思想　人への思いやりの心(仁)を中核にする。仁の基本をなすのは, 親への思いやりである「孝」であり, さらには目下の弟が目上の兄に対する思いやりである「悌」である。この家族内道徳を, 親族, 地域社会, 国家, 天下へと同心円的に広げてゆくことがめざされた。(修身, 斉家, 治国, 平天下とまとめられる)このような道徳を実践するひとを「君子」とよび, その育成に力を注いだ。

▶その後　孔子の思想は, 後継者に孟子, 朱子をえて, 確固とした地位を中国思想史上に確立し, とりわけ朱子学は, 朝鮮王朝や江戸幕府に大きな影響を与えた。

●関連項目：道教／封建制と郡県制
●参考文献：司馬遷『史記世家』中, 岩波文庫, 1982年／『論語』岩波文庫, 1989年／加地伸行『儒教とは何か』中公新書, 1990年

[佐藤佑治]

シュトゥルム・ウント・ドラング

▶語義　18世紀後半のドイツに興る「シュトゥルム・ウント・ドラング」あるいは「疾風怒濤」は, 若きゲーテとシラー, クリンガーやレンツに代表される詩人による一連の文学作品群を指す。日本においてはドイツ文学者の成瀬無極が昭和4年に出版した『疾風怒濤時代と現代独逸文学』において, ドイツ語「シュトゥルム・ウント・ドラング」を「疾風怒濤」と訳して以来, この訳語も定着している。

▶経緯　ケーニヒスベルク(現在のカリーニングラード)で著作したハーマンの『ソクラテス追憶録』(1759)と『美学提要』(1762)に, この文学史的転回の萌芽は初めて示され, 後年ヘルダーやゲーテらがホメロス, シェイクスピアを詩的天才と称揚する要因となる。フランス風の宮廷文化にドイツ的民衆文化を対置し, 合理性を重視する

啓蒙文学に対しては情熱と感情を評価するという，社会と文化，文学に関する新しい見地は，ヘルダーの『旅日記』(1769)に表現される。

ゴットシェートやヴィーラントらドイツ啓蒙主義の詩人，文学者は，フランス古典主義を模範とした。かれらより一世代若い詩人グループ，後にシュトゥルム・ウント・ドラングの詩人と呼ばれたかれらの存在は，ゲーテとヘルダーが編纂した『ドイツの本性について』(1773)，匿名で出版されたゲーテの戯曲『鉄の手のゲッツ・フォン・ベルリヒンゲン』(1773)，さらに書簡体小説『若きヴェルテルの悩み』(1774)の大成功により一気に注目される。とりわけ『ヴェルテル』は，ナポレオンが7回も読んだと言う通り，数ヵ国語に翻訳され，ドイツ語で書かれた小説作品として初めてヨーロッパ規模のベストセラーとなった。1776年にはレンツの『軍人たち』など戯曲ジャンルを代表する作品が多く生み出された。その後，シラーが初期三編の戯曲『群盗』(1781)『フィエスコ』(1783)『たくらみと恋』(1784)を発表することにより，1780年代初頭シュトゥルム・ウント・ドラングは終息する。

▶**名称の由来** ゲーテより3歳若い詩人クリンガーは，1776年に戯曲『シュトゥルム・ウント・ドラング』を発表する。戯曲の登場人物が激しく感情を表現することから，この時期の作品の雰囲気をよく表していると受け止められ，戯曲タイトルがこの一連の文学作品群を指す用語となった。クリンガーの戯曲は当初『混乱』と命名されていたが，スイス人クリストフ・カウフマンの助言により，直訳すれば『嵐と衝動』を意味する『シュトゥルム・ウント・ドラング』に改題されたと伝えられる。

▶**結果** ドイツの「文学革命」（ゲーテ）であるシュトゥルム・ウント・ドラングは，イギリスで始まる産業革命とフランスで勃発する市民革命の間に興る。それはまた，広くヨーロッパで同時期に始まる音楽，絵画，バレエ等の芸術諸分野における革新的運動の一環として捉えることができる。作品執筆ばかりではなく，シュトゥルム・ウント・ドラングの詩人は社会的平等の確立，女性の権利の保護，学校教育の推進，ドイツ標準語の提案，軍制改革など，啓蒙思想に基づく社会正義と多方面の社会改革の実行に尽力した。しかしそれらの実現は遥か先のことになる。

●関連項目：ゲーテ時代／ドイツ啓蒙

●参考文献：広瀬千一『ドイツ近代劇の発生』三修社，1996年／今村武『シュトゥルム・ウント・ドラング研究』南窓社，2009年／岡田朝雄・リンケ珠子『ドイツ文学案内』朝日出版社，2000年／今村武『近代ドイツ文学の萌芽と展開』南窓社，2012年

[今村武]

障害学

▶**語義** Disability Studies　従来，障害および障害者は，医療・リハビリテーション・社会福祉・特殊教育といった枠組みで捉えられてきたが，障害学は，それらを社会・文化の視点からとらえなおす学問である。英米では，障害当事者の研

究者を中心に，障害者自身の権利獲得運動の中で発展してきた。日本でも，1970年代以来の障害者運動の流れの中で，同様の観点にたった独自の思想が形作られてきた。

▶社会モデル　障害の社会モデルとは，障害者の直面する問題について考察するとき，障害者自身の身体に注目するのではなく，障害者を排除する社会のあり方に注目する考え方であり，障害学の基礎をなす考え方のひとつ。障害の医学モデルに対立する考え方として，障害者の権利獲得運動の中で提起されてきた。従来，障害の問題においては，障害者の身体（知的な面も含めた広義の身体）を，現在ある社会に合わせて変えること，つまり障害者自身が社会に適応することこそが課題とされてきた。そうした考え方を医学モデルと呼ぶ。例えば，車椅子で移動する障害者が，階段しかない駅で階上に上がれないという場合，医学モデルは，障害者の足が動かないことを問題にし，治療やリハビリテーションによる問題の解決に着目する。しかし，社会モデルは，階段を上れる身体のみを想定して多くの建物が設計されていることを問題にし，障害者を排除するそうした社会の変革に着目する。社会モデルは，見えないこと，聞こえないこと，動かないこと，あるいは，そのことで生じる身体的制約（例えば足が動かず，階段が上れないなど）をインペアメントと呼ぶ。一方，社会によって作られた障壁や差別（例えば駅の階段が上れないことで通勤や通学ができない，旅行に行けないなど）を，ディスアビリティと呼ぶ。社会モデルは，障害問題の解決のためにインペアメントの除去・軽減を志向する医学モデルを批判し，ディスアビリティをもたらす社会の変革を志向する。

▶文化モデル　障害者が持つ独自の視点に立ち，従来マイナスの価値を与えられてきた障害者の経験を，文化として肯定的にとらえるのが，障害の文化モデルである。例えば，従来，聞こえないことは欠陥であり，手話は音声言語の代用品でしかないものとして否定されてきたが，ろう者たちは，聴者たちのそうした見方を批判し，自らを，手話という独自の言語をもつ文化集団として規定するようになっていった。文化モデルは，健常者中心の社会への同化を強制されることを拒み，健常者との差異を強調する立場に立つ。社会モデルは，身体から社会に焦点を移すことで，障害者個人の身体や経験を軽視する傾向があるが，文化モデルはそれを批判し，障害者の身体に，医学モデルとは異なった形で再び焦点を当てる。

●関連項目：優生学／ろう文化

●参考文献：石川准・長瀬修『障害学への招待』明石書店，1999年／石川准・倉本智明『障害学の主張』明石書店，2002年

[永野潤]

ジョスカン・デ・プレ

▶人物　Josquin Des Prez（1440頃-1521）西洋音楽におけるルネサンス時代（1450-1600）を代表する作曲家。

▶背景　フランス北部で生まれる。当時の西洋音楽は，デュファイを始祖とする新しい時代に突入していた。それまでキリスト教の教会に独占され，神のみが賛

美の対象であったヨーロッパの学問・文学・芸術は，人間のすばらしさを再発見する傾向にあった。音楽でも「聖と俗の融合」が図られるようになり，それがミサ曲，モテトゥス(ミサ通常文以外のカトリック典礼式文による宗教楽曲)と並んで，シャンソン(中世フランス語による世俗歌曲の総称)をも世に出したデュファイ以後の作曲家に見られた特色である。また形式的には，10世紀ぐらいから現れた多声音楽(各声部に分かれてハーモニーを形成する)をより洗練されたかたちに磨き上げた，ポリフォニー(各声部が対等の関係で演奏する)が完成された。ジョスカンもこの伝統を引き継ぐとともに，各声部の対等性をより引き立たせるため，通模倣形式と呼ばれる奏法を確立している。

▶活動　ヨーロッパ北西部を中心に作曲活動を展開。当時は，今日のオランダ，ベルギー，フランス北東部，ドイツ西部の一円を支配したブルゴーニュ公爵の富を背景に，ブルゴーニュ，次いでフランドル(ベルギー)の宮廷に優れた作曲家が集まってきた。ジョスカンはフランドル楽派を代表する作曲家として，歴代公爵やフランス国王に引き立てられた。代表的な作品には，ひとつの主題で楽曲全体を有機的に結んだ循環ミサ曲の傑作「ミサ・パンジェ・リングァ」，モテトゥスの「アヴェ・マリア」，そしてシャンソンでは「千々の悲しみ」などがある。特に「千々の悲しみ」は，ジョスカン晩年の頃のブルゴーニュ公爵でありのちの神聖ローマ皇帝カール5世☞がこよなく愛し，「皇帝の歌」と呼ばれ，元々の男声合唱曲だけではなく，楽器伴奏つき歌曲，管弦楽曲などさまざまな版が作られた。

▶影響　デュファイや師のオケゲムが生み出したポリフォニー音楽の構成とハーモニーをより洗練されたかたちで確立し，ルネサンス音楽の完成者と呼ばれた。その楽風は，フランス(ジャヌカン)，イタリア(パレストリーナ)，イングランド(タリス，バード)，スペイン(ヴィクトリア)などにも伝わり，後世に絶大な影響を与えた。美術界のレオナルド・ダ・ヴィンチと並ぶ存在とされている。

▶日本との関わり　1591(天正19)年に，帰国した天正遣欧少年使節団が京都の聚楽第(じゅらくだい)で豊臣秀吉の御前で西洋音楽を演奏したが，そのとき演奏されたのは「千々の悲しみ」の管弦楽曲版ではなかったかと思われる。ジョスカンの作品は，中世日本の最高権力者が初めて接した西洋音楽でもあった。

●関連項目：カール5世／グレゴリオ聖歌
●参考文献：皆川達夫『中世・ルネサンスの音楽』講談社学術文庫，2009年

[君塚直隆]

女性参政権運動

▶語義　米国において女性参政権を規定した憲法修正第19条は，1919年に連邦議会において成立し，1920年に各州の批准を経て採択された。そこに至るまで，19世紀半ばより戦い続けられたフェミニストによる参政権獲得をめざす運動。

▶経緯　1848年，ニューヨーク州セネカ・フォールズの教会でエリザベス・ケイディ・スタントンが組織した女性の権利を求める集会が開かれた。母としての

役割が重視され，女性は私的領域に属するとの考え方が支配的だった当時，参政権要求はかなり急進的と受け止められたが，議論の末，決議の一つとして採択された。それが女性参政権運動の出発点となった。この集会参加者の多くは1830年代の急進的奴隷制廃止運動に関わり，そこで女性の権利問題を認識し，権利要求の戦術等多くを学んできた経緯から，初期の女性参政権運動は奴隷制廃止運動と連携し運動を推進した。ところが，南北戦争後，憲法修正第14条・15条において黒人男性への参政権付与が規定されると，黒人男性の権利と女性の権利獲得をどう関係づけるかを巡って意見が対立した。その結果，1869年に黒人男性の参政権だけでも獲得できたことを幸運と考えるべきだとする立場のルーシー・ストーンらは米女性参政権協会(AWSA)を，黒人の参政権とは別の問題として女性の権利を主張しようとする立場のスタントンとスーザン・B・アンソニーらは全国女性参政権協会(NWSA)を設立し，それぞれに活動を開始した。しかし，1890年に再び一つの組織として全米女性参政権協会(NAWSA)に統合され，女性参政権の獲得をめざすことになった。

▶人種　19世紀末から20世紀初頭にかけての世紀転換期は，黒人男性の参政権剥奪の動きが広まり，かつヨーロッパからの移民の数が増大した時期だった。そのような趨勢の中で，設立直後のNAWSAでは人種主義的な議論が展開された。参政権は読み書きのできない黒人男性や移民よりも教養ある白人女性に付与されるべきという内容の主張が頻出し，実践的な場面では，黒人女性の代表が会議や行進への参加を制限される一幕もあった。南部の運動指導者は，白人女性の参政権獲得が白人至上主義の保障に繋がるとする人種差別的な考えを顕わにした。20世紀初頭にはこうしたあからさまな南部の人種主義的考え方は退けられるようになったものの，黒人女性の参政権運動が主張した普遍的参政権獲得という理念とは相容れることはなかった。

▶憲法修正　NAWSAは州法による参政権実現をめざしてきたが，1910年議会委員会を設置し，アリス・ポールが委員長に就任し憲法修正条項成立を視野に入れた。過激な戦術をとるポールはNAWSAと袂を分かち，NWP（全米女性党）を設立し，現政権を批判する好戦的な姿勢で憲法修正成立のみをめざした。一方，NAWSAは現政権を支持し穏健に運動を推進した。そして，対立的でありながら補完的な両者の活動が憲法修正成立を導いた。

●関連項目：公民権運動

●参考文献：有賀夏紀『アメリカ・フェミニズムの社会史』勁草書房，1988年／有賀夏紀・小檜山ルイ編『アメリカ・ジェンダー史研究入門』青木書店，2010年

[細谷典子]

白樺派

▶概要　1910年(明治43)に創刊された同人誌『白樺』に拠った作家，批評家や，その周辺の文学者や美術家たちのこと。理想主義，人道主義，個人主義を標榜し，大正期－1910年代の文学のみならず，近代日本の文学・芸術の創造，言説に大

きな影響を及ぼした。学習院に在学していた志賀直哉，武者小路実篤を中心にしたこの群れに加わったのは，有島武郎や高村光太郎等の作家・詩人，柳宗悦のような美術批評家，中川一政，梅原龍三郎，岸田劉生などの画家と多岐にわたっている。

▶目標　グループが共通にめざしたのは，自然主義の入り込んだ「無理想」「無解決」の袋小路を打開し，新しい芸術の方向と人間像を提示することだった。制度的な拘束と化した在来的な美意識と道徳観念を変革し，芸術創造と言説のパラダイム・チェンジをめざすところに，彼等の共有する目標があったと言える。

▶「新しい村」　リアリズムの精神と方法を自然主義から受け継ぎながらも，その至りついた灰色の人生観に彼等が対置したのは，やはり同世代で夏目漱石の影響下にあった阿部次郎，安倍能成らの大正教養主義と同様に，真善美の調和した新しい人間像であり，明治天皇制の理念と対立する近代的な国家・社会像だった。大正デモクラシーの代表する自由主義的な空気とも呼応するその主張は，武者小路の提唱した「新しき村」の理念と実践に集約されている。

▶功績　「新しい村」の試みは結局は失敗に終わり，『白樺』の廃刊(1923)とともにグループも解体するが，ロダン，セザンヌ，ゴッホ，ゴーギャンなどの後期印象派をはじめ同時代西欧の美術の紹介，ウイリアム・モリスから感化を受けた「民藝」運動の展開などによる在来的な美意識の変革の試み，のちに国家・社会批判においてその人道主義的側面を引き継ぐプロレタリア文学への影響など，その試みは大きな足跡を刻んでいる。

●関連項目：私小説／自然主義
●参考文献：本多秋五『「白樺」派の文学』講談社，1954年（のち新潮文庫に収録）

[岩佐壮四郎]

ジレンマ

▶語義　dilemma　「二つの(di)立論(lemma)」という意味のギリシア語から来ており，もともとは，論理学における推論形式の一つである（二つの条件命題と，一つの選言命題を前提として，結論を導くようなもの）。しかし，一般には，二つの相反する選択肢の間で板ばさみになっている状態，またはそうした状態に陥ることを示して相手を窮地に追い込む論法を指す。究極の選択，両刀論法，などとも呼ばれる。

▶倫理的ジレンマ　ある問題を解決するために選択できる行為が二つしかなく，そのどちらもが倫理的・道徳的に正しくない行為に見える場合，それを「倫理的ジレンマ」または「道徳的ジレンマ」と言う。倫理について考察するための例題として，倫理的ジレンマが想定されることがしばしばある。そのうちの一つの「トロッコ問題」とは，このような想定である。トロッコのブレーキが故障して暴走しているが，進路の先には5人の作業員がいる。何もしないならば，5人がトロッコにひかれて死亡してしまう。しかし，あなたはたまたま引込み線のすぐそばにいて，あなたがポイントを切り替えてトロッコの進路を変えるならば，5人は助かる代わりに，切り替えた進路の先にい

る別の1人の作業員がトロッコにひかれて死亡してしまう。あなたは何もするべきではないのか，あるいはトロッコを別路線に引き込むべきなのか？　この例題を用いて，例えば，1人を犠牲にしても5人を助けるべきだという結論(功利主義的考え方)と，人格を他の目的のための手段として利用すべきではなく何もするべきではないという結論(義務論的考え方)の対立が議論される。

▶問題点　倫理的ジレンマから出発して倫理の問題を考察することに対しては，批判がある。そもそも，一見二つの選択肢しかない，ジレンマに見える状況が，実際にはジレンマではなく，別の選択肢が存在することもよくある。そうした別の選択肢，別の可能性を発見する創造的思考こそが，倫理的思考にとって重要である，という考え方もある。また，倫理的ジレンマの強調は，「どんな場合でも誰かが犠牲になることはやむを得ない」という思考に結びつく。そうした思考は，例えば，資源の不平等な分配を正当化する役割を果たす。犠牲が避けられない状況の中での個人的選択を模索することだけが倫理ではない。犠牲を生み出す社会的システムそのものの変革を志向することも，倫理における重要な観点である。そうした意味で，倫理的思考においては，ジレンマ的思考に対する批判的視点も必要である。

●参考文献：アンソニー・ウェストン『ここからはじまる倫理』(野矢茂樹ほか訳)春秋社，2004年

[永野潤]

新移民

▶語義　ヨーロッパからアメリカに向かった移民の内，1880年代までの時期に圧倒的多数を送り出した北西欧の出身者を「旧移民」，1880年代以後1920年代まで北西欧の移民数を上回って多数となった南東欧出身者を「新移民」と呼んで区別する。

▶特徴　「旧移民」の主な出身国はイギリス，ドイツ，アイルランド，北欧三国で，文化的にWASP(W＝ホワイト，AS＝アングロ・サクソン，P＝プロテスタント)との違いが少なく，宗教的にはアイルランド以外はプロテスタント，言語も英語を話せる人々が多かった。そして，熟練工，職人，商人，自営農となる者が多く，労働条件がよく収入も比較的高かったことから，米社会への「同化」は速かった。ところが，アイルランド移民だけは例外で，宗教的にはカトリック，ジャガイモ飢饉で困窮した農民が米国に渡ったため土地を買う資金がなく，建設労働者や非熟練工として社会の底辺に位置づけられ，「同化」の速度は遅く差別も受けた。但し，同じカトリック教徒でも他の国からの移民に比べると，英語を話せる点で有利であり，警察官や消防官の職に就くことを通して徐々に社会的地位を上昇させた。そうした同質的な「旧移民」に比べ「新移民」の文化的背景には相違点が多かった。主な出身国は，イタリア，オーストリア・ハンガリー，ロシアだったが，多民族国家のロシアやオーストリア・ハンガリーからの移民の民族はロシア人，ウクライナ人，ポーランド人，ユダヤ人等多様だっ

た。宗教はカトリック、ギリシア正教、ユダヤ教で、ほとんどの移民が英語を話せず、識字率も低かった。そして、概ね後進的農業国の出身で農業不況下の困窮を逃れて米国にやって来たため、土地を買う余裕はなく、非熟練労働者となり経済的には厳しい環境に置かれた。都市のスラムで同じ民族出身者や同郷者が集まって居住することが多く、エスニック・コミュニティがつくられ、それぞれの文化的伝統に基づいた教会や商店、互助組織等必要な施設ができ、独自の空間が形成されたが、それも一要因となって米社会への「同化」は困難をきわめた。

▶「白人化」と「アメリカ化」　当初、「ホワイト・ニガー（白い黒んぼ）」とも呼ばれ蔑まれていたアイルランド系と「新移民」は、同様に最底辺に位置づけられたアフリカ系やアジア系に対して「白人性（ホワイトネス）」、つまり「黒人ではないこと」や白人優越主義を強調し、自らの人種的優位を主張した。そして、黒人労働者の排除や、中国人や日本人移民労働者の排斥運動に加担した。こうしてかれらは「白人労働者」の範疇に包摂され、労働組合運動に加わり、政治的権利を獲得し、「白人」として米社会に「同化」し、社会的地位の上昇を遂げた。かれらにとって「白人性」を内面化し「白人化」を遂げることは、「アメリカ化」のプロセスでもあった。

●参考文献：野村達朗『「民族」で読むアメリカ』講談社現代新書、1992年／川島正樹編『アメリカニズムと「人種」』名古屋大学出版会、2005年／デイヴィッド・R・ローディガー─『アメリカにおける白人意識の構築』（小原豊志ほか訳）明石ライブラリー、2006年

［細谷典子］

辛亥革命

▶概略　しんがいかくめい　1911年（清宣統3年、干支紀年法で辛亥の年）10月10日の武昌（現湖北省武漢市武昌区）蜂起を発端とし、清朝を打倒して中華民国を誕生させ、長期にわたって政治的、社会的、文化的統一システムを維持してきた王朝体制に終止符を打った革命。

▶清朝の新政　19世紀の半ばから、列強の侵略（アヘン戦争1840-1842、日清戦争1894）と内乱（太平天国1850-1864、義和団運動1900）により、清朝は急速に統治能力を失っていく。20世紀に入って以後、体制改革を求める国内外の風潮にあって、清朝は軍隊の近代化、実業振興、教育改革を行う新政を開始し、立憲君主制への転換により王朝存続を図ったが、さまざまな政策は民衆に直接的利益をもたらすことなく、かえって多くの社会的矛盾を激化させた。

▶革命派の誕生　新政による科挙試験の廃止（1905）、留学生の派遣は、伝統的読書人と違うタイプの知識階層の誕生をもたらした。清朝の無力に直面し、民族存続のために清朝を倒すほかない、という革命の主張は、日本留学生の中にまず出現した。1905年、革命派は東京で孫文を総理に中国同盟会を結成し、「韃虜を駆除して中華を回復する（民族主義）、民国を創立する（民権主義）、地権（土地所有権）を平均する（民生主義）」という三民主義を綱領とした。

▶武昌蜂起と中華民国臨時政府の成立　同

盟会は成立以後，華中，華南各地で会党と新軍(軍隊近代化のために創設された)に働きかけて，何度も武装蜂起を試み，ついに，革命思想が浸透した武昌の新軍の蜂起が成功する。たちまち多くの省が清朝の支配から離脱した。革命軍は1911年12月に南京を占領し，同月29日，南京に集結した独立17省の代表は孫文を大統領に選出し，1912年1月1日，中華民国臨時政府を樹立した。

▶袁世凱政権と清帝の退位　清朝は北洋陸軍の実力者袁世凱に革命軍鎮圧の全権を与えたが，優勢な武力を持つ袁は革命軍に圧力を加えつつ，内部対立と財政難に苦しんでいた革命軍と取引きし，清朝を排除して自ら政権を掌握しようとした。孫文は，清帝の退位と共和制の実現，首都の南京への移転などを条件に，袁を大統領とすることに同意した。2月12日，中国最後の皇帝宣統帝は退位し，秦の始皇帝以来の王朝体制は終焉した。14日，孫文は大統領の職を辞し，翌日，袁は臨時大統領に選出された。

●参考文献：小島晋治, 丸山松幸『中国近現代史』岩波新書, 1986年／中国史学会編『辛亥革命与20世紀的中国』中央文献出版社(北京), 2002年／保阪正康『孫文の辛亥革命を助けた日本人』筑摩書房, 2009年／辛亥革命百周年記念論集編集委員会編『総合研究辛亥革命』岩波書店, 2012年

[鄧捷]

神聖ローマ帝国の崩壊

▶概要　神聖ローマ帝国は17世紀半ば以降，ドイツの国家的枠組みとしてはすでに実体をなくしていたが，1806年ナポレオン1世のドイツ支配にとともに最終的に崩壊した。

▶プロイセンの台頭　17世紀半ば以降の神聖ローマ帝国は300余のドイツの領邦国家の集合体にすぎなかったが，18世紀に入って帝国の状況に大きな変化が生じた。プロイセン王国の台頭である。1871年のドイツ帝国創設においてドイツに統一国家をもたらすことになるこの新興国は，神聖ローマ帝国の領域外にあったドイツ騎士団領プロイセンと，現在のドイツ北東部にあった，ホーエンツォレルン家を君主とするブランデンブルク選帝侯国を前身としていた。両邦は1618年同じ君主の下にブランデンブルク＝プロイセン公国となり，1701年にプロイセンに関してのみ王号が認められ，啓蒙専制君主として知られるプロイセン王フリードリヒ2世(大王)は18世紀にオーストリア継承戦争や七年戦争でハプスブルク家に勝利してシュレージエンに領土を獲得，ついでポーランドにも領土を拡大して1772年には領土全域に関する王号を得て，軍事強国プロイセン王国が成立した。

▶ハプスブルク君主国の変化　皇帝位を独占してきたハプスブルク君主国にも変化が生じた。ハプスブルク家は帝国内ではオーストリア大公国とボヘミア王国などを支配していた。16世紀に宗教改革によって威力が衰え，オスマン帝国の侵攻にも苦しめられたが，17世紀末にオスマン軍を撃退して，神聖ローマ帝国の領域外にあったハンガリー王国を取り戻し，18世紀には大国の地位を回復した。18

世紀半ば女帝マリア＝テレジアの時代にはプロイセン王国の台頭を許すが、大国の地位は揺るがなかった。18世紀末には啓蒙専制君主ヨーゼフ2世によって急進的な統治改革が行われるが、保守勢力の強い反対にあって改革は挫折した。

▶ナポレオンとドイツ諸邦　1789年フランス革命☞が勃発し、ドイツ諸邦はフランスに対する干渉戦争を行ったが、ナポレオンに敗退させられ、ハプスブルク家の神聖ローマ皇帝フランツ2世は領土の割譲を余儀なくされると、1804年支配地域をオーストリア帝国として再編してオーストリア皇帝フランツ1世を名のった。1806年には中部および南西部ドイツ40邦がナポレオンの圧力の下に神聖ローマ帝国から離脱してライン同盟を結成し、ふたたび大敗を喫したフランツ2世は1806年神聖ローマ皇帝の称号を放棄、すでに形骸化していた神聖ローマ帝国がこれによって最終的に崩壊した。またプロイセン王国も1807年フランス軍に敗れて領土の半分を失ったが、プロイセンでは危機克服のための改革が行われ、将来の発展の基礎が築かれた。

▶ドイツ連邦の結成　ロシア遠征に失敗したナポレオン軍が1813年プロイセン・オーストリア・ロシアの連合軍に敗れるとライン同盟は解体、ナポレオン敗北後の1815年、ウィーン会議においてドイツ諸邦は35の君主国と4つの自由都市に再編され、ドイツの領邦国家体制を維持するためのドイツ連邦が結成された。

●関連項目：ウェストファリア条約の成立／三月革命／三月前期

●参考文献：幅健志『帝都ウィーンと列国会議』講談社学術文庫、2000年／木村靖二『ドイツ史（新版 世界各国史）』山川出版社、2001年

[篠原敏昭]

身体文化

▶概要　physical culture　19世紀後半からイギリスを中心に流行し、その後世界的に普及した、身体を鍛え健康に保つための方法と知識を指す。現在のボディビルディングやフィットネスの元祖ともいえる。本来の語義としては「身体鍛錬」に近い。

▶経緯　近代以前の社会においては、身体は所与のもの（生まれ与えられたままのもの）とする考え方が主流であり、後から鍛錬や訓練、滋養によって作り替えることができるという発想は一般的ではなかった。例えば、兵士はもともと身体が強かったり、大きかったりする者が就く職業であり、徴兵制にみられるような、一般の人々を後から訓練によって兵士に仕立てていくという発想は近代以降の価値観といえる。身体文化は、こうした、トレーニングによって身体を変えられるという概念が社会に広まる上で、非常に大きな役割を果たした。

それまで一般的な名詞に過ぎなかった「身体文化(physical culture)」が、身体鍛錬という特定の概念として浸透するきっかけを作った代表的人物はユージン・サンドウとされている。もともとプロイセン生まれのサンドウは、持ち前の逞しい身体を活かしてヨーロッパの力自慢ショウなどで活躍した後、イギリスにおいて自ら

をモデルとした身体鍛錬・健康増進に関する方法を雑誌や書籍に著し，大きな流行となっていった。この雑誌の名称「サンドウの身体文化」が，後にこの言葉が一般的に広まる契機になったといえる。こうした流行は他の数多くの身体文化メディアの興隆を促し，ヨーロッパに限らずアメリカやアジア，明治期の日本にも波及し，現在に続くフィットネスやボディビルといった健康志向の源流となった。

▶結果　当時，ボーア戦争で苦戦した要因として，兵士の多くを占めた都市労働者の健康状態が急速な工業化によって悪化していることが挙げられ，施政者たちの間で問題視された。こうした状況が続くとイギリス国民の体格が衰え，いずれは退化してしまうのではないか，という社会ダーウィニズム☞的な不安である。国民の身体管理に対する意識の高まりは，自ずと一般の人々自身にも内面化されることになり，身体の健康や逞しさというものが新たな価値ある資質として問題化されていくことに繋がった。身体文化の流行は，下層中産階級から一部の労働者階級に顕著であったが，特に階級アイデンティティに不安をかかえる下層中産階級に熱烈に受け入れられたことは，こうした価値観に対する自発的な応答と考えられている。一方，上流階級や上層中産階級は，こうした不安に対してスポーツ☞などの身体活動が同様の役割を果たした。

●関連項目：社会ダーウィニズム／スポーツ

[岡田桂]

神仏習合

▶概要　仏教伝来(6世紀)を契機として，日本古来の神祇信仰と外来の仏教の信仰が混じり合い一つの信仰体系となった宗教現象のこと。神仏混淆ともいう。

▶神社と寺院の融合　仏教伝来以来，仏は客神として渡来してきた蕃神(トナリクニノカミ)として，日本在来の神々（クニツカミ）とは区別されていた。平安時代になると密教の祈禱や浄土信仰などで仏教は民衆に浸透するようになったが，古来よりの神道も依然民衆の間に強く生きており，次第に仏と神の接触・混淆が生じるようになった。そのような状況のなかで，日本の神々も衆生と同じように苦しみから逃れることを願い，仏の救済を求め解脱を望んでいると考えられるようになったことから，神社の境内に神宮寺を建てて神前での読経が行われるようにもなった。8世紀前半には越前国気比大神の託宣により神宮寺が建立されるなど中央レベルの神社で始まった動きが，8世紀後半には地方の神社にまで広がっていった。8世紀後半には，寺院から神社への接近も見られるようになる。「護法善神」の観念が生じ，神道の神々は仏法を守る存在とされ，8世紀後半には寺院に関係のある神が寺院の鎮守(守護神)として祀られるようになった。興福寺における春日大社がその最も早い例である。東大寺は宇佐八幡宮を勧請して手向山八幡宮を鎮守とした。また，延暦寺と日吉大社の強い結びつきも良く知られる。この段階ではまだ神と仏は同一の信仰体系の中にはあるが，別の存在として認識され，神祇

信仰と仏教信仰は互いに相補的な関係にあった。

▶**本地垂迹説**（ほんちすいじゃくせつ）　平安初期以降になると、神仏習合はさらに進み、仏は神の本来の境地（本地）であり、神は仏の仮のあらわれ（権現、垂迹）であるとする本地垂迹説が成立した。これは仏教上位の状況で仏教側が神祇信仰を取り込んで一体化した動きと理解される。この結果、神に菩薩の号が与えられ、僧形八幡像など神体に本地となる仏や僧形の神像が作られるようになった。天台宗系の山王一実神道と真言宗系の両部習合神道はこの説にたつ。これに対して、鎌倉時代末期から南北朝時代には、逆に神こそが本地であり仏は仮の姿であるとする反本地垂迹説（神本仏迹説）を唱える伊勢神道や吉田神道が現れ、江戸時代には垂加神道も誕生し、これらの流派の教義はのちの神道の教義確立に貢献するようになる。

▶**神仏分離令**　明治維新にともなう神仏判然令（1968）において、寺院と神社が完全に分離され神仏混淆が禁じられるまで神仏習合の状況は1000年以上にわたって続き、その後の日本人の宗教理解に大きな影響を与えた。

●関連項目：「宗教」概念

●参考文献：義江彰夫『神仏習合』岩波新書，1996年／末木文美士『日本宗教史』岩波新書，2006年

[髙井啓介]

スエズ戦争

▶**語義**　1956年10月にイギリス、フランス、イスラエルの三ヵ国軍とエジプト軍との間で開始された戦争。翌11月にはアメリカや国連から圧力を受けた英仏が停戦を受諾し、事実上は英仏側が「敗退」した。第二次中東戦争とも呼ばれている。

▶**経緯**　1952年の革命によりエジプトは王制が廃止され、共和制に移行した。54年から最高指導者となったナセル（56年から大統領）は、エジプト近代化の原動力としてアスワン・ハイ・ダムの建設をめざし、アメリカやイギリスに資金提供を要望するが拒否された。この結果、1956年7月26日にナセルはスエズ運河の国有化を宣言した。スエズ運河会社（1869年創設）の株式の大半はイギリス政府とフランス各社が保有していたため、これをナセルの暴挙ととらえたイーデン保守党政権下のイギリスと第四共和政下のフランスとが、エジプトの宿敵イスラエルと共謀して、10月29日にスエズ地域へと侵攻した。戦闘は英仏とイスラエル側の圧勝であったが、英仏による時代錯誤の帝国主義的な政策に激怒したアイゼンハワー政権下のアメリカと、ナセルに近づいていたソ連、さらには国連の安全保障理事会もこの戦争を批判し、これらの圧力を受けて英仏はついに占領地域からの撤退を決定せざるを得なくなった。英仏が戦争に勝って、外交に負けた瞬間であった。

▶**結果**　この戦争は、19世紀以来続いてきたヨーロッパ列強による「帝国主義」が完全に時代遅れのものであることを認識させた事件であった。こののちイギリスはアフリカやアジア諸国の独立に協力的となり、フランスはアルジェリアでの

激しい独立紛争の後で，やはりアフリカ諸国の独立に力を貸した。特に，1960年は「アフリカの年」とも呼ばれ，多くの国々がヨーロッパ(白人)支配のくびきから逃れて，独立を達成した。またナセルは，盟友であるネルー(インド首相)やチトー(ユーゴスラヴィア大統領)らと「非同盟諸国首脳会議」を立ち上げ(1961)，米ソいずれの陣営にも属さない，「第三世界」の形成に尽力していった。

●関連項目：米ソ冷戦
●参考文献：木畑洋一『支配の代償—英帝国の崩壊と「帝国意識」』東京大学出版会, 1987年／佐々木雄太『イギリス帝国とスエズ戦争』名古屋大学出版会, 1997年

[君塚直隆]

スカーフ論争

▶語義　1989年に起こった「スカーフ事件」に端を発し，2004年に成立した通称「スカーフ禁止法」によって一応の決着を見た論争のこと。「スカーフ」とはイスラーム教徒の女性が頭髪を隠すようにして被るヴェールのことである。背景には，フランスにおけるイスラーム教徒人口の増加とそれに対するフランス人の警戒意識，および，共和国のライシテ(脱宗教性)☞原則の適用範囲の問題がある。

▶経緯　1989年10月，パリ北郊オワーズ県クレイユのガブリエル＝アヴェ公立中学校でモロッコ人の女子生徒3人がスカーフを被って登校し，校長がスカーフをとるよう勧告したが，拒否したため退学処分となった(翌年1月に復学)。この事件が「スカーフ事件」として全国的に報道され，大きな社会問題に発展した。参事院は「信教の自由」という基本的人権を尊重する立場から，「宗教的表象を身につけているというだけで生徒が教育の場から放逐されることは正当化されえない」との答申を提出し，この答申が全公立学校に通知された。しかし，その後も各地で同様の事例が生じ，1994年には約300件の「スカーフ事件」が起こっている。

2003年，事件発生数は約150件に減少していたが，スカーフ論争が再燃する。直接のきっかけは，2002年にパリ労働裁判所がスカーフを理由に解雇された女性の再雇用を企業に命じたことや，2003年にスカーフを理由とした女子生徒の退学処分が行われたことにあるが，より深い要因としては，2001年の9.11テロ事件や郊外でのアラブ系移民の暴動などによる対イスラーム感情の悪化がある。

▶法制化まで　論争の争点は，ライシテ原則をスカーフ問題に適用し，公立学校でのスカーフ着用禁止を法制化すべきか否かという点にあった。2003年5月には4人の知識人が『リベラシオン』紙上で「公立学校での宗教シンボルの禁止」を訴える声明を発表した。同年7月にはシラク大統領が「共和国におけるライシテ原則の適用に関する検討委員会」(通称「スタジ委員会」)を結成し，この問題について検討させた。スタジ委員会は共和国行政斡旋官ベルナール・スタジ委員長のもと，研究者，哲学者，裁判官等20名で構成され，最終的に，「ライシテ原則を守るため，公立学校での宗教シンボル着用を禁止すべきである」とする「スタジ報告

書」を12月に提出した。これを受けてシラク大統領が法制化に着手し、翌2004年3月、「公立学校におけるこれみよがしな宗教シンボル着用の禁止法」(通称「スカーフ禁止法」)が圧倒的多数で可決された。

▶論拠　法制化の論拠として示されたのは大きく分けて以下の2点である。①公立学校で宗教的シンボルを身につけ信仰を表明することは共和国の根本原則であるライシテに抵触する。②イスラーム女性のスカーフはイスラーム教の女性抑圧の表れであり、フランス共和国の男女平等の実現という観点からはこれを認めることはできない。しかしながら、いずれの点に関しても、①女子生徒たちは義務教育下にある、②女子生徒たちがスカーフ着用を択ぶ理由は多様である、③近代的な西欧と非近代的なイスラームという対立を前提とした議論である、といった疑問を挙げることができる。

▶現在　2010年9月には、イスラーム女性が全身を覆うヴェール(ブルカ)を公共の場所で着用することを禁ずる「ブルカ禁止法」が成立した。2011年4月からの施行を受けて、論争はこれからも続きそうである。

●関連項目：ヴェール／ライシテ
●参考文献：三浦信孝編『普遍性か差異か』藤原書店、2001年／羽田正「シャルダンの「つましい望み」とムスリム女性のスカーフ」『フランスとその〈外部〉』、東京大学出版会、2004年／内藤正典・坂口正二郎編『神の法 vs. 人の法』日本評論社、2007年

[郷原佳以]

スピリチュアリティ

▶概要　宗教的であるが、宗教の教団や伝統に拘束されない、個人の内面における非制度的な宗教意識を指す。日本語では霊性ということばがこれにあたる。この新しい宗教意識を標榜する文化現象は、1960年代以降アメリカにおいて起きた対抗文化、ニューエイジ運動などの影響を受けている。日本においても、1970年代以降、大衆文化のなかで、従来の宗教とは異なる形で、何か通常ではとらえがたい次元への関心が高まっていったことが指摘されている。

▶スピリチュアル・ブーム　テレビや雑誌などでは2000年代にスピリチュアル・ブームがあった。当時「スピリチュアル・カウンセラー」を名乗っていた江原啓之は『オーラの泉』(テレビ朝日系)などのテレビ番組などに出演し、芸能人のオーラや前世や守護霊など、普通の人に見えないもの、知り得ないものについて話し、人気を集めた。そのほか、癒しとスピリチュアルに特化したイベント型見本市であるスピリチュアルマーケット(スピマ)も2009年には年間11万人を動員した。土地の霊性や観光とスピリチュアリティの関わりにおいては、2010年からパワースポット☞が人気を集めるようになったが、その頃にはすでにスピリチュアリティの語は大きく後退し始めたともいわれる。

▶諸分野　スピリチュアリティをめぐる議論は医療、看護、教育などの分野でも展開されている。特に医療・看護の分野では身体的苦痛、精神的苦痛などのケア

に加えてスピリチュアルペイン(自己の存在と意味の消滅から生じる苦痛)をやわらげるために緩和病棟などにおいてスピリチュアルケアを提供するようになっている。2007年には日本スピリチュアルケア学会が設立され，2012年度から人材養成プログラムや資格者の認定を行っている。同年には，医療機関や福祉施設などで公共的なケアの役割を果たす宗教者を養成する臨床宗教師☞研修が，東日本大震災を契機として東北大学実践宗教学寄附講座において開始された。教育の現場では1990年代末頃から青少年の道徳性の涵養としてスピリチュアリティと密接なつながりを持つ「いのちの教育」がクローズアップされるようになった。

▶ゆくえ　以上のように，スピリチュアリティは宗教教団から切り離された文脈において展開し，非宗教的文脈に広がりを見せるものの，そのブームは終息し，現在では多様な分野において新たな装いを見せつつある。スピリチュアリティ，スピリチュアルということばにたいする忌避感が生じている分野もあり，「霊性」ということばが改めて注目されるようにもなっている。今後，スピリチュアルケアやスピリチュアリティの教育がより確かなものとしてそれぞれの分野に根付いていくかに注目をしていく必要があるだろう。

●関連項目：「宗教」概念／パワースポット／臨床宗教師

●参考文献：伊藤雅之『現代社会とスピリチュアリティ』渓水社，2003年／伊藤雅之・樫尾直樹・弓山達也編『スピリチュアリティの社会学』世界思想社，2004年／島薗進『スピリチュアリティの興隆——新霊性文化とその周辺』岩波書店，2007年／堀江宗正編『いま宗教に向きあう1　現代日本の宗教事情国内編I』岩波書店，2018年

［髙井啓介］

スペイン語

▶語義　スペインのカスティーリャ地方の言語，カスティーリャ語が，1978年憲法でスペインの公用語となったことから，今日ではスペイン語として広く知られるようになった。ヨーロッパ，アメリカ大陸，アフリカ，アジアなど世界中に数億の話者を抱える。

▶言語としての成り立ち　カスティーリャ語は，ローマ人がもたらしたラテン語を源とし，それが話し言葉として発達したラテン系言語ロマンス語の一つである。9世紀にカスティーリャ伯領が勢力を伸ばすとともに，カスティーリャの言葉の形成も進んだ。1492年には，アントニオ・デ・ネブリハが『カスティーリャ語文法』を著し，俗語カスティーリャ語へ文法を付与する試みを行っている。イベリア半島☞の各地でそれぞれの言語の発展が見られたが，レコンキスタ☞の戦いにおいて大きな貢献をしたカスティーリャの言葉が存在感を増していった。16世紀以降，カスティーリャ語はスペインのなかで最も使用される言語としての地位を確立していった。また，アメリカ大陸など植民地で主に普及したのもカスティーリャ語で，スペインの外でスペイン語として独自の発展を遂げている。

▶公用語と地域語　スペインではカステ

ィーリャ語(スペイン語)の他に，ガリシア語，バブレ語，バスク語，アラゴン語，アラン語，カタルーニャ語，バレンシア語といった各地域に固有の言語がある。フランコ独裁期(1939-75)に，単一言語政策によって，カスティーリャ語以外の言語は公の場での使用が禁止された。しかし，フランコ後の民主化のなかで1978年に制定された憲法では，他の言語も尊重する方針が明記された。カスティーリャ語はスペインの公用語だが，他の言語も各々の自治州内で公用語とされた。スペインが歴史的に育んできた言語や文化の多様性を保存する方針のなかで，カスティーリャ語以外の言語の使用範囲は拡大傾向にある。現在の各自治州では，カスティーリャ語とその地の言語の併用が常態である。以上はスペイン国内の言語事情であるが，国際的にはスペイン語という名でカスティーリャ語が圧倒的な認知度と普及を誇る。国際的な人気が，スペイン国内でのカスティーリャ語の勢いを盛り返させているとする見方もある。カスティーリャ語と各地の固有語はその力関係を巡ってしばしば対立しており，いかにスペイン国内に多言語を平和的に共存させるか，は未だ大きな課題である。

●関連項目：イベリア半島／レコンキスタ
●参考文献：山田善郎監修『スペインの言語』同朋舎出版，1996年／坂東省次「多言語の国スペイン」坂東省次・戸門一衛・碇順治編『現代スペイン情報ハンドブック』三修社，27-34頁，2004年／坂東省次「多言語の国」坂東省次編著『現代スペインを知るための60章』明石書店，31-35頁，2013年

[三浦みづほ]

スペイン内戦

▶語義　1936年7月，第二共和政期スペインで起きたスペイン領モロッコでのクーデターは，やがて国内を二分する戦闘へと発展した。共和国政府軍と反乱軍，及びそれぞれを支持する人々による，スペイン全土を巻き込んだ戦いである。1939年4月に反乱軍の勝利で終わった。反乱軍を率いたフランコは，終戦後スペインで長きにわたって独裁を行うことになる。

▶経緯　第二共和政期の政府は，軍や右派勢力を中心とする反対派を多く抱えていた。共和国の政教分離などの方針は，スペイン国家の伝統とカトリックに反するとして，たびたび批判の種となった。1936年7月に軍を主体とするクーデターが起き，それに伴う共和国政府と反乱軍の対立は内戦へと発展する。反乱軍のフランコは，ドイツのヒトラーとイタリアのムッソリーニから援助を受けた。やがて反乱側の軍事，政治の権力はフランコに集中し独裁体制を形成していく。1936年10月に反乱軍がマドリードを攻撃した際は，独伊が戦車や航空機といった最新鋭の兵器と戦闘部隊を提供した。共和国側は，反ファシズムの盟主としてドイツの拡大を懸念するソビエト連邦から援助を受け，国際義勇兵からの協力も得た。内戦は国際戦争の様相を呈してきたが，紛争の波及を恐れるイギリスとフランスは不干渉を表明する。英仏の協力が得られないことは共和国側にとって不利であった。反乱軍は，北部工業地帯を制圧す

るなど支配地域を広げていった。共和国軍は1938年7月にエブロ川の激戦で最後の抵抗を見せるが，1939年1月に重要拠点であるバルセロナを反乱軍に奪われ，敗色濃厚となった。ほどなく英仏がフランコ政権を承認し，共和国政府は無条件降伏を受け入れ，反乱軍はマドリードに入る。4月1日にフランコによる勝利宣言がなされ，内戦は終結した。

▶結果　内戦の悲惨さは，同時代のヘミングウェイの小説『誰がために鐘は鳴る』，ピカソの絵画『ゲルニカ』などによって世界中に伝えられた。内戦によってスペインは多くの死傷者や亡命者を出し，人的被害・損失は甚大であった。スペインに残った人々は，戦争で荒廃した土地や，経済的困難，勝者と敗者が国内に存在する状況と向き合わねばならなかった。さらに，共和国側についた人々は終戦後も内戦中の政治責任を追及され，安寧の日々は訪れなかった。

●参考文献：中塚次郎「第二共和政と内戦」立石博高編『スペイン・ポルトガル史』山川出版社，277-307頁，2000年／武藤祥「スペイン内戦」立石博高・内村俊太編著『スペインの歴史を知るための50章』明石書店，255-260頁，2016年

[三猪みづほ]

スポーツ

▶概要　英語圏においてスポーツ(sport)という言葉の歴史は古く，もともと遊びや気晴らし，暇つぶしを含めた娯楽全般をあらわす，非常に広い意味を持つ概念であった。これらには屋外での遊びや身体を用いた活動に限らず，室内で行うゲームなども含まれており，必ずしも身体的に活発なものだけを示すわけではなかった。例えば，現在でも英語圏文化においてはスヌーカーやチェス，カード・ゲームなどがスポーツの範疇に入れられていることからもわかるように，むしろ身体性というよりはゲーム性(競技性)に重きを置く概念ともいえる。これが，現在広く浸透しているような運動競技としての意味を強く持つようになったのは，18〜19世紀頃のイギリスにおいて，競技としての近代スポーツが成立していく時期以降である。

▶近代以前　近代を迎えるまでのイギリスにおいては，実にさまざまな娯楽がスポーツと見なされていた。例えば，1617年にジェームズⅠ世によって布告された『スポーツの書(Book of Sports)』には，安息日に認められるスポーツとして「ダンス，跳んだり跳ねたりすること，アーチェリー，メイ・ゲームスのようなお祭り，その他の害のない娯楽」などが記されている。その一方で，認められないスポーツとしては「動物いじめ(牛かけ，熊かけ)，ボウリング」が挙げられている。また，これら以外にも，闘鶏や闘犬，ボクシングなどの賭け事は庶民一般に広く受け入れられたスポーツであり，地域を治める地主(ジェントルマン)が胴元になることが多かった。さらに，現在のフットボール(サッカーやラグビー)の原型となった，地域の人々が総出でボールを取り合う「民衆のフットボール」なども盛んであった。これらを合わせて考えると，近代以降のスポーツの概念とは大きく異なることが

わかる。

▶**近代スポーツ** 近代という時代を迎えると、社会の価値観は次第に合理性や生産性を重んじるようになり、無秩序で暴力的な身体活動や賭け事といったものを、道徳的に受け入れなくなってゆく。エリアスの述べる暴力の抑制としての文明化の過程☞は、スポーツにその典型を見いだすことができ、無秩序な民衆フットボールがルール化された近代のフットボールへ変化し、素手で決着のつくまで殴り合っていたボクシングがラウンドを定め、怪我を防止するグラブを着用したウェイト制へ移行してゆくことなどは、こうした近代の価値観を如実に反映したものといえる。こうして近代以降、スポーツの概念には「近代スポーツ」という特定の競技的な意味合いが強く付与されるようになっていった。

●**関連項目**：文明化の過程
●**参考文献**：松井良明『近代スポーツの誕生』講談社，2000年

[岡田桂]

政教分離

▶**語義** 信教の自由を保障するために、国家(政府、政治)と宗教を分離すること、また分離すべきであるという考え方のこと。政教分離には、その程度に応じて、国家が特定の教会を保護し支援する国教制(イギリスなど)や、ひとつあるいはふたつの教会を公認して優遇したり特権を与えたりする公認宗教制(ドイツなど)、そして政治と宗教の関係を建前上は一切認めない厳格な政教分離(フランス、アメリカ、日本など)があるとされる。

▶**フランスとアメリカ** 公共の領域から宗教を排除しようとする「ライシテ」☞の理念が掲げられるフランスでは、公立学校でのムスリム女生徒に対するスカーフ禁止☞などにより、ムスリムの信教の自由が侵されているという強い批判がある。一方で、アメリカでは大統領選に宗教勢力が大きな影響を与え、大統領は就任式で聖書に手を置いて宣誓するなど国家と宗教は常に有効な状態にあり、厳格な政教分離をとるとされる国でもその実態は多様である。

▶**日本** 日本においては、政教分離が日本国憲法の以下の条文に根拠づけられている。宗教団体が国から特権を受けて政治権力を行使することの禁止(20条第1項後段)、国およびその機関による宗教教育をはじめとする宗教活動の禁止(20条第3項)ならびに宗教団体への公金その他公の財産提供の禁止(第89条後段)がそれらの条文である。市立体育館建設の際の神道式の地鎮祭の費用が公金から支出されたことが上記の条文に違反するとして争われた津地鎮祭訴訟において、最高裁判所により「目的効果基準」という考え方が提示された。憲法20条第3項で禁止されている宗教的活動は、その行為の目的が宗教的意義を持ち、その効果が宗教を援助、助長、促進または圧迫、干渉になるような行為であるとする。従って、地鎮祭は宗教的行事ではなく、習俗的行事とされた。一方で、愛媛県知事が、靖国神社や件護国神社の挙行する慰霊祭に参加して玉串料などを県の公金から支出したことが憲法違反であるとして争われた

愛媛玉串料訴訟の最高裁判決（1997年）では，同様の基準が使われ，靖国神社等が宗教団体であり，かつ慰霊祭が宗教儀礼であることは明らかであるから，県と靖国神社等の関わりは特定宗教を援助，助長する効果を持つとして違憲判断が出ている。しかし，宗教に対する公的な補助金の支給が一切許されないとすれば，神社・仏閣などとの文化財の保護ができないし，宗教系の私立学校への助成も不可能となり，宗教を理由とした差別が生じることともなる。以上のような現状を踏まえると，政教分離の問題を考えるには，日本社会のなかで宗教と公共領域がどのようなかかわりであれば認められるべきなのか，すなわち公共空間における宗教の位置づけを再確認する必要があるだろう。

●関連項目：スカーフ論争／ライシテ
●参考文献：大石真『憲法と宗教制度』有斐閣，1996年／藤本龍児『アメリカの公共宗教—多元社会における精神性』NTT出版, 2009年／伊達聖伸『ライシテから読む現代フランス—政治と宗教のいま』岩波新書, 2018年

[髙井啓介]

聖書

▶**語義** キリスト教の聖典のこと。聖書は英語でBibleだが，これはギリシア語で「書物」を指す言葉に由来する。これを後にキリスト教会が固有名詞として用いるようになった。

▶**内容** 聖書は旧約聖書と新約聖書の二つを合わせたものである。「旧約」とは神がイスラエルと結んだ古い契約を，「新約」とは神がイエス・キリストを通して教会と結んだ新しい契約を指す。旧約聖書は天地創造から物語り始め，やがて神がイスラエルの民を特別に選んで神の民としたと述べる。イスラエルの度重なる反逆にもかかわらず，神は彼らの罪を赦し，その苦難から救い出した。このように旧約聖書は神のイスラエルに対する救いの歴史を物語る書物である。他方新約聖書は，そのイスラエルの民の一人として生まれたイエスの生涯を物語り，またこのイエスを救い主（キリスト）と信じて神の救いにあずかった教会の歴史を物語る書物である。

▶**構成** 旧約聖書は教会がユダヤ教から継承した39巻の書物の集成であり，その原典はユダヤ人の言語であるヘブライ語（一部がアラム語）で書かれている。ユダヤ教は各書の編纂時期に従い，律法（創世記，出エジプト記，レビ記，民数記，申命記），預言者（ヨシュア記，士師記，サムエル記，列王記，イザヤ書，エレミヤ書，エゼキエル書，小預言書），諸書（詩編，箴言，ヨブ記，雅歌，ルツ記，哀歌，コヘレトの言葉，エステル記，ダニエル書，エズラ・ネヘミヤ記，歴代誌）の3区分で配列している。これに対して教会は各書の内容によって配列した70人訳聖書（紀元前2世紀にアレクサンドレイアでなされたユダヤ教聖典のギリシア語訳）に従い，律法書（ユダヤ教の律法と同じ），歴史書（ヨシュア記，士師記，ルツ記，サムエル記上，サムエル記下，列王記上，列王記下，歴代誌上，歴代誌下，エズラ記，ネヘミヤ記，エステル記），文学書（ヨブ記，詩編，箴言，コヘレトの言葉，雅歌），預言書（イザヤ書，エレミヤ書，哀歌，エゼキエル書，ダニエル書，12小預言書）の4区分で配列している。新約聖書は教会が

編纂した27巻の書物の集成であり，すべて古代ギリシア語で書かれている。その配列は70人訳聖書にならって，**福音書**(マタイによる福音書，マルコによる福音書，ルカによる福音書，ヨハネによる福音書)，**歴史書**(使徒言行録)，**手紙**(ローマの信徒への手紙，コリントの信徒への手紙Ⅰ，コリントの信徒への手紙Ⅱ，ガラテヤの信徒への手紙，エフェソの信徒への手紙，フィリピの信徒への手紙，コロサイの信徒への手紙，テサロニケの信徒への手紙Ⅰ，テサロニケの信徒への手紙Ⅱ，テモテへの手紙Ⅰ，テモテへの手紙Ⅱ，テトスへの手紙，フィレモンへの手紙，ヘブライ人への手紙，ヤコブの手紙，ペトロの手紙Ⅰ，ペトロの手紙Ⅱ，ヨハネの手紙Ⅰ，ヨハネの手紙Ⅱ，ヨハネの手紙Ⅲ，ユダの手紙)，**黙示文学**(ヨハネの黙示録)の4区分である。

●**関連項目**：イエス・キリスト／山上の説教／三位一体／宗教改革
●**参考文献**：山折哲雄編『世界宗教大事典』平凡社，1991年／共同訳聖書実行委員会訳『聖書：新共同訳』日本聖書協会，1999年／木田献一・山内真編『新共同訳聖書事典』日本キリスト教団出版局，2004年

[安井聖]

聖地巡礼

▶**概要** 宗教の聖地，あるいはそのひとにとって特別な意味を持つ場所に訪れること。聖地は宗教の開祖や創始者にまつわる重要な場所，あるいは神仏を祀った神社・寺院・教会や，奇跡や神秘的な出来事が起こったとされる場所，特別な景観を持つ土地のことである。聖地に赴くこの行為は昔から多くの宗教のなかで行われてきたし，今でも世界中で広範にみられる極めて重要な実践となっている。

▶**巡礼地** キリスト教のサンティアゴ・デ・コンポステーラ(スペイン)やエルサレム(イスラエル)，イスラームのメッカ(サウジアラビア)，チベット仏教のラサ(中国チベット自治区)，ヒンドゥー教のベナレス(インド)などが代表的な巡礼地として有名である。日本においては，弘法大師信仰に基づく四国八十八カ所(四国遍路)が最も良く知られている。

▶**変容** 伝統的な聖地巡礼においては，巡礼地を訪れた人々が接近できる「聖なるもの」とは，その土地にゆかりのある聖人の聖遺物やイメージ，寺社や祭壇にまつられた神仏の存在である。そのような「聖なるもの」に接することができる聖地に行くことが伝統的な巡礼の目的であった。たとえばキリスト教の三大聖地の一つであるサンティアゴに巡礼する場合は，イエス☞の十二使徒の一人であった聖ヤコブの遺骸を祀る大聖堂を目的地とした巡礼であり，聖堂においてヤコブに祈り，キリストと神に祈ることを通して，過去の自己を反省し，自分や家族の幸せを願うことが巡礼の最大の目的である。これに加えて，現代のサンティアゴ巡礼者のなかには，巡礼地に到達すること以上に，そこに至るプロセスを重視する者たちがいる。彼らは，普段の人間関係から一時的に自由になって，自分のあるべき姿を改めて見つめ直してみることや，巡礼の過程で日常では出会えないような人々との交流を経験することなどに重きをおく。「歩く巡礼」が改めて見直されているのもこのような流れに沿ったものであろう。

▶**ツーリズム** 近年の巡礼は，ツーリズム（観光）との結びつきが顕著にみられる。特定の宗教の聖地が，同時に観光地にもなることで，特定の宗教の信者でない観光客も，そこに数多く訪れるようになってきている。巡礼に対するツーリズムの影響は，世界遺産という新しい制度の導入により，ますます明確なものとなりつつある。世界遺産とは，世界遺産条約（1972年採択）に基づきユネスコが運営する制度である。京都や奈良などの寺社，紀伊山地の霊場，長崎と天草の潜伏キリシタン関連遺産などがこれに登録されることで，聖地の観光化が確実に進行している。このような聖地には，世界的なレベルでの評価という真正性に導かれて，信仰心とは無関係に多くの観光客が訪れる。

▶**新しいタイプ** 新しいタイプの聖地巡礼としてパワースポット☞とアニメの「聖地巡礼」がある。パワースポットは2000年以降にブームになった「聖地」で，そこに行くと運気が上がるなどとされている。テレビや雑誌，SNSなどのメディアでその効果が喧伝され，その情報を共有する人々がそこに真正性を認め，多くの人々が集まってくるようになる。代表的なパワースポットに明治神宮内の清正井（きよまさのいど）がある。アニメの「聖地巡礼」は，アニメ作品の舞台となった現実の土地や，そのアニメの登場人物にゆかりの深い場所が，ファンたちによって「聖地」と定義され，彼らがそこを「巡礼」する現象のことである。アニメ『らき☆すた』の舞台のモデルである埼玉県久喜市の鷲宮神社が良く知られている。

前者は，すでに聖地とされていた場所が，別の観点から新たな巡礼地としての意味づけを得る例であり，後者は，従来の聖地とは何ら関係のない場所が，突如新たな「聖地」として巡礼の対象となる例である。

●関連項目：スピリチュアリティ／パワースポット

●参考文献：星野英紀『巡礼―聖と俗の現象学』講談社現代新書，1981年／山中弘編『宗教とツーリズム―聖なるものの持続と変容』世界思想社，2012年／星野英紀・山中弘・岡本亮輔編『聖地巡礼ツーリズム』弘文堂，2012年／門田岳久『巡礼ツーリズムの民族誌―消費される宗教経験』森話社，2013年／岡本亮輔『聖地巡礼―世界遺産からアニメの舞台まで』中公新書，2015年／大谷栄一・川又俊則・猪瀬優理編『基礎ゼミ宗教学』世界思想社，2017年

［髙井啓介］

聖杯伝説

▶**語義** 不思議な魔力を持つ「聖杯（グラール）」という不明な物を求め冒険の旅に出る物語。ヨーロッパ中世後期（12世紀以降）に隆盛。「グラール」の語源は一説にはラテン語の「徐々に」。形や性質は物語により異なる。

▶**主な作品** ①クレティアン・ド・トロア『ペルセヴァルまたは聖杯の物語』。フランスのマリ・ド・シャンパーニュの宮廷詩人作。パーシヴァル（ペルセヴァル）は無教養で純朴な自然児。アーサー王☞の騎士となって旅の途上，病の漁夫王に招かれ，城内で「聖杯」（広口の皿か杯の形）の不思議な行列に遭遇。質問したかった

が沈黙。翌朝目覚めると城は消失，質問すれば城主は癒え，国が災厄から解放されたと後に知る。改めて「聖杯」探求に出発。のち主人公はガウェイン☞に変わる。未完。②ロベール・ド・ボロン『聖杯の由来の物語』等。この「聖杯」は最後の晩餐に用いられアリマタヤのヨセフが十字架上のキリストの血を受けた容器。彼はキリストを埋葬したため囚われるがローマ皇帝に解放される。ユダヤを離れ，「聖杯」はイギリスへ。③13世紀仏語ロマンス『聖杯探求の物語』。無名のシトー会修道士の作で当時の同修道院の理想を反映。騎士物語の形だが，「聖杯」は神の至福，主人公は神の子キリストのアレゴリー。ランスロットは修道院に導かれ息子ガラハッドを騎士に叙任しアーサーの宮廷に戻った。翌聖霊降臨祭(ペンテコステ)の日ガラハッドは宮廷に現れ，円卓のもっとも栄光ある席につき，岩に刺さる剣を抜く(最高の騎士の父から子への交代)。正餐のとき光り輝く「聖杯」が出現，食事を与えて消える。この不思議にガウェイン以下の騎士が聖杯探求の冒険へ。ほとんどが失敗。ガラハッド，パーシヴァル，ボールスのみ「聖杯」の前史を聞き，ガラハッドは「聖杯」を完結させる騎士となる(旧約の新約による完成)。3人は聖杯城に至り12人の騎士のミサに臨み，「聖杯」の神秘の最終的仕上げを行う。3人はサラの地へ行き，ガラハッドは王になる。「聖杯」の究極に至った彼は「聖杯」とともに世を去る。パーシヴァルは聖職者に。ボールスはアーサーの宮廷に戻り，物語を語る。④ヴォルフラム・フォン・エッシェンバッハ『パルチヴァール』。13世紀ドイツ詩人の高地ドイツ語の物語詩。父方でアーサー王の血筋のパーシヴァル(パルチヴァール)は，母方で「聖杯(グラール)」を護る家系に連なる。「聖杯(グラール)」は貴重な宝石。宝石は「聖杯」を護る一族に委ねられ，「聖杯」を護る騎士団に警護される。騎士団員は結婚できず，聖杯王のみ役割継承のため結婚。パーシヴァルはさまざまな冒険を果たし，聖杯城に至り，結婚する。

▶起源　諸説がある。①キリスト教・典礼起源説②異教的・自然崇拝的祭儀起源説③ケルト起源説の3説が有力。

▶物語構造　上記③では，第一段階は予知―冒険―解釈が繰り返され，探求への参加資格が問われる。第二段階は成功組の3人に「聖杯」の意味や由来が説明され，旧約に基づく前史と，旧約を完結させて新約が交代する神学的内容を展開。この「聖杯」の神秘の究極はミサにおける聖変化(ミサでパンとぶどう酒が聖体に変化するカトリックの秘跡)で，語り手は赤児のキリストが聖体と合体して聖変化する様子を絵画的に描く。

　物語の解釈の可否については，目前のスープで満足すべきでダシを取った骨を見たがるのは不可，と主張。物語の起源や系譜，構造などの議論を嫌う。物語そのものを味わうことがまずは肝要。しかし薀蓄を重ねさまざまな読み方をするのは，文学の楽しみの要素である。

●関連項目：アーサー王物語／ガヴェイン
●参考文献：多ケ谷有子「聖杯探求におけるファンタジー」成蹊大学文学部会編『探究す

るファンタジー――神話からメアリー・ポピンズまで』風間書房, 77-116頁, 2010年／J・L・ウェストン『祭祀からロマンスへ』(丸小哲雄訳)法政大学出版局, 1981年

[多ケ谷有子]

ゼツェッション⇒ウィーン分離派

全国黒人地位向上協会

▶語義　National Association for the Advancement of the Colored People : NAACP 1909年, 黒人の市民権の保障や地位の向上を目的として, 黒人白人両人種の市民運動家を中心に設立された組織。

▶設立の経緯　1908年夏, リンカーンの故郷でもあるイリノイ州スプリングフィールドで, かつてない大規模な人種暴動が発生した。殺人・強姦罪で逮捕された黒人ふたりを襲撃しようと集まった白人暴徒が, その行動を保安官によって疎外されたため, 怒りを黒人居住区に向けたのである。自宅や商店, 事務所として使われていた建物には火がつけられ, 歩行者は暴行を受け, ふたりの死者と多数の重軽傷者を出す惨事となった。この暴動を記事にした南部出身の若き社会学者ウィリアム・ウォーリングは, 人種偏見は南部だけではなく北部でも深刻な問題であると説き, 対応として市民組織の必要性を訴えた。その呼びかけに応じたのが, ソーシャル・ワーカーで人種問題に関心を持っていたメアリー・オヴィントンだった。1909年, ウォーリングとオヴィントンは黒人と白人両人種が参加できる組織を構想し, 著名な市民権活動家に声をかけた。奴隷制廃止運動家ウィリアム・ロイド・ギャリソンの孫であるオズワルト・ギャリソン・ヴィラードや, シカゴのスラム街にセツルメントハウスを開設し貧困者を支援していたジェーン・アダムズ, 哲学者ジョン・デューイの他, W・E・B・デュボア, アイダ・B・ウェルズやメアリー・チャーチ・テレルら黒人が呼びかけに応じ, NAACPが結成された。その後約10年で支部を150以上に増やし, 会員数も4万人を超え, 規模を拡大していった。

▶活動　当初は白人が主体の組織で, 機関紙『クライシス』編集を任されたデュボアの他に執行部で活躍した黒人はいなかったが, 1920年, 詩人で作家のジェームズ・ジョンソンが黒人初の事務局長に選出されると, 彼のアシスタントで1929年のジョンソン退任後事務局長に就任したウォルター・ホワイトをはじめとする黒人の活躍が見られるようになり, 黒人の会員数や影響力も徐々に増した。特にリンチ反対と人種隔離撤廃に力を注いだ。

▶成果　1930年代, ホワイトのリーダーシップの下で黒人弁護士がNAACPの法律委員会に加わるようになると, チャールズ・ヒューストンを中心に綿密な調査と十分な戦略を立てた人種隔離撤廃をめざす法廷闘争が始まった。ヒューストンの教え子であり, 後に黒人初の連邦最高裁判事となるサーグッド・マーシャルもその一人だった。1950年代に入るとマーシャル主導の下でブラウン対トピーカ教育委員会をはじめとする複数の訴訟に挑

み，1954年，ついに「人種隔離教育は違憲」とする連邦最高裁の判決を勝ち取った。1896年のプレッシー対ファーガソン判決以来，半世紀にわたって人種隔離制度の法的基盤として機能してきた「分離すれども平等」という判決を覆した功績は大きい。

▶現在　創設以来100年以上経た現在も市民権運動組織として活動を続けている。
●関連項目：公民権運動
●参考文献：上杉忍『アメリカ黒人の歴史』中公新書，2013年

[細谷典子]

戦後文学

▶語義　昭和20（1945）年8月15日に大東亜戦争は日本の敗戦によって終結した。戦後文学は，この敗戦以降に出現した文学を指す。アメリカを中心にした占領政策のなかで，GHQ（連合軍最高司令部）による新聞や雑誌等への検閲が行われたが，戦時中に自由な言論活動を制限されていた文学者は，そうした敗戦直後の状況下にあって次々に新しい文学的な実験に溢れる作品を発表した。第一次戦後派という名称もある。

▶背景　戦後文学の中心的な作家たちには戦前のマルクス主義の政治運動やプロレタリア文学の流れを汲む人々が多くいた。具体的な作品の発表の場所として雑誌『近代文学』と『新日本文学』等が創刊された。戦前・戦中に左翼運動に関わったことで投獄されたり政治的な転向を余儀なくされた作家たちは思想的政治的な主張とともにそれまでの近代日本文学の流れとは一線を画する多様な文学表現を創造した。それは戦争によって破壊された焼け跡と廃墟を背景にした表現でもあった。街には浮浪者や戦災孤児が溢れ，食糧は不足し多くの人々が栄養失調の状態にあったが，戦後派の作家たちはそうした困難な現実を乗り越えるべく，社会の混沌と危機の状況のなかから作品の言葉を紡ぎだした。

▶特徴　戦後文学の特徴を表す概念として，「全体小説」という言葉が用いられたが，それは人間と心理と意識，社会の現実や矛盾，さらに歴史や戦争や経済を含む総合的な観点から小説を形成しようとする試みであった。雑誌『近代文学』は平野謙，本多秋五，荒正人，埴谷雄高，山室静，佐々木基一，小田切秀雄の7名の文学者の同人雑誌として出発したが，同時期に野間宏は『暗い絵』という作品を雑誌『黄蜂』に発表し，これが戦後文学の初期代表作となった。『暗い絵』は，昭和期の前半の京都の青年たちを主人公にし，日中戦争を経てやがて大東亜戦争へと突入していく日本の時代状況の暗さやそのなかで抑圧され，歪められた生存の暗さを重ね合わせたものであった。冒頭に長々と描写される画家ブリューゲルの絵の叙述は，これまでにない重く痛みに満ちた描写であり，その執拗にうねるような文章はそれまでの日本文学にはない言語表現であった。

●関連項目：第三の新人
●参考文献：松原新一・磯田光一・秋山駿『戦後日本文学史・年表』講談社，1960年

[富岡幸一郎]

先住民

▶**語義** 植民や国家建設のためにやってきたヨーロッパからの移民によって土地を奪われさまざまな権利を侵害された，以前からそこに住む人々のこと。米国では「インディアン」と呼ばれる人々がこれに該当する。南北米大陸の先住民に対する「インディアン」という呼称は，1492年，クリストファー・コロンブスが上陸したカリブ海の島をアジアと誤解し，そこに住む人々を「インディオス(インディアン)」と呼んだことに由来する。それゆえ，マイノリティの復権運動やポリティカル・コレクトネスの議論の進展に伴い，ヨーロッパ中心的な偏った表現の是正が求められ，「先住民(ネイティヴ・アメリカン)」という呼称が使われるようになった。しかし，先住民の間には米大陸生まれの英国人の呼称でもあった「ネイティヴ・アメリカン」を使うことへの抵抗感や，長年馴染んだ「インディアン」という呼称への誇りが存在し，現在では「先住民」「インディアン」の両方が使われている。

▶**歴史** コロンブスが到達した頃，北米大陸には200万人以上の先住民がいたとされているが，戦争やヨーロッパ人が持ち込んだ麻疹・天然痘等の病原菌への感染により多くの先住民が命を落とした。さらにイギリス人の植民が本格化すると，「清掃(クリアランス)」と呼ばれるほど土地奪取と殺戮は凄惨なものとなり，先住民人口は激減した。合衆国建国後も連邦政府は「文明化(＝農民化，キリスト教化，学校制度や法制度の整備)」と称して先住民の米社会への同化を推進すると同時に，農耕地を求める白人開拓者やプランターの欲求を満たすため先住民の土地を奪い続けた。1830年の強制移住法は，ミシシッピ川以東の肥沃な土地の先住民を同川以西(現オクラホマ州)の保留地に強制的に移住させた。1887年のドーズ法は部族共有の保留地を細分化し先住民各個人に割当て，割当てを受けた先住民に市民権を与えるというもので，その背景には部族社会の解体と米社会への同化推進という意図があった。また，割当て余剰地は政府が購入すると定められ，合法的に白人の投機業者・鉄道会社・農民に渡った。1934年のインディアン再組織法により割当て制廃止と自治政府設立を認められるまで，先住民の土地は減少の一途をたどった。

▶**現在** 1960～70年代は公民権運動の影響を受け，部族間の垣根を越えてレッドパワーを訴える復権運動が盛んになった。こうして，先住民族としての意識が深まり，文化が再生していく一方で，彼らの生活は貧困，不健康，教育水準の低さという問題を抱え続けている。また，貧困からの脱却のためにカジノの経営や核廃棄物処理施設の誘致等が行われており，環境レイシズムという難題にも直面している。

●関連項目：公民権運動

●参考文献：石山典子『米国先住民族と核廃棄物』明石書店，2004年／安部珠里『アメリカ先住民』角川学芸出版，2005年／水野由美子『〈インディアン〉と〈市民〉のはざまで』名古屋大学出版会，2007年

[細谷典子]

潜伏キリシタン

▶**定義**　日本の江戸時代，島原の乱の後，キリスト教禁教令のもとでキリスト教徒であることを隠し潜伏してその時代を生き抜き，1873年に禁教令が解かれてからカトリックに復帰した信者たちのことをいう。

▶**歴史**　フランシスコ・ザビエルがはじめて日本にキリスト教を伝えたのは1549年のことである。現在の長崎地方においては肥前藩主の大村純忠が最初のキリシタン大名となったこともあり，キリスト教の布教が盛んであった。1587年のバテレン追放令によって布教が禁止され，信徒への弾圧・迫害が激しくなったあとも，島原や天草地方では，土着の神道や仏教の信仰を装いながら潜伏キリシタンはキリスト教の信仰を守り続けた。禁教令が解かれたあと潜伏キリシタンはカトリックの信仰に復帰した。一方で，禁教令が解かれたあとも潜伏期に独自に発達した儀礼や行事を守るためにカトリックに復帰しなかったひとびとは，かくれ（カクレ）キリシタンと呼ばれて区別される。

▶**世界文化遺産登録**　潜伏キリシタンが近年新たに注目されるようになったのは，2018年6月30日に「長崎と天草の潜伏キリシタン関連遺産」がユネスコの世界文化遺産に登録されたことがきっかけである。島原・天草一揆の舞台となった島原半島の原城跡（長崎県南島原市），漁村独自の信仰を育んだ天草の崎津集落（熊本県天草市），潜伏していたキリシタンが「出現した」場所である大浦天主堂（長崎県長崎市）などに加え，離島である五島列島の集落も含む12の資産で構成されている。これらの遺産は，まさにそこに潜伏キリシタンが住み，信仰が継承されたこと，そしてその信仰が実践された場を記念するものであった。

▶**信仰の実際**　12の遺産のなかの一つ「平戸の聖地と集落」（長崎県平戸市）では，禁教初期にキリシタンの処刑が行われた中江ノ島を殉教地として拝み，キリスト教が伝わる以前から山岳信仰の対象であった安満岳も併せて拝んだ。「外海の出津集落」（長崎県長崎市）では，聖母マリアをかたどった青銅製のメダルやイグナティウス・ロヨラに見立てた中国製の仙人像など複数の聖画像を隠し，密かに拝むことにより信仰を実践していた。またこの集落の潜伏キリシタンは祈りの言葉であるオラショを口承で伝えており，日常的に各自が無言か小声で唱えていた。「天草の崎津集落」（熊本県天草市）では大黒天や恵比寿神をデウスに，アワビの貝殻の内側の模様を聖母マリアに見立てるなど，漁村特有の生活や生業に根差した身近なものを祭具として代用しつつ信仰を実践していた。

▶**解釈**　このような潜伏キリシタンの信仰の内容と実践に対しては，カトリックの信仰が禁教期に変容したものとする解釈，宣教師たちが日本人の精神と生活に適合するかたちでカトリック信仰とは異なる内容でも柔軟に布教したとする解釈，さらには，カトリック信仰とは大きく異なる日本の民俗宗教であるとする解釈などがある。

●**参考文献**：中園成生『かくれキリシタンの起源　信仰と信者の実相』弦書房，2018年／宮崎賢太郎『カクレキリシタン　現代に生きる民俗信仰』角川ソフィア文庫，2018年

[髙井啓介]

タ

第一次世界大戦

▶**語義**　1914年7月28日にオーストリアがセルビアに宣戦布告したのに始まり，1918年11月11日にドイツが降伏したのに終わる，20世紀最初の大戦争。ドイツ，オーストリアなどの同盟国側とイギリス，フランス，アメリカなどの連合国側との間で戦われ，連合国側の勝利で幕を閉じた。イギリスの参戦に伴い，同盟国である日本や自治領・植民地であったカナダ，オーストラリア，インドなども加わったため「世界大戦」と呼ばれた。

▶**発端**　1914年6月28日にオーストリアの帝位継承者フランツ・フェルディナント大公がセルビア系の民族主義者の青年にボスニアの首都で暗殺された「サライェヴォ事件」がきっかけとなった。ドイツがオーストリアの後押しを，ロシアがセルビアを援護するかたちで，1ヵ月後にはヨーロッパのほとんどすべての大国を巻き込む大戦争へと発展した。

▶**経緯**　機関銃，毒ガス，戦車，装甲戦艦，潜水艦，魚雷，飛行機などの発明により，緒戦で多くの犠牲者を出すとともに，戦争は長期化・泥沼化した。フランスとドイツの国境地帯（西部戦線）とロシア・ドイツ間（東部戦線）が主戦場となったが，まずはロシア軍が東部で崩れ，1917年3月のロシア革命により，事実上，戦争から離脱してしまったが，同年4月にアメリカが英仏側について参戦し，西部戦線でドイツ軍を下した。また，オスマン帝国がドイツ側について参戦したため，その支配下にあった中東も戦場となった。

▶**結果**　総動員数は6,439万人を数え，戦死者も連合国（512万人），同盟国（338万人）あわせて850万人以上となった。それまでの職業軍人同士の戦争とは異なり，各国に徴兵制が導入され，女性も工場での勤労動員に貢献し，国家総動員態勢での「総力戦」のはじまりとされている。このため，戦後には各国で男子普通選挙権や女子選挙権などが認められるようになり，大衆民主政治が進展した。また革命で倒れたロシア帝国とともに，この戦争で敗退したオーストリア，ドイツ，オスマンの三帝国も崩壊し，王侯たちが築き上げたヨーロッパ文明の時代は終わりを迎え，世界最大の経済・軍事大国となったアメリカの時代への移行を決定づける戦争となった。

●**関連項目**：ヴェルサイユ体制／第二次世界大戦

●**参考文献**：ジェームズ・ジョル『第一次大戦の起源』（池田清訳）みすず書房，2007年／君塚直隆『近代ヨーロッパ国際政治史』有斐閣，2010年

[君塚直隆]

第五共和政

▶**憲法**　フランスではアルジェリア独立問題をきっかけとして，第四共和政の議

会政治の無能力が露呈した。そこでは小政党が分立し、議会に確たる基盤をもたない内閣は短命で、政治的リーダーシップを発揮することが困難であった。

この危機を乗り越えるために登場したドゴールが、1958年に制定したのが第五共和政憲法である。この憲法では従来の議会中心主義が執行権の強化と憲法院による違憲審査制の実質化によって強く規制された。

強力な大統領の権限はその後、1962年に制定された直接公選制により、民主的正統性を増した。ただし、第五共和政憲法では執行権は大統領と首相とに分かちもたれており(二頭制)、1980年代半ば以降数回成立した保革共存政権(コアビタシオン)によって、両者の関係が問題となり、役割分担がなされるようになった。さらに、同憲法では、政府の議会に対する責任が否定されておらず議院内閣制の性質も備えており、大統領制と議院内閣制の中間という意味で半大統領制と言われる。他方、議会は「合理化された議院制」の名によって権限を縮小された。

この憲法のもう一つの新味は実効性をもつ違憲審査制である。本来、議会が憲法で定められた領域から逸脱しないよう監視する機関として憲法院が設置された。しかしこの機関は、1971年に下した判決以降、1789年人権宣言等への法律の適合性を審査することにより、人権を保障する機関へと自ら変身した。

▶**歴代大統領** ドゴール(在任1959-69)は「フランスの偉大」の名のもとで対米自立外交を展開する一方で高度経済成長を実現し、ポンピドゥー(1969-74)はその路線を継承、ジスカールデスタン(1974-81)はアメリカとも協調するリベラルな政治を行ったが不況に苦しめられた。次のミッテラン(1981-95)は初め社会主義路線をとったが挫折し中道路線に変わった。シラク(1995-2007)はドゴール派内のヨーロッパ統合派、次のサルコジ(2007-12)は新自由主義者、親米派であった。

●関連項目：68年5月革命
●参考文献：奥島孝康・中村紘一編『フランスの政治』早稲田大学出版部、1993年／渡邊啓貴『フランス現代史』中公新書、1998年／西川正雄他編『角川世界史辞典』角川書店、2001年／世界史小辞典編集委員会編『山川世界史小辞典 改訂新版』山川出版社、2004年

[土屋元]

第三の新人

▶**語義** 第三の新人とは、昭和30年代に新人作家として注目された作家たちを文学史で一括りにした呼び方である。芥川賞を受賞するなどして文壇に登場した彼らは、野間宏や武田泰淳などの第一次戦後派とその後の安部公房や三島由紀夫などの第二次戦後派の次の世代の作家という意味で第三の新人という名称が用いられた。

▶**主な文学者** 作家としては、遠藤周作、小島信夫、庄野潤三、三浦朱門、安岡章太郎、吉行淳之介といった人々である。戦後文学が敗戦直後の廃墟から出発し、戦争や革命といった歴史的・思想的な大きなテーマを作品の主題にしたのに対し、第三の新人は、日常生活が回復し、経済

成長を遂げつつある状況を背景にしている。もちろん彼らはそれぞれの戦争体験を持っていたが，むしろ平和な日常性の底に潜む不安や平凡な日々の繰り返しと見えるものの裏にある危機の意識などを描いてみせた。

▶特徴　安岡章太郎は，昭和26年(1951)に『ガラスの靴』という作品を発表したが，夏休みの期間の若い男女の恋愛を描いている。それは，日常のなかのある特別な輝きを持つ瞬間として描かれ，第一次戦後派の描いたような戦争や敗戦の世相や情景は完全に捨象されている。そのシンデレラの魔法のような小説空間を作り出しているのは，作家の文体(スタイル)の新しさである。その新しさは，四半世紀以上も後に出現する村上春樹の文体を先取りしていると言ってもいい。新しい日常の形をいきいきと描くことで，安岡の作品は第三の新人の初期代表作である。遠藤周作は，カトリックの信仰を持つ作家で，日本では珍しいキリスト教と文学の関わりを自らの作家的課題とした。『アデンまで』は，昭和25年6月からの2年半にわたるフランスへの留学体験がベースとなった作品である。多神教的な日本の精神風土のなかで，一神教たるキリスト教をいかに受容するのかという問題意識が根底にあり，西洋人と東洋人・日本人の文化的相異や宗教観の異質さが追求されている。また，小島信夫は，昭和29年に『アメリカン・スクール』を発表した。これは，占領下の日本人の英語教師たちがアメリカン・スクールに行き，実際の英語教育を見学するという話であるが，日本人であることのアイデンティティと戦勝国であるアメリカ人の語る「英語」という言葉との葛藤が描かれている。このように，第三の新人の作家たちはそれぞれのテーマを異にしながらも，日常生活と人間の心理や感情を細かく描写しながら社会の状況をも巻き込んで作品化してみせた。

●関連項目：戦後文学
●参考文献：『第三の新人名作選』講談社文芸文庫, 2011年

[富岡幸一郎]

対テロ戦争

▶語義　2001年9月11日，中東からの自爆テロリストによって4機の旅客機がハイジャックされ，2機がニューヨークの世界貿易センタービルに，1機が国防総省(ペンタゴン)に激突，残りの1機はペンシルバニア州に墜落し3000人近い犠牲者を出した。この同時多発テロをジョージ・W・ブッシュ大統領が「戦争行為」と断じ，米国が総力を挙げてテロに対する報復と国際テロ組織の撲滅を目的として戦うことを宣言し始められた戦争。

▶経緯　2001年10月7日，9.11を実行したとされるオサマ・ビンラディンと国際テロ組織アルカイダ，それを支援するアフガニスタンのタリバン政権に対する武力攻撃が開始され，世界は対テロ戦争に突入した。米国は攻撃開始前には国連安保理でテロを世界の平和と安全に対する脅威と認定する決議を取り付け，対テロ戦争における国際的な連帯形成に力を注ぎ，攻撃開始後は反タリバンの北部同盟やパシュトゥーン人勢力の協力を得る

ことにより人命犠牲を最小限に抑え，国内外からの批判の緩和に努めた。そうした周到な準備と綿密な作戦のもと，12月には最後の拠点カンダハルを制圧，タリバンから解放されたアフガニスタンにカルザイを議長とする暫定行政機構を発足させた。しかし，ビンラディンの捕捉と国際テロ組織殲滅には至らず，ブッシュは2002年の一般教書演説において国際テロリストのネットワーク殲滅と「悪の枢軸」(北朝鮮，イラン，イラク)の大量破壊兵器が脅威とならないことを目的とする対テロ戦争続行を宣言し，2003年3月にイラクへの攻撃を開始した。戦いは僅か40日で終結したが，戦後体制の展望が定まらないままの占領統治は混迷をきわめ，反米抗議・反米武装勢力による米軍への攻撃や自爆テロが増加し国内の治安が悪化し，米軍の駐留は長期化した。

▶法制　9.11の未然防止失敗やイラクの大量破壊兵器保有が事実無根であったことを受け，情報機関の再編と諸機関の情報共有に関して改革が進められた。その結果，2001年に米国愛国者法(USA PATRIOT ACT)が，2002年に国土安全保障法(Homeland Security Act of 2002)が制定され，後者に基づいて2002年に国土安全保障省が創設された。

▶現在　2011年5月，米軍は軍事作戦によりビンラディンを殺害した。これにより米軍撤退を求める声が強まり，カルザイ大統領も早期撤退を求めたが，アフガニスタンには依然として駐留は継続している。イラクでは2011年末に米軍正規兵の撤退が完了した。

●関連項目：ジハード
●参考文献：近藤成克・梅本哲也編『ブッシュ政権の国防政策』日本国際問題研究所，2002年／ハワード・ジン『テロリズムと戦争』(田中利幸訳)大月書店，2003年／酒井啓子『イラク　戦争と占領』岩波新書，2004年／岡本篤尚『〈9.11〉の衝撃とアメリカの「対テロ戦争」法制』法律文化社，2009年

[細谷典子]

第二次世界大戦

▶語義　1939年9月1日にドイツ軍がポーランドに侵攻したのに始まり，1945年9月2日に日本が連合国側に降伏したのに終わる，20世紀で二度目の大戦。日本，ドイツ，イタリアなどの枢軸国側とイギリス，アメリカ，ソ連などの連合国側との間で戦われ，連合国側の勝利で幕を閉じた。第一次世界大戦☞が，主にはヨーロッパを戦場としていたのに対し，北アフリカやアジア太平洋でも激戦が展開したため，文字通りの世界大戦となった。双方あわせた総動員数は1億1000万人以上に及んだ。

▶発端　第一次大戦で敗戦したドイツが，ヒトラー率いるナチスが政権を掌握した(1933)後，周辺の旧領土を次々と取り戻し，これに連動したムッソリーニのイタリアがエチオピアに，全体主義下の日本が中国への侵攻を重ねるに及んで，それまで宥和政策(相手をなだめすかす政策)をとってきたイギリスやフランスなどとの開戦に至った。

▶経緯　当初はドイツ軍が西ヨーロッパの大半を制覇し，フランスの降伏(1940.6)後はイギリスが単独で戦う状況となって

いたが，1941年に独ソ戦が開始し(6月)，太平洋では日米開戦(12月)となり，翌42年後半から徐々に連合国側の優位に転じていった。北アフリカで連合軍が勝利した後，1943年9月にイタリアがまず降伏し，44年6月の米英軍によるノルマンディ上陸作戦後に東西から挟み撃ちにされたドイツが45年5月に降伏した。また，45年8月の二度の原子力爆弾投下が決定打となって，日本も降伏した。

▶結果　大戦中からチャーチル(英)，ローズヴェルト(米)，スターリン(ソ)などの首脳会談により，戦後の各国の勢力圏はほぼ決められていた。特にヤルタ会談(1945.2)では，ソ連の対日参戦も秘かに決定された。ヨーロッパでは米英の占領地とソ連の占領地とが戦後のそれぞれの勢力圏となり，米ソ冷戦☞の起源となった。また，日本が一時期支配した中国では，戦後に国民党と共産党の闘争が激しさを増し，1949年に共産党が勝利を収めて中華人民共和国の建国につながり，敗れた国民党勢力は台湾へと逃れた。この大戦で，戦後の新たな国際調停機関として「国際連合」がアメリカを本部に設立され，その安全保障理事会の常任理事国には，大戦の主要戦勝国である米英ソ仏中が就いた。

▶特色　戦死者は5500万人を数えるが，戦時中のナチスによるユダヤ人迫害やベルリン，ドレスデン，東京などへの連合軍による空爆，原爆の使用などにより，非戦闘員(民間人)の死者がそのうちの半分以上(およそ3000万人)を占めている。戦後は「戦争犯罪」に対する軍事裁判がニュルンベルク(対ドイツ)と東京(対日本)の双方で開かれた。

●関連項目：ヴェルサイユ体制／第一次世界大戦／米ソ冷戦
●参考文献：木畑洋一『第二次世界大戦―現代世界への転換点』吉川弘文館，2001年

[君塚直隆]

中原

▶総論　紀元前2000年紀に中国の初期王朝が出現した黄河中流域一帯を指す。この時期，青銅器・城郭構造・宮殿・工房を備えた都城国家が出現し，儀式と贈与・再分配を通じて周囲の中小の集団と連携して行った。原とはもともと平地のことであり，周辺を含むさまざまな集団が交流可能な地域であったために，いち早く王朝が建てられた。中原は文明の最先端の地，中心の意味を持つ歴史的な名称として用いられてゆく。例えば，「中原に覇を唱える」や「中原に鹿を追う」とは，春秋戦国時代の諸侯らが天下に名乗りを挙げることを意味している。春秋時代には，この交流の地に青銅貨幣が出現する。当初私的に鋳造された貨幣は商業活動を活性化させたため，中原諸都市は富国強兵を図り戦国時代への道を開いた。戦国時代になると周辺諸国も独自の貨幣を鋳造し始めた。中原は伝説の夏王朝の故地であり，漢代には中原を中心とした地域・集団・文化・国を「中国」と呼んでいた。

▶前6000年紀〜　約一万年前の完新世に地球は温暖化を迎え，植生が多様化して人類の植物栽培が開始する。人々は定住し，華北は畑作，長江流域は稲作を行

っていた。前6000年紀には中国には集落が出現し、定住・移動を繰り返す。農耕集落が拡大するのが前5000年から前4000年紀の最温暖期である。人口増加により、集落は森林から平原部へと広がる。長江流域には河姆渡文化や馬家浜（ばかほう）文化が出現し、稲作が行われていた。華北には仰韶文化が出現し、その遺跡からは農具と大量の雑穀が出土している。前3500年紀になると地域間の交流と戦争が起こり、結果として階級が分化し、地域内の統合が形成された。中国には複数の文化圏が生じ、それぞれに交流があったことが出土文物から窺われる。

▶前3000年紀〜　この状況が一変するのが前3000年から前2000年紀にかけてである。黄河中流域を除いた文化圏の首長制の社会が、何らかの理由により瓦解した。そして唯一つ残された黄河中流域（すなわち中原）の文化が拡大を見せる。1959年に発見された二里頭遺跡は伝説の夏王朝だと目されており、広場を持つ宮殿遺跡と青銅器が発見されている。この二里頭文化（前2100〜前1600頃）は直接の影響力は中原に留まるものの、その陶器や玉器は中国各地から出土しており、周辺地域を統合する王権がすでに形成されたと考えられる。続く殷王朝にあたる二里崗（にりこう）文化（前1600〜前1400頃）はこの形を発展させて踏襲した。この時期の殷は地方の植民地を持ち、青銅器の分布地も拡大しており、移住・入植と殷式青銅器の拡散により、周辺地域を統合する王権が明確な形で形成されたことが分かる。続く周王朝（西周、紀元前11世紀〜前770）は殷の行った移住・入植と青銅器による王権の行使を、封建という、青銅器を介した儀式による君臣関係の確認の形で、より明らかなものにしたのである。春秋時代（前770〜前451頃）に都城国家から領域国家へと国の在り方の先陣を切った地域も中原であった。戦国時代（前451頃〜前221）になると、中原の韓や魏の国では法律が出現し、領域国家への初期的統治システムが形成され始める。

▶意義　このように、「中原」はさまざまな環境下に形成された諸集団の出会いと衝突の場であるからこそ、常に最先端の統治システムや文明の精華である威信財（青銅器や玉器）を生んだ。中原は東アジアで最初に王権を生み、領域国家が誕生した地域である。ここで試みられ完成した統治システムは、朝貢を介して中国の他地域そして東アジアの諸地域へと広がっていった。

●関連項目：朝貢／封建制

●参考文献：岡村秀典『夏王朝——王権誕生の考古学』講談社、2003年／宮本一夫『神話から歴史へ——神話時代 夏王朝』『中国の歴史01』講談社、2005年／渡邉英幸『古代〈中華〉観念の形成』岩波書店、2010年

［菅野恵美］

中華思想と王化思想

▶中華思想　中国王朝の朝貢による国際体制の根幹にある思想で、「中華思想」は中国を中華（＝華、文明の中心）とし、周辺諸国を夷狄（＝夷）として中国のみ人間としての価値を認める思想である。華と夷の違いは儒学の礼の有無によるが、それは礼が人間のあり方を規範するものと考

えているからである。これは一見排外的な思想と見做されがちだが，礼の有無による華と夷の区別は，礼が無くなれば華も夷と成り，また夷もまた華と成り得る柔軟性を持っている。

▶王化思想　「王化思想」は中国の君主は徳を備え，周辺に徳が波及して周辺諸部族が徳に感化され，それによって理想的な秩序が実現するというものである。中華思想によって中華と夷狄に隔てられた両者は，王化思想によって出会いの場を得る。つまり朝貢へ来た夷狄は皇帝の徳を慕い貢物を奉じに来たと考えられ，徳化によって天下全ては中華となりうる。王化思想を敷衍すると，中国の秩序が拡大して夷狄が徳化されれば，夷狄も中華と成り得，また，君主の徳が減退すると秩序の範囲，つまり中華の範囲も狭まる。よって王化思想もまた拡大縮小可能な柔軟性を持っている。これらの思想の柔軟性は，唐や元・清など周辺の遊牧政権が中国に王朝を建てた時，彼らが正統な中国王朝としての論理を構築するのに重要な意義を持った。

▶華　周代，もともと「華」は「夏」や「雅」に通じ，初期王朝が出現した「中原」地域・周の都とその文化・文化的規範に属する人々を指す言葉であり，「中国」とも呼ばれていた。その後，後漢から魏晋以降には，自称として「中華」「中夏」「華夏」などの言葉も用いられるようになる。

▶禹の九州説　この「中国」の範囲については歴代王朝ごとに異なり，拡大縮小可能な「王化思想」はその変動する領域の解釈に用いられることもあった。例えば古代の中国の領域観念として「禹の九州説」がある。これは古代に禹（う）が治水をしながら治めたとされる九つの州である。禹の九州は正統的な中国の範囲として認識される。

▶大九州説　戦国時代になり周辺世界への知識が広がると，思想家の鄒衍（すうえん）が「大九州説」を唱え，天下には，禹の九州の81倍の世界が広がっているという思想が出現する。唐代に領域が過去最大となると，禹の九州の小ささを嫌い，本来中国の領域は広大だったのが，徳が薄くなったので禹の九州の範囲まで縮小したとの説が出る。つまり，徳によって中国の範囲は拡大縮小するとの認識である。

●関連項目：儒教／朝貢

●参考文献：渡邉英幸『古代〈中華〉観念の形成』岩波書店，2010年

[菅野恵美]

中国白話小説

▶概要　白話とは口語の意。本項で扱う「白話小説」は，明・清の時代に編纂刊行された，白話による通俗小説を指していう。いわゆる「三言二拍」「四大奇書」をもって，白話小説の代表とし，解説を述べる。

▶「三言二拍」　「三言二拍」とは，明末に編纂刊行された短編白話小説集，馮夢竜編著『喩世明言』（天啓初年〈1621～〉刊，全40巻）・『警世通言』（天啓4年序，全40巻）・『醒世恒言』（天啓7年序，全40巻）および凌濛初編著『初刻拍案驚奇』（崇禎元年〈1628〉刊，全40巻）・『二刻拍案驚奇』（同5年刊，全40巻），

以上5作品の総称である。講釈師が民衆に語って聞かせた講釈の台本（「話本」という）を基とし，その様式を摸して創作された「擬話本」をも加えて集成。内容は多岐にわたり，怪談話・人情話・裁判話・仏教説話など。なお，抱甕老人編『今古奇観』（全40巻）は，「三言二拍」から40編を選んだ書。本書も広く流布した。

▶「四大奇書」 「四大奇書」とは，『三国志演義』『水滸伝』『西遊記』『金瓶梅』の長編白話小説4作品の総称。『三国志演義』全24巻は，元末明初の羅貫中の作。明の嘉靖元年（1522）刊本が現存最古。清の康熙18年（1679）に毛宗崗による改訂版が出て流布。劉備・関羽・張飛に諸葛孔明ら，名高い英雄の活躍する歴史小説。『水滸伝』は，宋の徽宗の時代，梁山泊に会した108人の英雄豪傑とその末路を描く。元の施耐庵撰，明の羅貫中修。異本が多数あり，明の李卓吾による百回本『忠義水滸伝』，清の金聖歎による七十回本が流布する（なお，「回」は長編白話小説での一区切りをいう）。『西遊記』は百回，明の呉承恩作。周知のとおり，唐の三蔵法師が孫悟空・猪八戒・沙悟浄を供とし，苦難の末に天竺へ赴き，仏典を持ち帰る物語。これも異本多数。『金瓶梅』は百回，明の万暦年間（1573〜1619）中期頃の成立か。作者は笑笑生。物語の時代は北宋末。主人公西門慶の豪奢な生活とその没落を描き，発端には『三国志演義』の豪傑の一人である武松もからむ。古来，「淫書」の随一とされた作品。

▶「教科書」白話小説 江戸時代中期の中国ブームについては，『国性爺合戦』の項に述べたところであるが，知識人たちもブームの渦中にあった。というよりも，中国ブームを文芸面で牽引したのは，むしろ彼らであった。白話小説を日本に広め，根付かせたのである。では，なぜ日本の知識人（換言すれば漢詩漢文を作る者の中心であった儒者）が，白話小説に目をつけたかといえば，それは現代中国語を習得するための教科書としてであった。優れた漢詩文を作るためには現代中国語（当時，「唐話」という）に通じている必要がある，と考えたのである。荻生徂徠は『訳文筌蹄』（正徳4〜5年〈1714〜1715〉刊）の題言にいう。「先づ崎陽の学を為し，教ふるに俗語を以てす，誦するに華音を以てし，訳するに此の方の俚語を以てす」と。崎陽は長崎。崎陽の学とは唐話学のことである。

▶白話小説の広まり 幸いなことに，彼らが採択した白話小説という「教科書」は，無味乾燥なものではなく，すっかりその魅力の虜となる。そのうち，白話小説を読みたいがために，白話を学ぼうとする者も出てくる。読みにくい白話小説に句読訓点を施した訓訳書が出，さらには，カタカナ交じりの翻訳書（当時，「通俗書」という）も刊行。ここに至って大いに流行し，白話はおろか漢文を読むにさえ苦労する読者も，白話小説を読了できるようになった（なお，白話小説の翻訳から翻案，そして読本の誕生に至る道筋は，『雨月物語』の項を参照）。こうして，孔明に劉備・関羽ら，白話小説中の英雄豪傑たちは，小説中にとどまらず，講談などでも大活躍，ますます日本人に親しい存在となる。現代の

ゲームソフトやコミックが、以上の系譜につらなること、いうまでもない。
◉関連項目：雨月物語／国性爺合戦
◉参考文献：松枝茂夫ほか訳『中国古典文学大系25　宋・元・明通俗小説選』平凡社，1970年／中村幸彦『中村幸彦著述集7　近世比較文学攷』中央公論社，1984年／井波律子『三国志演義』岩波新書，1994年

[井上和人]

朝貢

▶概要　中国の王朝を中心とした周辺国および諸集団との、モノのやり取りを通じた関係を指す言葉。周辺や外国の使節が彼の地の物産を中国の王朝に貢ぎ、中国側はそれに対し返礼として中国の物産を与える(=回賜)。中国王朝側は、周辺の集団が王の徳を慕い、貢ぎ物を持ってやってきたと考えるため、遠方からの朝貢の使者を歓迎する。また、周辺の諸集団は朝貢を通じ、中国王朝の文明の精華を象徴する物産を手に入れることができるためにこぞって朝貢をする。後に前漢王朝は、国内の統治方法である諸侯王や列侯といった封建制を応用することで、国外の諸部族を国内同様の君臣関係の中に組み込み、序列化していった。この序列化された体外関係を、歴史学では冊封体制と呼んでいる。

▶東アジア文化圏　漢代以降唐代に至るまでに朝貢を通じて形成された国際秩序により、周辺諸部族は威信財としての中国の物産を手に入れ、それによって未統合であった自らの在地社会に国としてのまとまりを造りだした。その過程で彼らは漢字・律令・官僚制・儒学・漢訳仏教といった中国の文化を受け入れ、国造りを進めたのである。このようにして中国を中心に形成された文化圏を「東アジア文化圏」と歴史学では称している。

▶殷王朝　もともとこのモノのやり取りは、周辺の部族からの贈与物を再分配するという、世界の部族に見られる習俗から発展したものである。紀元前2000年頃、中国大陸ではこれまであった複数の地域的な文化圏が消失し、黄河中流域の文化圏だけが残り、王朝として周辺を統合し始める。前2100～前1600年頃に相当する二里頭遺跡からは、広場を併せ持つ宮殿遺跡が発見されており、恐らく贈与と再分配を介した相互関係の確認の場として、ここで王朝儀礼が行われていたと考えられる。このようなモノを仲介させた関係は、朝貢として殷王朝(前1600～前11世紀)へと継承発展される。周辺諸部族からの貢納には殷王に対する忠誠が込められ、諸部族は殷王が都周辺で行う軍事演習や巡行に参加する。殷からの回賜には彼らへの恩寵も込められ、有事の際には軍事的な援助がなされる。よって、この結びつきが崩れると、恩寵が威圧とも変化し得た。朝貢によって築かれる関係は直接支配ではなく、間接的な支配であり、この在り方は続く周王朝において封建制へと発展する。

▶周王朝　周(紀元前11世紀～前770)はその前期においては国を守る藩屏として諸侯を封建し、その任命の儀式(青銅器を伴う)を媒介として王と諸侯との君臣関係を強めていた。しかし中期になり新たな領土が無くなると、諸侯らに対し官職任命の

儀式を行った。この儀式に使用される，王による任命の言葉が記された文書を「冊命」といい，この任命行為は「冊封」と呼ばれる。

▶漢王朝　漢王朝（前202〜後8）は統治制度として郡県制と封建制を組み合わせた郡国制を取り，皇帝の一族や功臣らが諸侯王や列侯に封建され，爵位が授与された。前漢武帝の時に統治範囲が拡大すると，国内の封建制を周辺の諸集団に適用し，冊封によって封建と爵位を授与し，君臣関係を結んだ。この方法により，漢は内臣と外臣の区別はあるものの，国内の統治秩序を外部へも拡大していったと言える。

▶冊封体制の序列　中国王朝は冊封した集団の長に対し，その大小および中国王朝にとっての重要性に照らして印章（印鑑）を授与した。印章は身分に照らして材質・紐の色・文面が異なっており，それ自体が身分の上下を明示するもので，中国国内では官吏から皇帝までが印章によって序列化されていた。日本の場合は奴国の使者が後漢王朝から「漢委奴国王」の金印を授与されてより冊封体制に入る。三国魏には卑弥呼が「親魏倭王」の金印紫綬を授かるが，実は使者の難升米（なしめ）も「率善中郎将」として銀印青綬の印章を受けるなど，使者までもが中国の官職を与えられている。このことから冊封体制は中国国内の官僚をも含む君臣関係の序列に，外部の諸集団をも組み込むものであったと言える。隋・唐までは，日本は朝貢国として冊封体制下にあったが，それ以降はこれに与せず，関係が再開されたのは室町幕府の時の勘合貿易であった。しかし，これも豊臣秀吉以降の統一政権下では，中国との間に君臣関係を築くのを嫌ったため，私的貿易のみが続くことになる。

▶冊封のメリット　冊封される側にとってのメリットは，中国との間に朝貢関係を築く権利をもらい，その高度な文明の精華を手に入れ，未統合な在地社会において自己の政権を安定させ，統一を促すことにある。卑弥呼の使節団は銅鏡百枚を始めとする中国の「好物」を魏から授与され，銅鏡は威信財として地域の統合に大きな力を発揮した。また，その他の利点としては，中国王朝から冊封により官位が序列化されることで，王権が確立・強化し，その他貴族との身分が区別されることが挙げられよう。中国王朝からの序列化は厳密であり，例えば唐の長安城での外国使節団のセレモニーでは，国書に用いる紙質・入場順・席順などが使節団によって序列化されており，日本の遣唐使が新羅使との間で席次の上下を争う事件（争長事件）も起こったほどである。

●関連項目：中華思想と王化思想

●参考文献：堀敏一『中国と古代東アジア世界—中華的世界と諸民族』岩波書店，1993年／西嶋定生『古代日本と東アジア世界』岩波書店，2000年／石見清裕『唐代の国際関係』世界史リブレット97，山川出版社，2009年／マルセル・モース『贈与論』（吉田禎吾・江川純一訳）ちくま学芸文庫，2009年

[菅野恵美]

ちりめん本

▶語義　ちりめん（縮緬）本とは，和紙に

挿絵を木版多色刷りで印刷した後，縮緬布のような風合をもたせた特殊な加工を施してつくった欧文和装本のことをいう。明治期に長谷川武次郎によって考案された。

▶長谷川武次郎(1853-1936)　1853(嘉永6)年，江戸日本橋にて，西宮家の次男として生まれた。食品輸入業を営む父の影響を受け育った。16歳のとき商売には英語が必要と考え，1869(明治2)年，長老派宣教師C.カロザース(1839-1921)とその妻ジュリア(1845-1914)が築地で開設したカロザース塾に入塾した。努力もあって英語力は短期間で向上した。翌1870(明治3)年に，C.カロザースから，後にちりめん本の翻訳者となる長老派宣教師D.タムソン(1835-1915)を紹介された。長谷川は彼と親交を深め，1880(明治13)年に，彼の司式で受洗した。

▶日本昔噺シリーズ　長谷川は，1884(明治17)年より出版社〈長谷川弘文社〉を経営し，1885(明治18)年から1892(明治25)年までの間に，彼が考案した20巻21冊からなる〈ちりめん本〉*Japanese Fairy Tale Series*(日本昔噺シリーズ)を出版した。D.タムソンは，*Momotaro, or Little Peachling*(「桃太郎」)，*Battle of the Monkey and the Crab*(「猿蟹合戦」)，*Kachi-Kachi Mountain*(「勝々山」)などを翻訳した。その20巻21冊には，和英辞典『和英語林集成』の編纂，ヘボン式ローマ字の考案者である宣教師ヘボン(1815-1911)☞の*The Old Man and the Devils*(「瘤取」)，帝国大学(現東京大学)で言語学を担当したお雇い外国人のチェンバレン(1850-1935)による*The fisher Boy Urashima*(「浦島」)，英国海軍軍人トーマス・ジェイムズの夫人の*The Wonderful Tea Kettle*(「文福茶釜」)なども収められている。ちりめん本の美しい色使いの挿絵は，主に狩野派の絵師小林永濯(1843-1890)が担当した。その筆使いは，江戸時代からの日本画の伝統を受け継ぐもので，ちりめん本の価値を高める要因になった。

▶ちりめん本の海外販売　ちりめん本は外国人向けの土産として喜ばれた。海外での評判も良く，日本文化の紹介にもつながった。長谷川の日本昔噺シリーズは，英語版にとどまらず，フランス語版，イタリア版，ロシア語版，ドイツ語版，ポルトガル語版，スウェーデン語版，スペイン語版としても出版された。

●関連項目：ヘボンと日本
●参考文献：石澤小枝子『ちりめん本のすべて 明治の欧文挿絵本』三弥井書店, 2005年／中野幸一・榎本千賀編『ちりめん本影印集成　日本昔噺輯篇第1冊～第4冊』勉誠出版, 2014年

[權田益美]

通過儀礼

▶語義　誕生，成人，結婚あるいは葬儀といった人間の人生の節目に行われる儀礼的諸行為のこと。それらの儀礼は，一人の人間が，社会のなかで，今ある状態・地位から別の状態・地位へと移行することを準備する意味を持つと考えられている。通過儀礼が行われることによって，集団内における身分や役割の獲得が滞りなく実現するという。フランスの文化人類学者ファン・ヘネップ(1873-1957)がその著書『通過儀礼(*Les rites de passage*)』の

なかで初めて用いた。

▶概要　人間が誕生，成人，結婚，死亡といった生涯の節目を通過するときに行われる人生儀礼が通過儀礼の代表例とされる。通過儀礼には，共通の構造として「分離」「過渡」「統合」という3段階があるとファン・ヘネップは述べている。第一の段階で行われる儀礼は，個人がそれまであった状態からの「分離」を象徴する。旅に出たり，特別な建物に隔離されたり，死を象徴する行為を伴う。たとえば，静岡県賀茂郡下多賀村（現熱海市）では，男子は15歳になると大晦日の夜，下多賀神社にある若者宿へ引受人の付き添いで出向き，ここで開かれている寄合で若者組に加入しなければならなかった。第二の段階で行われる儀礼は，個人がそれまであった状態ではなくなっているが，まだ新たな状態にはなっていない「過渡」的で非日常的な状態を象徴する。新しい生活に対処するための学習や修行が行われ試練が課されることもある。下多賀村では，新規加入者には，翌朝までに全15条からなる条目の暗唱と正月2日に舞い踊りの習得が課された。試練として有名なのは，もともとは南太平洋に位置するバヌアツ共和国の成年儀礼であったバンジージャンプである。足に蔦を結び付け，数十メートルの高さの櫓から身を投じ，その勇気を認められることによって，成人の仲間入りが認められる。第三の「統合」の儀礼は，個人が新しい状態となって社会へ迎え入れられることの象徴である。下多賀村では正月4日に若者宿で幼名から成人名へと名前を変える儀礼が行われ，一人前になったことが公認された。

▶応用　イギリスの社会人類学者ヴィクター・ターナー（1920-1983）は，巡礼において典型的に現れる過渡期のどっちつかずの状況を「コムニタス」と名付けた。そこでは過渡期に特有の，身分序列，地位，財産さらには男女の性別や階級組織の次元を超えた自由で平等な実存的人間の相互関係のあり方が立ち現れると述べ，ファン・ヘネップの通過儀礼論を巡礼に応用できることを示した。

●参考文献：A・ファン・ヘネップ『通過儀礼』（綾部恒雄・綾部裕子訳）岩波文庫，2012年／谷口貢・板橋春夫編『日本人の一生―通過儀礼の民俗学』八千代出版，2014年

[髙井啓介]

ディアスポラ

▶語義　「ディア（ほうぼうに）」と「スポラ（散らされた）」から構成されるギリシア語の単語で「離散」を意味する。これは「多方向に散らす」を意味する動詞ディアスペイローの名詞形である。

▶用法　ヘブライ語聖書をギリシア語に翻訳したセプチュアギンタ（『七十人訳聖書』）（紀元前3世紀）の申命記28章64節において，神によって散らされる古代イスラエルの民に対してこの言葉が使われた。新約聖書（ヨハネ7章35節，ヤコブ1章1節，Iペテロ1章1節）のなかでも，パレスチナ以外の地に移り住んだユダヤ人とその住んだ地域を指す言葉として使われている。従ってこの語は，第一義的には，ユダヤ人の世界各地への離散を指す。しかしながら，元は同じ場所に住み一つの文化を形成していたがその後には各地に移住した

状態にあるという意味として，世界各地に離散する他の民族の状態に対しても比喩的にこの表現が使われるようになっている。

▶ユダヤ人　ユダヤ人にとってディアスポラの始まりは，多くの人々がバビロニア地域に強制移住させられた紀元前586年のバビロニア捕囚である。これらの人々の多くがアール・ヤーフドゥという名で呼ばれる町に集団で生活し様々な経済活動に従事していたことがアッカド語で書かれた楔形文字粘土板の記録からわかっている。紀元前538年にアケメネス朝ペルシアの王キュロス2世によってパレスチナへの帰還が認められた後も捕囚地に残り続けるユダヤ人が多数おり，これがディアスポラの共同体のはじまりである。紀元後70年のエルサレム滅亡により，全ユダヤ人は故郷を追われ，ローマ帝国の都市部に集団で居住し，言語，宗教儀礼，教育などで独自性を保ち，他の民族と距離をおいて生活を送ったが，地域住民との間で紛争も少なくなかった。その後も，ヨーロッパ各地で，ディアスポラのユダヤ人に対する迫害が近現代に至るまで起こり続けた。

▶その他のディアスポラ　アルメニア人のディアスポラはユダヤ人と並んで良く知られる。11世紀に古代アルメニア王国がビザンティン帝国に滅ぼされて以降，南カフカスから東アナトリアに居住していたアルメニア人は，その一部が地中海沿岸あるいはバルカン半島へと移住を開始する。その後，西欧にも本格的なアルメニア人コミュニティが形成され，現在では全アルメニア人人口の6割がアルメニア本国以外に生活するとも言われる。アルメニア人ディアスポラのコミュニティの多くが交易に従事してきておりその点でユダヤ人との共通性を持つが，一方でキリスト教徒が多数を占めるアルメニア人はヨーロッパにおいて好意的に受け入れられていた点でユダヤ人と異なる。その他にも，奴隷貿易によって新世界の各地に強制的に移住させられたアフリカ人奴隷とその子孫がブラック・ディアスポラと呼ばれる例などがある。

●関連項目：聖書

●参考文献：臼杵陽監修・赤尾光春・早尾貴紀編著『ディアスポラから世界を読む　離散を架橋するために』明石書店，2009年／ロビン・コーエン『グローバル・ディアスポラ』(駒井洋監訳・角谷多佳子訳)明石書店，2001年

[髙井啓介]

庭園

▶起源　「ガーデン」にせよ「コート」にせよ，庭や中庭は，何らかの形で荒々しい外界から守られた心地よく過ごせる場所というイメージがある。このような隔離された理想の場所としての庭は，その起源としては，無論，聖書に記述されたエデンの園を想起させるものであるが，16−17世紀にかけて，イギリスでは，王侯貴族や富裕な階級が自分たちの邸宅の周りに大規模な庭園を造ったのが現実的な庭園の始まりだったといえるだろう。カントリー・ハウスと呼ばれる自分たちの領地の館を中心として，周りに狩りのための広大な森や，花壇や果樹園などの

あしらわれた庭園を築くのが流行したのであった。これがイギリス的な庭園の実質的な起源であった。

▶**様式** 1700年頃の庭園様式は，当時大陸で流行していた「フォーマル・ガーデン」(整形庭園)といわれていたもので，フランスのヴェルサイユ宮殿に典型的に見られるように，直線的な並木道の左右に対称的に花壇や噴水や植え込みなどを配した非常に大規模な装飾的なものであり，円と直線からなる幾何学的な設計がその最大の特徴であった。16世紀にヘンリー8世のために造られたハンプトン・コートの大庭園はこのような大陸型の人工的かつ装飾的な造園を模倣したものであった。国王にならって廷臣や貴族たちも競ってこのような大邸宅や大庭園を移入していったのであった。

▶**自然** このような大陸風の庭園に対抗して，17世紀の後半頃から，自然の要素を大幅に取り入れる形のイギリス風の庭園が生まれてくる。幾何学的な模様を基本とした設計や「トーピアリー」(装飾的刈り込み)に代表される大陸風の調和的で画一的な設計のよりも，ありのままの自然をとりいれた，より開放された，より多様性に富むスタイルの庭園が次第にイギリスらしさをアピールするものとして浸透していくことになる。たとえば，「ハー・ハー」(水のない隠し濠)が考案され，塀という囲いがなく，ありのままの自然が鑑賞できるようになった。イギリスのなだらかな丘陵を生かした曲がりくねった小道や，人工の運河を排した自然の川の流れを尊重する設計になっていったのである。直線的で幾何学的な規則性より不秩序と不規則な自然の魅力を十分に生かす庭園設計が中心になっていく。18世紀の中頃に出た，造園師ランスロット・ケイパビリティ・ブラウンは，このような様式の庭園を140ヵ所も設計して，イギリス風庭園をポピュラーなものにしたといわれる。

●**参考文献**：安西信一『イギリス風形式庭園の美学』東京大学出版会，2000年／川崎寿彦『楽園と庭』中公新書，1984年

[仙葉豊]

天の思想

▶**概略** 中国，さらには東アジア文化を考える際のもっとも重要なキーワード。欧米文化を考える際のGODに相当する。

▶**語義** 「天」という漢字の意義を，中国最古の辞書『説文』では，「顚なり。至高にして上なし。一大に従ふ」とあり，訓はテン，意味は，至高無上，一と大からなりたつと説明している。白川静は『字統』で，元来の宗教的概念が，3000年ほど前の殷周革命の体験によって，新しく政治思想として組織されたものであろうと解説している。

▶**東アジアの理解** およそ近代以前の中国及び東アジアにあっては，この世をこの世たらしめている根本原理を天ととらえていた。華北の特に秋口の抜けるような青空の深さに古代中国人が神聖な感情を持ったのが発端とか，東アジアに共通してある天への畏敬の念(日本列島の「あま」もその一種)からきているなどの説があるが，本当のところはわからない。

▶**天意・天命・天子** 天は意思「天意」を

持つとされ，その意思を「天命」として「天子」に命令を下し，その意思を「天下」に具現するものとされた。その際，「天子」たる条件は，有徳者とされ，もし不徳を犯せば，「天」は「天命」を「革(あらた)」めて，べつの有徳者に「天命」を下すとされた。この政権交代を「革命」とよび，それを儒教の立場から，体系化したのが「孟子」(人名で同時に著書名)である。

▶天子権天授説　西欧に「王権神授説」があったが，それに対応するように言えば，「天子(王，皇帝とも呼ばれる)権天授説」といえるだろう。

[佐藤佑治]

東南アジア諸国連合(ASEAN)

▶定義　東南アジア諸国連合(Association of Southeast Asian Nations：ASEAN)とは，東南アジア域内の経済を中心としながらも，政治・社会・安全保障・文化などに関する地域協力を推進する共同体のことである。類似する共同体として，ヨーロッパ連合(European Union：EU)☞，南アジア地域協力連合(South Asian Association for Regional Cooperation：SAARC)などが挙げられる。

▶沿革・特徴　1967年8月，ASEANはバンコク宣言により，インドネシア，マレーシア，フィリピン，シンガポール，タイの5ヶ国で発足した。ASEANの本部はインドネシアのジャカルタにある。上記5ヶ国に加え，1984年にブルネイ，1995年にベトナム，1997年にラオス，ミャンマー，1999年にカンボジアがそれぞれ加入し，現在加盟している国家は10ヶ国である。2002年に独立した新興国，東ティモールは未だ加盟していないが，現在，加入に向けて国内外での調整がおこなわれている。ASEAN諸国の総人口は6億人を超過しており，潜在力の大きなマーケットとして日本を含め，世界の企業から注目を集めている。ASEAN諸国には各国ごとの経済規模・発展段階にばらつきがあり，それに加えて，文化・宗教の多様性がある。タイ以外の国家は植民地になった経験を有しているが，言語については，ラテンアメリカ諸国，アフリカ諸国とは異なり，ASEAN諸国は旧宗主国の言語を国語とはせず，独自の言語を維持しているという特徴がある。文化については，地理的に見て，中国，インドに挟まれたところに位置することから，両国の文化の影響を受けており，それらに加え，旧宗主国(オランダ，イギリス，フランス，スペイン，アメリカ)文化が交差し，自国の文化と混淆するかたちで独自の文化を形成している。宗教については，近世に入り，ベトナムを除く大陸部ではスリランカ伝来の上座仏教が，インドネシア，マレーシア，ブルネイなど島嶼部では海上交易によってイスラーム教が広まっていった。フィリピンでは，1571年，スペインの統治が開始され，キリスト教化が進んだ。このように，ASEANは，各国の独自性を残しながらも，多様な文化を持つ国家の集合体として位置づけることができる。また，安全保障を地域協力の枠組みのなかで捉えていることもASEANの特徴である。これに対し，SAARCはインドとパキスタンの緊張関係，バングラデシュ独立の背景，核保有問題など，安全保障上の歴史と環境を鑑

みて、政治的に係争がある部分を敢えて避けるかたちで地域協力項目を策定しており、ここにASEANとSAARCの相違が見受けられる。

▶経済共同体としての側面　ASEANが発展を維持していくためには、加盟諸国がその独自性を活かしつつも、地域として一つになることが必要である。具体的に言えば、経済的な域内統合、すなわち、加盟諸国の間でヒト、モノ、カネの移動に対する障壁を取り払い、共通の競争ルールを作成し、公平な条件のもとで競争が促進されることが必要なのである。それを担保するものとして、2015年、ASEAN経済共同体（ASEAN Economic Community：AEC）が発足した。AECは、域内の貿易・投資の自由化を実現するためだけではなく、国境付近のインフラ整備、対外経済連携、格差是正など、さまざまな分野で目標を設定している。ただ、EUにおけるユーロのような共通通貨は存在せず、また、金融政策を束ねる中央銀行（欧州中央銀行 European Central Bank：ECB）もない。さらに、加盟諸国が共通の関税を設ける関税同盟でもない。このように、EUと比較して統合の度合いはまだ低いと言わざるを得ないが、これはASEANが多様な文化・政治・経済体系を持つ国家の集合体であることに他ならない。現在、ASEANは域内の結束を固めようとしている中途の段階なのである。

●関連項目：ヨーロッパ連合（EU）

●参考文献：牛山隆一・可部繁三郎編『図解でわかる ざっくりASEAN 一体化を強める東南アジア諸国の"今"を知る』秀和システム、2014年／みずほ総合研究所編『図解 ASEANを読み解く ASEANを理解するのに役立つ60のテーマ』東洋経済新報社、2015年

[日野智豪]

ドイツ革命

▶概要　1918年11月、第一次世界大戦敗戦とともに勃発し、ドイツ帝国☞を崩壊させた革命で、ワイマル共和国☞を成立させる憲法制定議会が1919年2月に招集されて終結した。

▶前史　1871年に創設されたドイツ帝国は22の君主国と三つの自由都市からなる連邦制国家だったが、盟主プロイセンの国王が皇帝位を占め、強大な権力を有する帝国宰相はプロイセン首相が務めるのが常で、男子普通選挙権にもとづく帝国議会には政府を組織する権能はなかった。最初の20年間帝国宰相の任にあったビスマルクは海外進出には消極的で、帝国が戦争に巻き込まれない外交を展開する一方、内政では帝国議会野党のカトリック政党の中央党や労働者政党の社会民主党に対しては弾圧政策をとった。1890年に自ら政治指導にのりだした新皇帝ヴィルヘルム2世は内政では宥和政策を展開し、1912年には社会民主党は帝国議会第一党の野党に成長し、中央党も第二党の地位を保った。対外政策では新皇帝は植民地獲得の膨張政策を展開し、その結果帝国は20世紀初めにはしばしば他のヨーロッパ列強と紛争を引き起こした。

▶展開　1914年8月ドイツ帝国は第一次世界大戦☞に突入する。開戦当初は政

府・軍部の戦争政策を支持した社会民主党や中央党も戦争が長期化するなかで早期講和勢力を形成し，強硬派の軍部と対立するようになる。ドイツ軍は対ロシア戦線では優位に立ったものの，1918年に入ると国民のなかに厭戦気分が広がり出し，対フランス・イギリス・アメリカの西部戦線での総攻撃が失敗して敗色が濃くなると，10月には軍部に代わってバーデン公マックスを帝国宰相とする，社会民主党の閣僚を含む議会主義的政府が形成され，連合国側と休戦交渉を開始した。だが11月4日ドイツ北部のキール軍港での水兵反乱に端を発したドイツ革命が勃発。戦争反対の大衆蜂起は各地で権力を掌握しながらドイツ国内に急速に広まり，革命的騒乱が首都ベルリンに波及した11月9日，バーデン公マックスが皇帝の退位を宣言，自らも宰相を辞任して政権を社会民主党党首エーベルトに委ねた。社会民主党がベルリンで共和制を宣言すると皇帝が亡命し帝国は崩壊，帝国に属していた君主制諸邦も瓦解した。社会民主党を中心に臨時の人民委員政府が組織され，11月11日には連合国と休戦協定を締結。さらに人民委員政府は革命の急進化を阻止して秩序を回復するために軍部と提携し，翌1919年1月にスパルタクス団・共産党などの急進革命派による蜂起を鎮圧した。1月19日には憲法制定議会の選挙が実施され，社会民主党が第一党の地位を獲得。2月6日混乱するベルリンを避けドイツ中部の都市ワイマルに議会が招集されて，革命は一応の終結をみた。

●関連項目：ドイツ帝国創設／ワイマル共和国
●参考文献：セバスティアン・ハフナー『ドイツ帝国の興亡』(山田義顕訳)平凡社，1989年／木村靖二『ドイツ史(新版 世界各国史)』山川出版社，2001年

[篠原敏昭]

ドイツ啓蒙

▶語義　ドイツ語では，Aufklärungという。この語に含まれるklarは「澄んだ」状態を意味する形容詞で，動詞としてのsich aufklärenは「濁った水が澄む」，「曇っていた空が晴れ上がる」という意味で日常的に用いられる。このように，先行するイギリスやフランスの用語を借用した造語ではなく，現実的な事象に対する感覚的理解を背景に持つ言葉である点に注目しておきたい。

▶時期　狭い意味でのドイツ啓蒙期は，ほぼフリードリヒ大王の治世(1740-1786)と重なる。30年戦争(1618-1648)による歴史的立ち遅れや小邦分立による社会的・地理的制約等が，イギリス(16世紀～)，フランス(17世紀～)に遅れて，18世紀を待たなければならなかった主因と見なされている。

▶地域　ドイツ啓蒙の発祥地は，ライプツィヒである。16世紀から17世紀にかけて商業都市として発展したこの都市は，見本市を吸引力として演劇・音楽・文芸等の諸活動を各地から引きよせ，新思潮の土壌を醸成した。この地の大学の掲示板に張られた一枚の，ラテン語に代えてドイツ語で講義を行うという宣言に始まるクリスティアン・トマージウス(1655-

1728)の講義要綱がドイツ啓蒙の始まりのシンボルとして伝えられている。その後トマージウスのハレ大学への転身に伴いハレへと舞台を広げ、さらには帝国自由都市ハンブルクで「道徳週刊誌」という新たなメディアを得て市民的な裾野を広げた。

▶概要　基本的な理解としては、自身の目でものを見、自身の手で触って、自分の判断を下す姿勢である。それによって、伝来の諸権威にも矛盾が見えてくる。矛盾が見えてくれば、それを解消する方法も手順も見えてくる。それを可能とする武器が「理性」であり、それに基づく「批判」である。このようにして、個人と人類の歴史全体が伝来の権威や因習や迷信から解放され(「脱魔術化」)、合理的な自然理解や基本的人権の考えが芽生え、特定階級の独占的支配からの解放といった議論が可能となる。その思潮の担い手は、形成途上にある市民階級であった。大学の枠を超えた知のメディア「道徳週刊誌」や市民の自発的運営による「読書会組織」(18世紀末には、270以上)は、「公衆」を形成し、その公衆の議論によって「世論」を形成する仕組みが徐々に確立されていった。ただし、上の項で述べたドイツ固有の制約により、ドイツ啓蒙は、市民革命等の外的・社会的成果の達成には向かわず、もっぱら哲学(カント)・文学(レッシング)等の内的・精神的な領域で独自の役割を果たすことになった。ここにドイツ啓蒙の独自性と限界がある。

▶自然理解　啓蒙の浸透以前には、深い森や山々に代表される自然は、けっして癒しの場所ではなく恐怖の対象であった。盗賊や恐ろしい獣や魔だけが棲むところであり、犯罪者や追放者の逃げ込むところであった。自然への認識が変化したのは、啓蒙による自然の合理的理解による。望遠鏡、顕微鏡、避雷針、羅針盤等の発明は生身の肉体に制約された人間の経験世界を拡大・拡張するとともに、自然理解を迷信や宗教的理解から解放して生活に種々の利益をもたらす資源獲得の場へと変えた。この理解に伴って、自然は(その脅威をも含めて)鑑賞の対象となり、絵画の題材としても取り上げられるようになった。

●関連項目：啓蒙児童誌／ドイツ・ロマン派
●参考文献：辻瑆・三島憲一共編『ドイツの言語文化―自己省察の歴史』日本放送出版協会,1986年／エンゲルハルト・ヴァイグル『近代の小道具たち』(三島憲一訳)青土社,1990年／エンゲルハルト・ヴァイグル『啓蒙の都市漫遊』(三島憲一・宮田敦子訳)岩波書店,1997年

[佐藤茂樹]

ドイツ帝国創設

▶概要　1871年1月、プロイセン王国主導の下に、オーストリアを除く22の君主国と3つの自由市からなる連邦制国家のドイツ帝国が創設され、長い間分裂状態にあったドイツに統一国家が形成された。

▶ドイツ連邦　神聖ローマ帝国☞が1806年に崩壊したあと、ドイツ諸邦を束ねる枠組みとして1815年のウィーン会議でドイツ連邦が結成されたが、これは盟主オーストリア帝国と二番目の強国プロイ

セン王国が協力して，ドイツ諸邦の国家的分裂状態と君主制の現状を固定化する体制だった。ただ，プロイセンは1815年に工業の発達したライン地方を領土として獲得し，1830年代には北ドイツ諸邦を関税同盟に参加させてドイツ統一の主導権に有利な地歩を占めるようになった。1848年革命(三月革命☞)では自由主義的な憲法制定ドイツ国民議会(フランクフルト国民議会)から統一ドイツ国家の皇帝に推戴されたが，当時のプロイセン国王は革命の所産からの推戴を拒絶したばかりか，国民議会を武力で解体させた。

▶ビスマルクの登場　1852年にドイツ連邦が復活してからはプロイセンとオーストリアがドイツの盟主の座をめぐって競い合った。とくにプロイセンは1858年以降，ドイツ統一の先頭的地位に関してふたたび北ドイツ自由主義派の期待が高まったが，1861年には軍制改革をめぐって国王政府と議会の自由主義派が対立，1862年には強硬派のビスマルクが首相に任命されて憲法をめぐる紛争に発展した(プロイセン憲法紛争)。これに対してビスマルクは軍事力と戦争によってドイツ統一問題の解決を図るいわゆる鉄血政策を推進し，三つの戦争を経てプロイセンとドイツ諸邦を帝国創設に導いた。

▶帝国の創設へ　一つ目の戦争は，1864年にデンマーク王国に対してオーストリアと共同で行った，シュレスヴィヒ＝ホルシュタイン両公国の帰属をめぐる戦争(デンマーク戦争)。二つ目の戦争は，デンマーク戦争に勝利して獲得した両公国の管理をめぐるオーストリアとの戦争(普墺戦争)。ビスマルクはこの戦争で圧倒的勝利を収めて北ドイツ自由主義派の支持を獲得し，ドイツ連邦を解体してオーストリアを排除したうえで翌1867年，盟主プロイセン王国と北ドイツ諸邦が参加する，男子普通選挙制の議会をもつ北ドイツ連邦を設立した。さらにプロイセンは1870年に行った三つ目の戦争，すなわち統一ドイツ国家の樹立を妨害していたフランス帝国との戦争(普仏戦争)でこれを打ち破り，1871年1月18日，南ドイツ諸邦の北ドイツ連邦への参加を得て，パリ郊外のヴェルサイユ宮殿でドイツ帝国の創設を宣言した。

●関連項目：三月革命／三月前期／神聖ローマ帝国の崩壊

●参考文献：セバスティアン・ハフナー『ドイツ帝国の興亡』(山田義顕訳)平凡社，1989年／望田幸男『ドイツ統一戦争』教育社歴史新書，1992年／木村靖二『ドイツ史(新版 世界各国史)』山川出版社，2001年

[篠原敏昭]

ドイツ・ロマン派

▶概要　18世紀末に始まる思想・芸術の一傾向。啓蒙☞は可視的で計測可能な現実を理性によって正確に把握することを重視し，それによって「脱魔術化」が可能になると考えた。それに対してロマン的精神は，ただ予感することができるだけで，合理的な分析や外的形態を示すだけでは究明しきれない何ものかが生に及ぼす力に着目した。ロマン派の創作活動は，虚構の力によって姿なきものに姿を，声なきものに声を，生命なきものに生命を与えながら現実以上の現実感を体験さ

せる，芸術のもっとも芸術らしい一面を拡大して見せる活動といえる。

▶**フランス革命と「美的革命」**　ドイツ・ロマン派が「ドイツ」的である理由は，何よりもその社会基盤の制約がもたらした極度の観念性にある。市民革命は啓蒙の到達目標のひとつであったが，300余りの小領邦が分立し，境界線内の自制度に固執するするドイツでは，市民階級そのものの形成・自立が立ち遅れ，市民による市民のための変革を実現する社会的基盤を欠いていた。それだけに，後にロマン主義を主導する知識人たちが隣国フランスで始まった革命(1789)☞に寄せる期待は大きかったが，自国で革命が起きなかっただけにこの革命の問題性を観念的・理念的に捉える傾向がより強く，その成果に対する落胆と失望も大きかった。革命の成果が，単なる物理的な諸権利の獲得にとどまったと見たからである。人間が自分以外の何ものにも束縛されない在り方を追求する革命の理念はここで，芸術によって「精神の中」で実現されることをめざして，「美的革命」(ノヴァーリス)の方向をとることになる。

▶**派から傾向へ**　「派」の名称は，機関紙『アテネーウム』を中心に「政治と哲学と芸術」を包括する運動という綱領的な方向性を打ち出した初期(イェーナを中心，1797-1804頃)の活動にこそふさわしい。「魔術的観念論」や「世界のロマン化」や「ロマン的イロニー」等の言葉を軸に，きわめて観念性の強い議論が展開され，失われた故郷を求めて未来へ旅立つ『青い花』のような作品を成立させた。それが次第に，自国の過去・風土・民俗・言語へと関心を移していく。ブレンターノとアルニムによる古謡集『少年の魔法の角笛』やグリムの『メルヘン集』☞に代表される口承的文化遺産への着目・継承もこの文脈の一環である。時代が下り領域が広がるに従って，憧憬・夢幻・内面性・形式の自由…等の概念だけを共有する多岐的なものに拡散した。活動の中心地もハイデルベルク(1806頃〜)，ベルリン(1811年頃〜)と場所を変えるにつれて，運動というよりも個人が担う傾向の観を強めた。文芸・絵画・音楽それぞれに，活動の時期にはずれが見られる。文芸のロマン主義は1820年頃には実質的に終焉し，それと交代するようにシューベルトやシューマンの音楽活動が開始されている。音楽は概念に頼らず，音と時間の経過の中で直接感覚の世界が捉えたものを現前させる「魂の言語」であり，もっともロマン的であると考えられた。音楽のロマン的傾向は，「古典派」という対立軸の観点から見れば，世紀末にまで及んでいる。

▶**仲介者としての自然**　カスパール・ダーヴィト・フリードリヒ(1774-1840)の《山上の十字架》別名《テッチェン祭壇画》(1808)は，ロマン主義絵画の幕開けを告げる記念碑的作品と言われる。樅の木の岩山の上にキリストの磔刑像が立ち，背景に光が差している絵である。宗教画であるには，ゴルゴタの丘を舞台にキリストの死を嘆く人々の姿を描いた従来の構図を大きく外しており，風景画であるには色彩も画面背後の光も幻想的すぎる。

ここには啓蒙が発見した客体としての自然や合目的的自然とは異なった自然の捉え方、不在の神に代わって聖なるものと人間を仲介する新たな「自然」の捉え方を見て取ることができる。

●関連項目：ゲーテ時代／グリム童話集／シュトルム・ウント・ドラング／ドイツ啓蒙

●参考文献：H・ハイネ『ドイツ・ロマン派』（山崎章甫訳）未來社，1965年／辻瑆・三島憲一編『ドイツの言語文化—自己省察の歴史—』日本放送出版協会，1986年／『ドイツ・ロマン派全集』全20巻（別巻2），国書刊行会，1983年-92年／リューディガー・ザフランスキー『ロマン主義　あるドイツ的な事件』（津山拓也訳）法政大学出版局，2010年

[佐藤茂樹]

道教

▶総論　仏教・儒教とあわせて中国三教といわれる。三教の中で、もっとも大衆的・土俗的性格が強い。その点で日本での神道に相当し、日本各地で大小さまざまな神社がみられるように、中国各地にさまざまな形で存在している。

▶日本では　中国三教はいずれも日本列島に流入したが、その影響力はほかの二教に及ばないので、その関連施設は少ないが、横浜中華街の関帝廟や媽祖（まそ）廟は日本で見られるもっとも身近な道教施設である。しかしこれら各地の中華街に残る施設は、在日中国人のものであり、日本化したものとしては紀伊熊野などに残る徐福（始皇帝に命ぜられ東方海上に不老不死の薬を求めに日本に来たという）伝説や、夏の「中元」という言葉などがあげられる。

▶教義　神道に似て体系だった教義・経典は見当たらず、多くの神々が祭られており、中には仏教の観音なども同居している。道教施設（祠（ほこら）程度でなく、きちんとした建物がある場合「道観」という）の多くの神々は、一体一体が信者の吉凶禍福（長寿・健康・家内安全・富貴・交通安全・入試合格・学業成就などもろもろの現世利益）を分担していること、日本の神々に等しい。中国共産党の宗教政策で中華人民共和国建国後、抑制されていたが、「改革開放」政策の採用後、自由化の程度が高まっている。ただし社会秩序の安全を脅かすと判断されると厳しい弾圧があることは最近の新興宗教である「法輪功」をめぐる事件にみられる通りである。

▶特徴　現世利益が中心であるが、教えの一部には、老子・荘子の道家思想が入っており、その点で儒家・儒教の教えと対照的である。道家的思想は、転じて仙人などにもつながり、道教の幅広さを感じさせる。道教はまた王朝末期の民衆反乱の際の民衆の願いをも体現しており、民衆に大きな影響力を持った。黄巾の乱や義和団などにみられる民衆反乱の大きさ・宗教性の強さは中国史の特徴の一つとなっている。

●関連項目：儒教

●参考文献：窪徳忠『道教の神々』講談社学術文庫，1996年／野口鐵郎他『講座　道教』雄山閣出版，1999年／アンリ・マスペロ『道教』（川勝義雄訳）平凡社，2000年／横手裕『中国道教の展開』山川出版社，2008年

[佐藤佑治]

東西冷戦⇒米ソ冷戦

時

▶**時制** 時の表示法に，定時法と不定時法がある。定時法は機械的に一日を割って(現行24時間)時刻を定める。不定時法は夜明け日没など生活に密着した時点を基準に時を決める。日本では平安時代の宮中では定時法，中世以降は基本的に夜明けと日暮れを基準とした不定時法。明治6年以降，定時法を用い現在に至る。

▶**時の表し方** 史上日本では時を表すのに，子丑以下の十二支を用いる場合と，六つ時とか九つといった数字を用いる場合がある。江戸時代は時の鐘の撞き数で時刻を報知。数は平安時代の延喜式の陰陽寮の規定の子の刻と午の刻に9，丑未に8，寅申に7…とした鼓鐘の打ち数に従う。

▶**不定時法の採用** 定時法は時計がない日常生活では不便。中世では，日の出前の薄明を夜明け＝卯の刻，日の入り後の日暮＝酉の刻とし，元来定時法を示す語を不定時法で使用。古く『源氏物語』須磨「日長きころなれば…まだ申の時ばかりに…つき給ひぬ」は不定時法を用いた表現との理解がある。ロドリゲスは昼夜は各6に分けられ時刻は日の出＝卯の刻，又は六つ時等で示されると紹介。『大文典』では彼は不定時法のみ説明し，定時法には言及しない。

▶**江戸時代の時** 江戸では日本橋石町(こくちょう)の「時の鐘」や，寺社の鐘で時報。享保11年(1762)の史料には上野寛永寺→東円寺(市谷八幡)→赤坂成満寺→芝切通しの順で前の鐘の捨て鐘に続いて撞き始めることが示され，ばらつきを回避。寛永寺では複数の時計を使用。江戸では3打の捨て鐘(京では1回)の後，4～9打の時の数を撞く。捨て鐘は，撞き方の長さで時の鐘と区別。和時計の文字盤は，午(午前11時～午後1時)の中央に九と表記されるが，九つの鐘の時点で午が開始という理解を生み，十二支による時間も午＝九つのように不定時法で理解された。この理解では午の刻は正午～午後2時となって，1時間ずれ，明治5年の布告もこれを踏襲。江戸幕閣内部でも理解の統一はできなかった旨の史料がある。天文など厳密な表示には，宣明暦の1日百刻法等の定時法を使用。六つは日出前・日入後の薄明の開始時・終了時だが，計測可能なように日出前二刻半(百刻法。現在の36分)，日入後二刻半を六つとした。寛政暦の時代には，太陽の俯角7度21分40秒(春分秋分における京都での日出前・日入後二刻半の太陽の位置)の時点を六つとした。時計の文字盤をこの定義に合わせるため，和時計ではさまざまな工夫(からくり)がなされた。

▶**ヨーロッパの例** 定説では古代ローマの時刻は，日の出日没を基準に昼夜を各12等分。ベネディクト修道院もその時刻を踏襲。古代ローマの時刻制度により，福音書でキリストが十字架に架けられた「第6の時」は正午，絶命時の「第9の時」は午後3時頃とされる。

●関連項目：暦

●参考文献：橋本万平『増補版 日本の時刻制度』塙書房，1966年／横井清「中世の「感覚」」朝日新聞学芸部編『中世の光景』朝日新

聞社4-20頁, 1994年／ジョアン・ロドリゲス 原著・土井忠生 訳註『日本大文典』三省堂出版, 1955年／古田暁訳『聖ベネディクトの戒律』すえもりブックス, 2000年／浦井祥子『江戸の時刻と時の鐘』岩田書院, 2002年

[多ケ谷有子]

独ソ不可侵条約の締結

▶概要　1939年8月23日ヒトラー＝ナチ党独裁下のドイツとスターリン＝共産党独裁下のソ連という激しく敵視しあってきた両国が不可侵条約を締結して世界を驚かせた事件。2年後の1941年6月ドイツは条約を破棄してソ連侵攻を開始した。

▶ヒトラーの野望　ヒトラーは第一次世界大戦☞後, ドイツで政治家としての活動を開始したときにすでに東欧・ロシアの広大な土地をドイツ民族の生存圏として獲得するという野望を抱いていた。しかし彼が独裁権力を掌握した1933-34年のドイツはまだヴェルサイユ条約の制約下にあって強大化への道を阻まれており, さきの野望も当初は公然と語られることはなかった。他方ソ連はヒトラーがもっとも敵意を燃やしていた共産党の一党支配の下で急速に軍事力を強化しつつあった。ヒトラーは権力掌握以後1935年3月に再軍備宣言, 1936年3月にはラインラント非武装地帯進駐などの行動でヴェルサイユ体制を打ち破りながら, 軍備の急速な拡大とそれを支える経済力の強化を図った。

▶東欧二国の併合　1937年末ドイツは十分な軍事力を保有していなかったが, ヒトラーは軍と政府の最高幹部に対ソ戦準備を指示し, 1938年にまず東欧への領土拡張にのり出した。同年3月オーストリアをドイツに併合した後, 9月チェコスロヴァキアにズデーテン地方の割譲を要求。戦争の危機が高まったが, このときは英仏伊などが9月末のミュンヘン会談でドイツのズデーテン領有を容認して危機を回避, ヒトラーにこれ以上の領土要求を行わないこと約束させたが, ヒトラーは翌1939年3月チェコスロヴァキア本体も解体・併合した。

▶条約の締結とポーランド侵攻　同じ時期ドイツはポーランドにもポーランド回廊の割譲を要求, ポーランドがこれを拒否してふたたび戦争の危機が迫った。ポーランドはドイツとソ連の間にあってヒトラーの対ソ戦構想にとっても重要な位置を占めていたが, ポーランドは英仏と同盟関係にあり, ソ連も英仏と接近する動きを見せはじめると, ヒトラーはソ連に接近, ソ連にポーランド東部などの領有を認め, ドイツはポーランド西部を領有するという秘密議定書とともに8月23日相互不可侵条約をソ連との間で締結した。敵視しあってきた両国間の条約締結は世界を驚愕させたが, 9日後の1939年9月1日ドイツはポーランド侵攻を開始し, これに対して英仏がドイツに宣戦布告した。これが第二次世界大戦☞の始まりだが, ドイツはイギリス軍の壊滅には失敗したものの, 1940年6月にはフランスを屈服させた。

▶条約の破棄とソ連侵攻　その後石油資源をめぐって独ソ間の対立が大きくなり, 1941年6月22日ドイツはついに不可侵

条約を一方的に廃棄して突如ソ連侵攻を開始する。それはヒトラーの野望実現の戦争でもあったが、この戦争の失敗がドイツに大戦での敗北をもたらし、ヒトラー＝ナチ党独裁体制を崩壊させる最大の原因となった。

●関連項目：国会議事堂放火事件／ベルリンの壁の崩壊

●参考文献：セバスティアン・ハフナー『ドイツ帝国の興亡』(山田義顕訳)平凡社,1989年／木村靖二『ドイツ史(新版 世界各国史)』山川出版社,2001年

［篠原敏昭］

トランセンデンタリズム

▶語義　1830年代中旬から1860年代にかけて、アメリカにおいて、ニューイングランドの宗教的伝統を根幹として花咲いたロマン主義的な思想。超越主義、もしくは超絶主義と訳される。この思想の中心的人物が、ラルフ・ウォルドー・エマソン(1803-82)である。彼の『自然論』(1836)は超越主義の精髄となっており、彼の影響は幅広く、宗教や思想の世界にとどまらず、文学や教育の分野にまで及んでいる。

▶語源　"Transcendentalism"の語源は、ラテン語の"transcendere"(限界を超えて上る)であると考えられている。それが示唆しているのは、物質界や経験の壁を直観によって越え、神や万物の真理を把握すべきであるという一種の宗教神秘主義である。

▶経緯　南北戦争☞前のアメリカにおける超越主義の誕生には、啓蒙主義とユニテリアン主義が深く関わっている。超越主義はこの二つの主義の延長線上に位置づけられるからだ。その思想的な流れをたどっていくと、アメリカ独立革命期につながる。この時期は、文学史上「理性の時代」と呼ばれる。それはヨーロッパから伝えられた啓蒙主義の考え方(世界を合理的に観察し、自然現象を科学的に解釈する、人間中心主義的な生き方を肯定する思考法)が幅を利かせ、ピューリタニズムが弱体化していく時代であるからだ。信仰において人間理性を重視する姿勢。それこそ19世紀はじめに影響力を強めるユニテリアン主義の基盤となるものである。父なる神、子であるキリスト、聖霊、の三位一体説☞を否定し、創造主である神のみに神性を見るユニテリアン主義は、人間の原罪、永遠の断罪、キリストによる贖罪も認めぬ、人間中心の合理的な教義にほかならない。超越主義とはこのような考え方をさらに一歩推しすすめたものであると言っていい。そのもっとも重要な特色は、直観による真理の把握と人間の魂における神の内在である。そこから、人間の神聖性、個人主義、自己信頼などの主張が必然的に生じてくる。要するに、超越主義とは、エマソンの有名な言葉――「最高の啓示は神がすべての人のなかに存在することである」――が明示しているように、人間の絶対的な尊厳を主張するものである。

▶社会運動　超越主義者たちの、社会改革への関心は強く、彼らは1841年にボストン郊外に「ブルック・ファーム(Brook Farm)」と称する生活共同体を開設している。このほかにも、彼らは奴隷解放や禁

酒などの社会運動に積極的に参加している。

▶文学作品　超越主義的なものを文学作品において具現化したのが小説家ハーマン・メルヴィル(1819-91)と詩人ウォルト・ホイットマン(1819-92)である。彼らの代表作である長編『白鯨』(1851)と詩集『草の葉』(1855)所収の「ぼく自身の歌」は，それぞれ超絶主義的文学の傑作となっている。

●関連項目：南北戦争／三位一体

●参考文献：ラルフ・ウォルドー・エマソン『エマソン論文集』上(酒本雅之訳)岩波文庫，1972年／ラルフ・ウォルドー・エマソン『エマソン論文集』下(酒本雅之訳)岩波文庫，1973年

[本村浩二]

ナ

長い18世紀(1688-1815)

▶語義　主要国全体を巻き込む大戦争が7回も断続的に生じたことから，ヨーロッパでは18世紀を「戦争の世紀」と位置づけ，暦のうえ(グレゴリオ暦)での18世紀(1701-1800)を前後に十数年ずつ拡げたおよそ130年をこのように呼び，一続きの時代としてとらえるのが昨今の西洋史学において通説となっている。

▶経緯　フランス国王ルイ14世がライン川流域に勢力を拡げようとして神聖ローマ帝国(ハプスブルク)やオランダ，イギリスと戦った九年戦争(1688-97)，同じくルイ14世が孫をスペイン国王に据えようとしてハプスブルク家やイギリス等と衝突したスペイン王位継承戦争(1701-14)，オーストリアの継承者マリア・テレジアとプロイセンのフリードリヒ2世の対立を中心としたオーストリア王位継承戦争(1740-48)および七年戦争(1756-63)，イギリスとアメリカ植民地の闘争にフランスやスペインなどが関わったアメリカ独立戦争(1775-83)，そしてフランス革命☞を原因とする周辺諸国とフランスとのフランス革命戦争(1792-99)およびナポレオン戦争(1800-15)までの一連の大戦争がこの時代に続いた。

▶結果　この戦争の世紀を勝ち抜いたのは，ヒト(兵力)・モノ(軍需物資・武器弾薬)・カネ(軍資金)を大量に素早く集めることに成功を収めた国家であり，特に国民国家がまだ誕生する前のこの時代にあっては，外人傭兵を集めるためにも「カネ」が重要だった。その成功国がイギリスであり，この7つの戦争で常にイギリスと敵対したフランスは課税機関(議会)の発達，国家への財政的信用度(国立銀行・長期国債の存在)でイギリスに後れをとって敗北した。このため別名「第二次英仏百年戦争」の時代とも呼ばれており，「財政＝軍事国家」として他国に先んじて「近代国家」へと脱皮を遂げたイギリスを筆頭に，フランス，ロシア，オーストリア，プロイセンの五大国がこれ以後のヨーロッパ国際政治を支配し，19世紀以降には世界大での帝国の確立に大きな力を示していく。

●関連項目：フランス革命／ナポレオン1世

●参考文献：ジョン・ブリュア『財政＝軍事

国家の衝撃——戦争・カネ・イギリス国家 1688-1783』(大久保桂子訳)名古屋大学出版会, 2003年／君塚直隆『近代ヨーロッパ国際政治史』有斐閣, 2010年

［君塚直隆］

ナポレオン1世(ナポレオン・ボナパルト)

▶略歴　Napoléon Ier（Napoléon Bonaparte）(1769-1821)　フランスの皇帝(在位 1804-14, 15)。コルシカ島の貴族出身。フランス本国で中等教育，軍事教育を受ける。学校では精力的で，粘り強くまた野心的だったが，数学を除いて成績は凡庸だった。16歳から軍人としてのキャリアを開始する。1796年にイタリア方面軍司令官として頭角をあらわす。98年にはエジプト遠征をし，99年には革命後のフランスでブリュメール18日のクーデタを行い，統領政府を設立，第一統領となる。04年には第一帝政を開き皇帝になる。その後，トラファルガー沖の海戦(05)で敗れたのち，アウステルリッツの戦い(05)，イエナの戦い(06)で勝利し10-11年に絶頂期をむかえるが，スペイン独立戦争(08-14)，ロシア遠征(12)，ドイツ解放戦争(13-14)に敗れ，没落していった。その間，数次にわたってヨーロッパ諸国の間で対仏大同盟が結ばれた。なお，ナポレオンの最大の宿敵はイギリスであり，諸戦役で対戦したほか，経済的にイギリスをヨーロッパ市場から締め出すために，06年に大陸封鎖令を発した。しかしこれはかえってイギリスの貿易相手国をフランスから離反させた。14年ナポレオンは退位し，エルバ島を与えられたが，15年脱出して帰国，皇帝に返り咲いた(百日天下)。しかし同年のワーテルローの戦いでイギリスとプロイセンに敗れ，セントヘレナ島に流刑され，そこで没した。

▶軍役以外の業績　ナポレオンの治世の基盤は軍事力だったが，それ以外の分野でも多くの実績を残している。なかでも，中央集権制を実現する県知事制度をおき，ナポレオン民法典を制定し(04)，中等教育学校のリセを創設し(02)，フランス銀行を設立(00)している。なお，フランス革命によって生じた政府と教会の対立を収拾するために01年に教皇ピウス7世との間にコンコルダ(政教協約)を結んでいる。

●関連項目：フランス革命

●参考文献：柴田三千雄・樺山紘一・福井憲彦編『フランス史2』山川出版社, 1996年／福井憲彦編『フランス史』山川出版社, 2001年／谷川稔・渡辺和行編著『近代フランスの歴史』ミネルヴァ書房, 2006年／柴田三千雄『フランス史10講』岩波新書, 2006年

［土屋元］

南北戦争

▶語義　1861～65年にアメリカ国内で行われた大規模な内戦。1860年の大統領選挙で，奴隷制反対をかかげるエイブラハム・リンカーン(1809-65)が当選すると，翌年南部諸州は連邦から脱退し，「アメリカ南部連合(Confederate States of America)」を設立する。北部はそれを断固として許さず，事態は戦争へと発展していく。連合軍による，連邦側サムター要塞の砲撃から開始されるこの戦争は，4年間にわたる本格的な闘いのあと，1865年にリー将軍(連合軍)がアポマトックス・

コートハウスでグラント将軍(連邦軍)に降伏することで終結する。

▶経緯　植民地形成の時代から北部と南部の間には大きな違いが見られた。その違いは南北戦争へといたるなかで徐々に鮮明化していく。以下に挙げる，1850年代の3つの出来事はいずれも，南北間の感情的対立を激化させる結果を招いており，その意味で特筆に値する。まずは「1850年の妥協(Compromise of 1850)」と呼ばれる協定である。北部と南部にとって，当時の関心事は西漸運動と奴隷制度☞の問題であった。したがって，フロンティア・スピリット☞の力により新しい領土が開拓され，獲得され，州として連邦に組み込まれるたび，その州が自由州となるか奴隷州となるかは，政治上の議論の的となった。メキシコ戦争(1846-48)の終結により，メキシコから割譲されたカルフォルニアが連邦に加盟するのを希望すると，それによって自由州と奴隷州のバランスが崩れるのを恐れた南部諸州は，1850年カルフォルニアを自由州として認める代わりに，厳格な逃亡奴隷取締法の制定を要求する。その要求を北部諸州はしぶしぶ受け入れることになる。「1850年の妥協」というのは，両陣営がこのようにして折り合いをつけたことを意味する。次に挙げるべきは『アンクル・トムの小屋』(1852)の出版である。これは南部の悲惨な黒人奴隷を描き，北部人の感情に訴え，爆発的な売れ行きを示した小説である。やがてそれは「奴隷解放のバイブル」とまで呼ばれるようになる。かつてリンカーン大統領が著者のストウ夫人に会ったとき，「この小さな夫人の書いた本が，この戦争を起こしたのだ」と述べた話は，よく知られている。そして最後に注目したいのが，黒人奴隷の反乱である。19世紀前半の南部では，数多くの，奴隷の反乱が起こっている(特に有名なのが1831年の「ナット・ターナーの反乱」である)。1859年にも狂信的な奴隷制廃止論者ジョン・ブラウン(1800-59)がハーパーズ・フェリーで連邦武器庫を襲い，奴隷の武装蜂起を企てている。全米を震撼させたこの反乱の背後に，南部人が北部の解放論者の圧力を見て取ったことは言うまでもない。

▶誤解　北部と南部が奴隷制度をめぐって対立したという言い方は正しくても，すべての北部人が道義的に奴隷制度に反対し，黒人の幸福のために解放を訴えたという見方は正しくない。なぜなら北部労働者階級の白人は奴隷制度が悪であることに気づいていたかもしれないが，彼らは解放された黒人が北部に来て一般市民となり，彼らとともに働き，生活するような事態を歓迎していたとは決して言えないからである。

●関連項目：黒人奴隷制度／フロンティア・スピリット／南北戦争再建

●参考文献：ジェームス・M・バーダマン『ふたつのアメリカ史──南部人から見た真実のアメリカ』東京書籍, 2003年

[本村浩二]

南北戦争再建

▶語義　南北戦争☞後に行われた，奴隷制廃止後の南部社会の立て直しを目的とする作業。

▶**戦後構想と再建の開始**　再建は戦争終結を待たずしてすでに始まった。政治面では，リンカーン大統領が1863年1月，「解放を宣言された人々に対し（中略）妥当な賃金を受け忠実に労働するよう勧告する」という文言を奴隷解放宣言に盛り込み，戦後，解放奴隷を賃労働者として社会に組み込むことを示唆した。その数週間後には，連邦議会において解放民（元奴隷）の労働を組織するための政府機関設置に関する議論が開始された。教育や労働の面からは，戦争開始後まもない1861年末，北軍が占領したサウスカロライナ州のシーアイランドのプランテーションにおいて，奴隷主の逃亡により事実上解放された奴隷に対する労働管理と教育が連邦政府と宗教団体とボランティアの協力によって試みられ，土地の分配や解放民教育のための学校創設が実験的に行われていた。

▶**急進的再建**　政府機関の設置に関しては，戦中からの長い議論の末，戦争終結直前の1865年3月，「解放民と難民の救済局を設置する法」が成立し，陸軍省内に解放民局を設置することが決まった。さらに同法は，南部で没収した土地を解放民に提供（40エーカー未満）するとして，解放民の土地所有の可能性を具体的に示唆した点で非常に画期的だった。ところが，翌月に戦争終結を迎えこれから再建本番という4月15日，リンカーンが暗殺され副大統領アンドリュー・ジョンソンが大統領に就任した。南部出身でありながら分離に反対し急進的と目されたジョンソンは予想に反して寛大な南部反乱諸州の連邦復帰を推進した。また，旧支配層の南部白人に次々と恩赦を与え，旧奴隷主の政権復帰を招いた。それに対して，ジョンソンの反動的政策に再建の前途を憂慮した共和党急進派は抵抗した。1865年末，ジョンソンの拒否権を乗り越えて解放民局の期限延長・権力拡大を求める法案と市民権法案を成立させた。さらに，1866年に市民権法を確認する憲法修正第14条，1867年に南部を5つの軍管区に分け連邦軍の支配下に置くことなどを定めた再建法，1870年に黒人の選挙権を定めた憲法修正第15条を成立させ，急進的再建を推進した。

▶**成果と問題点**　戦後の議員に当選する黒人の出現，黒人専用の高等教育機関設立は再建の成果と言える。しかし，解放民局は当初の土地分配の方針を葬り，綿花生産の早期回復を望む北部と南部の支配層の共通の利害に従って，旧奴隷主に没収した土地を返還後，彼らと解放民の労働契約仲介に事業の重点を移した。奴隷制度解体後の新たな労使契約は，解放民の自立を阻み，南部白人の経済的社会的支配体制の再構築と人種問題の再生産に繋がった。ここに再建最大の問題点があることは言うまでもない。1876年の大統領選挙での不正を理由に民主党の勝利を認めなかった共和党が，南部から連邦軍撤退を条件にヘイズの大統領当選を掌中におさめた，1877年の「ヘイズ・ティルデンの妥協」で再建の終焉を決定的となった。それは南部を民主党の手に委ねること，つまり再建の挫折を意味した。

●関連項目：黒人奴隷制度／南北戦争

●参考文献：辻内鏡人『アメリカの奴隷制と自由主義』東京大学出版会，1997年

[細谷典子]

日本漢文

▶概略　日本人が訓読して読むことを前提として書いた漢文を日本漢文といい，日本漢文にて書かれた散文・韻文の文学作品を，日本漢文学という。前近代の中国の正式の文語文を漢文という。中国はもとより，前近代にあっては，中国以外の中華文明の影響を受けた東アジアの諸国にても，この漢文を正式の文章として，学習し，公文書などの文体として使用して来た。その役割は，ヨーロッパにおけるラテン語の果たしたそれにきわめて近いものであった。

▶伝来　漢文とそれを使用して書かれた漢籍の大陸からわが国への公的な伝来は，『古事記』『日本書紀』☞の記述によれば，西暦5世紀初頭であり，6世紀には，百済より五経博士が来朝し，ついで，仏像・法具と仏教教典が献上され，以来，漢籍や漢訳仏典の流入も次第に盛んになった。7世紀には，漢籍や漢訳仏典を引用し，漢文にて著作する事例も確認され，8世紀には，律令法典の『大宝律令』，わが国最初の正史『日本書紀』が撰述され，日本漢文の盛行はいよいよ顕著になった。この頃編まれた日本漢文による詩集『懐風藻』や『古事記』『出雲風土記』『播磨風土記』などは，すべて日本漢文によるものである。

▶読み　漢文は伝来当初は，渡来系氏族の主導の墓に，音読にて読まれていたようで，奈良時代には訓読も並行して行われ始めた。また9世紀には日本漢文が盛行し，初頭には，南都の諸宗の寺院では，漢文の訓点を記入する方法が編み出され，後に南都以外の他宗にも弘通し，漢文の読解と講学を家職とする大学寮の博士家にも及んだ。当代の官庁の文書や公家の私的記録たる日記も，漢文で書かれたが，この記録などに書かれた漢文は，国語の一種で，正格の漢文とは異なる変格の漢文ゆえ，記録体・変体漢文とも称呼され，また国語の文にも多大の影響を与えた。平安時代中期より，訓読が主流となり，その状況は現代に連接している。中世には，五山の禅僧たちが漢籍と漢訳仏典の研究とその成果の出版（五山版）の傍ら，いわゆる五山文学と称される漢詩文の創作が盛行し，江戸時代には，徳川幕府は文教政策として漢学を奨励し，この時代は漢学の研究・講学ともに盛行し，我が国の知の基盤として明治期に洋学に取って代わられるまで揺るぐことなく続いたのである。

▶現状　今日のわが国の漢文及び日本漢文についてみると，グローバル化を謳ってはいるものの，日本及びアジアの知の基盤であったこの両者については，その学校教育における取り扱いは無策というに近く，識者を寒心せしむるに十分な状況である。認識の転換と根本的な改革が期待されるところである。

●関連項目：仮名の発生

●参考文献：岡田正之『日本漢文学史』吉川弘文館，1954年／猪口篤志『日本漢文学史』角川書店，1984年／鎌田正・国金海二・菅野禮行『漢文名作選5　日本漢文』大修館書店，

1984年／近藤春雄『日本漢文学大事典』明治書院，1985年／大曽根章介『大曽根章介 日本漢文学論集』1, 2, 3巻，汲古書院，1998-1999年／金文京『漢文と東アジア―訓読の文化圏』岩波新書，2010年

［宮崎和広］

日本の古辞書

▶**中国の辞書の分類**　中国の辞書には，漢字の形・音・義の観点から，「字書」(字形引辞書：『玉篇』『説文解字』)，「韻書」(音引辞書：『切韻』『広韻』)，「義書」(意義分類体辞書：『爾雅』『釈名』)の3分類がある。その他，類似表現を収集した「類書」(『藝文類聚』『太平御覧』)，特定文献に記された字句を注釈した「音義」(『経典釈文』『一切経音義』)などがあり，日本の辞書に影響を与えた。

▶**日本の辞書の時代区分**　吉田金彦は，第1期「草創期」奈良～平安時代初期，第2期「形成期」平安中期～院政時代，第3期「展開期」鎌倉～室町時代，第4期「普及期」江戸時代，第5期「躍進期」明治時代以降とした。日本における「古辞書」とは，一般的に第1～3期に成立したものをいう。

▶**日本の辞書のはじまり**　日本最古の辞書は，日本書紀(天武天皇11年)に見える「新字一部四十四巻」とされているが，現存せず，詳細は不明である。しかし，7世紀後半と見られる木簡に「音義」「字書」類の記載があることから，この頃がはじまりと考えられている。また，奈良時代成立と見られる『楊氏漢語抄』『辨色立成』も全貌は不明だが，逸文から「義書」と推定され，初期の辞書は，漢字漢文を理解するための対訳辞書であったと考えられている。

▶**主な日本の古辞書**　①『新訳華厳経音義私記』(794以前)，現存最古の音義。万葉仮名の和訓を付す。②『篆隷万象名義』(830以降，空海)，現存最古の漢字字書。『玉篇』を抄録し，漢字の篆書体と隷書〈楷書〉体を示す。③『新撰字鏡』(898～901頃，昌住)，和訓を付した現存最古の漢字字書。『切韻』『玉篇』『一切経音義』をもとにし，万葉仮名で和訓・和音を記す。④『和名類聚抄』(934頃，源順)，意義分類体の漢語辞書。漢籍・国書約290点から語彙を引用した百科事典的辞書。万葉仮名で和名を付す。⑤『類聚名義抄』(原撰本は1100頃，法相宗系の僧，改編本は12世紀，真言宗系の僧)，部首分類体の漢和字書。原撰本は，漢字表記の字音注・意義注と，万葉仮名・カタカナによる和訓を付し，出典を明示。改編本系は，意義注・出典を省略し，カタカナ表記の和訓を約3万4000語にまで増補した。⑥『色葉字類抄』(院政期，橘忠兼)，イロハ引き国語辞書。和訓に対する漢字・熟字を検索する。⑦『節用集』(室町～明治)，イロハ引きで漢字表記を知るための国語辞典の総称。古本節用集〈約50種〉と近世節用集〈約300種〉に大別される。⑧『温故知新書』(1484，大伴広公)，最初の五十音引き国語辞書。

●関連項目：仮名の発生／日本漢文

●参考文献：上田万年・橋本進吉「古本節用集の研究」『東京帝国大学文科大学紀要2』，1916年／吉田金彦「辞書の歴史」『講座国語史3・語彙史』大修館書店，1971年／西崎亨『日本古辞書を学ぶ人のために』世界思想社，1995年／沖森卓也『日本辞書辞典』おうふう，

1996年／沖森卓也『図説 日本の辞書』おうふう, 2008年

[小林恭治]

ニューディール

▶概要　1929年10月24日、いわゆる「暗黒の木曜日 (Black Thursday)」に起こったニューヨーク証券取引所の株価大暴落に端を発した「大恐慌」に対して、フランクリン・ローズヴェルト政権が講じた一連の政策。第1期の復興・救済を主眼とした政策は企業寄りであり、第2期は改革に重点を移した政策は労働組合の保護と社会福祉を重視した点に特徴がある。

▶経緯　1933年3月4日、就任演説を行ったローズヴェルトは迅速に経済危機への対処を開始した。まず、倒産や取り付け騒ぎが相次ぎ混乱の渦中にあった銀行全てを議会開催までの4日間休業させた。そして、9日に特別議会が開会するや否や緊急銀行救済法を成立させ、連邦政府による支援を決める一方で、国民には自らラジオのマイクを通して銀行の安全性を説いた。日曜の夜、この「炉辺談話」を聞いた国民は大統領に信頼を寄せ、翌月曜日、銀行には払い戻しではなく預金をする人々の列ができた。こうした瀕死の銀行制度回復を皮切りに、100日間の会期の間に次々と法律を制定し、政府主導による経済の立て直しを図った。農業調整法によって過剰生産と価格低下に悩む農業を安定させ、全国産業復興法によって最低賃金と製品価格の低下を抑え企業の救済を行うと同時に、公共事業への資金投入や民間資源保存団・民間事業局設置によって雇用創出を図り失業救済にも力を注いだ。また、テネシー川流域開発公社を設立し、ダムを建設し、安価な電力供給を可能にするとともに周辺の住民を洪水の被害から救い生活水準を引き上げるという事業にも着手した。これら第1期ニューディールの政策は国家経済を最悪の局面から脱却させ、1934年の中間選挙では民主党左派が議席数を大幅に拡大した。そうした勢力を基盤に、第2期ニューディールは労働者の権利や大衆の福祉に重きを置く改革政策に方向を転換した。失業中や老後の生活を保障する社会保障法、労働者の組織権・団結交渉権を保障するワグナー法がその代表格である。

▶影響　まず、大統領と連邦政府が立法や規制によって深刻な経済危機からの回復を図ったニューディールを契機に、従来に比して大統領と連邦政府の役割は拡大した点である。次に、第2期ニューディールの労働者の権利の保護と福祉政策は、都市の労働者や移民、アフリカ系アメリカ人を民主党の支持層に加え、政党支持層の再編をもたらした。そこで構築された支持基盤は、大都市の選挙で民主党を勝利に導き、60年代まで議会における多数政党形成に貢献した。最後にその体制の下で、社会保障が拡充され福祉国家としての体裁が整えられていった点である。

●参考文献：久保文明『ニューディールとアメリカ民主政』東京大学出版会, 1988年／秋元英一『ニューディールとアメリカ資本主義』東京大学出版会, 1989年／紀平英作『ニューディール政治秩序の形成過程の研究』

京都大学学術出版会, 1993年／佐藤千登勢『アメリカ型福祉国家の形成』筑波大学出版会, 2013年

[細谷典子]

女人禁制

▶**語義** 女性であることだけを理由に, 霊山や社寺への立ち入りや祭礼への参加を禁じる習俗のことをいう。宗教的聖域や儀礼への立ち入り・参加のみならず, 酒造りやトンネル工事のように伝統的に男性が担ってきた仕事などでも女性の参加が禁じられてきた。霊山や社寺での女人禁制は, 明治5年(1872)に新政府によって解除されたが, 現在でも女人禁制を維持している場所は存在する。

▶**経緯** 日本で女人禁制が発生した理由として以下の二点があげられる。第一に, 月経や出産にともなう血の穢れを不浄とみなす考え方がある。第二に, 仏教の戒律や仏典のなかに女性を蔑視する思想があって, 女性の立ち入りを禁じる慣習が生まれたとされている。第一の, 女性の出産に対する穢れの意識は『弘仁式』(9世紀前半)において, また月経に対する穢れについては『貞観式』(9世紀後半)において初めて明文化された。律令のもととなった古代中国の触穢感が影響を与えたと考えられる。第二の, 仏教のなかの女性蔑視の思想には, 女性はその罪業のゆえに梵天王, 帝釈天, 魔王, 転輪聖王, 仏になれないとする女人五障(にょにんごしょう)や女身のままでは仏になれないので男身に変身することを要請する変成男子(へんじょうなんし)の教えなどがある。以上の二つの考え方, すなわち月経や出産などにより女性が一時的に穢れるという考え方が, 存在として女性には罪業があるという考え方と結びついたとき女性不浄観が強固なものとなったと考えられる。

▶**現状** 現在でも恒常的に女性の立ち入りを禁じている霊山としては, 修験道の霊場である大峰山の山上ヶ岳(奈良県)がある。石鎚山(愛媛県)は, 山開きの一部期間中のみ女人禁制となっている。大峰山の女人禁制に関しては, 2004年にその地域が「紀伊山地の霊場と参詣道」としてユネスコ世界文化遺産に登録されたのを機に, 女人禁制を女性差別とし, その解除を実現しようとする市民団体が設立され署名を集めるなどの運動を行っているが, 宗教上の伝統として女人禁制を維持しようとする立場の人々との間で歩み寄りは難しく, 山上ヶ岳を女性に開放するための動きにいまのところ進展はない状況にある。

●**参考文献**：鈴木正崇『女人禁制』吉川弘文館, 2002年／田中雅一・川橋範子編『ジェンダーで学ぶ宗教学』世界思想社, 2007年／大谷栄一・川又俊則・猪瀬優理編『基礎ゼミ宗教学』第8章, 世界思想社, 2017年

[髙井啓介]

ハーレム・ルネッサンス

▶**語義** 1920〜1930年代半ばにニューヨークのハーレムで開花した黒人文化。

▶**背景** 第一次大戦☞中, 軍需物資調達により特需景気がもたらされた米国では,

ヨーロッパからの移民減少と男性の出兵というふたつの理由により北部や中西部の工業都市で労働力不足が深刻化した。同じ頃，南部では害虫による凶作で困窮した綿作地帯の黒人が，雇用を求め北部への「大移動」を開始した。こうして，プル要因とプッシュ要因が重なり北部各都市では黒人人口が急増し，それに伴って各地で独創的な黒人文化が開花した。ニューヨークも例外ではなく，特に白人の閑静な住宅街だったハーレムには不動産の値下がりから黒人が大量に流入した。そして，黒人街へと変貌を遂げたハーレムは米国の美術・音楽・演劇・出版の中心ニューヨークにあって，黒人文化の首都のような役割を果たすようになった。

▶内容　特に文学・美術・音楽の分野で優れた人材が輩出された。音楽は，1920年にマミー・スミスが出した『クレイジー・ブルース』のレコードが爆発的に売れたのを皮切りに，翌21年には黒人キャストによるミュージカル『シャッフル・アロング』がブロードウェイで大ヒットした。コーラスには後に国際的にも高い評価を受けたジョセフィン・ベイカーやポール・ロブソンも参加していた。ジャズは，デューク・エリントンやルイ・アームストロング等を輩出し世界を席巻した。黒人の音楽やダンスで白人客を楽しませたハーレムの高級クラブ「コットン・クラブ」は，連日賑わい全米にその名が知れ渡った。クラシック界でもローランド・ヘイズやマリアン・アンダーソンが活躍した。服従と忍耐の経験を描いてきた黒人文学は，自己決定権と誇りを持つ民族・人種としての黒人の世界を表現するようになり，アレン・ロックの編著『ニュー・ニグロ』をはじめとして，ジーン・トゥーマー，ゾラ・ニール・ハーストン，ラングストン・ヒューズ等の作品が世に出た。美術の分野は基金やギャラリーの設置により活躍の基盤が構築され，『ニュー・ニグロ』にイラストを提供したアーロン・ダグラスをはじめとして，黒人文学で描出された黒人の誇りにヒントを得て，黒人を題材に使う作品が次々と発表された。

▶評価　人種差別や暴力の廃絶と黒人の地位向上は視野に入っていたものの，達成はできなかった。但し，黒人に自身の考えを表現できる場をもたらしたことで，従来の型にはまった屈辱的な黒人像を払拭する方向に導いた点でその役割は大きい。

●関連項目：ジャズ・エイジ

●参考文献『猿谷要『歴史物語アフリカ系アメリカ人』朝日新聞社, 2000年／ヒューストン・A・ベイカー Jr.『モダニズムとハーレム・ルネッサンス―黒人文化とアメリカ』(小林憲二訳) 未來社, 2006年／パップ・ンディアイ『アメリカ黒人の歴史―自由と平和への長い道のり』(明石紀雄監修／遠藤ゆかり訳) 創元社, 2010年

[細谷典子]

バウハウス

▶沿革　1919年，ヴァルター・グロピウス(1883-1969)が開設した芸術学校と工芸学校を総合した新たな学校の試み。当初ワイマルに開校したが，1925年にデッサウに移転した。26年，造形大学の

認可を得，それに伴い創設当初の中世ギルド的職能的共同体，生産組合の意識は後退し，高等専門教育機関の性格を強める。教師の称号も開設時の「親方（マイスター）」から「教授」に代わった。28年，グロピウスの辞任の後，ハンネス・マイヤー，ミース・ファン・デル・ローエと受け継がれ，ローエのもとで32年に閉校した。その後ベルリンで再建に努めるが，1933年3月，「文化ボルシェヴィズムの巣窟」の烙印を押され，ナチスの手で閉鎖・解散された。

▶理念　機械による安価で没趣味な製品の大量生産，機械による人間の労働の疎外という現状に対して，グロピウスは機械生産と人間の分裂を危惧しながらも，機械を人間の支配下におさめながら，機械と共存する方向を模索した。ウィーン工房☞が手作りにこだわって高価な製品しか市場に出せず，結局は第一次大戦☞後の富裕層の没落とともに終焉したのとは対照的に，工業製品の規格化を推進してより広い購買層への普及を視野に入れながら，芸術家と機械の連携による日常の美意識の向上を主張した。戦前のドイツ工作連盟の理念をさらに推し進め，建築の下にすべての造形活動を総合し，絵画・彫刻・建築が一体となった統一芸術の創造をめざした。念頭にあったのは，中世に大聖堂を建設した職人たちの共同作業のイメージである。

▶教育　特筆すべきは，先天的才能を前提としない教育方針とデザイン系大学が現在でもモデルとして継承している教育理念やカリキュラムである。まず6ヵ月間の予備課程が課され，材料の性質を学び技術の訓練を積みながら，学生それぞれにもっとも適合した造形分野を見出させる教育が行われた。初期にこの課程を主導したのは，ヨハネス・イッテンである（その後，個人的な芸術教育か社会的な工房生産かをめぐってグロピウスと対立し，23年に辞職）。この課程を修了した学生は工房に入り，3年間，手工親方（特定分野の工芸の専門的制作技術を指導）と形態親方（造形の形式原理を指導）のふたりに並行して学び，「職人」の称号を得た。工房には，陶器工房，印刷工房，織物工房，造本工房，石彫工房，木彫工房，ガラス画工房，壁画工房，家具工房，金属工房，舞台工房があった。職人となったものだけが，すべての部門を統合する位置づけの建築課程に進む資格を得た。

▶バウハウス有限会社　代表的な建築には，グロピウスが設計したデッサウのバウハウス新校舎がある。鉄とガラスとコンクリートを調和させた無機質な箱形の構成は，産地を問わない様式として世界の建築に大きな影響を及ぼし，インターナショナル・スタイルの名で呼ばれている。さらにバウハウスの名を広めたのは，製品化されて販売された数々の工芸製品である。工房がプロトタイプを製作し，「バウハウス有限会社」の名で量産して販売に当たった（製品化に当たっては，外部企業への発注もあった）。装飾性・一個性を排して規格化に適合した製品開発がなされ，機能の追求とそれがもたらす幾何学的形態の美しさに徹している点が特徴である。それらの製品は，マルセル・ブ

ロイヤーの椅子，マリアンネ・ブラントのティーポット，K・J・ユッカーの電気スタンド等々，制作者の名と結びついて語られることが多い。また幾何学的造形美の追求は，グラフィックやタイポグラフィなどのデザインの分野でも可能性を広げ，バウハウス・スタイルの名を生み出した。

▶**その後** 教授陣の移住もあり，バウハウスの理念はアメリカで引き継がれた。中でも，イリノイ工科大学やマサチューセッツ工科大学は，世界の工業デザイン，建築デザイン界に人材を送り続けている。

●**関連項目**：アーツ・アンド・クラフツ運動／ウィーン工房／ユーゲントシュティール

●**参考文献** 利光功『バウハウス―歴史と理念』美術出版社，1988年／三井秀樹『美の構成学』中公新書，1996年／ピーター・ゲイ『ワイマール文化』(亀崎庸一訳) みすず書房，1999年

[佐藤茂樹]

バカロレア

▶**語義** baccalauréat フランスにおける高等学校卒業資格兼大学入学資格試験およびその資格のこと。バカロレア試験は大学ごとではなく国家による試験で，毎年6月上旬の5日間に全国一斉に行われる。すべての科目が論述試験である。対象者，進路によって，普通バカロレア，技術バカロレア(1968より)，職業バカロレア(1987より)の3種に分かれ，さらに，1995年より，専攻によって，L(人文系)，ES(経済・社会系)，S(科学系)の3コースに分かれる。大学別の試験は行われず，バカロレアを取得すれば，定員の許すかぎり希望する大学に入学できる。

▶**経緯** バカロレアは1808年3月17日に発布されたナポレオン1世の勅令によって制定された。1960年にはバカロレア合格者数は6万人程度であり，バカロレア保持者は稀少価値として大学卒業後の将来が保証されていたが，その後，中等教育および高等教育が拡大して受験者・合格者は大幅に増大した。1989年にはジョスパン文相が18歳人口の8割のバカロレア受験を目標に掲げ，2000年にはこの目標が達成された。2012年に行われたバカロレアの受験者数は71万7400人，合格率は84.5％であった。18歳人口中の合格者数の割合は，1945年には3％だったが1975年には25％，2009年には65.6％に達した。

▶**形式・内容** Lコースの場合，リセ第2学年(高校2年)修了時に国語および数学，理科の試験を受け，合格しなければならない。そのうえで，第3学年(高校3年)修了時に，筆記試験として，哲学(4時間)，文学(2時間)，歴史・地理(4時間)，第1外国語(3時間)，第2外国語(3時間)，専門科目(古典語・現代語・芸術)(3時間半)，口述試験として任意選択科目(古典語・現代語・芸術)(15～40分)の試験を受ける。各科目とも20点満点で採点され，科目の重要度を反映する係数を掛けてから平均した点が20点満点中の総合点として示される。10点以上なら合格，8点未満なら不合格，8～10点未満なら2科目を選んで口頭の追試を受けることができ，うち1科目が10点以上なら合格となる。

▶**特徴** すべてのコースを通して課され

るのが1日目午前中に行われる哲学の試験である。毎年形式は同じであるが，2012年Lコースの哲学の問題は以下のとおり。①人は労働することで何を得るか？②あらゆる信仰は理性に反しているか？③スピノザ『神学政治論』の一節を解釈せよ。受験者はこのような三つの問題から1問を選び，4時間かけて論文を書く。この哲学問題の伝統はフランスにおける哲学教育の重視を反映しており，リセ最終学年のLコースでは週7〜8時間の哲学の授業が必修である。

●関連項目：グランド・ゼコール／ライシテ
●参考文献：児玉しおり「カルタブールの中身 フランス学校事情」『ふらんす』白水社，2005年9月〜12月／柏倉康夫『指導者（リーダー）はこうして育つ』吉田書店，2011年

［郷原佳以］

パクス・ブリタニカ

▶**語義** 1815年にナポレオン戦争が終結してから1914年に第一次世界大戦☞が勃発するまでの1世紀の間，ヨーロッパ国際政治および地球規模の国際政治において，イギリスが調整役（バランサー）となって列強間の対立を緩和することが多かったため，「イギリスによる平和」をラテン語で表現するこの言葉が使われた。かつて古代ローマ帝国が地中海世界の平和を保っていたことを表した「パクス・ロマーナ」を変形した造語。

▶**起源** ナポレオン戦争終結から15年ほどはオーストリア宰相メッテルニヒが主導する「会議体制」によってヨーロッパに一定の平和が保たれていたが，1830年のフランス七月革命に端を発する動揺以降は，ベルギー独立問題を議長としてロンドンでの国際会議で解決したイギリス外相パーマストンが調整役となって，ヨーロッパの平和を保障した。特に，1848年のフランス二月革命は翌月にはドイツ三月革命へと発展し，メッテルニヒの失脚をもたらしたが，それがヨーロッパ大戦争につながらなかった一因に，パーマストンが外交を牽引するイギリスの働きがあった。

▶**変容** クリミア戦争(1853-56)を機にヨーロッパ国際政治も動揺をきたし，ウィーン体制☞の崩壊(1870)とともに調整役を引き継いだのは新生ドイツ帝国の宰相ビスマルクであった。1870年代以降は，ビスマルクのドイツがバルカンにおけるオーストリアとロシアの衝突を抑え，ユーラシア大陸でのイギリスとロシアの確執を緩和しつつ，フランスをヨーロッパで孤立させるというビスマルク体制☞の時代となった。しかしこれと同時期から，ヨーロッパ列強はアジア，アフリカ，太平洋など，世界規模で植民地争奪戦を繰り広げる帝国主義の時代が本格化し，世界最大の帝国を誇るイギリス流の価値観と正義と秩序が広められ，パクス・ブリタニカは地球規模で拡大していった。

▶**終焉** ビスマルクの失脚(1890)以後，ヨーロッパ国際政治は露仏同盟と独墺同盟とにブロック化して対峙する結果となり，それは1914年7月の第一次世界大戦につながった。もはやイギリスにはヨーロッパ内外での調整役は務まらず，4年にわたる大戦で，イギリスもヨーロッパも疲弊した。続く第二次世界大戦☞

でヨーロッパ諸国は完全に弱体化し，これ以後をアメリカ合衆国を調整役とする「パクス・アメリカーナ」の時代と呼ぶこともある。
●関連項目：ウィーン体制／第一次世界大戦／ビスマルク体制
●参考文献：君塚直隆『パクス・ブリタニカのイギリス外交』有斐閣，2006年／秋田茂『イギリス帝国の歴史』中公新書，2012年

[君塚直隆]

パックス

▶語義　結婚という制度と制度に縛られない同棲との中間に位置する契約として，1999年11月に「民事連帯契約（通称PaCS法）」により施行された制度。施行以来人気が高く，婚姻件数減少に対しパックス契約件数は増加しつづけている。

▶経緯　1960年代半ばから，家族や性についての伝統的価値観からの解放が唱えられ，宗教的価値観が低下したこと，また，離婚件数が増えたことを背景として，結婚に縛られないカップルの形が求められるようになった。それに伴い，結婚せずに同棲する事実婚のカップルが増え，家族形態が多様化した。しかし，同棲の場合には，結婚した場合に受けられる税制面などの優遇措置を受けることができない。他方，結婚が認められていない同性愛カップルは，差別をなくし，公的な承認を受けることを課題としてきた。これら双方の要求を満たすことを目的として，異性愛カップルでも同性愛カップルでも結ぶことのできる，結婚と同棲の中間に位置する契約が提案され，パックスとして，1999年に制度化された。

▶争点　婚姻外の共同生活を法律で定めることの是非，および，同性愛カップルを正式に認めることの是非が争点となった。反対論者には，家族は異性愛カップルとその子どもから成るべきだとするカトリック，極右，差異主義的フェミニスト（子どもには女性と男性の両親をもつ権利があるという立場）らがいる。

▶内容　パックスは，「異性とでも同性とでも，共同生活をしようとする2人の成人」ならば誰でも結ぶことができ，合意のもとで居住地の小審裁判所に届け出ればよい。パックスを結ぶと，物質的な相互扶助（負債や支出への連帯責任）の義務は負うが，共有財産制，生前財産贈与，（3年目より）所得税の共同申告，パートナーの社会保険に即時加入，パートナーと同時期の休暇申請，（公務員の場合）パートナーと近い職場の申請，といった，結婚の場合に近い権利が得られる。結婚は貞操義務や扶養義務を伴い，離婚は裁判官の介入を必要とするが，パックスは義務も少なく，解消は一方の当事者が届け出ればよい。

▶導入後　上記の利点が歓迎されたのか，施行後1年で4万6000組のカップルがパックス登録を行った。その後も登録は増えつづけ，施行後10年で70万組のパックス・カップルが成立している。ただし，内訳としては，異性間のパックス契約が大半を占めており，2008年に成立した14万6000組の95％は異性愛カップルだった。

●関連項目：パリテ
●参考文献：井上たか子「パックス・家族・

フェミニズム」三浦信孝編『普遍性か差異か』藤原書店，2001年／ロランス・ド・ペルサン『パックス―新しいパートナーシップの形』(齊藤笑美子訳) 緑風出版，2004年

[郷原佳以]

ハックルベリー・フィンの冒険

▶語義　19世紀後半のアメリカの作家，マーク・トウェイン(1835-1910)が『トム・ソーヤの冒険』(1876)の続編として執筆した長編小説。1884年にイギリスで出版される(ちなみに，アメリカ版の出版は1885年である)。前作が少年たちの日常生活の様相をノスタルジックに描いた児童文学の古典であるのに対し，『ハックルベリー・フィンの冒険』は南部の深刻な社会問題——奴隷制度，貴族主義，プア・ホワイトの困窮など——に直接触れているため，大人の読者向けの本格的な小説となっている。

▶視点　マーク・トウェインの本名は，サミュエル・ラングホーン・クレメンズである。彼は少年時代をミシシッピ川沿いの開拓村ハンニバル(ミズーリ州)で過ごしている。彼がアメリカの国民的な作家になりえたのも，ニューイングランドの宗教的な，保守的な視点からだけでなく，フロンティア・スピリット☞を吸収し，それをよく理解した人間の視点からも，祖国の現実を見ることができたためである。

▶賛辞　20世紀アメリカ文学を代表する作家のひとり，アーネスト・ヘミングウェイ(1899-1961)はかつて自身の紀行小説『アフリカの緑の丘』(1935)のなかでこう述べたことがある——「アメリカの現代文学はすべてマーク・トウェインの『ハックルベリー・フィンの冒険』という一冊の本から出発している」。これは前世紀の作家に対する，彼の強烈な賛美の表現であり，アメリカ文化・文学に関する書物や文献のなかで頻繁に引用される有名な言葉である。

▶主人公　自由奔放に生きる家出少年ハックは，アメリカ文学におけるもっとも有名な，かつもっとも人気の高いヒーローのひとりである。彼は「アメリカ人の原型」であると言われることさえあり，今日にいたるまでアメリカの国内外で数多くの芝居，ミュージカル，映画，マンガなどで取り上げられつづけている。

▶主題　ハックの目をとおして語られるこの物語は，南北戦争☞前に舞台が設定されており，南西部の閉鎖的な田舎町を飛び出した彼が，黒人奴隷ジムと二人で，洋々たるミシシッピ川を筏で南に向かって下りながら，さまざまな危険な冒険をくりひろげる様子を描き出している。その大きな主題は，文明と自然の根源的な対立，白人と黒人の関係，自由とそれに伴う疎外感，ユートピアの追究，少年の倫理的成長などである。

●関連項目：南北戦争／フロンティア・スピリット

●参考文献：亀井俊介『ハックルベリー・フィンのアメリカ―「自由」はどこにあるか』中公新書，2009年

[本村浩二]

ハッジュ

▶語義　イスラームの五行☞のひとつであるマッカ巡礼を意味するアラビア語。

ハッジュは，ヒジュラ暦第12月(巡礼月, ズー・アルヒッジャ月)の8日から10日までの間に行うマッカ巡礼を指し，これ以外の時期に行うカーバ参詣はウムラ(小巡礼)と呼ばれ，ハッジュとは区別される。ムハンマドは624年のバドルの戦いの後に，マッカ巡礼をムスリム☞の義務とした。クルアーンには巡礼の際に行われる儀礼等についての定めはないため，ムハンマドが632年の別離の巡礼を行ったときの順序と方法が，現在まで踏襲されてきた。

▶巡礼の順序と方法　巡礼者は，イフラームと呼ばれる縫目のない2枚の白布をまとい，巡礼月7日までにマッカに到着する。7日にはカーバ神殿においてカーバを7回周り(タワーフ)，サファーの丘とマルワの丘の間を駆け足で7往復する(サーイ)を行う。8日はカーバ神殿から東に約25キロ離れたアラファートに移動し，9日にはアッラーへの掛け声を叫びながら，過去の罪を悔い改め，アッラーに赦しを求め，祈願する(ウクーフ)。そして，カーバへ向かって移動し，ミナーの谷においてジャムラと呼ばれる塔の一つに石を投げる(タジュミール)。10日には，犠牲祭(イード・アルアドハー)の犠牲を屠り，イフラームを解く。巡礼者は，これらの儀礼を集団で行わなくてはならない。これは，イスラームの共同体的性格を表している。すなわち，世界各地から集まった巡礼者たちは，儀礼を行いながら雑踏の中に身を置くことによって，人種・民族・言語・国籍を超えたウンマ☞の一員であることを自覚するという意味がある。

▶巡礼と国家　歴代のイスラーム王朝は，ハッジュの保護の積極的に関わり，イスラームの保護者としての威信と支配の正当性を示してきた。19世紀半ば以降，巡礼者たちの脚が蒸気船に取って代わるまで，巡礼者たちは拠点都市において大規模なキャラバンを編成し，陸路マッカに向かった。支配者は巡礼隊長(アミール・アルハッジュ)を任命して，キャラバンの水の確保や警備などのインフラストラクチャを提供した。また，マムルーク朝(1250-1517)以降，支配者はマフミルと呼ばれる神輿をラクダの背にのせて，キャラバンとともに送り出した。マフミルは金銀の糸で刺繡され緑色の絹布で包まれ，その中にはマッカの大守(シャリーフ)や貧者などに贈られる浄財の明細と受領者のリストが納められており，これに実際の贈物を積んだラクダの列が続いた。

●関連項目：ウンマ／ムスリム／六信五行

●参考文献：坂本勉『イスラーム巡礼』岩波新書, 2000年／『岩波イスラーム辞典』岩波書店, 2002年

[熊倉和歌子]

ハディース

▶語義　広義には「伝承」を意味するアラビア語だが，イスラームの文脈では預言者ムハンマドの言行に関する伝承を意味する。シーア派の十二イマーム派などは12人のイマームの言葉もハディースと見なす。預言者ムハンマドの指示や言葉はその教えを守り，後世に伝えていこうとする教友(サハーバ)たちによって，彼の生前から語り継がれていた。初期のハ

ディース伝達は口承に拠っていたため，膨大な量の伝承を後世に伝えるためには，それらを収集，記録する必要が生じていた。預言者の教友とは，一般的には一度でも彼を見たり，その言葉を聞いたりしたことがある信徒を指すが，そうした人たちは相当数にのぼり，メッカ・メディナのみならず，各地に拡散していた。これに伴い，伝承家によって各地を訪問し，その地の教友や伝承家たちからハディースを収集する「旅(リフラ)」が行われた。このようなハディース収集活動は9世紀に最大規模に達した。初期の代表的なハディース集として，マーリク・ブン・アナス(795年没)の『ムワッター』，アフマド・ブン・ハンバル(855年没)の『ムスナド』があげられる。

▶ハディース学の成立　時代が下るにつれて預言者を直接知る弟子や信徒たちが亡くなる一方，政治的理由などによる捏造や物語師の創作などによって，偽の伝承が生産されていった。このため伝承を収集する際に，その真正さを検証する必要が生じ，ハディース批判の方法を発展させた。ひとつのハディースは，預言者の言葉ないし行動を報告するマトン(本文)と，伝承者たちの名前を伝え聞いた順序を遡って記していくイスナード(伝達経路)から構成される。ハディース批判はマトンとイスナードの両面から行われ，これらふたつが完全であると認められれば，そのハディースは「サヒーフ(真正)」とされる。このようにして精選されたハディースを収録し，スンナ派においてもっとも権威あるハディース集とされているのが，9-10世紀初頭に成立した「六書」(ブハーリー(870没)，ムスリム・ブン・ハッジャージュ(875没)，アブー・ダーウード(889没)，ティルミーズィー(905没)，ナサーイー(915没)によるハディース集)である。

▶シーア派のハディース　イマームの無謬性を信じる十二イマーム派では，ハディースは預言者ムハンマドのものだけでなく，歴代イマームの言説，行動，承認についての記録も含む。スンナ派のハディース編集にほぼ1世紀おくれて10-11世紀にクライニー(941没)，イブン・バーバワイヒ(991没)，トゥースィー(1067没)によって四つのハディース集(「四書」)が編纂された。

●関連項目：ウラマー／シャリーア

●参考文献：『岩波イスラーム辞典』岩波書店，2002年／『新イスラム事典』平凡社，2002年／堀井聡江『イスラーム法通史』山川出版社，2004年

[熊倉和歌子]

パブリックスクール

▶概要　イギリスにおける中等教育を担う私立校のうち，社会的に認知された名門校の一群を指す。その一部は非常に長い伝統を持ち，寄宿制の一貫教育を行う男子校であり，近代初期には特にジェントルマンなど上流階級の子弟を受け入れるエリート養成機関として発達した。その後，中産階級の勃興に伴い，上層中産階級を中心とした子弟の入学が増加し，教育内容も人文系の教養教育☞から近代的な教育へ変化してゆくことになった。近年は社会的な要請に応えて男女共学化したり，通学制を認める学校も増えてい

るが，依然としてイギリス社会におけるエリート層の養成に大きな役割を果たしている。

▶歴史　パブリックスクールの前身は，中世の教会付属学校であるグラマースクールに遡る。グラマースクールとは，その名の表すとおりラテン語やギリシア語の文法を教えるための学校であり，それらの言語で書かれた聖書の読解を目的とした聖職者の養成機関であった。こうしたグラマースクールの内，次第に世間からの評価を高めていった一部がパブリックスクールとして認知されるようになり，古いものでは14世紀にはウィンチェスター校が，15世紀にはイートン校が創立されていた。その後もパブリックスクールの数は増えてゆき，次第に高い学費で成り立つ上流階級の教育機関として発達してゆく。パブリックスクールに明確な定義はなく，社会的な評価や威信によるため，時代によってそこに含まれる学校や数は変化してきた。しかしながら，ひとつの目安としては1861～1864年にクラレンドン委員会の調査によって挙げられたチャーターハウス，イートン，ハロウ，マーチャントテイラーズ，ラグビー，シュルーズベリー，セントポール，ウェストミンスター，ウィンチェスターを代表的な有力校と見なすことができる。

また，私立であるにもかかわらず「パブリック（公の）」と呼ばれる理由は諸説あるが，もともと基金を元にして運営されていた時代には貧しい学生を受け入れていたことや，エリート養成校となった後にも一定数の奨学生を入学させる制度が

あったためともいわれる。なお，こうした意味でのパブリックスクールはイギリス（英国）のなかでもイングランドとウェールズに特有のものであり，スコットランドやアイルランドでは公立学校をパブリックスクールと呼ぶ。

▶特徴　教育の特徴としては，寄宿生活を通じて集団生活の規律やモラルなどを養い，人格形成をめざす全人教育にあった。その教育内容は，伝統的に人文学に重きを置いた教養教育であり，これは広い意味で「実学的でない」，すなわち対象とした学生の出身階級を背景として，職業に直結しない教養的知識こそが上流階級にふさわしいと見なされたためである。これに加えて課外活動としてのスポーツ☞が重視されたのも，その教養的概念ゆえであり，実用性のないゲーム（競技）によって心身を育むという，いわば身体的教養の獲得をめざした伝統であるともいえる。また，寄宿舎での共同生活における規律管理のため，上級生が下級生を使役し，なおかつ保護するというプリフェクト-ファギング制を特徴とするが，こうした濃密な関係性は時として苛烈ないじめの遠因ともなった。

●関連項目：スポーツ

●参考文献：池田潔『自由と規律―イギリスの学校生活』岩波書店，1949年

[岡田桂]

ハラール食品

▶語義　シャリーア☞によって合法とされる食品のこと。特に，肉および肉製品についていう。ハラールは"許容されたもの"を意味するアラビア語で，その反

対語は"禁止される行為"を意味するハラームである。ある物や行為がハラールかハラームかという問題は、ムスリム☞にとって重要な意味を持つ。

　シャリーアでは、天然の食物は原則としてハラールであるが、豚肉、死肉、偶像に捧げられた動物の肉、血などが禁じられている。また、牛・羊・山羊・鶏などを食す際には、それらを屠る方法(ザブフ)が定められており、この方法によって屠られたもののみがハラールとされる。その方法とは、理性あるムスリムがザブフの意思表明を行い、"ビスミッラー"（"慈悲あまねく慈悲深きアッラーの御名によって"という意の句）を唱え、動物の両頸動脈を鋭利な刃物で切断し、血を抜くというものである。なお、「啓典の民」(キリスト教徒およびユダヤ教徒)によってザブフを行われた動物も合法な食糧となる。海の魚や動物についてはザブフを行わなくてもハラールとなる。

▶現代の流通とハラール食品　伝統的には、食品はその地域で生産されるものが多く、その食品がハラールか否かが問題になる機会はなかった。しかし、現代では非イスラーム圏からの食糧品の輸入が増加したことによって、輸入食品のハラール性が問われている。また、出稼ぎや留学、旅行などで非イスラーム圏に滞在するムスリムにとっては、ハラール食品は日常の食と信仰に関わる重大な問題である。近年、アジア地域からの観光客が増加している日本においても、ムスリム観光客に対していかに安定的なハラール食品を提供するかが社会の課題となっており、ハラール食品に対する関心が高まっている。

●関連項目：シャリーア
●参考文献：『岩波イスラーム辞典』岩波書店，2002年

[熊倉和歌子]

パリテ

▶語義　政界における議員の数を男女同数(パリテ)にすることをめざして2000年6月に制定されたパリテ法の内容。フェミニストを中心にフランスを二分する大論争のすえ制定された。

▶経緯　フランスは女性の政治参加が遅く、女性参政権を獲得したのもようやく1944年のことであったが、女性議員の割合もきわめて低かった。これを問題視したミッテラン政権は、1982年、クォータ制(公的機関に一定割合の女性枠を設ける措置)の導入を提案したが、法の下に同一である選挙人・被選挙人をカテゴリー分けすることはできないとの理由で違憲判決が下された。しかし、国民議会の女性議員の割合がわずか5.5%であるという現実を前に問題意識が高まり、1995年、シラク大統領は「パリテ監視委員会」を設置し、対策を検討させた。翌年には10人の超党派女性議員が「パリテのための10人宣言」を発表し、憲法改正をめざす動きを促した。しかし、1998年に憲法改正案が提出されると、国民議会で可決されたのち上院で否決されるなど、議論は紛糾をきわめた。最終的に、1999年6月に憲法改正案が両院で可決され、憲法第3条に、「法律は、選挙によって選出される議員数と公職への男女の平等なア

クセスを促進する」という条項が付加され，第4条で，同条項への「政党および政治団体」の「協力」が定められた。

▶争点　フランスには，性的差異をめぐっても「共和主義」原則を貫き，人間は性差を超えて普遍的であり，女性に「女性性」を押しつけることは差別だと考える普遍主義的フェミニズムと，性差は他の諸々の差異とは性格が異なり，男性と女性は別個に権利を確立すべきだと考える差異主義(本質主義)的フェミニズムが存在し，パリテをめぐっては両者のあいだで激しい論争が闘わされた。前者は『第二の性』のシモーヌ・ド・ボーヴォワールを受け継ぐエリザベート・バダンテールらによって代表されるパリテ反対派であり，後者はシルヴィアンヌ・アガサンスキーらによって代表されるパリテ推進派である。

▶導入後　パリテ導入後の女性議員の割合は，国民議会で5.5％から18.5％へ(2007)，上院で5.6％から16.9％へ(2004)，地域圏議会で27.5％から47.6％へ(2004)と一定程度増加したが，国民議会で比較するとヨーロッパのなかでは20位とまだ低い。

●参考文献：堀茂樹「パリテ論争　市民に性差はあるか？」三浦信孝編『普遍性か差異か』藤原書店，2001年／糠塚康江『パリテの論理―男女共同参画の技法』信山社，2005年／E・バダンテール『迷走フェミニズム』(夏目幸子訳)，新曜社，2006年／S・アガサンスキー『性の政治学』(丸岡高弘訳)産業図書，2008年

[郷原佳以]

パワースポット

▶語義　人間の心身に影響を与えるエネルギーが生じるとされる場所。いにしえの昔からそれらの場所が地球上に存在していたことはいうまでもないが，20世紀の終わり頃から新たにこの名前で呼ばれるようになり，雑誌やテレビなどで取り上げられ一大ブームとなった。現在でも多くのメディアでパワースポットと特定され宣伝される場所は尽きない。

▶ブームの象徴　雑誌メディアにパワースポットの記事が急速に増えるようになったのは2010年のことであったが，そのきっかけとなったのが「清正井」(きよまさのいど)と呼ばれる明治神宮内の湧水の井戸である。2009年12月のテレビのバラエティ番組で手相芸人の島田秀平が，この井戸を携帯電話の待受画面にしたところ仕事運が上向いたということを報告した。これ以後，この井戸を待受画面に設定すると仕事運だけではなく恋愛運も上向き厄落としにもなるとされるようになり，清正井には長蛇の列ができパワースポットとして一躍有名になった。

▶場所　パワースポットとされる場所は，従来から聖地や巡礼地とされてきた場所と基本的に重なる。伊勢神宮や出雲大社，高野山などパワースポットの多くが昔からの巡礼地である。清正井がある明治神宮も初詣の参拝客が日本一を数える神社である。それらの場所の全体あるいはその一部が，特定の御利益があるパワースポットとして再提示されることでメディアでの露出が増え多くの観光客を集めるようになるのである。パワースポットと

なる場所は神社や霊場のほかにも、滝や岬、洞窟など特定の宗教と結びつかない特異な自然景観も含まれる。そのような場所については大自然のパワーが強調されることが多い。清正井の場合も、明治神宮創建以前から湧き続ける泉であることが自然のパワーとして認識されているのである。

▶メディア　パワースポットが取り上げられるメディアは20代以上をターゲットとした女性誌が中心であり、特集記事のなかで恋愛運向上、婚活、美容、仕事の疲れを癒すといった効果がうたわれる。カラー写真が多く使用され、寺社の授与品や正しい参拝方法の解説が掲載されるのが一般的である。広告には観光旅館やパワーストーンなどの通信販売が見られる。ツーリズムの対象として各地からのアクセスの良さが強調されることも多い。

▶スピリチュアリティ　清正井を象徴として盛り上がったパワースポットブームは、スピリチュアルな意識を持つ消費者が求めるパワーの多様なニーズに合わせる形で、既存の聖地の意味の読み替えをも含む多様な場所がパワースポットとしてプロデュースされ、多種のメディアを通じて流行し、消費されてきたといえよう。

●関連項目：スピリチュアリティ／聖地巡礼
●参考文献：ランドネ編集部編『別冊ランドネ　全国パワースポット完全ガイド』枻出版社, 2010年／国際宗教研究所編『現代宗教2011―現代文化の中の宗教伝統』秋山書店, 2011年／星野英紀・山中弘・岡本亮輔編『聖地巡礼ツーリズム』弘文堂, 2012年

[髙井啓介]

ハワイ王朝

▶語義　1795年、カメハメハ1世によって統一された後、1893年、女王リリウオカラニの時代に白人のクーデターによって転覆されるまでの約100年間続いた王朝。

▶歴史　ハワイに最初に定住したのは、紀元250年頃マルキーズ諸島から渡ってきたポリネシア系の人々だった。900年頃からはタヒチを中心とするソシエテ諸島からポリネシア系の移民が押し寄せ、ハワイ独自の文化を形成した。12世紀以降は族長（アリイ）が土地の支配と統制を行う階級制度を基盤とした自給自足的経済社会が発展した。山から海にかけて流れる川を中心とした扇状地を一つの単位として、川沿いの畑でタロイモ栽培、海岸近くの池での魚の養殖、食用の豚や鶏の飼育が平民（マカアイナナ）によって行われた。このアフプアアと呼ばれる共同生活圏がいくつか集まってハワイ社会を形成していた。そこでは土地は神のものであり、個人的に富を蓄える習慣もなかった。そうした社会に大きな変化をもたらしたのは、1778年のイギリス人探検家ジェームズ・クックの到来だった。当時のハワイ諸島は大族長（アリイ・ヌイ）が各島を統治していたが、ハワイ島を統治していたカラニオプウが1782年に没すると、彼の甥で実力を発揮しつつあった若い族長のカメハメハが、王位を継いだ息子のキヴァラオと戦いハワイ島を手中に収めた。その後もカメハメハはハワイ諸島制圧の戦いを続け、1795年にはも

っとも強力な大族長カヘキリの統治するマウイ島を征服した。その際，クック到来を機に交易や領土を求めて来航していた西欧諸国の船の乗員から軍事的な知識や技術の提供を受け，カメハメハは自らの勢力を強化し優位に戦いを進めることができた。そして，カウアイ島とニイハウ島を除くハワイ諸島統一に成功した（両島を支配するカウムアリイがカメハメハの統治権を承認したのは1810年）。

▶産業　18世紀末の統一達成の頃から王族や族長は中国に白檀の木を輸出して得た富を，西洋の物品（武器，織物，家具等）購入に充てた。19世紀に入って白檀が底を尽きると，ハワイの港は捕鯨船の補給基地となり捕鯨産業が栄えた。北太平洋貿易の拠点となったハワイには白人の数が増加した。そうした折，1850年に外国人の土地所有が認められると白人の経営するサトウキビ農場が各地に建設され，アジア系移民を労働力としたサトウキビ栽培はハワイの主要産業となっていった。

▶転覆　1861年，南北戦争☞が始まると，米南部のサトウキビ生産を肩代わりするようになり，1876年には合衆国への砂糖の無関税輸出が保証されたため生産量は急増した。こうして経済的実権を握ったアメリカ系の白人は政治力拡大を図り1887年，王権を制限する新憲法発布をカラカウア王に認めさせた。1891年，カラカウア王の死後，王位に就いた妹のリリウオカラニは，アメリカ系白人勢力による支配から脱し王権回復を図ろうと1893年，新憲法発布を計画した。それに対して危機感を感じたアメリカ系白人は，米国への併合をめざし暫定政府を樹立，翌1894年には憲法を制定し，ハワイ共和国の誕生が宣言された。ここに王朝は転覆された。

●関連項目：先住民／南北戦争

●参考文献：中嶋弓子『さまよえる楽園』東京書籍，1993年／矢口祐人『ハワイの歴史と文化』中公新書，2002年

[細谷典子]

ハンガリー動乱

▶概要　1956年10月，ソ連の勢力圏にあった東欧の社会主義国ハンガリーで抑圧的な社会主義体制に対する反発から生じた反政府暴動で，11月ソ連軍の介入により鎮圧された。

▶ソ連の東欧支配　1917年のロシア革命で社会主義政権が成立したあと，1922年に創設されソビエト社会主義共和国連邦（ソ連）では1920年代末以降，共産党の一党独裁のもと党書記長スターリンが農業集団化と重工業化による社会主義建設を推し進めたが，その過程でソ連の政治体制は抑圧的で全体主義的なものとなった。ソ連は1941年6月ドイツに侵攻されたものの1943年1月以後反撃に転じ，東欧のかなりの地域をドイツの支配から解放して占領し，各地域で従順な共産党や労働者党を再結成させて東欧に自分の勢力を植え付けた。

▶ソ連型社会主義　1945年5月のドイツ降伏後しばらくは，東欧諸国ではソ連派の共産党と西側派の諸政党が協調する連立政権が形成された。ハンガリーでも当初はやはりソ連派の勤労者党（事実上の共産党）と小農業者党などの諸政党の連立政

権が樹立された。ところが1947年に入るとソ連は東欧への介入を強め、西側諸国との間で冷戦が始まった。ハンガリーでも勤労者党がソ連に動かされて他の諸政党を政権から追放し、工業と銀行を国有化して経済の社会主義化に踏み出した。1949年には勤労者党の書記長ラーコシはソ連軍の力を背景に独裁制を布き、反対派を弾圧しながら農業集団化と重工業化を強行したが、このソ連型社会主義の導入によって国民の生活水準はむしろ下落し、食料事情も悪化した。

▶スターリンの死の波紋　1953年3月ソ連の絶対的指導者スターリンが死去し、1956年2月にソ連共産党でスターリン批判が行われると、東欧諸国に大きな波紋をひき起こし、同年6月ポーランドでの暴動と共産党改革に続いて、ハンガリーでも学生や知識人による勤労者党指導部への批判が活発になった。同年10月首都ブダペストでのポーランド連帯デモに治安部隊が発砲したことから民衆暴動が発生し、武器を入手した民衆と治安部隊との間で戦闘が展開された。勤労者党はナジ首相とカーダール党第一書記による改革派の新政権を発足させたが、党内紛争から政権が機能せず、首都では労働者評議会が、地方でも革命委員会が事実上権力を握った。

▶ソ連軍による制圧　ソ連軍の介入を恐れたナジ首相は11月初め、ワルシャワ条約機構(ソ連と東欧諸国の軍事同盟)からの脱退を宣言、勤労者党が少数派となる連立政権を発足させて国内の事態収拾を図ったが、11月4日ソ連軍は首都を占拠、2週間にわたる戦闘ののちハンガリー全土を制圧し、ソ連軍を後ろ盾にしたカーダールが社会主義労働者党を組織して政権についた。暴動で数千名が犠牲となり、ナジ首相はソ連軍に連行されて処刑された。

●関連項目：独ソ不可侵条約の締結／プラハの春／ベルリンの壁崩壊
●参考文献：F・フェイト『スターリン以後の東欧』(熊田亨訳)岩波書店, 1978年／F・フェイト『スターリン時代の東欧』(熊田亨訳)岩波書店, 1979年

[篠原敏昭]

汎ヨーロッパ・ピクニック

▶概要　1989年11月9日のベルリンの壁の崩壊、およびその後の東欧革命につながる重要な出来事のひとつ。1989年8月19日、オーストリアと国境の接するハンガリーの町ショプロンで開催された野外集会で、これを利用して約1,000人のドイツ民主共和国(東ドイツ)市民が国境を越え、オーストリア・ウィーンの西ドイツ大使館に亡命した。

▶前史　同盟国である東側への旅行さえも許可制であった東ドイツ市民にとって、バラトン湖のあるハンガリーは、以前から人気の合法的なバカンス先であった。1989年の5月2日に、ハンガリーがオーストリアとの国境の鉄条網を撤去すると、ここを超えてオーストリア経由でドイツ連邦共和国(西ドイツ)への亡命ができると期待する東ドイツ市民がさらにハンガリーに殺到する事態が生じる。とはいえ、合法的に国境を超えることのできるのはハンガリーのパスポート所有者に限られ

たが，それでも1989年の5月から7月にかけて500人ほどの東ドイツ市民が西側への脱出を果たし，さらに出国の機会を窺う市民たちの数は8月中旬には20万人規模に達して，国境周辺各所にはそうした人々のキャンプ村が出現していた。

▶表の主催者と陰の立案者　こうした状況のもと，ハンガリーとオーストリアの国境で，両国の市民が交流する野外集会が企画される。当初は〈民主フォーラム〉のフィレプ・マリアや活動家メサロシュ・フェレンツを中心にハプスブルク家の末裔オットーを加えた，主として市民グループの発想であった。場所は，オーストリア領土に深く入り込んだショポロン，日時は，1989年8月19日午後3時。ところが，フィレプが政治改革相ポジュガイ・イムレに資金援助を求めたとき，この計画は東西両市民の交流という表看板にもうひとつの目的を加えることになる。このピクニック計画を東ドイツ市民の西側脱出に利用する案が浮上したのである。共産圏からの離脱を模索する首相ネーメト・ミクローシュは，ハンガリーが東側市民の西側脱出に積極的な役割を果たすことは西側への格好のアピールになると考えた。こうして，東西ヨーロッパ統合の将来を語り合う〈汎ヨーロッパ・ピクニック〉を隠れ蓑に，綿密に計画された脱出劇が実現したのである。

▶その後の展開と影響　脱出劇の成功は，東ドイツ問題に対してソ連に干渉の意志がないことを明らかにしたことでも成功であった。1989年8月25日，首相ネーメトは極秘裏に西ドイツを訪れ，ボン近郊のギムニッツ城で西ドイツ首相ヘルムート・コールおよび外相ハンス＝ディートリヒ・ゲンシャーと会談し，ハンガリーに集結中の東ドイツ市民を西ドイツに合法的に移送することに合意を得る。同年9月11日，ハンガリー政府はオーストリアとの国境を開放し，10月末までに10万人の東ドイツ市民が西側に移住した。強制送還を主張していた東ドイツ政府も，同年9月30日にポーランドとチェコスロヴァキアと合意し，ワルシャワとプラハの西ドイツ大使館に亡命を求めた東ドイツ市民をただちに西ドイツに入ることを許可せざるを得なくなる。また，東ドイツ国内でも，9月に入って「大量逃亡の代わりに旅行の自由を」を唱えるデモが相次ぎ，日を重ねるごとに参加者の数を増していった。

（註：ハンガリー語では，人名は姓→名の順に記す）

●関連事項：月曜デモ／ベルリンの壁崩壊

●参考文献：南塚信吾, 宮島直機編『東欧改革』講談社現代新書995, 1990年／三浦元博・山崎博康『東欧革命―権力の内側で何が起きたか』岩波新書256, 1992年／DVD『こうしてベルリンの壁は崩壊した―ヨーロッパ・ピクニック計画』NHKエンタープライズ, 2009年（放送「NHKスペシャル」1993年）／マイケル・マイヤー『1989　世界を変えた年』(早坂哲夫訳)作品社, 2010年

[佐藤茂樹]

ビーダーマイアー期／様式

▶名称　ルートヴィヒ・アイヒロートの小説『シュヴァーベンの学校教師ビーダーマイアーの歌の喜び』の登場人物名に由来。事なかれ主義的で堅実なことを

表す「ビーダー」とドイツの典型的な姓である「マイアー」を組み合わせた造語で、堅実ではあるが全体として通俗的な市民社会の生活流儀に対する揶揄を含んだ名称として始まった。はじめは家具・調度の範囲に限られていたが、次第に心地よい愚直さを伴う平和な気分を表す文化全体におよぶ傾向の名称へと拡大された。さらに、時代概念・様式概念としての共通認識を得るにつれ、蔑称のニュアンスを失った。

▶**時期** 時代概念としては、社会史・政治史等の分野で用いられる三月前期☞と重なり、ウィーン会議(1814)から三月革命☞(1848)までの時期を指す。特にオーストリアでは、警察力による政治活動の全面的な封じ込めと経済の好況によって作り出された束の間の「安定期」と不可分である。ただし、様式概念としては、時代的な括りを超えて、市民の時代のさまざまな領域に大きく食い込んでいる。

▶**服装** 男性は、フロックコートに短いチョッキとシルクハット、女性は、袖口が広く、すその長いスカートといったものが好まれた。ともに市民生活が拡大した日常生活における身体の動きを反映して、「実用性」を基調にしている。ただし、後のウィーン工房☞と比べると、核心に「機能性」等の強い主張があるわけではなく、没趣味なことは否めない。ゲオルク・フリードリヒ・ケルステング(1785-1847)の絵画《窓辺のふたり》(1817)は、これを知る好例である。

▶**家具・調度** 華美でも機能性のみの追求にも走らない、家族と友人・来客が私的な時間を心地よく過ごすことを中心に考えられた、いわば「等身大」の大きさ・色目・デザインを特徴とし、前時代のバロック様式の装飾性・凹凸性の対極をなす。当時の家具や食器類が骨董品市場で現在も安価で出回り、現在の家屋で実際に使用されて違和感がないのも、そこに理由がある。部屋の高さ・広さ・窓の配置と大きさ・壁紙のデザインおよび色彩など当時の具体例を今に伝えるものに、ウィーン博物館カールスプラッツ内に移設されている当時の作家フランツ・グリルパルツァーの部屋がある。

▶**絵画** 民話や歴史伝承を題材にゲルマンの森に象徴されるドイツ民族の文化の源を表現したモーリッツ・フォン・シュヴィント(1804-71)やアードリアン・ルートヴィヒ・リヒター(1803-84)がまず挙げられる。同様の題材を扱ってはいても、先行するロマン派☞とは異なり、そこには不可視の次元を芸術によって現前させようとする徹底した観念性はすでに見られない。表現されている「夢幻性」は、むしろ素朴な安らぎの気分への架け橋である。テーマ的に「等身大」への新しい視線を伝えるのは、フェルディナント・ゲオルク・ヴァルトミュラー(1793-1865)を始めとするウィーンの画家たちである。外れた宝くじを手に半ば放心した表情のメイドの娘、凍える冬空の下で身を屈めながらひとりパンを売る少年、一日の野良仕事を終えて帰宅した母親を取り巻く子どもたち…という具合に、これらの絵は、歴史画や物語画の題材を踏み越え、小さな日常生活の中に生まれる喜怒哀楽

にはじめて視線を向けながらも，それでいてまだ問題を社会化して捉えるまでには踏み込んでいないところに特徴がある。

▶**音楽** 作風以上に特徴的なのは，音楽および音楽家の自律である。バロック時代には主として宮廷の祝典や教会の典礼の背景だった音楽は，「魂の言語」という言葉で表されるように，それ自体の表現対象と内容を持つに到り，それに伴って，音楽家自身も貴族社会や教会への依存を脱し，演奏会と作曲活動を中心とした活動を開始する。そして，それを支えたのが，ウィーンの楽友協会に代表される市民自身によるプロデュース活動である。そうした中で，特にピアノは広く市民家庭に普及し，同好者たちの私的な夜会という新しい文化も開花した。

▶**文芸** 歴史を動かす大きな出来事が起こらない時代の，市民社会の感性を納得させる動機づけが特徴である。例えば，フランツ・グリルパルツァー（1791-1872）の『メデア』（1833）では，ギリシア悲劇を継承しながらも，悲劇の力点は，時間の経過の中で変化に曝されざるを得ない人間の内面的葛藤に移されている。そして，葛藤が生じる過程を克明に解剖台に乗せて提示する点が，出来事そのものよりもその分析に関心を寄せる新しい受容者に適っていた。また，検閲の制約のもとで，それをかいくぐる多義的な表現の妙を発達させたのも，この時期の文芸のひとつの特徴として挙げられる。

▶**備考** 特定の主張を掲げてグループを作ったり，機関紙を発行したりする運動ではなく，同時代の市民階級が共有する傾向が表現となったものと捉えること。

●関連項目：三月前期／ドイツ・ロマン派
●参考文献：ウィーン博物館カールスプラッツ所蔵目録，2007年

[佐藤茂樹]

庇護権問題（ドイツ）

▶**庇護権とは** 庇護権（Asylrecht独）とは，古くは，教会などの聖域に逃げ込んだ罪人がそこに留まる限り逮捕を免れた権利をいう。ドイツ連邦共和国（西独）基本法（憲法に相当する）は，「政治的迫害者」の庇護を旨に，この精神を16条に盛り込んだ。

▶**基本法16条** 上記の基本法（1949制定）16条には，「政治的に迫害された者は庇護権を有する」という条項があり，1990年のドイツ統一後もそれが継承された。ナチス政権下の迫害を踏まえた人権保護を旨とする条項であり，入国審査に当たって「政治的庇護を求める」と申し出れば，長期にわたる申請審査を受け，その期間中，生活を保障する公的な扶助を受ける権利を有した。申請が認められる割合は平均4％であったが，却下されても不服申し立てをすれば再審査が可能であり，その期間中（長期に及ぶ）やはり生活の保障があった。対応に問題の生じた1990年の統一前後の大規模な移民・難民の流入は，想定外であった。

▶**外国人襲撃事件** そうした現状に反発して，1991年頃からネオナチや「共和主義者」を中心とした外国人排斥の主張さらには襲撃が急増した。ホイアースヴェルダ（91），ロストック（92），ゾーリンゲン（93，死者4名）の3件を挙げるにとどめ

るが、ロストックの襲撃事件では、火炎瓶が炎をあげる度に現場を取り巻く住民から歓声が起こり、警官には「なぜ外国人でなく、自国民を逮捕するのか」と抗議がなされ、その一部始終がテレビによって全国に放映された(1年後にテレビ局が映像から襲撃に同調する市民を割り出し、当時の発言を問い質して放映するというおまけまで付いた)。襲撃事件は、92年には4,000件(前年度比70%増)に昇った。「アウスレンダー・ラウス(外国人出て行け!)」の罵声は申請者云々を問わず、多くの外国人に向けられ、保護に尽力する女性は「アウスレンダー・フーレ(外国人用売春婦)」と罵倒された。「共和主義者」は地方議会にも議席を持ったが、基本法の5%条項(極端な少数意見を排除する)により連邦議会への進出は阻まれた。なお、外国人排斥に抗議する対抗行動も各地で行われた事実も忘れられてはならない。

▶「ボートは満員だ」 必ずしも事実に基づかない申請者の「蛮行」が市民の平穏な日常を脅かしているという主張がなされ、市民の間にも身近な外国人に対する感情的反感・差別意識(生活レイシズム)が広まった。そうした意識は「ボートは満員だ」等の単純化されたフレーズに集約されて拡散し、保守派の政治家の一部からは生活レイシズムを助長する言動が公然となされもした。こうした機運を受けて、移入を制限する基本法改正への動きが高まった。

▶16条の改正 ネオナチの暴力事件や申請者の急増(85年:7万人強、92年:44万人弱)によって市民の間に広まった不安も重なり、慎重だった社会民主党の賛成も得て、93年6月28日、先の第16条第2項を冒頭に移して第1項とし、第2項として「欧州共同体並びに人権及び基本的自由の保護に関する条約の適用が保障されているその他の第三国から入国する者は、第1項を援用することができない」他の文言を加えて、第16a条(庇護権とその制限)とする改正案が可決された。政治的迫害のない国を経由してドイツに庇護申請を求める者の申請は認めないという旨の加筆である。改正は、負の成果として「不法移民」を増加させ、そうした非合法滞在者の弱みに付け込んで劣悪な労働環境や法外な低賃金で雇用する搾取をも生み出した。

▶難民問題 「外からの人の流入の管理」をめぐる混乱は、2010年代に入って難民受け入れの問題として再燃している。この間、連邦首相アンゲラ・メルケルは率先して中東やアフリカからの難民の受け入れを表明し、実行してきた(2015年1年で80万人と算定される)。しかし、2015年の大晦日にケルン駅頭で起きた集団暴行事件等を境に、市民感情には変化が生じている。メルケル連邦首相の「失政」を非難する声は具体的な投票行動に現れ、2017年9月の連邦議会(日本の衆議院に相当する)選挙では、反移民を唱える政党〈ドイツのための選択肢(Alterative für Deutschland)〉が前記5%条項の壁を初めて乗り越え、94議席(全議席709)を獲得して、既成2大政党に次ぐ第三勢力にのし上がった。その後、ケムニッツで起きたシリアおよびイラン国籍の難民による殺害事件も加わ

って，2018年の州議会選挙でもこの政党は支持を伸ばし，16州すべての議会に議席を獲得することになった。移民の制限，反イスラム，ドイツのアイデンティティという主張が州議会および連邦議会に発言の場を持ったことは，90年代の庇護権問題に新たな難題を加えている。
●参考文献：三島憲一『現代ドイツ—統一後の知的軌跡』岩波新書994，2006年（文中の数値は，「難民問題」の箇所を除き，すべてこの書による）／髙田敏・初宿正典編訳『ドイツ憲法集第6版』信山社，2010年（基本法の訳文は，すべてこの書による）。

［佐藤茂樹］

美術アカデミー

▶語義　16世紀以降ヨーロッパの諸都市に設立された美術家の組織。会員が教育に当たる美術学校であると同時に，同業者の互恵組織的な役割も担った。定期的に展覧会を開いて一定の水準を満たした作品のみを公開し，会員になるのにも厳しい基準が設けられた。したがって美術アカデミー会員であること，または審査に合格して展覧会に出品できることは，優れた美術家である証となった。このシステムにより，ルネサンス期に確立した美術様式が数百年にわたって継承され，世に出る美術作品の水準が維持されたともいえる。しかし一方，アカデミーの規範に適合しない作品・作者は「正統派」と認めない思潮を形成し，事実上美術界を特権的に支配した。19世紀に至り新しい美術表現を模索する作家たちが現れると，その保守性や排他性が批判の対象となり，アカデミズムという言葉は旧弊な芸術観の代名詞となった。

▶起源　1563年のフィレンツェを皮切りに，ローマ，ボローニャなど，ルネサンス美術の開花したイタリア各都市で美術学校が設立されたのが始まり。それまでは個人的な師弟関係において技能が伝授されていたのに対し，複数の教授陣から成る組織で，技術だけでなく遠近法や解剖学などの理論も体系的に教えるようにした。背景には，絵画や彫刻などの造形芸術が，理論や瞑想を中心とする学問に比べ下位にみなされてきた事情がある。アカデミーという名称は，古代ギリシアで自由学芸を講じたアカデメイアに由来する。つまり美術アカデミーの設立は，美術も哲学などと同様に高度な知的活動であることを主張し，ひいては画家・彫刻家の社会的地位を向上させることをめざしたものであった。

▶芸術観　アカデミーが模範とするのは，盛期ルネサンスすなわち1500年前後から1530年頃のイタリア美術である。その時代の代表的作家としてレオナルド・ダ・ヴィンチ(1452-1519)，ラファエロ(1483-1520)，ミケランジェロ(1475-1564)等を挙げることができる。均整のとれた人体のプロポーションと安定感のある姿勢，絵画においては遠近法と陰影法を駆使した再現的描写を基本とし，目の前の自然から理想の美しさを引き出すことをめざした。また作品の主題についても，見る者の精神を高めることのできる高尚な内容を求め，聖書や神話，古代の歴史から題材を取った。そしてこうした歴史画☞とよばれる作品こそ，芸術家の為すべき

仕事であり，風景画や静物画といった他のジャンルの頂点に立つ「大芸術」であるという価値観を，美術家の間に浸透させた。

▶展覧会　アカデミー会員の作品を定期的に発表する展覧会は，1648年に設立されたパリの美術アカデミーから始まったとされる。18世紀末には会員以外でも審査に通れば展示できる公募制となった。行政府の監督下にあったため官展と呼ばれるが，審査員はアカデミー会員から選ばれた。この，フランスの官展の通称が「サロン」であり，ルーヴル宮の広間(サロン)を会場としたことに由来する。1863年のサロンに落選したエドゥワール・マネ(1832-83)らの作品が世間の注目を集め，印象主義☞登場の誘因となったことはよく知られている。

●関連項目：印象主義／歴史画
●参考文献：『西洋美術研究　No.2 特集・美術アカデミー』三元社，1999年

[小野寺玲子]

ビスマルク体制

▶語義　1871年にプロイセン主導型のドイツ帝国☞が成立し，それまでのウィーン体制☞に取って代わり，ドイツ帝国宰相ビスマルクを調整役(バランサー)とするヨーロッパの集団安全保障体制が形成された。その中心となったビスマルクの名前を取ってこう呼ばれる。

▶基盤　ビスマルク体制は次の三本の柱によって成り立っていた。①バルカン半島での勢力圏をめぐるロシアとオーストリアの確執を緩和する。②世界帝国イギリスとロシアとの間で調停を行い，両国がドイツを必要とする状態を生み出す。③普仏戦争で屈辱的な敗北を喫したフランスがドイツに対する復讐を企てられないように，ヨーロッパ国際政治の中でフランスを孤立させる。

▶実践　この三つの柱を確立させるために，ビスマルクはきわめて複雑な同盟・盟約・密約の網をヨーロッパに張り巡らした。まずは，「戦争」によって統一を成し遂げたドイツではあるが，これ以後はヨーロッパでは領土的野心を示さないことを内外に知らしめた。その前提の上で，ロシア・ドイツ・オーストリア間に三帝協定(1873)を結び，墺露間の確執を仲裁した。また，ユーラシア大陸で対峙する英露間の対立も，ロシア＝トルコ戦争後に彼自身が議長役を務めたベルリン会議(1878)で調整され，アフリカ中央部の植民地化をめぐる列強間の利害調整も同じくベルリン会議(1884~85)で実現した。さらに，ドイツ・オーストリア・イタリア間の三国同盟(1882)やオーストリア・イタリアとイギリスの間に地中海協定(1887)も結ばせ，フランスを孤立化させた。

▶崩壊　このようにビスマルクの巧みな外交に基づく平和の体制ではあったが，常に崩壊の危機にさらされていた。1878年のベルリン会議での調整がイギリスやオーストリアにとって都合の良い結果に終わったため，激怒したロシアは三帝協定から離脱した。協定は1881年に再度結ばれたが，ブルガリア問題をめぐる墺露間の対立を収拾することができず，87年には消滅した。そこでビスマルクは

オーストリアとの軍事同盟を強化する一方で，ロシアとも再保障条約(1887)を結んだが，それはお互いに矛盾する(戦争開始の際にドイツは墺露両国それぞれに味方しなければならなくなった)外交であった。このため1890年3月にビスマルクが皇帝ヴィルヘルム2世と対立して失脚すると，彼が支えた平和の体制はもろくも崩れ去り，その後の露仏同盟(1894)と三国同盟との対立は，1914年の第一次世界大戦☞の勃発へと結びついていった。

●関連項目：ウィーン体制／第一次世界大戦／パクス・ブリタニカ
●参考文献：君塚直隆『近代ヨーロッパ国際政治史』有斐閣，2010年／飯田洋介『ビスマルクと大英帝国』勁草書房，2010年

[君塚直隆]

百人一首

▶語義　単に百人一首という場合，小倉百人一首を指す。藤原定家が鎌倉時代の初頭に，歌人百人の各一首を選んで編集したもの。これが著名になって以来さまざまな百人一首(百人の歌人から一首ずつ計百首を集めた歌集)が現れた。

▶由来　定家が息子の舅である宇都宮蓮生に依頼されて百首を選んだ。『新勅撰集』の仕事を終えた定家(74)は嵯峨の山荘(今の落柿舎の辺)で静養。近くの宇都宮頼綱入道蓮生の山荘(今の厭離庵の地)に招かれた。そこで百人各一首の撰歌と色紙書きを依頼されたらしい。蓮生は隠退した宇都宮の領主で，その娘が定家の息，為家の妻。宇都宮山荘の障子(襖)に定家筆の歌と定家の甥の信実筆の似せ絵を貼り飾る意向であったという。現在の百人一首は，時代順に天智天皇から順徳天皇までの百首であるが，定家がこの形で選んだか否かには説が分かれる。障子絵に歌人の似せ絵を描く例は『月詣集』にある賀茂重保と内大臣(藤原実定)との歌の贈答に見える(渡邉裕美子)。昭和26年，百人一首の草稿と見られる『百人秀歌』が有吉保氏により発見された。両者の違いは，最後の後鳥羽院，順徳院の歌がなく定子ら3名の歌があること，俊頼の歌が違うこと。両院の歌を入れるのは，北条に疎まれた宇都宮家の立場で見るとは危険であったとして，『百人秀歌』は定家撰だが百人一首の最終的撰者は違う(為家か)という説がある。

▶ゲームとしての百人一首　江戸時代，主として歌をおぼえるために，読み札が上の句，取り札が下の句のカルタ遊びとして発祥。明治時代『金色夜叉』に描かれるように若者たちの間に隆盛した。現在も正月の遊戯として存続。競技カルタは黒岩涙香(翻案小説『巌窟王』などで有名)を中心に整備され，現在に至る。

●参考文献：石田貞吉「『百人一首』撰者考」『別冊文芸読本 百人一首』河出書房新社，154-82頁，1979年／有吉保『百人一首』講談社学術文庫，1983年／渡邉裕美子「後鳥羽院―名所障子に囲まれた帝王」國文學編集部『百人一首のなぞ』學燈社114-22頁，2008年

[多ケ谷有子]

ビラヴィド

▶語義　1993年にノーベル文学賞を受賞したアフリカ系アメリカ人の作家，トニ・モリスン(1931-)の5作目の作品。彼女の最高傑作と目されている。1987年

に出版されて以来、人種や性の異なる世界中の読者に読み継がれている「現代の古典」となっている。この作品は1988年にピューリッツァー賞を受けているだけでなく、2006年には、ニューヨーク・タイムズの調査により、過去25年間のもっとも偉大な小説に選ばれている。なお、題目のBelovedという用語は、一般的に「愛されし者」と訳される。

▶形式　歴史小説かつ心理小説である『ビラヴィド』はその形式において黒人口承文学のふたつのジャンルを継承している。それらは「スレイヴ・ナラティヴ」と「ゴースト・ストーリー」である。前者は、元奴隷が奴隷としての生々しい体験を自らの口で語るものであり、後者は死者の霊、つまり幽霊が登場するお話である。南北戦争☞が終結して8年後の、オハイオ州の黒人集落という舞台設定ではじまるこの作品は、奴隷制度☞が黒人にもたらした苦悩を、おもに主人公セサ・ガーナー（ケンタッキー州の元奴隷）の個人的な体験をとおして描き出しており、彼女が強く愛するがゆえに殺害した幼い娘（ビラヴィド）をあの世から引き戻し、超自然的な存在として登場させている点に大きな特徴がある。

▶着想　モリスンは、オハイオ州で実際に起こった「マーガレット・ガーナーの子殺し事件」(1856)の新聞記事を読み、それを下敷きにしてこの物語を作り上げている。当時ケンタッキー州の農園の家内奴隷であったガーナーは、逃亡を試みてオハイオ川を渡るが、その逃亡が失敗し、捕獲人の一団に包囲されてしまう。追い詰められた彼女は、奴隷の境遇に連れ戻されるくらいなら、子供たちを殺し、彼（女）らを救うべきだと決断し、2歳の娘の首を肉切り包丁ではねたのだ。この悲惨な出来事が明らかにしているのは、自分以上に子供を「愛する」母親が、その濃い愛ゆえに子供を「殺す」という不条理な現実である。それがモリスンの作家としての想像力を刺激し、彼女を深い思考へと誘発したと言われている。

▶鎮魂　ビラヴィドという作中人物はセサの娘であると同時に、奴隷制度の下で命を奪われた6000万人を超える黒人のひとりの形象でもある。となると、この作品はモリスンがその犠牲者たちに捧げた鎮魂の書であるという見方もできるであろう。

●関連項目：南北戦争／黒人奴隷制度
●参考文献：吉田廸子『ビラヴィド』ミネルヴァ書房, 2007年／トニ・モリスン『ビラヴィド』(吉田廸子訳)早川書房, 2009年

［本村浩二］

ピルグリム・ファーザーズ

▶語義　"Pilgrim"は「巡礼者」、"Fathers"は「父祖」を意味する。ピルグリム・ファーザーズとは、1620年に信仰の自由を求めてアメリカ大陸へ移住した「ピューリタン(Puritan)」と呼ばれるプロテスタント教徒の一団を指す。彼らはメイフラワー号という名の船に乗って、大西洋を横断した。漂着地はマサチューセッツ州南東部の都市プリマス。12月に上陸して翌年4月までに乗組員100余名の内、44人が死んだという。彼らが苦難の彼方の希望にしがみついて、そこに創設し

たのが，アメリカ史上二番目となるイギリス植民地である（ちなみに，イギリス人の最初の入植地はヴァージニア州ジェームズタウンである）。1691年，この小規模なプリマス植民地は，隣接する，より大きなマサチューセッツ湾植民地（1630年建設）によって吸収され，消滅した。だが，その歴史的意義は大きく，多くのアメリカ人がいまだにそこを自分たちの国の起点場所のひとつとして捉えている。

▶経緯　ピューリタン（通常「清教徒」と訳される）がイギリス本国を離れたのは，政治的かつ宗教的な抑圧を逃れるためであった。ヨーロッパにおける宗教改革☞時代の16世紀に，ピューリタンは，ヘンリー8世（1491-1547）が国王至上法（1534）を発して樹立した英国国教会がカトリック的である点を批判し，それを"purify"（浄化する）ことを唱える。その結果，16世紀末になると，カトリックの慣行の温存などをめぐって，国教会派との意見対立が鮮明化してくる。それに伴い国教会派からの弾圧が厳しくなると，彼らは別天地で神聖な共同体を作り，だれからも干渉されることなく，「純粋な（ピュア）」信仰を追求することを夢見るようになる。別天地とは，言うまでもなく，北米の新世界のことである。

▶結果　当時新大陸に渡っていったピューリタンは，概して二つの派に分けられる。ひとつは英国国教会のなかにとどまり，内部からその徹底的な浄化をめざすものたち。「非分離派（Nonseparatists）」と呼ばれる彼らは，主にマサチューセッツ湾植民地へ移住する。もうひとつは英国国教会から絶縁し，独立した教会の建設をめざすものたち。ピルグリム・ファーザーズは，ピューリタンのなかでも急進的な，この「分離派（Separatists）」の人びとであった。

▶象徴　ピルグリム・ファーザーズは，アメリカ建国に向けて重要な足がかりを築いた一団である。アメリカ国民の，彼らにたいする敬意は深く，彼らはフロンティア・スピリット☞の象徴的かつ神話的存在となっている。

●関連項目：宗教改革／フロンティア・スピリット
●参考文献：大西直樹『ピルグリム・ファーザーズという神話』講談社選書メチエ，1998年

［本村浩二］

ヒンドゥー教

▶語義　インドを中心とした，インド亜大陸に住む人々を中心に実践されている宗教。宗教の分類では，民族宗教の部類に含まれる。世界宗教とされるキリスト教やイスラーム教が，創始者と聖典，教団組織が明確なのに対し，ヒンドゥー教は一人の開祖をもたず，聖書やコーランのように唯一の聖典をもたず，また教会のような権威と行政組織をもっていない。もともと，インダス川以東に居住する人々の意味で用いられた「ヒンドゥー」が，イスラーム教徒ともキリスト教徒とも異なる宗教体系をもっているため，ヒンドゥー教徒またはヒンドゥー教を意味するようになる。ヒンドゥー教は，生活全般にわたる習俗・習慣を含むため，宗教というよりは生活法であるともいわれ

る。

▶業と輪廻転生　ヒンドゥー教では，すべての行為が必ず結果を生むという業(カルマ)の法則があり，人は死んでも各自の業に応じて生まれ変わり，生と死を無限に繰り返すといった輪廻転生の思想がある。現世の行いが悪ければ来世畜生に生まれ変わるかもしれず，逆に功徳を積めば，来世で良い身分に生まれ変われると考えられている。この思想はカースト☞を支える理由ともなっている。しかし理想的なのは，そうした輪廻から解き放たれ，個我(アートマン)と宇宙の最高原理(ブラフマン)が一体となり解脱することである。解脱を実現する方法としては，功徳を積む行為による道と，学問により知識を身につける道と，神への帰依，信愛(バクティ)といった道がある。信愛の道は多くの人々にとって実践可能であるため，7，8世紀からインド各地に広がっている。

▶ヒンドゥー神　ヒンドゥー教は多神教であり，多数の神格が存在する。三大神である，ブラフマー神，シヴァ神，ヴィシュヌ神は，それぞれ創造，破壊，維持を司るとされ，ブラフマー信仰は中世以降弱まっているが，シヴァ神とヴィシュヌ神は全インドで崇拝されている汎ヒンドゥー教の神である。また，三大神の妃である，サラスヴァティー女神，パールヴァティー女神，ラクシュミー女神をはじめ，女神信仰も盛んである。その他，太陽や月，風や火など自然界に存在するものや，蛇や虎などの生物も信仰の対象となっている。地域によって，土地の女神や英雄神はそれぞれ異なる名前で呼ばれており，そうした地域ヒンドゥー教の神々はときに汎ヒンドゥー教の神の化身とされ，または配偶者または子となり，関係を結んでいる。このようにさまざまな名前や姿をもつ神々であるが，多くのヒンドゥー教徒はこれらの神々を，唯一の普遍的力の顕現であると見なしている。ちなみに仏教では，ブラフマーは梵天，シヴァ神は大黒天，サラスヴァティー女神は弁財天，ラクシュミー女神は吉祥天と呼ばれ，ヒンドゥー神と仏教の関係も深い。

▶聖典　ヒンドゥー教の聖典は多数ある。もっとも古いのはヴェーダであり，『リグヴェーダ』『サーマ・ヴェーダ』『ヤジュル・ヴェーダ』『アタルヴァ・ヴェーダ』の4ヴェーダは，天啓(シュルティ)であり，古代の聖仙が霊感によって感得した啓示であると考えている。天啓についで権威があるとされているのは，古伝書(スムリティ)であり，これは聖賢の著作と考えられている。代表的なものには，二大叙事詩である『マハーバーラタ』や『ラーマーヤナ』がある。前者は紀元前10世紀頃に親族間に起こったとされる，バラタ族親族間の戦争を描いたものであり，後者はラーマ王子が魔王を倒して，誘拐された妻を取り戻す話である。物語の中の登場人物のセリフや行為の中に，ヒンドゥー教徒の従うべき法(ダルマ)などが説かれており，多くのヒンドゥー教徒にとってなじみのある話である。二大叙事詩は，民俗芸能のテーマとしてもっともよく取り上げられ，その影響は東南アジアにも

及んでいる。その他、古伝書には、神々や聖仙、王族の伝説に関する古譚、プラーナがあり、代表的なものが18種の大プラーナである。

▶儀礼と祭礼　ヒンドゥー教徒の家には大抵、祭壇があり、毎朝夕燭台に火を灯し、神の像やプリント画を通して神をイメージし、祈りを捧げる。寺院には神が住んでいるとされ、朝、昼、夕と司祭が礼拝儀礼を行っている。神像を水で清めたり、着物を着せたり、花や食物を備えたりする。儀礼は誕生してから、結婚、死に至るまでに行われる通過儀礼や、祖霊を供養する祖霊祭といった、個人や家族単位で行うものから、土地神や英雄神などをカースト集団で祀る儀礼まである。祭礼は地域によりさまざまなものが行われており、比較的広範囲で行われているものには、ドゥルガー女神が悪魔を倒した勝利を祝うナヴァラートゥリーまたはドゥルガープージャ(9月)、や、幸運の女神、ラクシュミー女神を呼ぶディーワーリー(10～11月)、春の祭り、ホーリー(2～3月)などがある。特定の地域でのみ行われている祭礼には、タミル地方の収穫祭ポンガル(1月)やケーララ地方の収穫祭オーナム(8～9月)などがある。

▶近・現代のヒンドゥー教　18世紀末から19世紀にかけて、イギリスの植民地支配が進む中、幼児婚や寡婦殉死などのインド文化の一部の習俗は、西洋人から非難されるようになる。インドの知識人たちの間でも、ヒンドゥー教を改革しようとする動きが生じ、こうした中で新たに形成されたヒンドゥー教は「ネオ・ヒンドゥーイズム」と呼ばれる。現代にいたるまでさまざまな提唱者が現れ、新たな組織が形成され、その中にはインド国外にも支部をもつものも出てきた。19世紀以降インドから旧イギリス植民地を中心に移住するインド系移民☞に加え、20世紀末から急増する欧米への移民が、ヒンドゥー教をインド国外で実践するため、今では世界中にヒンドゥー寺院やヒンドゥー文化が見られるようになった。

●関連項目：インド系移民／カースト

●参考文献：辛島昇ほか編『南アジアを知る事典』平凡社、1992年／橋本泰元ほか『ヒンドゥー教の事典』東京堂出版、2005年

[古賀万由理]

プーミポン・アドゥンヤデート国王

▶崩御　2016年10月13日、プーミポン・アドゥンヤデート国王(1927-2016)の崩御により、ひとつ時代が終わりを告げた。タイの国王のなかでも最も在位期間の長い70年間(在位1946-2016)を国王として職務を全うし、国民統合の象徴として崇敬されるべき存在であったことから、その死はタイの将来に、そして、東南アジア地域の今後に少なからぬ影響を与えていくことであろう。

▶国王の位置づけ　タイがタイであるための重要な要素は、民族・宗教・国王である。まず、タイ固有の歴史と文化を共有するタイ民族が存在し、次にタイ民族のアイデンティティを支える要素として仏教と国王を挙げ、そして、民族の繁栄は、仏教と王室の繁栄を通して実現され、そのふたつを柱に成立するのが国家(政

府）であると理解されているのである。このことは，2007年（仏暦2550）タイ王国憲法の規定によって担保されている。すなわち，第8条で国王の神聖性，不可侵性が，第9条で国王が仏教徒であることが，それぞれ謳われており，また第70条で，国民の義務として，国家・宗教・国王を擁護することが規定されているのである。

▶**国王崇拝のエピソード**　2006年，プーミポン前国王の在位60周年を記念して，キングパワー財団が「我々は国王を愛する」とタイ語，英語の2言語で書かれたオレンジ色のシリコンバンドを100万本限定で製造した。このバンドはタイ国民だけではなく，外国人も求めることができ，希望者は郵便局で100バーツ（1バーツ＝約3円）を支払い，国王に対するメッセージを書き，それと引き換えにバンドを手にした。そして，それぞれが国王に宛てて書いたメッセージは郵便で国王のもとに配達された。集まったバンドの代金は，同財団が経費を差し引くことなく，全て国王に献上された。現在でも，このバンドを腕に付けているタイ国民の姿を目にすることがある。

▶**日本の皇室との関係**　このように国民国家建設において礎ともなるタイ国王（タイ王室）は，日本の皇室との結びつきが深いことでも知られている。1887年，日本は当時のシャムと修好通商条約を締結し，国交を開始したが，平成天皇（当時の皇太子殿下）がタイを公式訪問した1965年，当時のタイでは国民が動物性たんぱく質を摂取することが難しく，タイ国民の困苦を少しでも和らげるために，天皇は日本に帰国後，タイの土壌に適した養殖しやすい魚としてナイル・ティラピアを50匹，プーミポン前国王に贈ったという逸話がある。現在，ナイル・ティラピアはタイ全土に広まり，国民の食卓に頻繁にのぼる魚となっている。

▶**タイの対日感情の悪化と前国王**　1993年，記録的な冷夏により米不足となった日本に対し，タイは自国の備蓄在庫を輸出したことで，タイ国内の米の値段が急騰した。にもかかわらず，輸入したタイ米は，香りのない粘り気のある日本の米とは異なっていたため，日本で大量に売れ残り，多くが産業廃棄物処理された。このことで，一時期対日感情は悪化し，外交問題にまで発展したが，プーミポン前国王は，「今回は私たちタイ人が助ける側でしたが，私たちが困った時に助けてくれるのは日本です。今回は許しましょう。」と国民に語りかけたことによって，タイ国民の感情を抑え，事態を収拾した。プーミポン前国王は日タイ関係において非常に大きな存在であったと言える。

●**参考文献**：末廣昭『タイ 開発と民主主義』岩波新書，1993年／日本タイ協会編『現代タイ動向2006-2008』めこん，2008年／柿崎一郎『アジアの基礎知識Ⅰ タイの基礎知識』めこん，2016年／日野智豪「現代タイにおける保健・医療・福祉—HIV/AIDSを患う病者の生老病死から—」渋谷淳一・本田量久編『21世紀国際社会を考える 多層的な世界を読み解く38章』250－259頁，旬報社，2017年

[日野智豪]

ファトワー

▶**語義** ある具体的な問題に対して，法学者が出す非公式な法学意見。

▶**ムフティー** ファトワーを発行する法学者をムフティーという。理念上，ムフティーになるためには学識や人格についての資格要件が定められているが，それを満たしていなくても法学者としての一定の知識を積んだものであればファトワーの発行は許されている。基本的にムフティーは私人としてファトワーを出すが，一方で国家が任命するムフティーも存在し，彼らは国家に対してファトワーを出す特別な役割を担っている。

▶**ファトワーの取得方法** 元来，ファトワーの取得に際しては，ファトワーを得ようとする者がムフティーの元に赴いて質問し，それに対してムフティーは口頭ないしは書面でファトワーを出す。しかし，近年はこのような対面形式だけでなく，テレビや新聞，インターネットなどの各種のメディアを通じてファトワーが出されることもあり，ファトワーを得るための手続きは多様化している。一方で，法学者のもとに寄せられた質問とそれに対するファトワーを集めた「ファトワー集」の刊行は，10世紀後半にはじまり，現代にいたるまで見られる。これは，質問者が直接ファトワーを求めずとも過去に出されたファトワーを手がかりにして問題解決できるように導く役割を果たしている。このようなファトワー集は書店などで簡単に買い求めることができ，ムスリム☞にとって日常生活の手引書となっている。

▶**ファトワー取得の意義** ファトワーには法的な執行力はなく，発行されたファトワーが質問者にとって意に添わないものであれば，それは放却されうる。この点において，同じ法学者によるものでも，法的な執行力を伴う判決とは大きく異なる。言わば，ファトワーとは，法律相談所のようなものである。そのようなファトワーを求める側の目的は，君主あるいは国家にとっては政策決定の指針やお墨付きを得るためであり，個人にとっては自分の日常の行為がシャリーア☞に則っているか確認するためや，身の回りで実際に起きている問題に対する法的な見解を得るためである。ここで扱われる問題とは，相続などについての法律問題から夫婦や男女の関係などの私的な問題まで多岐にわたる。

●関連項目：シャリーア

●参考文献：『岩波イスラーム辞典』岩波書店，2002年／嶺崎寛子「多元的法秩序としてのシャリーアとファトワー——現代エジプトを事例として」『日本中東学会年報』18-1, 1-31頁／堀井聡江『イスラーム法通史』山川出版社，2004年

[熊倉和歌子]

ファンタジー

▶**語義** 文学作品の一分野。語源はファンタシア(Φαντασια)で「見えるようにすること」，転じて「出現，幻影，空想的(夢想的，非現実的)産物」(オックスフォード英語辞典)。ここから妖精物語や非現実的な話を指す語となる。現実にはあり得ないような内容を描く文学。代表的には古典で

はアーサー王物語☞群のようなロマンス，騎士物語のような冒険譚。現代では『指輪物語』『ライオンと魔女』のような小説。さまざまに定義されるがファンタジー作家佐藤さとるは「有り得(え)ないことを有り得(う)るように書くこと」と規定。

▶定義の試みと展開　トールキンによれば，人間の現実の世界(「第一の世界」)に対し人間が想像力(神の創造に対する人間の「準創造」)によって作り上げた「第二の世界」を描くもの。逃避，慰めによって回復し再び現実世界に戻るための一つの方法であり，これにより根源的願望をかなえた現実にはあり得ないような「幸福の結末」で癒される。「大詰めの喜び」こそファンタジー文学の要(かなめ)とする。騎士物語のパロディ『ドン・キホーテ』以来，「実体のない絵空事」から現実世界と生身の人間自身に目を向ける「新しい」視点での小説novelのジャンルで写実主義(リアリズム)が洗練され，「ファンタジー」と「リアリズム」は対立概念とされた。しかし両者の境界は定かでない。現代の文学は現実世界の表面の諸相ばかりでなくその背後に隠れたものをもテーマとする。ロマンスの様式化表現を脱したその後のファンタジーもこれら不条理，実存，深層心理，意識の流れ，ノンセンス，精神分析等々をもテーマやモチーフに取り入れ，必ずしも「幸福の結末」は期待できない。現代のファンタジーはしばしば複数の視点(幸福の喜びか不安や恐怖・異常や狂気・不条理や虚無)を提供する。現実と虚構の境界をも不可能なり無意味とする。ただこれら現代のファンタジーも，不可能なあそびをする異界をつくりだし，夢なり悪夢なりを織り上げる点で，昔ながらのファンタジーと共通する。登場人物が生身の人間から抽象化されて，アレゴリー化され寓話化され象徴化された存在に近くなるのも，古いファンタジーの登場人物と共通する。いずれも非現実世界を描くために意識的に写実主義の手法を用いる。この状況でファンタジーの定義については，筆者は抽象的な概念規定による定義を避け，形式による定義，または具体的事例の列記による定義を提案したい。

●関連項目：中国白話小説

●参考文献：佐藤さとる『名なしの童子』あとがき，講談社，171頁，1976年／天沢退二郎『幻想の解説』筑摩書房，1981年／多ケ谷有子「ロマンスにおけるファンタジー」『関東学院大学人文科学研究所報』第17号，141-57頁，1994年／多ケ谷有子「聖杯探求におけるファンタジー」成蹊大学文学部会編『探究するファンタジー——神話からメアリー・ポピンズまで』風間書房，77-116頁，2010年／多ケ谷有子『星を求むる蛾の想い——中世文学における至福願望』八千代出版，1996年

[多ケ谷有子]

ファンダメンタリスト

▶語義　「根本主義」と呼ばれるキリスト教プロテスタントから派生した宗教右派の人々のこと。本来"fundamentalism"とは，キリスト教の信仰理解についての，ある特定の立場——すなわち，聖書☞に書かれていることは間違いがないという「聖書無謬説」と「前千年王国説」と呼ばれる終末信仰——を意味する名称で

ある。だが，現代のアメリカ社会で"fundamentalist"と言うと，今日のアメリカの在り方に不満や危機感をおぼえ，自分たちの信仰を積極的に政治に反映させようとする保守的キリスト者，またはその集団を指すようになっている。

▶**名称** ファンダメンタリズムという名称は，1910年から1915年までに出版された12冊のパンフレット集『ファンダメンタルズ(The Fundamentals)』に由来すると言われている。なお，このパンフレット集の各冊は，正統的なプロテスタント信仰を肯定することをめざして書かれたものである。

▶**経緯** ファンダメンタリストたちは1920年代のジャズ・エイジ☞に，アメリカの公的なシーンで目につく存在となり，その後彼らの当初の神学的な立場は，社会的・政治的な立場へと変わっていく。その変化は1980年代にはっきりと見られる。彼らは，レーガン政権誕生のときに，「福音派(エバンジェリカル)」の信徒──信仰的理解はファンダメンタリストと同じく保守主義であるが，より穏健的立場をとる，南部バプテスト教会を活動の中心とする人々──とともに，保守派から成り立つ新宗教右翼なるものを形成し，以下の3点を主張しはじめるからである。第一は世俗的人間中心主義への批判，第二は伝統的な家庭を守ること，第三はアメリカ至上主義である。第一の主張を具体的に挙げると，公立学校での祈禱の時間の復活，進化論とならんで「創造科学」を教えることの要求，キリスト教主義学校の教育内容にたいする政府の干渉拒否などである。第二の主張については，妊娠中絶，男女同権法案，同性愛者の権利を認めること，家庭教育に公権力が介入してくること，にたいする反対が挙げられる。そして第三のアメリカ至上主義とは，自由主義諸国をキリスト陣営，共産圏を反キリスト陣営とする単純な二元的理解であり，アメリカに敵対する国は神に敵対する悪魔だというような認識である。キリスト教保守派は，現在もなお，選挙票の大多数を占める力を有しており，その派の一角を担う，ファンダメンタリストたちがアメリカ社会の底流で，今後も勢力を伸ばしていく可能性は充分にありうる。

●関連項目：ジャズ・エイジ／三位一体
●参考文献：森孝一『宗教からよむ「アメリカ」』講談社選書メチエ，1996年

[本村浩二]

フトバ

▶**語義** 宗教的特別行事の際に行われる説教。金曜日の正午の集団礼拝や二大祭(イード)の礼拝，雨乞いの礼拝など特別な宗教行事の際に行われる。フトバを行う人をハティーブという。通常，モスクのイマームがフトバを行う。フトバの内容は，宗教的な教えのほかに，社会的な問題や政治的な問題にまで及ぶ。

▶**フトバの作法** ハティーブはウドゥー(浄め)を行って，ミンバル(説教壇)に上がり，"アッサラーム・アライクム"("あなた方の上に平安がありますように"という意)の挨拶をすることがのぞまれる。フトバの最中は左手に杖を持つことが預言者のスンナ(慣行)とされている。フトバの序文で

は，アッラーへの称賛，預言者ムハンマドのための祈り，クルアーンの数節の読誦，アッラーへの服従の呼びかけ，全ムスリム☞のための祈りを行う。

▶バイアとフトバ　フトバは，預言者ムハンマドが示した先例にならって行われてきた。地方の町のモスクでは，ハティーブがカリフ（イスラーム共同体の代表者）に代わってフトバを行い，その最後は「このフトバをカリフ〜の名において読む」という文言で結ばれた。11世紀以降，スルターンが実権を持つ時代になると，スルターンの名において，あるいはスルターンとカリフのふたりの名においてフトバが行われるようになった。この点に注目すれば，フトバは，自分たちが忠誠の誓い（バイア）を通じて承認し，服従する王権の所有者が誰であるかを1週間ごとに確認する儀礼であったと言える。一方，地域の住民がこの服従を拒否する場合には，当該君主の名前をフトバから切ることによって，現政権への公式な「反乱表明」を行った。

●関連項目：ウンマ

●参考文献：『岩波イスラーム辞典』岩波書店，2002年／佐藤次高『イスラームの国家と王権』岩波書店，2004年

[熊倉和歌子]

プラハの春

▶概要　1968年春から夏にかけて，当時社会主義国だったチェコスロヴァキアで推進された改革と自由化のことで，同年8月ソ連と東欧諸国の軍事介入によって挫折させられた。

▶共産党独裁体制の成立　1945年ソ連軍と一部アメリカ軍によってナチス・ドイツの支配から解放されたチェコスロヴァキアでは1946年5月の憲法制定国民議会選挙でソ連派の共産党が第一党となった。ベネシュ大統領は共産党党首のゴットワルトを首相に任命，共産党と西側派諸政党との連立政権が成立した。大統領は中立政策をとろうとしたが，1947年6月政権はマーシャル・プラン（アメリカによるヨーロッパ復興援助計画）への参加をいったんは決定したものの，東欧諸国への介入を強めるソ連の圧力で共産党が撤回。1948年2月には共産党の強引な政治手法に反発した他の諸政党が政権を離脱，これを機に共産党は政権をほぼ独占して事実上のクーデタを成功させた。さらに同年5月には新憲法を成立させ選挙で共産党が圧勝，ゴットワルトが大統領に選出されて，共産党は実質的な一党独裁の抑圧体制のもとで農業集団化と重工業化というソ連型の社会主義建設にのり出した。

▶チェコスロヴァキア社会主義共和国　1949年以降共産党ではゴットワルトがソ連の絶対的指導者スターリンの政治手法に倣って反対派を大量に弾圧・粛清し，1952年には前書記長のスラーンスキーらが処刑された。また1955年にはソ連と東欧諸国との軍事同盟ワルシャワ条約機構に加盟するなど，ソ連との結びつきを強めた。1953年のゴットワルトの死去後にはノヴォトニーが党の指導者と大統領の地位についたが，1956年のスターリン批判後も改革の動きはほとんどおこらず，ハンガリーへのソ連の軍事介入に対しても政権はむしろこれを支持し，

1960年には国名をチェコスロヴァキア社会主義共和国に改めた。

▶ドプチェクの改革　1960年代に入ると社会主義経済の行き詰まりからノヴォトニー体制への国民の不満と批判が高まり，市場経済の導入などの経済改革が試みられた。1968年1月にはノヴォトニーに代わってドプチェクが共産党第一書記となり，4月以降〈人間の顔をした社会主義〉のスローガンを掲げて改革を推し進めた。

▶ソ連の介入　だが「プラハの春」と呼ばれるドプチェクの改革とそれがよび起した自由化を求める民衆の運動はソ連指導部には社会主義体制を脅かす危険な動きと見なされ，同年8月20日ソ連軍がワルシャワ条約機構の東欧5ヵ国軍を率いてチェコスロヴァキアに侵攻し全土を制圧した。翌1969年1月に党第一書記となったフサークはソ連軍の力を背景に改革派を弾圧して事態を「正常化」させた。その後ドプチェクは党を除名され政治活動からも排除されたが，20年後の1989年東欧革命のなかでチェコスロヴァキアの共産党体制が倒れたあと，連邦議会議長として復権した。

●関連項目：ハンガリー動乱／ベルリンの壁崩壊

●参考文献：F・フェイト『スターリン以後の東欧』(熊田亨訳)岩波書店，1978年／三浦元博・山崎博康『東欧革命』岩波書店，1992年

[篠原敏昭]

フランコフォニー

▶原義　francophonie 世界でフランス語を公用語としているのはフランス以外に，ベルギー，スイス，ルクセンブルク，カナダ，アフリカ大陸の旧フランス植民地，マダガスカル，ハイチ等である。さらにレバノン，シリア，イスラエル，ラオス，ヴェトナム，カンボジアにはかなりの数のフランス語人口がある。本来フランコフォンとは世界でフランス語を話す人々，フランコフォニーとはフランス語を使用する地域・国の総称である。フランコフォンの数は世界で1.3億人と言われている。

▶国際機関としてのフランコフォニー　国際機関としてのフランコフォニーの発端となった「フランス版コモンウェルス」運動の提唱者は，もとフランス植民地であったアフリカの国々のリーダー(セネガルのサンゴール，ニジェールのディオリ，チュニジアのブルギバ)であった。さらにカナダのケベックの後押しで1970年に21の国・地域によって「文化技術協力機構(ACCT)」が結成された。このもとで映画，ラジオ，テレビ，本，演劇，舞踊，音楽，文学関係のさまざまな支援事業が行われた。

1986年，フランスのベルサイユで第一回の「フランス語を共有する諸国の元首・首相会議」(通称：フランコフォニー・サミット)が開かれた。サミットはフランコフォニーに関する最高の意志決定機関であり，これによって国際社会におけるフランコフォニーの地位は着実に高まっていった。1997年，サミットの初の事務局長にガリ元国連事務総長が就任し，また「フランコフォニー憲章」が採択された。

一方，フランコフォニーにまつわるさまざまな協力・支援を行う実行機関は，2005年に「フランコフォニー国際組織

(OIF)」と改称された文化技術協力機構と，フランス語国際衛星放送TV5をふくむ四つの専門機関である。フランコフォニー国際組織の理念は言語・文化多様性の尊重，文化間の対話やフランス語使用の促進などにとどまらず，人権，教育，民主化，平和，持続可能な成長への支援にもおよんでいる。現在，75の国・政府がメンバーになっている（うち19はオブザーバー）。

●参考文献：新倉俊一他編『事典 増補版 現代のフランス』大修館書店，1999年／三浦信孝・西山教行編著『現代フランス社会を知るための62章』明石書店，2011年

[土屋元]

フランス革命

▶概要および経過　18世紀末にフランスで勃発し，近代国民国家誕生をもたらした変革。絶対王政を解体し，身分的・地域的特権と社団にもとづく国家から，市民的平等と国民主権にもとづく国家への転換を果たした。1789年5月に開催された三部会は7月に第三身分により憲法制定国民議会に変えられた。同月にはバスティーユ牢獄が占拠され，8月には封建的特権が廃止され人権宣言が採択された。その後91年憲法に立脚して立法議会が発足し，92年8月に王権が停止された。同年には国民公会が設置され，共和政が宣言され，93年1月には国王ルイ16世が処刑された。国民公会では恐怖政治（テルール）体制がしかれ，これは94年7月のテルミドールの反動によるロベスピエール派の失脚まで続いた。この後，革命は沈静化し，95年には保守的共和派による集団指導体制の総裁政府に移行した。99年にはクーデタによって統領政府が成立し，さらに1804年にナポレオン☞を皇帝とする帝政へと引き継がれてゆく。

▶解釈　①ブルジョワ革命論：これについてはジョルジュ・ルフェーヴル，アルベール・ソブール，ジョージ・リューデ以降，フランス革命は「貴族の革命」「ブルジョワの革命」だけでなく「都市民衆の革命」「農民の革命」も含めた四つの運動の複合であり，それらのなかで「ブルジョワの革命」が勝利をおさめたと理解されるようになった。②ブルジョワ革命否定論：貴族とブルジョワジーの階級闘争や，革命がブルジョワジーの政治的支配や資本主義の発展に寄与したとする説が否定され，革命はエリート層の分裂によって発生した政治的事件にすぎないとされた。③政治文化論：従来の社会経済史研究に対して，フランソワ・フュレは革命政治そのものの分析を主張して革命家の言葉を研究し，リン・ハントは言葉だけでなくシンボルや儀礼の総体としての政治文化の分析を行った。

▶遺産　フランス革命はフランス国民の創造をめざしたが，これは一方ではそこから排除されるものの存在を意味した。また，フランス革命はヨーロッパ各地に変革を引き起こし，ハイチ等ラテン・アメリカ諸国の独立をも招いた。

●関連項目：ナポレオン1世

●参考文献：柴田三千雄・樺山紘一・福井憲彦編『フランス史2』山川出版社，1996年／福井憲彦編『フランス史』山川出版社，2001

年／谷川稔・渡辺和行編著『近代フランスの歴史』ミネルヴァ書房，2006年／柴田三千雄『フランス史10講』岩波新書，2006年

[土屋元]

フロンティア・スピリット

▶語義　辺境開拓精神のこと。ピューリタニズムの精神と相並んで，アメリカの国民性の一般的な特徴とされる。ヨーロッパでは"frontier"という言葉は「国境地帯」を意味することが多いが，アメリカの文脈では「荒野と文明の境界」を指すのが普通である。

▶経緯　大西洋岸の植民地建設——たとえば，ピルグリム・ファーザーズ☞によるプリマス植民地や，富の実現の目的で建設されたヴァージニア植民地——からはじまったアメリカにとって，西部という広大無辺なる未開の土地を開拓することは，独立後の大きな国家的事業であった。未知の空間(荒野)を人間の住みえる世界(文明)へと変える事業。それは多大な試練と困難に満ちたものであった。西部への旅路には病気や飢えのほかに，さまざまな自然の脅威が待ち受けていたからだ。にもかかわらず，白人開拓者たちは臆せず，夢と希望を捨てることなく，西へ西へと進んでいった。彼らは，1890年の国勢調査(センサス)によってフロンティア・ラインの消滅が正式に報告されるまで，自分自身の力で新天地を切り開くことに専念しつづけたのである。やがてアメリカが，楽天主義や，「セルフ・メイド・マン」と呼ばれる人物を理想にかかげる個人主義や，見知らぬ者同士が共通の目的を達成するために対等の立場で話し合うという民主主義，などを形成するようになるのも，こうした歴史的背景が存在するからであろう。

▶膨張の夢　19世紀末になると，大陸内膨張の限界が意識される。そうなると，アメリカは視線をさらに西の太平洋へと向けることになる。1898年の米西戦争はそのことを端的に示唆している。戦後のパリ条約でアメリカはカリブ海地域の支配を確立するだけでなく，フィリピンとグアムも併合し，太平洋進出の足場を築いているからである。

▶問題点　この西漸運動に拍車をかけたのが，「明白なる運命(Manifest Destiny)」という考え方である。これは1845年のテキサス併合の際に，ジャーナリストのジョン・オサリヴァン(1813-95)が打ち出した，アメリカの領土拡大こそ神が与えた使命だとする政治思想である。以後，白人開拓者たちはそれを盾に，自分たちの所業を倫理的に美化・正当化することになる。すなわち，彼らは荒野の無差別な破壊を押しすすめ，そこに生きるネイティブ・アメリカンの排除と虐殺を積極的におこなうことになるのである。白人にとっては「開拓」と言い得るものが，ネイティブ・アメリカンの側から見ると「侵略」にほかならなかった点はきわめて重要である。

●関連項目：先住民／ピルグリム・ファーザーズ

●参考文献：岡田泰男『フロンティアと開拓者——アメリカ西漸運動の研究』東京大学出版会，1994年

[本村浩二]

聞一多

▶概略　ぶんいった，ウェン・イドオ（1899-1946）　現代中国の詩人，学者。本名は聞家驊。湖北省浠水県に生まれる。1912年にアメリカ留学予備校の清華学校に進む。第一次世界大戦後の，文化保守主義思潮の影響下，清華の国学荒廃の現状と口語自由詩の「民衆化」「欧化」に対する危機感から，初期の論文の中で，中国古典詩「律詩」が抒情詩の原理にもっとも合致した中国の芸術形式であると主張し，詩の形式，格律(リズム)の問題に関心を抱き，詩の美を内容に見合った形式にあると捉える芸術観を形成した。1922年にアメリカに留学し，シカゴ美術学院，コロラドスプリングスのコロラドカレッジ，ニューヨーク芸術学院で西洋美術を学ぶ。在米中の1924年に清華学生を母体として成立したナショナリズム団体「大江会」に参加し，文化的ナショナリズムを提唱した。聞一多の唯美的な芸術観とナショナリズム思想との矛盾はしばしば指摘されるが，彼はむしろ積極的に「文芸」(文学と芸術)と「愛国」が共存する表現形式を探し求めた。1925年に帰国し，北京芸術専科学校のほか，武漢大学，青島大学，清華大学中国文学学部教授を歴任した。新月社に参加し，徐志摩や清華グループの詩人らとともに『晨報』副刊『詩鐫』(1926.4-6)で「新格律詩」運動を展開，五四以来の中国現代詩の形式問題を提起し，詩の「音楽の美」「絵画の美」「建築の美」を理論的に主張した。晩年には，西洋の理論と方法を用いた『詩経』，『楚辞』，『荘子』，唐詩，神話の研究は傑出した成果をあげ，各分野の研究史において独自の地位を築いた。日中戦争勃発後，昆明の西南聯合大学で教える。国民党の腐敗政治を批判し，講演中に国民党スパイに暗殺された。

▶作品　『死水』(新月書店，1928)は「新格律詩」の主張を実践した代表的詩集であるが，中国の現実を見つめた時に自身の文学主張に生じた迷いも窺われる。たとえば，口語格律詩「一つの観念」は中国の五千年の文化を次のように歌う。「あなたの深遠なる神秘，あなたの麗しい虚言／あなたの強情な問いかけ，あなたの金色の光／一つの小さな親密な意味，一つの炎／縹渺とした微かな呼び声，あなたは何？／僕は疑わない，この因縁が仮にもうそではないことを／僕は知っている，海が波のしぶきを騙さぬことを／リズムであるなら，歌を怨むべきではない／おお，横暴な精神よ，おまえは私を征服した／おまえは私を征服した！　絢爛たる虹よ／五千年もの長きにわたる記憶よ，動かないでおくれ／いま私は，おまえをしっかり抱きしめる術を知りたい……／おまえはかくも横暴で，かくも麗しい」。中国人として中国を愛さねばならないが，神秘で虚言のように美しい五千年の記憶は，どのようにして固く抱きしめることができるのか。清華からアメリカ留学を経て，『詩鐫』の誕生に至るまで抱きつづけてきた，中国伝統文化を愛するという「一つの観念」に対して，現実の中国を見つめ始めた聞一多は迷いながらそう問い掛けている。ほかに詩集『紅燭』(泰東図書局，1923)，文集『神話與詩　序及年

譜』（開明書店，1948）などがある。全12冊『聞一多全集』は1993年湖北人民出版社より出版され，2004年に新装再版されている。
●参考文献：聞一多『中国神話』（中島みどり訳注）平凡社・東洋文庫，1989年／聞黎明『聞一多傳』（鈴木義昭訳）北京大学出版社，2000年／鄧捷『中国近代詩における文学と国家』御茶の水書房，2010年

[鄧捷]

文化資本

▶概要　ピエール・ブルデューが提唱した，社会活動において戦略的な資源となり得る嗜好や知識，学歴，教養，センスなどの，文化的な要素の総体を指す。従来，社会階層や地位を決定する上で重要視されてきたのは主に経済的な要因であったが，ブルデューは経済的な資本に還元されない重要な要素としての文化資本を概念化した。また，文化資本はさらに以下の3つの概念に区分される。

　①身体化された文化資本：振る舞いや価値観，言葉遣い，生活習慣といった身体と不可分に結びついた形態。ハビトゥスともいう。

　②客体化された文化資本：絵画等の芸術作品や書籍といった客体化された文化的財。

　③制度化された文化資本：学歴や各種の資格など，制度的に保証された文化資本。

　例えば，学歴は典型的な文化資本とされるが，中流階級以上の家庭においては，子どもが学力を獲得する過程で重要となる学習そのものへの意欲や態度，意味づけ，あるいは学習に用いることのできる資源の有無など文化的な要素で優位になり，学校制度の中で成功しやすくなる。一方，労働者階級の家庭においては，学校教育の基盤にある教養教育☞に対する親和性や学力への価値付け，学習への動機付けを促す環境などに差異があり，結果的に学校文化の中で不利になりやすい。こうした家庭における文化的環境の違いは，いうまでもなく親世代の文化資本（学歴や教養）に依存するものであり，結果的に社会階層が世代を超えて継承されること，つまり文化的再生産につながる。

▶影響　こうした，従来の経済決定論的な考え方から文化の影響力を重視する思考への転換は，その後の文化に関する研究に大きな影響を与えた。特にイギリスにおいて1970年代以降大きな潮流となったカルチュラルスタディーズ（文化研究）は，文化資本の視座を取り入れ，文化の自律性を強調した多くの研究（主に労働者階級文化やポピュラーカルチャーを対象とした）を生み出すことになった。代表的なものとしては，イギリスの労働者階級の若者たちが如何にして階級を再生産してゆくのかをエスノグラフィーと理論分析で描いた『ハマータウンの野郎ども』が挙げられる。また，日本においても，特に学歴に関する分析や，スポーツ☞など身体に関わる文化の研究を中心に，文化資本の考え方が広く応用されている。

●関連項目：スポーツ

●参考文献：ピエール・ブルデュー『ディスタンクシオン──社会的判断力批判』1・2（石井洋二郎訳）藤原書店，1990年／ポール・ウィ

リス『ハマータウンの野郎ども』(熊沢誠,山田潤訳)筑摩書房,1996年

[岡田桂]

文明化の過程

▶概要　ノルベルト・エリアスが,自らの著作『文明化の過程』(1939)で提示した概念。エリアスは,中世から近代にかけて,主に西欧を中心とした社会において人々の行動様式が「文明化」されたものへと大きな変化を遂げていったとする。この変化(文明化)とは,広い意味での「礼儀(マナー)」に関わるもの――具体的にはテーブルマナーや入浴の習慣,生理的欲求や暴力などに関する態度全般――であり,日常生活のさまざまな事象に対する作法を洗練させてゆくという,言い換えれば,日常の活動から身体的・感情的な痕跡を排除し,理性的に振る舞うことを志向する感性とも言える。

▶感性の変化　こうした感性は,必然的に何が「洗練」されていて何が「野蛮」であるか,あるいは「清潔」と「不潔」との違いは何か,などを弁別し,不快感や羞恥心を感じる範囲を拡張することにもつながる。例えば,テーブルマナーが複雑な礼儀として「洗練」されてゆけば,そのマナーを知らないことは「野蛮」であるし,身なりや身ごなしが洗練され,入浴の習慣によって体臭の管理がなされていれば「清潔」,そうでなければ「不潔」と見なされることになる。こうした文明化による変化によって,かつては不作法とみなされなかったことが,許容することのできない社会的逸脱の範囲に新たに組み込まれていくことになった。

▶暴力の抑制　この際,特に重要な概念として「暴力」が挙げられる。近代以前の西欧社会においては,決闘や喧嘩,共同体での争いなど,身体的な暴力が日常に根付いていたという。しかし,文明化による感性の変化は,次第に暴力を許容できないものと見なすようになり,代わって理性的な振る舞いが求められるようになってゆく。こうして,暴力を取り締まり,管理下に置くことは,近代社会にとっての重要な要素となった。

▶近代スポーツの誕生　エリアスは,エリック・ダニングとの共著『興奮の探求：文明化の過程におけるスポーツと娯楽』(邦題『スポーツと文明化』)(1986)において,イギリスの近代社会におけるスポーツの発達を暴力との関係から論じ,戦争など暴力的な手段に拠らず政治的に問題解決をめざす議会制民主主義の成立と,国家による暴力の独占・管理,およびそれを支持する社会の感性が,それまでの争乱や暴力の要素を多分に含んだ伝統的な身体活動から,ルールに基づいて秩序立って行われる洗練された近代スポーツへの変化を促したと述べた。民族的フットボール(民衆フットボール)や上流階級のキツネ狩りから暴力的要素が取り除かれてゆくのは,典型的な事例である。こうしてスポーツ自体が非暴力化してゆくのと同時に,一方でスポーツという場は,暴力が抑制されて身体的・感情的な発露の場がなくなってゆく近代社会において,一種のガス抜きを可能にする文化的な飛び地の役割を果たすようになったという側面も指摘されている。

●関連項目：スポーツ
●参考文献：ノルベルト・エリアス『文明化の過程』上・下(赤井慧爾ほか訳)法政大学出版局,1977年／ノルベルト・エリアス,エリック・ダニング『スポーツと文明化―興奮の探求』(大平章訳)法政大学出版局,1995年

[岡田桂]

平家物語

▶語義　平清盛の時に絶頂であった平氏一族の栄華と，平氏が源氏勢と戦い，清盛の死後ついに滅ぼされ断絶するまでを描く軍記物語。典型的には12巻。

▶成立・作者　『徒然草』は「信濃前司行長(しなののぜんじゆきなが)」が「後鳥羽院御時」に「平家の物語を作り」，盲人「生仏(しょうぶつ)」に教え語らせたという。現存の『平家物語』の成立・作者については不明。平氏滅亡(寿永4年(京都では元暦元年。1185)3月24日)後ほどない時期から断片的に編集され始めたと思われ，承久の変(1221)後に整えられた『原平家』がさらに発展したと一応考えられるがはっきりしない。仁治元年(1240)前後成立とする立場が妥当か。軍記物語の成立年代の特定はほとんど絶望的とする言及もある。作者の候補は他にも多く言われている。藤原実定の日記『後徳記』(散逸)が資料として使われているとの説がある。

▶諸本　異本がきわめて多い。語り物だから本文が流動したとは必ずしも言えない。分け方はさまざま。①語り本系と読み本系。この分類法はかつて①a簡潔な本文の語り本があって，それに種々増補して読み物にしたものが読み本との立場であった。増補系とされた『延慶本』がもっとも古態であると近年知られている。よって単に①b語りの台本としての語り本系と，その他読み物という意味での分類で，便利な分類として用いられる。②灌頂の巻を立てるものと立てない「断絶平家」(山田孝夫(やまだよしお)『平家物語考』)。形式で明らかに分類でき便利。山田孝夫の分類では語り本も読み本もまずこの分類で分け，灌頂の巻を立てるものに読み本の『長門本』『源平盛衰記』も語り本の『一方本』も入り，断絶平家に読み本の『延慶本』も語り本の『八坂本』も入る。③広本と略本(日本古典の一般的分類を適用)。広本はかつて増補系と称されていた。増補系の『延慶本』は水原一の研究などでもっとも古態とされる。このような広本が刈り込まれて語りにふさわしい整備された略本(覚一系諸本など)とされた。以上，大きくまずどのように分類するかで種々の考え方がある。櫻井陽子はまず読み本系(広本。四部合戦状本・源平闘諍録を含める)と語り本系(略本)に大別し，語り本を灌頂巻型(覚一系諸本，流布本)と断絶平家型(屋代本，八坂系諸本)に分けている。

▶主人公　考え方として，平清盛が主人公の部分，源(木曾)義仲が主人公の部分，源義経が主人公の部分とに分かれるとの説がある。

▶思想　「諸行無常」を核とする仏教思想に貫かれているとされている。登場人物の貴人としての志に焦点を当てた読み方を推奨したい。

▶史実との関係　史実である治承・寿永の乱を中心に年代記的になぞって語る「実録物」であるが，虚構も織り交ぜ，

感動的な描写を用い，文芸的に洗練さ，長く親しまれる。歴史上の大事件だから物語とされたのであるが，さらに物語として流布し有名になった。その内容は史実と考えられ長く影響を及ぼす。

▶源平盛衰記　『平家物語』とは別の作品と考えられて来たが，現在は専門の研究者は『平家物語』の一異本と扱い，通常「げんぺいじょうすいき」と読む（江戸文学の研究者はおおむね「一せいすいき」と読む）。長く歴史書として利用されてきた。水戸藩の『参考源平盛衰記』は史実確定のため諸本諸書を勘案している。いろは四十八巻。

▶源平闘諍録　関東中心の記述が詳しく，特に千葉氏への言及が豊富で，その他，他書にない金子太郎（金子十郎の嫡子）に関する記事などがある。途中および末尾が欠ける。

●**参考文献**：山田孝夫「平家物語考」勉誠社，1968年／水原一『延慶本平家物語論考』加藤中道館，1979年／松尾葦江『軍記物語論究』若草書房，1996年／櫻井陽子「『平家物語』の受容と展開」『軍記物語とその劇化』臨川書店，1-45頁，2000年

[多ケ谷有子]

米ソ冷戦

▶語義　第二次世界大戦☞での最大の戦勝国ともいうべき，アメリカとソ連が戦後に占領地域を自国の陣営に引き込み，自由主義・資本主義をとる西側陣営（アメリカ側）と社会主義・統制経済をとる東側陣営（ソ連側）とに分かれて，1989年12月に「終結宣言」が出されるまで44年間にわたって続いた対立関係のこと。原子力爆弾の発明などにより，米ソが直接戦争に乗り出すことは地球の破滅につながるとの認識から，両国は一度として熱戦（戦闘）に乗り出さなかったことから，「冷たい戦争（Cold War）」と呼ばれている。

▶経緯　ヨーロッパは，1946年3月にチャーチルが「鉄のカーテン」と呼んだ東西双方の勢力圏に分断された。敗戦国ドイツは，西（ドイツ連邦共和国）と東（ドイツ民主共和国）に分かれて1949年に独立した。また東ドイツの首都ベルリンも，西（米英仏の占領地域）と東に分かれたままであった。1961年8月には，東ベルリンを経由して西側へと亡命を試みる東ヨーロッパ諸国の市民が増え，東西ベルリンの境界線に「ベルリンの壁」が建設され，米ソ冷戦の象徴的な建造物とされた。アジアでは，1950年6月に朝鮮戦争が勃発し，北朝鮮（朝鮮民主主義人民共和国）がソ連や中国の陣営に入り，アメリカ側に護られた韓国（大韓民国）と衝突した。また，1954年以降には，旧フランス植民地であったヴェトナムも南北に分かれ，1965年以降にはアメリカが北ヴェトナム（ヴェトナム民主共和国）に攻撃を開始し，ヴェトナム戦争が泥沼化した。アメリカとソ連との間では，1953年にトルーマンが大統領を引退し，最高指導者スターリンが死去して，「雪解け」とも呼ばれる歩み寄りが見られた。1962年10月にキューバ危機を経て，米ソ両国は部分的核実験停止条約を結び，さらに歩み寄ったが，60年代後半から対立が再燃した。

▶終焉　1985年にソ連に若き指導者ゴルバチョフが登場した。ソ連経済の行き詰

まりとレーガン政権下のアメリカによるさらなる軍拡(SDI：戦略防衛構想)とに限界を感じたゴルバチョフは，レーガンやブッシュらと積極的に会見を持ち，1989年12月のマルタ会談で「米ソ冷戦の終結」を宣言した。この間に，ベルリンの壁は崩壊(1989.11)し，90年10月に東西ドイツも統一され，91年12月にはソ連が解体した。アジアでは，ヴェトナム和平(1976)は実現したものの，朝鮮半島はいまだ南北に分断されたままであり，その意味ではまだ冷戦は終結していないと言える。

●関連項目：第二次世界大戦
●参考文献：佐々木卓也『冷戦』有斐閣，2011年

［君塚直隆］

ベーオウルフ

▶語義　古英語で記された長編叙事詩。頭韻詩形式。作者不詳。成立は8－10世紀の間で諸説あり。8世紀の後半か。写本は大英図書館に一本。世に知られたのは19世紀の刊本から。

▶内容　内容は三つに分けられ，①デネの王は壮麗な城を築き宴会を楽しむ。怪物グレンデルはその賑わいを怨み，連日城を襲い兵士を殺戮。隣国の王の甥ベーオウルフは仲間を率い怪物退治を志願。彼はかねての意向とおり素手で怪物と闘い，片腕を肩からもぎとる。怪物は重傷で逃走。片腕は屋根の下にさらされる。②この夜怪物の母が城を襲い，王の寵臣を拉致し殺し，息子の片腕も奪還。ベーオウルフは女怪の住む水底に至り，死闘，王の側近ウンヴェルスから与えられた名剣フルンティングは役に立たず，その場の古剣で女怪をたおす。グレンデルの首と怪物の血で溶けた剣の鞘を携えて帰還。褒賞を得て帰国し，故国の王に報告する。(以上が前半で大部分を占める)。③その後国王となり老齢に達した時，火龍が国中を暴れまわった。老王は自ら火龍と闘い，一人だけ留まった家臣の助けで火龍をたおすが，自分も死ぬ。火葬が行われ，「ベーオウルフ塚」に葬られる。①②を一続きとする分類もできるが，①より②が古層で地獄の女王による英雄の捕囚と見る説(水野知昭)がある。

▶史実との関係　大陸から英国に移住したいずれかの王国で，故地の神話伝承を語ったもので，史実性は不明。故地の伝承と民間伝承とから，キリスト教精神を背景に組み立てられたものであろう。ゲルマン伝説に単にキリスト教の装いを施したとの説は斥けられている。

▶比較　①②の英雄による片腕の奪取と女怪による奪還の筋が日本の渡辺綱伝説☞(羅生門伝説)と似る。この類似は1901年英国のY. Powellが指摘，同じ頃東京帝大でハーン(小泉八雲)が講義。直接の影響関係を見ることは困難であるが，国際的分布の話型AT301の展開の途上で類似が生じたと考えられる。

▶AT301との関連　アールネとトンプソンによる話型分類のAT301(囚われた姫を怪物退治して助けるが仲間の裏切りで置き去りにされ，後に帰還し姫と結婚)の元祖ともされる。囚われた太陽の救出説話の面がある『ベーオウルフ』はAT301の成立の途上にあり，オランダ語アーサー王ロマンス

『トレック』や日本の「甲賀三郎伝説」(三郎が兄二人に裏切られて地下世界に長期滞留後,帰還する伝説。兼家(かねいえ)系と諏方(よりかた)系とあり各々AT301の発展の系統と対応)でAT301がほぼ完成と見るのが妥当。

▶**日本の文芸との関連** その他古熊本『太平記』が語る頼光の母に化けた鬼に渡辺綱が連れ去られる話,『日本霊異記』の道場法師説話,『古事記』☞の国譲り神話との間に類話性があり,英雄の最期はヤマトタケルを髣髴とさせる。

▶**評価** 「何れの国の伝説にもある」低俗な話(細江逸記)から「この時代のゲルマン世界を代表…中世西欧の最高傑作の一つ」(忍足欣四郎)まで評価はさまざま。現在はその文学的価値が認められている。若き日の手に汗握る二度にわたる怪物退治の波瀾万丈と,老齢に至り勇士としての務めをすべて果たし戦果を国民に遺せることを喜び,悲劇的であるが思いを私事に残さず潔く魂を神の手に委ねる王者の最期が,英雄の勲と志を語る点で多くの共感と感動を呼び起こしているととらえることができる。

●**関連項目**:渡辺綱伝説

●**参考文献**:島津久基『羅生門の鬼』平凡社,1975年/『中世イギリス英雄叙事詩 ベーオウルフ』(忍足欣四郎訳)岩波文庫,1990年/多ケ谷有子『王と英雄の剣:アーサー王・ベーオウルフ・ヤマトタケル―古代中世文学に見る勲(いさおし)と志(こころざし)』北星堂,2008年

[多ケ谷有子]

ヘボンと日本

▶**略歴** ヘボン(James Curtis Hepburn, 1815-1911)はアメリカペンシルバニア州ミルトン出身の長老派医療宣教師として来日し,英語教育,辞書編纂,聖書翻訳に多大な業績を残した。

▶**神奈川におけるヘボン** 1859(安政6)年,米国長老教会海外伝道局から医療宣教師として派遣されたヘボンは夫人のクララと神奈川の成仏寺に居住した。禁教下の日本で,日本人との間に信頼関係を築くため,無料奉仕で医療活動を行った。1861(文久元)年,宗興寺に施療所を開設したが,幕府の圧力により半年で閉鎖になった。1862年(文久2)年の生麦事件の折に,薩摩藩士によって無礼討ちにあいリチャードソンは殺害されたが,重傷を負ったマーシャルとクラークはアメリカ領事館(本覚寺)に運び込まれた。その折には,ヘボンがアメリカ公使館付医師という肩書で二人の治療にあたった。同年,ヘボンは幕府の依頼により運上所内横浜英学所の開設に参画した。開設された横浜英学所では,日本人教師2名と来日宣教師が協力し授業を担当し,運上所の通訳官や幕府の役人,彼らの子弟達が集い学んだ。1865(慶応元)年には,後に東京大学医学部の初代医学部長に就任した三宅秀が横浜英学所に入学した。同じクラスに英語の教育者であり翻訳者として活躍していた大鳥圭介が学んでいた。

▶**横浜居留地におけるヘボン** ヘボンは1862(文久2)年12月に横浜居留地に転居し,その転居先で,医療活動を再開し,英語教育にも尽力した。1863(文久3)年11月,クララ夫人が英語を教育していたヘボン塾に,後の外務大臣となる林董

が入塾してきた。林はそこで英語をはじめ，外国の作法や文化にもふれる機会を得た。ヘボン塾では優れた人材が学び，三井物産の創業者益田孝，総理大臣になった高橋是清等を輩出している。ヘボンが来日当初から目標とした日本語の習得は，日本で最初の和英辞典『和英語林集成(*A Japanese and English Dictionary ; with an English and Japanese Index*)』の編纂という偉業に結びついた。ヘボンはその辞典の印刷のために，1866(慶応2)年，上海にあった長老派の美華書館に岸田吟香を伴い赴いた。岸田吟香はジャーナリストとして著名であるが，目薬の製造販売者としても名を馳せた。1867(慶応3)年に『和英語林集成』の初版が出版され，日本語を学ぶ外国人にとっても，英語を学ぶ日本人にとっても貴重な文献となった。1886(明治19)年第3版『改正増補和英語林集成(*A Japanese-English and English-Japanese Dictionary*)』で採用したローマ字がヘボン式ローマ字である。1872(明治5)年，ヘボンはブラウンと奥野昌綱との共訳で『馬可伝福音書』と『約翰伝福音書』，1873(明治6)年には『馬太伝福音書』を出版した。1874年(明治7)年には，共同訳を行うための聖書翻訳委員会社中が結成され，ヘボンも委員に選出された。

▶帰国と晩年　ヘボン夫妻は1882(明治15)年山手に転居した。その転居先で，ヘボンは旧約聖書翻訳社中の委員長として，1887年(明治20)年に完訳するまで，聖書翻訳に携わった。1889年(明治22)年，明治学院の初代総理となる。1892(明治25)年に帰国。1911年ニュー・ジャージー州イーストオレンジで生涯を閉じた。

●関連項目：ちりめん本
●参考文献：高谷道男編訳『ヘボン書簡集』岩波書店, 1988年／岡部一興編『ヘボン在日書簡全集』(高谷道男, 有地美子訳)教文館, 2009年／小林照夫・澤喜司郎他編著『港都横浜の文化論』関東学院大学出版会, 2009年／権田益美「横浜開港場における英語教育—ヘボンを介して開設した『横浜英学所』」『郷土神奈川』55号, 神奈川県立図書館, 2017年

[権田益美]

ベルリンの壁崩壊

▶概要　東西ドイツ分裂の時代にベルリンを東西に分断していた壁が1989年11月9日に突然開放され取り壊された事件。この一年後にはドイツ再統一が実現することになった。

▶分割占領統治　1945年5月第二次世界大戦で連合国に敗れたドイツは，東部をソビエト連邦に，西部および南部をイギリス・アメリカ・フランス三ヵ国によって分割占領統治されたが，ソ連占領地域にあった首都ベルリンも東部をソ連に，西部を英米仏に管理されることになった。だがすぐに東西冷戦が始まり，ドイツでは占領統治の方式をめぐってソ連と英米仏との間の対立が激化し，ベルリンでも1948年6月から約1年間ソ連による西ベルリン封鎖などの事件が起こった。1949年に入ると5月に英米仏占領地域がドイツ連邦共和国(西ドイツ, 首都ボン)として，9月にはソ連占領地域がドイツ民主共和国(東ドイツ, 首都東ベルリン)としてそれぞれ独立，東西ドイツ間の国境は封鎖された。

▶東西ベルリンの分断　ベルリンも東部

は東ドイツ領，西部は東ドイツのなかの西ドイツ領の飛地となったが，西ベルリンと西ドイツは空路と直通道路で通じており，東西ベルリン間も当初は通行が認められ，西ベルリンは東ドイツ国民にとって唯一西ドイツに開かれた場所だった。その後西ドイツの経済が復興と成長を遂げたのに対し，東ドイツでは経済が停滞，一党独裁の社会主義統一党への不満が増大して1953年6月には東ベルリンで大規模な暴動が発生，西ベルリンから西ドイツへ脱出した東ドイツ国民は1960年までに200万人にのぼった。1961年8月東ドイツ政府はソ連の了解の下に，国民の国外流出を防ぐために最初は有刺鉄線で，ついでコンクリートの壁で西ベルリンを取り囲み，西ベルリンへの道をすべて遮断した。これがベルリンの壁であり，東西ドイツ間で唯一開かれていた国境を封鎖するものだった。

▶東欧革命と壁の開放　壁は長い間ドイツの分断と東西冷戦☞を象徴する構築物だったが，1980年代後半にソ連の内政・外交の改革が動き出すと，1989年にはソ連の支配下の東欧諸国で急速に民主化とソ連支配からの離脱が広がった（東欧革命）。とくにハンガリーが同年5月にオーストリアとの国境を開くと東ドイツ国民がハンガリーからオーストリアを経て西ドイツへ脱出する動きが起こり，ベルリンの壁が意味をなくしはじめた。社会主義統一党は最初これを軽視していたが，同年10月に東ドイツ国民の民主化運動の波が高まると，11月9日突然東西ドイツ国境と東西ベルリンの自由通行の許可を発表した。これがベルリンの壁の開放であり，無意味になった壁は取り壊された。同年12月には米ソ間で冷戦終結が宣言され，東ドイツでも民主化が進行し，翌1990年10月に西ドイツが東ドイツを吸収合併するかたちでドイツ再統一が実現された。

●関連項目　月曜デモ／独ソ不可侵条約の締結／汎ヨーロッパ・ピクニック

●参考文献　C・シュテルン，H・A・ヴィンクラー編『ドイツ史の転換点 1848-1989』（末川清訳）晃洋書房，1992年

［篠原敏昭］

封建制と郡県制

▶総論　中国史に現れる代表的で対照的な政治制度。封建制は西周（前11世紀～前8世紀），郡県制は秦（前221～前206）の政治制度として中国史に現れるが，それ以後も「封建郡県論争」の語があるように，中国を統治してゆくのにはどちらが優れているのかと議論が続いている。現代に置き換えると「封建」は地方自治的制度，「郡県」は中央集権的制度ということになろうか。

▶封建制　西周王朝時代の政治制度。政治の頂点に存在する支配者は「王」または「天子」（天の意思の地上の具現者）と呼ばれ各地の諸侯（一族や功臣）との間に，諸侯は家臣との間に，上位者が下位者に人民・領地の支配を認め，下位者は上位者に軍役の提供・貢納の義務を負うというもの。この点では，ヨーロッパや我が国の封建制と同じ。したがって英語のFeudalismは「封建制」と訳された。しかし，前者の封建制が，個人間の関係であるのに対

し，西周の封建制ははるか昔の生産性がまだ低い氏族制の時代であり，氏族間の関係である点で決定的に違う。

▶郡県制　西周の後の東周(春秋戦国とも)に入ると，鉄製農具や牛耕の普及による生産力の上昇を受け，氏族制は終わりを告げ，個人の時代が始まった。それに伴い政治制度は世襲制にもとづく封建制から，世襲制を支えていた家柄とは別に，有能な人材を地方行政の責任者が官僚として推薦し，全国をすべて「皇帝」(これも天子とよばれた)のもとに，郡とその下位の県にわけて統治する郡県制となった。封建制のもとでは周王の直接支配が及ぶのは直轄地だけであったが，郡県制では全国が皇帝の直接支配を受けることとなった。そしてこの皇帝支配の理論的裏付けの役割を担ったのが，「徳治」を標榜する儒教である。

▶封建・郡県論争　たとえば，明末清初の時期，漢民族知識人の中で次のような議論がなされた。明(漢民族)が何故に人数の圧倒的に少ない清(満州族)にとってかわられたのか。それは地方の責任者が，中央から派遣された，数年で転任してゆく，その土地に愛着のない官僚であり，強力な清(満州族)の侵攻を受けると逃げ出してしまったからである。したがって郡県制に封建制を加味した地方行政にしないと異民族の侵攻に対処できないなどという議論である。これは中国2000年におよぶ皇帝による全国支配はいかにあるべきかということだが，これは現代中国でも中央集権と地方自治をどのように按排して進めてゆくかということにつながる。

●関連項目：儒教／天の思想
●参考文献：増淵龍夫『新版中国古代の社会と国家』岩波書店，1996年

[佐藤佑治]

ポカホンタス

▶語義　アメリカ先住民部族ポウハタンの族長の娘。本名はマトアカ。「ポカホンタス」は，好奇心旺盛で陽気な性格にちなんでつけられたニックネーム。入植した英人男性ジョン・スミスとの恋物語の主人公として知られ，その物語はディズニー映画にもなっている。

▶建国神話　ポカホンタスの名を歴史に残したのはスミスの著作で，1924年に出版された『ヴァージニア・ニューイングランド・サマー諸島歴史概説』である。彼は1607年に米大陸における英初の恒久的植民地ジェームズタウンを建設した植民者の一人で指導的存在であった人物。当時，ジェームズタウン周辺に居住していた先住民ポウハタン族と植民者の間には，先住民側が食物を提供する等友好的な関係が構築された一方で，争いも頻発していた。上記のスミスの著書には，1607年末，ポウハタン族に捕らえられた時の様子が記されている。族長の前に連れて行かれたスミスが，一族が見ている前で石の上に頭をのせられ，その頭を殴打するための棍棒の準備も整い，絶体絶命の窮地に陥ったとき，ポカホンタスがスミスに走り寄り，身体を張って彼をかばい殺さぬよう懇願した。その結果，族長は愛娘の必死の願いを聞き入れ，スミスはジェームズタウンに無事帰還でき

たという内容だ。1595年頃生まれたとされるポカホンタスが12歳の頃に起こったこの出来事が真実か否かは，彼女自身の言葉は記録がないため議論の域を出ていないのが現状だが，スミスの命を救った話は米国の建国神話として今もなお語り継がれている。

▶生涯　前述の事件の後，ポカホンタスは族長の伝言や食料を届けにしばしばジェームズタウンを訪れていたが，1年半後のスミスが帰国と同時期の先住民と英人の関係悪化を機に足は遠のいた。そうした中，1613年，ポウハタン族に奪われた武器や英人捕虜と交換する目的で，ポカホンタスは誘拐され人質とされた。植民地で暮らす間，英語・宗教・習慣を学び，キリスト教に改宗し「レベッカ」という洗礼名を授けられた彼女は1614年，タバコ栽培に成功した英人ジョン・ロルフと出会い結婚，息子も生まれた。その結婚は英人とポウハタン族の関係を数年間和睦に導いた。1616年に夫と息子とともに英国を訪問した際は英王ジェームズ1世やシェイクスピアにも面会し，多大な歓待を受けた旅行となったが，1617年，帰国の途上で病に倒れ22歳の若さで急逝し，イギリスの教会で埋葬された。英訪問については，ジェームズタウンに出資していたヴァージニア会社が英国で出資を募るための宣伝に好印象の先住民女性ポカホンタスを利用したとする説や，さらなる植民地への出資を引き出そうとしたロルフが妻を利用したとする説もある。

▶影響　近年，オーラルヒストリーに基づいた著作が出版され，ポカホンタスに関する研究は進展を見ているものの未だ議論の域を出ていない。にもかかわらず400年以上もの間，神話として語られてきたことは注目すべき事実である。植民地と先住民☞の関係，英国と植民地との関係に少なからぬ影響を及ぼした先住民女性として無視できない存在と言える。

●関連項目：先住民

●参考文献：猿谷要『アメリカ歴史の旅』朝日選書, 1987年

[細谷典子]

穆木天

▶概略　ぼくぼくてん，ムー・ムーティン (1900-71)　現代中国の詩人。吉林省伊通州の裕福な家に生まれ，15歳のとき天津南開学校に入学し，1918年卒業後，吉林省公署旗蒙科官費留学生として日本に渡り，東京第一高等学校特設予科，京都第三高等学校を経て，1923年東京帝国大学に入学，1926年に卒業するまで仏文科に学ぶ。創造社での活動は，最初は童話の翻訳で，1922年に穆木天訳『王尔德童話』が上海泰東図書局から発行されている。東大仏文科でフランス象徴詩に出会い，象徴詩理論を紹介し，自ら詩作を試みた。彼は中国現代詩の散文化傾向を批判し，詩の形式と内容が一つとなり，詩人の内的生命の表象である「純粋詩歌」を提唱する一方で，同時に詩は国民文学でなければならないとも主張した。そのため，1925年に銭弦同，林語堂，周作人☞らとの間に国民文学論争が起こった。1926年，東大卒業後に帰国し，しばらくは上海，広州で創造社の活動に

携わった。1929年に吉林大学の教授となるが、日本の侵略がもたらす「亡省の苦痛」に耐えられず、再び上海に戻り中国左翼作家聯盟に参加、蒲風、楊騒らとともに「中国詩歌会」を成立させ、抗戦中は「大衆詩」運動の先頭に立った。人民共和国成立後の「反右派闘争」の際に右派とされ、文化大革命時には「牛棚」(文革大革命期に批判対象の人物を軟禁した小屋)に閉じ込められたまま亡くなった。

▶**作品** 詩集『旅心』(上海創造社出版、1927年)。日本留学中に執筆し、祖国(故郷)への思いと女性への恋情を異国の都市東京の風景に織り込んで、朦朧としたタッチで歌った。代表作「落花」は象徴派詩らしい幽遠さと朦朧さの特徴を備えた詩である。「静かなる朦朧と薄い紗をすかして／静かな小雨がひっそりと庇を打ちつけるのをじっくりと聞きたい／はるかに遠くから吹いてくる空虚の中のため息の音に向かい／一ひら一ひらと落ちてくる軽くて白い落花を感じていたい…」。愛情への追求と人生の漂泊への感嘆という二つの情緒が交錯しながら、甘美さと哀れさを同時に暗示する落花というイメージに織り込まれている。ほかに詩集『流亡者之歌』(1933)がある。

▶**文学史における影響** 中国現代詩史上において、初めて本格的に象徴詩理論を研究・紹介し、新詩理論の前衛的探索を行った。詩人の「内生活の真実の象徴」としての「純粋詩歌」が同時に「国民詩歌」でなければならない、という独自な中国象徴詩理論を構想した。

●**関連項目**：周作人

●**参考文献**：『新詩鑑賞辞典』上海辞書出版社、1993年／陳方競「穆木天伝略」、『新文学史料』人民文学出版社、1997年、第1期／伊藤虎丸編『創造社資料別巻 創造社研究』アジア出版、1997年／鄧捷『中国近代詩における文学と国家』御茶の水書房、2010年

[鄧捷]

ポスト・コロニアリズム

▶**語義** 「新大陸」発見と、「大航海時代」の到来によって近代世界システムが芽生えはじめた15世紀から現在にいたる世界史を、西洋主導の植民地主義的政治、経済体制、さらにそこから生まれた思想的・文化的状況が地球上を覆っていく過程ととらえ、支配に対処・抵抗・適応してきた被植民たちの営みを重視していこうとする文化的・学問的問題設定、ならびにそのような認識にもとづく政治的・社会的活動。エドワード・サイードの『オリエンタリズム』の刊行がその成立の大きな契機になった。

▶**歴史研究におけるポスト・コロニアリズムとその問題点** 19世紀から20世紀前半にかけての歴史研究者の関心が、国民国家、白人の成人男性、政治史に偏りすぎていたことに対する批判や反省から、女性や子ども、ディアスポラ(離散共同体)☞など国民国家の枠組みからもれ落ちてしまう要素としてのさまざまな「周縁」に焦点を当てた研究が、フランスのアナル学派の研究者を中心として盛んに行われてきた。このような動きの中で、南アジア史研究の分野において1980年代以降、サバルタンと呼ばれる人間集団に焦点を当てた研究が進められた。これらはサバ

ルタンを独立後のインド社会における貧農や労働者，下級カースト☞を意味する語として適用し，サバルタン側からの分析が不十分であった従来の研究を反省し，彼らに目を向けることによって声なき人々を主体として歴史を見ることの重要性を訴えた。これら一連の研究は，従来の研究において等閑視されてきた人間集団の存在を浮かび上がらせたという点において意義深いが，一方で分析手法としての欠点も指摘されている。第一に，ポスト・コロニアリズムの出発点は「中心」に対する「周縁」の存在を前提としており，結局のところ，西洋／東洋，男性／女性といった二律背反的な従来の理念的枠組みの中で議論していることである。さらに，ガヤトリ・スピヴァクのように，西洋近代知によって世界や人間を理解する方法そのものが持つ恣意性を批判する議論も起こり，西洋近代知やそれにもとづくヨーロッパ中心史観など，研究や歴史認識の方法の再考に結びついた。

◉関連項目：オリエンタリズム

◉参考文献：『岩波イスラーム辞典』岩波書店，2002年／本橋哲也『ポストコロニアリズム』岩波新書，2005年／羽田正『新しい世界史へ——地球市民のための構想』岩波新書，2011年

[熊倉和歌子]

本朝二十不孝

▶概要　井原西鶴の浮世草子。貞享3年(1686)刊。5巻5冊，各巻4章，西鶴の自序につづき，全20話の親不孝話を集める。

▶「二十四孝」とその渡来　本書の書名は，御伽草子『二十四孝』に代表される「二十四孝」物を意識し，もじったものである。「二十四孝」は中国から渡った書で，孝子24人（文献により選択には異同あり）の事蹟を収める。唐末五代頃には原型が存在していたものの，以後の「二十四孝」の祖型として，影響が大きかったのは，元の郭居敬『全相二十四孝詩選』である。これが和訳され流布したのは，室町時代中期以後とされる。御伽草子の『二十四孝』もまた『全相二十四孝詩選』に基づく。

▶「二十四孝」物の盛行　中世から近世にかけては，儒教道徳の普及にともない，「二十四孝」をはじめとする孝子説話がもてはやされた。近世に入ると，印刷術の発達により，「二十四孝」やその注解書，および「二十四孝」にならった孝子説話集が数多く出版された。西鶴『本朝二十不孝』に近い時点でいえば，藤井懶斎『本朝孝子伝』が貞享元年(1684)に刊行。日本の孝子を，天皇から士庶に至るまで集め顕彰する。『本朝孝子伝』は漢文体の書であったが，これを仮名に改めた『仮名本朝孝子伝』も，貞享4年(1687)に刊行されている。

▶盛行の背景と西鶴の意図　「二十四孝」物の刊行が，この時期に相次いだのは，5代将軍徳川綱吉の孝道奨励——天和2年(1682)の「忠孝札」設置に代表される——に乗じた風潮といえる。西鶴『本朝二十不孝』も例外ではなく，綱吉の孝道奨励策や藤井懶斎の著述を意識したのではあるが，孝行者ならぬ不孝者ばかり列ねた西鶴に，孝道奨励の意があったのか，そうした時勢を揶揄する意があったのか，解釈の分かれるところである。

▶「二十四孝」物の広がり 「二十四孝」の影響は，これ以後も大いに拡大する。心学書・女訓書・往来物などへの利用は，ここでは尽くせない。文芸作品から代表的なものをあげれば，浮世草子に月尋堂『今様廿四孝』(宝永6年〈1709〉刊)や江島其磧『賢女心化粧』(延享2年〈1745〉刊)等。また，浄瑠璃に近松半二らによる『本朝廿四孝』(明和3年〈1766〉刊)等がある。

●参考文献：徳田進『孝子説話集の研究(中世篇・近世篇・近代篇)』井上書房，1963年・1964年／横山重・小野晋校訂『本朝二十不孝』岩波文庫，1963年／谷脇理史「『本朝二十不孝』論序説」『国文学研究』36，1967年／長谷川強『浮世草子の研究』桜楓社，1969年／佐竹昭広『絵入本朝二十不孝』岩波書店，1990年

[井上和人]

マスキュラー・クリスチャニティ

▶概要 キリスト教者にとって身体を壮健に保つことが良き精神を保つ上でも重要であるとする考え。主に19世紀中頃からイギリスにおいて広まった概念であり，従来の，信仰の多くを精神性に求める潮流に対して，健康な身体やその鍛錬の価値を重視した。こうした考え方に対しては批判もあったが，結果的にイギリス社会に広く浸透し，教育におけるスポーツや身体鍛錬の重視につながり，さらには社会ダーウィニズム☞や帝国主義的思想と結びつくことで20世紀に至るまで大きな影響を及ぼしたといえる。その影響は国内のみならず，オーストラリアやアメリカ，その他の植民地などへと波及した。

▶経緯 マスキュラー・クリスチャニティという言葉が一般的に知られるようになるのは19世紀中葉であり，特にその代表的人物としてチャールズ・キングスリーやトマス・ヒューズが挙げられる。しかし，もともと彼ら自身が発案した言葉ではなく，キングズリーの著作『二年前(Two Years Ago)』に対する批評として，いくぶん揶揄的に用いられたものが広まったとされる。またトマス・ヒューズはパブリックスクール☞での学校生活を描いた自伝的小説『トム・ブラウンの学校生活』(1857)の著者として著名だが，その続編ともいえる『オックスフォードのトム・ブラウン』(1861)において「マスキュラー・クリスチャン(筋肉的キリスト教徒)」という言葉を用いて，その価値を礼賛している。両者に共通するのは，心身を鍛錬することが良き信仰や道徳心に結びつくという考えであった。当初，批判や論争があったものの，結果的には広く受け入れられ，特にパブリックスクールを中心とした教育において，身体鍛錬の手段としてチーム・スポーツが熱心に取り入れられてゆく背景ともなった。19世紀後半，こうしたスポーツ重視の気風は最高潮に達し，アスレティシズム☞と呼ばれる，座学のカリキュラムよりも課外活動のスポーツを重視する流行をもたらした。

●関連項目：アスレティシズム／社会ダーウィニズム／スポーツ／パブリックスクール

●参考文献：阿部生雄『近代スポーツマンシップの誕生と成長』筑波大学出版会, 2009年

[岡田桂]

マッカーシズム

▶語義　ジョゼフ・マッカーシー上院議員が1950年2月に「国務省に勤務する共産主義者205名のリストを持っている」と発言したことに端を発する反共主義旋風。

▶反共主義　米国における共産主義への恐怖や敵対意識の広まりは，第一次大戦後に起こった。1919年春に政府高官へ爆弾が郵送された事件をきっかけに司法省内に「急進主義対策部（後のFBI）」が設置され大規模な赤狩りが行われて以来，共産主義に対する恐怖心（「赤の恐怖＝レッド・スケア」）が広がった。1947年にトルーマン大統領が「連邦政府職員忠誠審査令」を発すると，連邦職員は共産党員やシンパでないか調査され500人が解雇された。続いて，州レベルでも州政府職員や州立大学教員を対象に同様の忠誠審査が行われた。そして，赤狩りの対象は公務員以外にも広がり，特に非米活動委員会はハリウッドの映画関係者等著名人も標的とした。こうして冷戦期に勢いづいた赤狩りは「赤の恐怖」をより一層国民に浸透させ，反共が有効な政治的手段として機能する状況を創出した。

▶経緯　1946年連邦上院議員に初当選したものの，再選を確実にする実績がなかったマッカーシーが，1952年選挙の争点として目をつけたのが反共だった。1950年2月，マッカーシーは上述の国務省を攻撃する発言で注目を集めると，その後も上院の公聴会や講演会で政府関係者や学者を「共産主義者」「ロシアのスパイ」と告発し世間の話題をさらった。実際は「リスト」は存在せず，新たな共産主義者摘発はできなかったが，発言がテレビや新聞で頻繁に報道され無名の1年生議員の知名度は一気に上昇した。こうして見事に反共を利用し再選されたマッカーシーは，共和党勝利への貢献から上院調査小委員会の長にも任命された。しかし，同選挙で政権奪還を果たした共和党にとってマッカーシーによる政府の「危険分子」追及は自党への攻撃となったため，党内から批判の声が上がり始めた。

▶メディアの役割　「マッカーシーをつくりだした」のも，彼の暴走に立ち向かったのもマスコミだった。1954年3月，CBSのキャスター兼制作者エドワード・マローが「マッカーシー上院議員に関する報告」という批判番組を放映し60％という高視聴率を得た途端，世論や政治的雰囲気に変化が現れ批判や反論が出始めた。同年11月の中間選挙では，前回の選挙でマッカーシーに批判され落選した民主党のリベラルな議員が当選を果たし，彼の影響力が急速に衰え反共は政治的手段として機能しなくなったことが示された。こうした情勢を受け12月に上院の譴責決議がなされ，事実上マッカーシーの政治生命は絶たれた。

●参考文献：陸井三郎『ハリウッドとマッカーシズム』筑摩書房, 1990年／上杉忍『パクス・アメリカーナの光と影』講談社現代

新書, 1989年／黒川修司『赤狩り時代の米国大学』中公新書, 1994年

[細谷典子]

マルコムX

▶**経歴** 1925年5月19日, ネブラスカ州で黒人の父(アール・リトル)と混血の母(ルイズ・リトル)の4人目の子どもとして生まれる。彼の少年時代に平穏な日常はほとんどなく, それは不幸と悲劇に満ちている。彼が6歳のとき, バプティスト派の説教師であった父親は白人の人種差別主義者に虐殺され, 彼が13歳のときには, 母親が精神病院に送られている。その結果, 一家は離散。子どもたち皆, 里子に出される。彼は14歳のときにボストンに行き, そこでギャンブル, 酒, ドラッグといった裏社会で生きる方途を学ぶが, 20歳のときに, 強盗の罪で逮捕され, 刑務所に入れられる。彼が人生の最初の転機を迎えるのは, 服役中である。この時期, 彼は刑務所内の図書館で独学し, 高度な知性を獲得するなかでイライジャ・ムハマド尊師の教えに傾倒し, ブラック・ムスリムに改宗しているからだ。釈放後, 彼はマルコムX──Xとは, 彼には永久に分からないアフリカの家族の姓の象徴である──と名のり, 黒人の分離独立をめざす「ネイション・オブ・イスラム(NOI)」のリーダーのひとりとして活躍する。だが, やがて彼はムハマド尊師に失望感を覚えることになる。その教団と彼の関係は悪化し, 彼はそれから脱退せざるを得なくなる。その後の彼の活動において特筆すべきは, 彼がメッカ巡礼ののち, 自身の活動の目的を世界の人権問題の解決に設定し, 「アフロ・アメリカン統一機構(OAAU)」を設立していることだ。1965年, 彼はニューヨークで演説中に観客席から銃を乱射され, 壮絶な死を遂げる。享年39。

▶**指導者** 公民権運動☞の指導者と言えば, まずキング牧師の名が挙げられるであろう。だが, キング牧師とはまるきり正反対の立場からその運動を推し進めていった人物として有名なのが, マルコムXである。黒人は自己を防衛するためにあらゆる手段に訴える権利があると考えた彼は, キング牧師の唱える「非暴力」抵抗手段を厳しく批判した。それだけではない。彼は, 歴史のなかでアメリカ的「夢」のヴィジョンから除外され, 沈黙を強いられてきた集団の一員として, 「わたしはアメリカの夢を見ない。わたしに見えるのはアメリカの悪夢だ」と断じ, 白人社会への安易な統合を拒否したのである。

▶**映画** アレックス・ヘイリー(ジャーナリスト, かつ作家)とマルコムX共著の『完訳マルコムX自伝』をベースに, スパイク・リー監督が映画『マルコムX』(1992)を製作している。主演(マルコムX役)はデンゼル・ワシントン。この類まれな革命家の闘いの軌跡, 彼の波瀾万丈の人生を描いている。

◉**関連項目**：公民権運動／全国黒人地位向上協会／マルチ・カルチュラリズム

◉**参考文献**：マルコムX『完訳マルコムX自伝』(濱本武雄訳) 中央文庫, 全2冊, 2002年／ロバートL・ジェンキンズ(編著)『マルコムX事典』(荒このみ訳) 雄松堂出版, 2008年

[本村浩二]

マルチ・カルチュラリズム

▶**語義**　多様な文化的アイデンティティを持つ市民をお互いに平等な存在として承認する思考および政策。

▶**経緯**　米国の多文化主義の議論は教育の現場から始まった。1987年、スタンフォード大学で講演したジェシー・ジャクソンが西洋中心的な教育を批判したのを契機に、黒人の学生を中心にカリキュラム改革運動が起こった。それに対して大学側は科目名を「西洋文明」から「文化・思想・価値」に改め、複数の文化や価値観の存在を教えエスニックスタディーズを重視する姿勢を示した。いわゆる白人の文化・価値観を中心に据えてきた教育からの脱却を標榜し、従来カリキュラムから排除されてきたマイノリティの文化や視点を取り込もうとするこの動きは、まもなく全国の大学に拡がり、さらには初等・中等教育にも波及し多文化教育論争が活発化した。この思想と運動は、エスニック・リバイバルやポスト・コロニアリズム☞の議論を背景に、抑圧されてきた人々が自己の尊厳回復をめざす動きと相俟って、1990年代には「多文化主義(multiculturalism)」と呼ばれるようになり、学術・政策・アイデンティティに関わる広範な論争となった。

▶**論拠**　公民権運動☞によって法的平等が達成されたものの、アフリカ系アメリカ人は依然として差別が存続する現実に直面し、マルコムX☞の「ブラック・ナショナリズム」に代表される急進的な戦術をとる解放運動に参加するようになっていった。そうした運動において「黒人」であることを肯定的にとらえ、劣等意識から解放されることが目標の一つとなった。つまり、市民的諸権利の法的承認達成後の状況を鑑みた黒人は、「尊厳の平等」という道徳的承認を求め始めたということである。そこで、思想的立脚点となったのが、モレフィ・K・アサンテの提唱した「自己の準拠枠に基づいて自己を理解する」アフリカ中心主義(Afrocentrism)で、他民族を貶む排他的な自民族中心主義(ethnocentrism)とは異なり、文化的に異なるさまざまな見方で事象を捉えようとするアプローチである。

▶**争点**　米国の多文化主義論争は国民統合の文脈において繰り広げられるという特徴を持ち、『アメリカの分裂』を著したアーサー・シュレージンガーのような批判的な論者は、国民統合という視点からその問題点を指摘する。多文化主義は個々の人種や民族の記憶と伝統を絶対視する先祖崇拝主義で、米国の国民的統合の理想に反し国民的結合を解体させるというのである。それに対して、多文化主義を擁護するアサンテやロナルド・タカキは、多様な集団から成る米国を白人の準拠枠だけに基づいて理解すべきではなく、各集団が互いに敬意を払い、多様性を踏まえた統一を目的とする点を強調する。

●**関連項目**：公民権運動／全国黒人地位向上協会／マルコムX

●**参考文献**：アーサー・シュレージンガー, Jr.『アメリカの分裂』(都留重人監訳)岩波書店, 1992年／チャールズ・テイラーほか『マル

チカルチュラリズム』(佐々木毅ほか訳)岩波書店, 1996年／油井大三郎・遠藤泰生編『多文化主義のアメリカ』東京大学出版会, 1999年／辻内鏡人『現代アメリカの政治文化』ミネルヴァ書房, 2001年

[細谷典子]

三島由紀夫

▶**略歴**　三島由紀夫は大正15年(1925)に東京で生まれた。学習院の中等科に進んだ16歳の時に『花ざかりの森』を発表し、その早熟な才能を示した。東京大学を卒業後に大蔵省に勤務したが、その後『仮面の告白』により注目され、戦後文学☞を代表する作家として次々に話題作を発表した。昭和31年(1956)に発表された『金閣寺』は、金閣寺に実際に放火した青年僧をモデルにした作品で、三島特有の美意識と心理的な逆説を展開した代表作となった。昭和35年以降、三島は『憂国』や『英霊の聲』といった2.26事件に材をとった作品を著し、次第に日本的なものへの回帰を遂げていく。ライフワークとなった長編小説『豊饒の海』は、作家がその全精力を注ぎこんだ華麗な作品として注目されたが、昭和45年(1970)11月25日に市ヶ谷の自衛隊に彼が主宰する「楯の会」の青年らと赴き、隊員らに演説をした後に割腹自決を遂げた。

▶**作品の特徴**　三島はノーベル文学賞の候補にあげられたように、その多くの作品が世界各国で翻訳、刊行された。その小説世界は、多彩な比喩表現と滔々たる流れを形作る日本語の豊かさによって彩られ、まさに天才的なその才能を発揮したものであった。若くして著名な作家となった三島は、社会的な事件を題材にしたモデル小説をいくつか書いているが、それは小説化されることで、彼独自のオリジナリティに昇華されている。また、劇作家としても大きな仕事を残した。『近代能楽集』は、古典の能に題材を得ながら、そこに現代的なリアリティを加味した三島戯曲の代表作である。また『わが友ヒットラー』や『サド侯爵夫人』などの晩年の戯曲は、その完成度とセリフの華麗さにおいて我が国の近現代の芝居のなかでも群を抜いた密度を持った作品となっている。その死後も三島の作品は次々に新しい世代の読者を得ているとともに、彼の戯曲もフランスなどで上映され、絶賛されている。また評論家としても多くの書物を残しており、その死によって中絶したが『日本文学小史』は、古事記や万葉集や古今和歌集などを論じてこの国の文芸の歴史を鋭く批評した内容になっている。『豊饒の海』は、生まれ変わりと仏教の哲学を背景にした大長編であり、明治後半から作家の死後までの昭和の時間を取り込んだ壮大なロマンである。三島の行動と作品はその衝撃的な死によってひとつのものとして一体化したといってもよい。文武両道の哲学を実践した文学者として日本文学史においてもきわめて特異な作家であり、その残された仕事はなお今日の読者に多くのことを訴えかけ続けている。

▶**主な著作**　『花ざかりの森』(1941)『潮騒』(1954)『金閣寺』(1956)『鏡子の家』(1959)『午後の曳航』(1963)『豊饒の海』(1970)(全4巻)などの小説、『近代能楽集』(1956)『黒蜥

蜴』(1934)『わが友ヒットラー』(1968)『サド侯爵夫人』(1965) などの戯曲，『太陽と鉄』(1967)『日本文学小史』(1972) などの評論があり，新潮社より全集が二度刊行されている。
●関連項目：戦後文学
●参考文献：佐藤秀明・井上隆史・山中剛史編『決定版 三島由紀夫全集42年 年譜・書誌』新潮社, 2005年

[富岡幸一郎]

ムスリム

▶語義　イスラーム教徒。イスラームとは，アラビア語で「唯一神アッラーに絶対的に帰依すること」を意味するが，ムスリムは「神に帰依する者」を意味し，すなわちイスラームの信徒を指す。女性の信徒の場合は，ムスリマという。

▶ムスリムの信仰と生活　イスラームへの改宗は，二人以上のムスリムの証人の前で「アッラー以外に神はなく，ムハンマドは神の使徒であることを私は証言します」と唱えることによって完了する。この行為は，信仰告白（シャハーダ）と呼ばれ，五行の筆頭にあげられる。ムスリムには，シャリーア☞に従って正しく生きることが求められ，六信五行☞を実践することが義務づけられている。

▶世界のムスリム人口　2010年の調査で，世界のムスリムの数は，16億人を超えた。これは世界の総人口のおよそ23.4%を占める。地域別に見ると，トルコからインド亜大陸，東南アジア，中国，オセアニアを含むアジア地域で10億人，アラビア半島から中東と呼ばれる地域およびエジプト，スーダンなどの北アフリカ地域で3億2000万人，サハラ以南のアフリカ地域において2億4000万人，ロシアを含めるヨーロッパ地域において4400万人，南北アメリカ大陸，カリブ海地域において520万人である。国別に見ると，ムスリム人口がもっとも多いのはインドネシアで2億人，次いでパキスタン1億7800万人，インド1億7700万人，バングラデシュ1億4800万人と，アジア地域の国々が上位を占める。

▶広がるイスラーム世界　ムスリムの住む地域の気候・自然環境，生活様式，言語，歴史はさまざまある。他方で，アラビア語で暗記，朗誦することが義務づけられている啓典クルアーンを通じ，アラビア語がムスリムたちの共通言語としての役割を果たしている。また，シャリーアに従い，六信五行を義務とすることや，ウンマ☞という共同体意識を共有することは，ムスリムたちを地域や国境を越えて精神的に結びつけている。

●関連項目：ウンマ／シャリーア／六信五行
●参考文献：『岩波イスラーム辞典』岩波書店，2002年／佐藤次高『イスラーム―知の営み』山川出版社, 2009年／三浦徹編『イスラーム世界の歴史的展開』放送大学教育振興会, 2011年

[熊倉和歌子]

メランコリー

▶語源　西欧では，ギリシアの医学以来，体の中を循環する四つの体液のバランスにより健康と病気の違いを判断する考え方が存在していた。血液，粘液，黄胆汁，黒胆汁というこれら四つの体液のうち，「黒・胆汁（メラン・コリー）」の体内での割

合が過剰になると心の健康状態が崩れ，メランコリーと呼ばれる心の病が発症すると考えられていたのである。メランコリーとは，現代風にいえばうつ病にあたるもので，昔から気の病とか憂鬱症とか呼ばれていたものである。失恋など心に大きな負荷がかかると，気がふさぎ，うっ屈した気分になることがあり，そこからさらに，はっきりとした精神の異常を訴えることに進み，やがては狂気に至ることもあるとされ，これは単なる気分にとどまらず，非常に危険な心の病とその徴候であると考えられていたのだ。

▶気質 四体液説は，四元素(水，火，風，地)，四季(春，夏，秋，冬)，四方(東，西，南，北)，人生の段階(幼，青，壮，老)，四つの星(火星，木星，金星，土星)，冷温乾湿の四つの結合形など，4という数字をもとに呼応しあい，人間の気質や性格に強い影響を与えると考えられていた。メランコリーは，大地のもつ冷い乾燥した性質と関係があり，また土星の影響をうけ，東の風を受けるとかかりやすく老境と冬季に関連すると考えられていて，それらがメランコリータイプのもの静かで社交を避け，ひとり本を読む隠者的な人間を表し，文学でいえば，ハムレットなどの性格造形に生かされてきたのであった。心の病とそれに罹りやすい性格や気質は，現代でいうところの病前性格というものにもあたるだろうから，これらの概念が相互に強い関連をもって捉えられていたことはむしろ当然のことといえるかもしれない。

▶革新 12世紀のイタリアにマルシリオ・フィチーノという哲学者が出て，このギリシア以来の病としてのメランコリーの概念に大きな変革を与え，肯定的な側面の重要性を指摘することになる。彼は，メランコリーの人間には，憂鬱症としてのマイナス性を認めながらも，逆に，よく物事を考えて真実に至る思考力や，芸術作成上の大きな原動力となる想像力の役割が才能として備わったところもあり，憂鬱の病的な性格以上に，哲学者と芸術家としての才能が与えられる場合があることを説いたのであった。浅黒い肌をした背に羽をもつ人物が，頬杖をついて沈思している図を描いたデューラーの「メランコリアⅠ」はこのフィチーノの深い思考と飛翔する想像力を形象化したものとしてよく知られている。ここに，19世紀になって一般化してくる「天才と狂気は紙一重」という概念の原型がみられるのはいうまでもない。

▶神経 18世紀になって4体液説が衰えると，体液の代わりにメランコリーを担うのは神経ということになる。ジョージ・チェイニーという医者が出した『イギリスの病』(1734)は，従来のメランコリーを国民的な病と認めつつ，新しく，脳と結びついて思考と行動を司るとされた神経の概念を使って説明するようになる。以後，メランコリーはこの18世紀末に神経症というより近代的な名によってあらわされることになる。

●参考文献：レイモンド・クリバンスキー，アーウィン・パノフスキー，フリッツ・ザクセル『土星とメランコリー』(田中英道監訳)晶文社，1991年

[仙葉豊]

ヤ

屋敷地共住集団

▶概略　タイの東北部を中心に北部，中部にも見られる家族形態の一つ。水野浩一はタイの家族集団の形態として，①住居と家計をともにする世帯家族(核家族あるいは直系家族)，②屋敷地共住集団，③通過儀礼などの特殊な機会に時折集まる集団の3種類を挙げている。屋敷地共住集団は，子どもたちが結婚した後，親との同居期間を終え，一応世帯を別にしたけれども，親が農地(特に水田)を統御しているために農業生産の面で共同関係が生じ，それを契機として親の世帯家族と子ども(主に娘)の世帯家族が結合するという特殊な家族の形態をさす。この場合，子ども夫婦は親の屋敷地内あるいはそれに隣接して住居を構える傾向にあるため，このように名づけられた。屋敷地共住集団の成立期間は短く，家族周期のある段階で現れ，発展し，消滅する。

▶結婚　結婚＝夫婦関係の成立は家族が成立するための契機となるが，これには二つの仕方がある。一つは当事者に決定権がある恋愛結婚，もう一つは当事者以外の家族(主に親)や親族も決定に加わる協定結婚である。タイの場合は恋愛結婚が結婚の理想あるいは慣行とされるが，結婚の決定段階以後には両親の干渉や結納金をめぐる交渉などが行われ，協定結婚的な仕方が強くなる。

▶居住制　結婚後の居住制については，現在，地域や状況によって違いが見られ，新居制や夫方居住を選択する者もいるものの，伝統的には妻方居住が優位であった。妻方居住において結婚後しばらくの間，新郎が妻の両親とともに生活し，やがて親世帯から分居する。このようにして，結婚した順に長女夫婦，次女夫婦と生家から世帯を分け，親世帯とともに屋敷地共住集団を形成するならば，一つの集団のなかには親子関係，姉妹関係を軸とした複数の世帯が存在することになる。なお，末娘は世帯を分けずに親の家に留まり，年老いた親を扶養するとともに親の家を相続することも多い。

▶相続　相続の仕方は，性にかかわらず子どもが両親の財産を平等に相続する均分相続制である。しかし，妻方居住が原則である東北部や北部においては，男性は婚出するとき，不動産の相続権を放棄することが多い。親が所有する農地の経営権は婚出しない子ども(主に娘)に比較的早く貸与されるが，所有権そのものは親が年老いて働けなくなった頃や死後まで与えられないため，親世帯から娘夫婦が独立した後も，両者の完全な分離は実現しない。また，屋敷地については，両親の死後，同一屋敷地内に居住する子ども世帯のあいだで分割され，分割後のそれぞれの屋敷地において，家族周期にあわせ，新たな屋敷地共住集団が再生産されていく。ただし，分割するための土地の不足，農外就労や移動労働の増加など，さまざまな状況の変化によって，このような家族の形態は減少していく傾向にある。

●参考文献：水野浩一『タイ農村の社会組織』創文社, 1981年／北原淳編『タイ農村の構造と変動』勁草書房, 1987年／竹内隆夫「タイの家族・親族」北原淳編『東南アジアの社会学——家族・農村・都市』世界思想社, 1989年

［古谷伸子］

唯美主義(美術)

▶語義　芸術とは，宗教や政治，道徳といった芸術以外の何かに資することを目的とするものではなく，芸術性そのものを目的とし，芸術性によってのみその価値を判断されるべきである，とする考え方。19世紀初め頃からフランスの文学者によって提唱された「芸術のための芸術」という言葉が，その理念を端的に表している。美術史上で注目すべき現象は，このフランスの思潮を受け，美術作品における「美」の優越性を極度なまでに称揚する芸術家たちが，19世紀後半のイギリスに現れたことである。

▶イギリス絵画の唯美主義　イギリスの唯美主義は，1860年代からダンテ・ゲイブリエル・ロセッティ（1828-82）とその周辺から発生したと考えられている。伝統的に美術アカデミー☞が，どんな「物語」を主題にするかということと，そこにどんな道徳的・社会的メッセージを込めるかということを重視してきたのに対し，唯美主義の画家たちは色や線・形といった純粋に造形的な要素を優位に置いた。したがって作品の特徴として，明確な主題や時代設定を欠き，デッサンよりも色彩の調和に力点があり，装飾性が高く，しばしば甘美で陶酔的な雰囲気を持つといった傾向が認められる。ロセッティの他にはアルバート・ムーア（1841-93），シメオン・ソロモン（1840-1905），フレデリック・レイトン（1830-96），J・M・ホイッスラー（1834-1903）らを挙げることができる。人生における「美的経験」の重要性を唱えたウォルター・ペイター（1839-94）をはじめとする美術評論家たちが擁護したこともあり，「美を目的とする芸術」は主として新興ブルジョワの間で人気を高めていった。

▶唯美主義運動　1870～80年代イギリスの中流家庭において，室内装飾や服飾，日用品に洗練された美を求めようとした流行現象を，唯美主義運動と呼ぶ。絵画・文学の唯美主義に影響を受けてはいるが，それが一部の芸術家による前衛的な活動であり，支持者もインテリと経済エリートに限られていたのに対し，専ら装飾芸術を対象とする唯美主義運動は，広く中流階級に浸透していた。もっとも加熱したのは東洋陶磁器の蒐集であり，その熱狂ぶりは「チャイナ・マニア」と揶揄される社会現象となった。また団扇や屏風，着物といった日本の美術工芸品全般に対する愛好が強く，事実上日本趣味の流行（ジャパニズム）と言うこともできる。ほかにクジャクの尾羽，ひまわりの花などが唯美主義的装飾に必須のモチーフとされた。

●関連項目：ジャポニスム（ジャパニズム）／美術アカデミー

●参考文献：谷田博幸『唯美主義とジャパニズム』名古屋大学出版会, 2004年／富士川義之ほか『文学と絵画——唯美主義とは何か』英宝社, 2005年

[小野寺玲子]

ユーゲントシュティール

▶**名称** ゲオルク・ヒルトによって創刊され、世紀転換期のミュンヘンで爆発的な人気を博したイラスト週刊誌『ユーゲント』(1896-1904)に因む。ユーゲントとは、ドイツ語で「青春期」の意。この名称は、言語芸術まで含めてかなり広範囲に用いられるのが現状である。しかし「実用に供し得るものに、その目的にかなった形を与えることがこの様式の主要目標のひとつ」であり、「芸術的手段は駆使するが芸術を作る気はない」という提唱者の意向を汲み、絵画芸術を外してこの名称の適用を「工芸」に限定する立場もある。

▶**世紀転換期** ユーゲントシュティールの名称は、元来1890年代半ばから1907年頃までのミュンヘンの若い芸術家たちの創作活動を総称するものであるが、1892年にフランツ・フォン・シュトゥックがミュンヘン分離派を結成し、1897年にはウィーン分離派☞、1899年にはベルリン分離派と結成が相次ぐ中で、アカデミー芸術の権威的規範を批判し、新しい時代感覚の様式を模索する「分離派」の活動もこれに含めて論じられることが多い。さらに、世紀末芸術の総称とも言えるアール・ヌーヴォーのドイツ語圏的展開という捉え方で、ヨーロッパ各都市に展開したこの傾向の同時代的共有性を重視する見方も一般的である。

▶**脱大芸術** 『ユーゲント』誌が掲載したのは、ヨーロッパ各地で流行したファッションに関する情報、風刺漫画、新発売の商品の広告などであった。ユーゲントシュティールは、絵画・彫刻・建築という伝来の「大芸術」の枠を超え、本の装丁、家具・調度、食器、ポスター、装身具、織物等の、当時の感覚に照らせば「工芸」の領域に踏み込み、それを新たなデザインで世に打ち出しながら、従来の「芸術作品」と「工芸品」の垣根を取り払った。代表的な人物には、ヘルマン・オブリスト(1862-1927)、ペーター・ベーレンス(1868-1940)、リヒャルト・リーマーシュミット(1868-1957)、アウグスト・エンデル(1871-1925)らがいる。ベルギー生まれで、後のバウハウス☞につながる足跡を各地に残したアンリ・ヴァン・デ・ヴェルデ(1863-1957)の名も、ここでは欠かせない。また、ベーレンス等は、ウィリアム・モリスの影響を受け、「芸術と手工業のための共同工房」を設立して、独立した経営者としての芸術家の道をめざした。

▶**曲線・平面性** 『ユーゲント』創刊号の表紙は、デザイン化された文字、奥行き感を排した画面構成、柔らかな曲線で描かれた人物の輪郭、植物模様などで占められている。ここに見られる「流れるような曲線」「平面的な装飾性」などがこの様式の一般的特色とみなされるが、上記エンデルらは植物的な曲線から出発し、オブリストを介して生物学者ヘッケルの図版の影響を受け、海藻や水棲生物を思わせる有機的な曲線を用いて、ドイツ固有の装飾を生み出した。

▶**建築と装飾** ミュンヘンの建築を代表するのは、エンデルの宮廷写真館エルヴィーラ(1898)である。正面の壁面を大き

く占める浮遊する龍のような装飾は，装飾が建築の補助ではなくそれ自体を主張して，装飾と建築の関係の逆転を明示していると同時に，後にユーゲントシュティールが装飾を暴走させて衰退するのをすでに予感させる。ナチスによって退廃芸術の烙印を押され，現存しない。もうひとりの代表者リーマーシュミットのミュンヘンのカンマーシュピーレ劇場(1901)ロビーや客席は，照明やドア開口部といった建物に不可欠な要素を連続する円や格子のデザインを巧みに用いて装飾化し，全体に柔らかな曲線に包まれた有機的な空間を現出して，街頭からの来訪者を深海にでも入り込んだような不思議な気分に浸らせる。ミュンヘン以外では，ウィーン分離派会館で知られるヨーゼフ・マリア・オルブリヒ(1867-1908)が，ヘッセン大公エルンスト・ルートヴィヒの招きでダルムシュタットの芸術家村「マチルダの丘」の住宅や展覧会場の建設に参加し，結婚記念塔(1908)など5戸を残している。植物の蔓をデザインした白と青のタイルを交互に組み合わせた凹凸のない壁面装飾，アーチ形の青を地に金の輪を連ねたマット上に腹ばいで向かい合って接吻する新郎と新婦の壁面モザイク(それぞれの背中から生えた白い鳥の羽状のものが頭上で合掌上にふたりを包んでいる)，重々しさを感じさせない門扉や塀など，ユーゲントシュティールの装飾性を全開している。

●関連項目：アーツ・アンド・クラフツ運動／ウィーン工房／ウィーン分離派

●参考文献：クラウス・ユルゲン・ゼンバッハ『ユーゲントシュティール』(訳者名の記載なし)ベネディクト・タッシェン出版，1992年／橋本文隆『図説　アール・ヌーヴォー建築　華麗なる世紀末』河出書房新社，2007年

[佐藤茂樹]

有識故実

▶概略　「ゆうしょくこじつ」と読む。また，有職故実とも書き，「ゆうそくこじつ」ともいう。公家が朝廷の儀式に備え，朝廷の旧儀・先例を基に，時と場に対応した適切な所作・進退を徴する我が国前近代の実学である。その研究の対象は，平安時代の様式を規矩とした官職制度・儀式典礼・年中行事・服制・殿舎・調度・輿車，また広義では，飲食・雅楽もこれに含める。これが，有識であり，この公家の有識と，武家における有識に相当する軍陣の作法・殿中の諸礼・兵杖などを徴する故実(武家故実)と併称して，有識故実というのである。

▶学問区分　有識故実は，近代の学問区分からみた場合，風俗史の一部門・法制史・服飾史・工芸史・神道学の諸学科に含めて理解され，また，広義の日本文化史として理解する立場もある。今日では，宮廷の一部の儀式と祭祀と神社の祭祀に，実学としての一面を伝えている。

▶研究主体　有識故実を生活の規矩として行動した階層は，公家であるゆえ，公家が研究主体であった。平安時代中期より，有識故実の根拠たる記録を多く伝えた日記の家が現れ，小野宮流(小野宮実頼)，九条流(九条師輔)などの家流を生じ，自家の記録を基に，種々の儀式書を遺し，これが院政期まで続く儀式書盛行の魁けと

なった。また，鎌倉時代・室町時代を通して，記録を項目ごとに編集した各種の部類記や装束の如木化に対応する必要から各種の装束書，有職故実の聞き書きが，天皇・公家たちによって撰述され，各時代の研究成果を伝えるとともに，後代の有職故実研究の亀鑑として尊重されて来た。

▶衰退と復興　有職故実の研究は，室町時代末期より朝廷の式微も与って衰退の途にあり，応仁の乱によりこれが決定的となるも，徐々に復興への努力が続けられた。徳川幕府開府後の元和の徳川和子の入内や寛永の二条城行幸などの朝幕の盛儀を契機として，寛永有職なる異様の様式を産み，この寛永有職に対する反省から，公家を中心として，文献・遺物・古画を基にした実証的研究が進められ，主に各種の行事の復元という形で，その成果は発表された。前代同様，近世前期の有職故実研究の主体は公家で，彼らを中心として研究が進められていたが，やがて国学や出版の発達に伴い，公家の指導を受けつつも，その研究は，大名・下級公家(地下)・士分・祀官の各階層にまで拡がり，また地域としては，京都のみならず，江戸にても研究が進められ，幕末に至るまで，有職故実研究の盛行を見るに至った。

▶現状　明治維新を迎え，前代の諸家の研究成果は，近代の諸科学に吸収されるも，研究史の整理・有職故実文献の研究など，なお山積する課題を抱える現状である。

●参考文献：河鰭実英『有職故実』至文堂，1960年／江馬務『有職故実』(『江馬務著作集』10) 中央公論社，1977年／石村貞吉『有職故実』講談社，1987年／鈴木敬三『有職故実図典』吉川弘文館，1995年

［宮崎和広］

優生学

▶語義　eugenics 「よい(eu)生まれ(genos)」というギリシア語に由来する。ダーウィンの従兄弟で，イギリスの科学者ゴールトンが1833年に作った言葉。「優れた」人間の出生を奨励し，「劣った」人間の出生を防止する，という形で，人類の遺伝的性質を「改良」したり，その「劣化」を防止することをめざす学問・思想・運動の総称。優生学は，ダーウィンの進化論の「適者生存」「自然淘汰」などの考え方を人間社会に適用しようとした「社会ダーウィニズム」の一典型とされている。20世紀以降，国家によって行われた人種差別・障害者差別などの人権侵害を正当化するための「学問」として大きな影響力を持った。優生学は，進化論を「応用」「通俗化」した疑似科学であり，科学としての進化論そのものとは断絶がある，という考え方もあるが，社会と無関係な「純粋な学問」などは存在しないのであり，その意味では進化論を生み出したものも優生学を生み出したものも同じわれわれの「社会」そのものである。「優れた」人間の出生を奨励するものを「積極的優生学」，「劣った」人間の出生を防止しようとするものを「消極的優生学」と分ける場合もある。

▶歴史　アメリカでは，20世紀はじめ，30もの州で優生学に基づいた断種法(障

害者などに不妊手術を受けさせるための法律）が制定され，1930年代までに1万2000件の手術が行われた。ドイツでは，1920年，ビンディングとホッヘによる『生きるに値しない命を終わらせる行為の解禁』が出版されているが，ナチス政権下では，経済危機の中で，障害者が社会に対する「重荷」である，という宣伝が盛んに行われた。1933年には断種法が成立し，初年度だけで5万6000件以上の断種が行われた。さらに1939年から1941年には，ヒトラーの命令による秘密の障害者抹殺作戦(T4作戦)が実施され，ドイツや占領下のポーランドの精神病院などで，7万人以上の障害者，慢性病者が「安楽死」の名のもとにガス室などで虐殺された。ここで試用されたガス室は，その後約600万人のユダヤ人虐殺にも用いられることになった。障害者の虐殺は作戦終了後も非公式に続けられ，その犠牲者は20万人から30万人と言われる。こうした障害者の虐殺には，多くの医師が積極的に関わっていた。一方で，当時のナチスはがん検診や禁煙運動など「国民」の健康増進に非常に力を入れていた。ナチスは，その他，精神病者・ロマ人(ジプシー)・同性愛者も虐殺した。日本では，1940年にナチスの断種法にならった国民優生法が成立した。戦時中でもありこの法律はほとんど機能しなかったが，戦後の1948年，優生保護法が成立した。「不良な子孫の出生を防止する」ことをうたったこの法律によって，一部の遺伝病患者・ハンセン病者・心身障害者が，医師の判断によって不妊手術を受けさせられた。1950年代をピークに，その数は約1万6000件に上る。この他にも，法的根拠すらなく「月経時の介護困難」といった理由で子宮を摘出された障害者も多数いる。優生保護法は，1996年に，優生条項が削除され母体保護法と名前が改められるまで存続した。

▶新優生学　1970年代以降，羊水検査などの，胎児の状態や遺伝的性質について診断する技術が発達した。こうした診断は出生前診断と呼ばれる(体外受精技術によって可能になった着床前診断も存在する)。出生前診断は，ほとんどの場合中絶を前提としており(選択的中絶)，障害の有無による「命の選別」であるとして批判されているが，親の自己決定であるとして擁護する意見も根強い。現代では，「国家」や「社会」の名の下にあからさまに個人の犠牲を求める古典的優生学は影を潜めたが，出生前診断に見られるような，一見「個人」の権利に基づいているような新しい形の優生学が広がりつつある。

●関連項目：社会ダーウィニズム／障害学／ろう文化

●参考文献：フランツ・ルツィウス『灰色のバスがやってきた──ナチ・ドイツの隠された障害者「安楽死」措置』(山下公子訳)草思社，1991年／ロバート・N・プロクター『健康帝国ナチス』(宮崎尊訳)草思社，2003年／優生思想を問うネットワーク編『知っていますか？　出生前診断一問一答』解放出版社，2003年

[永野潤]

ユートピア

▶語義　トマス・モアの『ユートピア』

(1516)という作品名からきているこの語は，ギリシア語の「どこにもない場所」を意味している。モアのこの作品は，高価な羊毛生産を目的とした牧場を造るため，農地を追われる困窮する農民が多数生まれ，国家が疲弊していた当時のイギリスの状況が描かれている。奴隷や傭兵などの存在はあったものの，理想的な統治・経済形態をもつ「ユートピア」と呼ばれる架空の島がその舞台で担っている。ユートピアへの憧れにも，その背後には過酷な現実がすけてみえる構造があったわけだった。現実に対する不満足は，一方では単なる逃避的な夢となる場合もあるだろうが，また一方では，現実社会への徹底的な批判が生まれる場合もあるのだ。ただモア以降は，一般的には，現実にはどこにも存在しない夢のような場所という意味合いでよく使われるようになった。

▶歴史　モアのユートピアが，どこか別の場所を想定しているに対して，どこか別の時代に想定されたユートピアもあった。金・銀・銅・鉄という金属のメタファーで時代の人類の退化が語られ，過去にあったとされる理想の黄金の時代への郷愁と回帰がユートピア的に語られることは古代からあったし，聖書の創世記におけるエデンの園は罪や穢れのない理想の状態とされていたのであるから，堕落したと考えられた後代の人々からは，これもまた，ユートピアの概念として捉えられていただろう。そこには過去という時間軸が設定されている。そして，18世紀後半から，科学技術が進歩し，産業革命が起こると，イギリスの国力は増大し7つの海を支配する大英帝国が誕生する。こうなると，人々は未来に夢を託し，明るい将来を想像することになる。近代のユートピアの誕生である。もっとも19世紀には，資本主義文明の進歩と同時にその影でもある貧富の格差や社会矛盾も同様に進行していくから，さまざまな体制批判としてのユートピアが社会改革者の中から生まれてくることにもなる。こうして，近代のユートピアはその時間軸を未来に設定することが多くなるのである。

▶デイストピア　19世紀後半に書かれたウィリアム・モリスの『ユートピアだより』(1890)は，その舞台の情景を中世的な牧歌的な世界にとりながらも，時間的には，書かれた時代より2世紀ほどたった近未来を想定している。社会主義革命が20世紀中頃に達成されて，貨幣もなく私有財産制もなくなった質朴な生活の中で人々が幸せに暮らすというもので，まだここには，社会改革と改善への希望がほのみえているのだが，これが20世紀にはいると，世界大戦や経済恐慌など凶悪な体験があったせいか，人々は単純に楽天的なユートピアを夢みることができなくなる。夢は悪夢になるのである。オルダス・ハクスレーの『すばらしい新世界』(1932)は，機械文明の発達の極まった未来社会で，受精卵の孵化器による人口統制と人間性の喪失された世界が描かれ，また，ジョージ・オーウエルの『1984年』(1949)では，スターリンに似たビッグ・ブラザーと呼ばれる独裁的な指導者

のもとの全体主義的未来国家が風刺的に描かれることになる。このようにユートピアの歴史を辿ってみると、ユートピアが達成されたまさにその瞬間にディストピアと呼ばれる、反ユートピアになってしまうという苦い歴史をもっていることがわかるだろう。

●参考文献：A・L・モートン『イギリス—ユートピア思想』(上田和夫訳)未来社, 1967年／川端香男里『ユートピアの幻想』潮出版社, 1971年

[仙葉豊]

幽霊

▶語義　幽霊をあらわす一般的な英語である「ゴースト」は、辞書的には「人に見える形として現れた死者の魂」という意味であることが多い。ただ、イギリスでは、部屋の中で机や椅子などの物体を動かしたり壁をノックしたりするだけで、人には姿を見せない霊的な存在ともいえるものも「幽霊」として認識されており、このようなタイプは、「ポールター・ガイスト」(ドイツ語の「騒がしい霊」からきている)としても知られている。「ホーリー・ゴースト」という言葉が「聖霊」を意味するように、「ゴースト」には霊的な存在をあらわす使い方もあるので、「実体化」していないものも「幽霊」と呼ぶことが可能になっているのであろう。そのほか、「スプーク」とか地方によっては「ホビット」とか「ボガート」などの呼び方をされることもある。代表的な幽霊物語であるチャールズ・ディッケンズの『クリスマス・キャロル』(1843)では、スクルージに現れる元同僚のマーレーの幽霊は「ゴースト」として登場してくるが、この物語中の「幽霊」は、その他にも「スピリット」「アパリション」「スペクター」「ファントム」「シャドウ」などさまざまな呼称で呼ばれており、その多様性からもイギリスの「幽霊」の奥の深さが分かろうというものだ。

▶背景　12世紀頃からキリスト教神学内で死後の魂の行方に関する議論が起こり、ダンテの『神曲』に昇華されていくことになる「煉獄」の概念が生まれる。「天国」と「地獄」以外の中間の場所としての「煉獄」という概念が生じ、そこで生前の罪を浄化したものが天国へ昇れるとしたわけである。幽霊が死者の魂として煉獄から現世に戻ってくるとされたのであった。幽霊の現れる目的は、生者の祈りやミサなどによって、煉獄にいる自分の浄罪のとりなしを依頼するためだという考え方が一般的になり、ここに生者と死者の交流という幽霊物語が多数生まれてくる理由があった。ところが、16世紀に入ってマルチン・ルターが、このようなカトリック的な「煉獄」の考え方を否定したところから、プロテスタントは、「煉獄」からの帰還者を認めず、代わりに精霊や天使や悪魔などが人間の姿形をとって現れると幽霊を解釈したのであった。イギリスはカトリックとプロテスタントの中間的教義体系に基づいているため、幽霊が死者の魂なのか天使なのか、はたまた悪魔なのかがはなはだ曖昧になり、ここにこそハムレットが父王の幽霊の解釈に悩むことになる理由がある。

▶調査　イギリス国教会では、17世紀頃

から，幽霊物語が調査されないまま通用することを認めなかったので，幽霊現象が起きるとそれが真実のものであるかどうかが聖職者や知識人たちによって検証されることが多かった。ヴィクトリア朝では，降霊術や霊媒者などの関与するスピリチュアリズムが流行をみせるが，1882年には広範囲な霊的現象を詳しく調査する団体「心霊現象調査協会」が設立され，科学者や作家などの知識人たちがこの会のメンバーになって，事件の事実性が確かめられ機関誌に報告されている。幽霊物語もその真実性が強く求められるのがイギリスらしいといえよう。

●関連項目：煉獄

●参考文献：河合祥一郎編『幽霊学入門』新書館, 2010年／富士川義之・結城英雄編『亡霊のイギリス文学』国文社, 2012年

[仙葉豊]

ヨーガ

▶語義　サンスクリット語のヨーガとは，「くびき，結合，連結」の意味であり，絶対者との結合または自己(自分自身の内にひそむ全体的存在)との結合を指す。後にヨーガは，宗教的に最高の境地に達するためのプロセスを表す語として用法が拡大し，「ラージャ・ヨーガ」(心の作用の止滅により解脱におもむく道)，「カルマ・ヨーガ」(結果を顧みない行為に徹することによって解脱におもむく道)，「バクティ・ヨーガ」(一心に絶対神に帰依することによって解脱におもむく道)，「ジュニャーナ・ヨーガ」(真理を悟る智慧を得ることによって解脱におもむく道)などの言葉が現れるようになった。

▶初期のヨーガ　ヨーガの歴史は古く，インダス文明にも遡る。モヘンジョダロの遺跡からは，ヨーガの座法を組んだ男性の彫刻をほどこした印章が出土されており，インダス文明の頃から，ヨーガが実践されていた可能性がある。ヨーガの思想が文献の中で言及され始めるのは，インド思想の根幹が解かれるようになったウパニシャッド聖典群においてである。その中では，思考とともに知覚器官を制御することをヨーガとし，それを実践しえる人はブラフマン(絶対的宇宙)の境地に達すると説いている。ヨーガの思想が体系化されたのは，パタンジャリ作の『ヨーガスートラ』(紀元後4-5世紀頃)によってである。その中で解かれるヨーガは，アシュターンガ・ヨーガと呼ばれ，以下の8部門からなる。第一は禁戒で，自己を制御することである。非暴力，正直，不盗，禁欲，不貪がこれに当たる。第二は，勧戒で自らすべき行いを指す。具体的には清浄，知足，苦行，読誦，神への祈りである。第三は坐法で，アーサナといわれ，さまざまな姿勢やポーズである。第四は調息で，呼吸法である。第五は制感で，感覚器官を外部の対象から引き戻すことである。第六は凝念で，心が一つの場所に固定されること，第七は静慮で，凝念で集中した対象から，想念を維持しつつ拡大していくプロセスを指す。そして最後が三昧で，静慮が客体になり，自体が空になり，心の動きが止滅する境地である。

▶中期のヨーガ　13世紀頃に北インドのゴーラクナートによって，『ヨーガスートラ』のヨーガをさらに発展させ，始め

られたのがハタヨーガである。ハタとは，力，強さ，努力，忍耐を意味する。また，「ハ」は太陽を，「タ」は月を意味し，体内の陰と陽の両極を統合するヨーガで，陰陽の合体によりパワーが生じるとする。坐法は，『ヨーガスートラ』の坐法よりもはるかに多い。16～17世紀頃，ハタヨーガの流派のものが，クンダリニーヨーガを説いた。クンダリニーとはシャクティ（女性原理）であり，尾骶骨付近にあるエネルギーである。クンダリニーを覚醒させ，頭頂にあるシヴァ（男性原理）に導き合一させることにより，解脱が得られると説く。

▶近代のヨーガ　近代にはヨーガを実践して，人々に教えを説くことによって，数多くの人々に影響を与える人があらわれる。その一人，ラーマクリシュナは，幼い時から神秘体験を経験し，三昧の状態に至って意識を失った。彼はベンガル語で教えを説いていたが，それを英語にして，シカゴの宗教大会でスピーチをしたヴィヴェーカーナンダは，ヨーガの名を世界に広めた。

▶現代のヨーガ　現代でも，ヨーガの教えを広めるものは後を絶たない。中でもスワーミー・シヴァーナンダは世界的に有名で，1936年に北インドのリシーケーシュに道場を構え，その活動が世界に広がっている。ハタヨーガの行者では，B・K・S・アイヤンガールが有名で，世界各地で教え始める。1970年代前後には，第一次ヨーガブームが生じる。ヨーガ師たちが欧米を中心に海外進出し，海外で実践者を増やしていく時期である。アメリカで発祥したヒッピー・ムーブメントの中，ビートルズが渡印し，ヨーガとインド古典音楽を西洋社会に紹介したことからヨーガの人気に火がつき，欧米また日本からもインドへ向かう若者が増えた。1990年代には，アメリカで，アシュターンガ・ヨーガやハタヨーガを基に，フィットネスと筋力トレーニング的要素を加えたパワーヨーガが誕生する。パワーヨーガは，ハリウッドの女優や俳優，モデルやセレブたちにより実践され，美貌と健康との関連が示されたことから，大衆の中でも人気が生じ，第二次ヨーガブームを巻き起こす。第一次のブームでは精神性が重視されたのに対し，第二次のヨーガは，肉体に重点を置くものであった。そして，DVDやヨガクラブ，スポーツクラブを通じて，エクササイズとして消費されている。

●参考文献：辛島昇ほか編『南アジアを知る事典』平凡社，1992年／山下博司『ヨーガの思想』講談社選書メチエ，2009年

［古賀万由里］

ヨーロッパ連合(EU)

▶語義　1993年11月に発効したマーストリヒト条約(EU条約)に基づき，ヨーロッパの市場統合→経済・通貨統合→政治統合を段階的に達成することを目的とする地域統合体。2012年7月までに28ヵ国が加盟している。英語表記(European Union)の頭文字をとって「EU」と呼ばれることもある。

▶起源　第二次世界大戦☞で廃墟と化した西ヨーロッパのなかでも規模の小さい，オランダ，ベルギー，ルクセンブルクが

「ベネルクス三国」を形成して戦後復興に成功したのを手本に，フランスのシューマン外相などの提唱で形成された組織の一つ，ヨーロッパ経済共同体(EEC)がこれら三国にフランス，西ドイツ，イタリアを加えて1957年に結成。67年には他の組織とも合同でヨーロッパ共同体(EC)に再編された。1973年にイギリス，デンマーク，アイルランドが加わり，1986年までに加盟国は12ヵ国を数えた。
▶**成立**　1989年の米ソ冷戦☞終結にあたり，それまでソ連の統制下にあった東ヨーロッパ諸国の加盟も視野に入れて新組織の立ち上げが検討された。その試金石となったのが1990年10月の東西ドイツの統一であった。92年2月7日にマーストリヒト条約が調印され，93年11月1日にヨーロッパ連合が成立。経済統合に加え，共通の外交・安全保障，司法・内務協力という「三つの柱」を基盤とする，政府間協力が続けられている。
▶**現状**　まずは通貨統合が進められ，ヨーロッパ中央銀行(1998年設立)の下で単一通貨ユーロ(EURO)が1999年1月から導入(流通通貨としては2002年1月より)。また，北大西洋条約機構(NATO)と協力するかたちで，旧ユーゴスラヴィア紛争の解決に尽力。しかし「ヨーロッパ憲法条約」をめぐっては，その超国家的な法規が各国で批判され，加盟国内に足並みの乱れを生じさせた。また，2010年からの「ギリシア経済危機」の煽りを受けて，ユーロの価値や加盟各国の国債格付けが低下するなど，経済統合の面でも種々の問題点が浮上している。米ソ冷戦後に唯一の超大国となったアメリカ，21世紀の新たな大国である中国と並んで，EUがどのようにまとまっていけるかが今後の課題となる。
●**関連項目**：第二次世界大戦／米ソ冷戦
●**参考文献**：田中俊郎『EUの政治』岩波書店，1998年／渡邊啓貴編『ヨーロッパ国際関係史［新版］』有斐閣，2008年／遠藤乾編『ヨーロッパ統合史』名古屋大学出版会，2008年

［君塚直隆］

ラ

ライシテ

▶**語義**　laïcité(仏)は，「脱宗教性」，「政教分離」，「非宗教性」，「世俗性」などと訳される語だが，フランス革命以後のフランスの歴史と密接に関わる概念であるため，近年では「ライシテ」とカナ表記されることが多い。語源的には「人びと」の意味のギリシア語laos，聖職者ではない俗信徒を表すラテン語laicusに由来する。そこから転じて，国家はいかなる特定の宗教も国教として立ててはならず，宗教は公的な場に介入してはならないという原則を指す。いっさいの宗教から独立した国家により，複数の宗教間の平等および信教の自由が保障される。
▶**経緯**　1789年の「フランス人権宣言(人および市民の権利宣言)」によって国民主権および法の前の自由と平等が定められると同時に，カトリック以外の宗派・宗教，少数派であるプロテスタントやユダヤ教徒をも含んだ信仰の自由が承認された。

1801年にナポレオン1世はローマ教皇との間にコンコルダ(政教協約)を結び、カトリックは国教ではないが「フランス人の大多数の宗教」であるとしてその地位を公認した。これにより、国家がカトリック教会の存在を公認しつつもその組織に対しコントロールを及ぼす体制が出来上がった。また、付属条項によってカトリックだけでなくルター派およびカルヴァン派のプロテスタントにも公認宗教としての地位が与えられ、さらに少し遅れてユダヤ教についてもほぼ同様の措置が取られ、国家の統制下に置かれた。これをコンコルダ(公認宗教体制)と言う。第三共和政期には共和派が議会の実権を握り、特に公教育の領域において、ジュール・フェリーが初等教育無償化・義務化、宗教教育廃止、公立小学校からの聖職者追放等々の大改革を行い、今日の教育体制の基礎を形成した。こうした過程を経て、1905年、エミール・コンブ首相のもと、アリスティッド・ブリアン提案による政教分離法が可決され、共和国☞はいかなる宗教も公認しないというライシテ原則が法律に明記された。1946年の第4共和国憲法および1958年の第5共和国憲法にも、フランスがライシテ原則に基づいた「非宗教的な(ライック)公教育」を行う「非宗教的な(ライック)」共和国であることが明記されている。

▶現代　1905年の政教分離法に至るまで、ライシテ原則は基本的には共和国がカトリック教会との葛藤を解消するための支えとして捉えられてきた。しかし、1989年に起こったスカーフ事件以後、ライシテ原則は従来とは異なる方向から参照されるようになっている。すなわち、19世紀以来、とりわけ20世紀の植民地独立後に急増したアラブ系移民によるイスラーム教信仰が公共空間に関わる際の問題である。スカーフ論争☞においては、ライシテ原則に依拠するかたちで2004年に「スカーフ禁止法」が制定されるに至った。

●関連項目：共和国(フランス)／スカーフ論争／政教分離／パリテ

●参考文献：工藤庸子『宗教vs国家』講談社現代新書, 2007年／ジャン・ボベロ『フランスにおける脱宗教性(ライシテ)の歴史』三浦信孝・伊達聖伸訳, 白水社文庫クセジュ, 2009年／ルネ・レモン『政教分離を問いなおす』工藤庸子・伊達聖伸訳, 青土社, 2010年

［郷原佳以］

ラファエル前派

▶語義　19世紀半ばのイギリスに登場した美術家・批評家のグループ。古典主義一辺倒であった当時の美術界主流派に対抗し、ルネサンス絵画の巨匠ラファエロ(1483-1520)以前の中世や初期ルネサンスの飾らない優雅な芸術に範を置こうとした一派。代表的な画家にはロセッティ、ミレイ、バーン=ジョーンズなどがおり、家具や壁紙などのデザインに革命を起こしたモリスも彼らから大きな影響を受けた。

▶登場　1848年にミレイ、ロセッティ、ハントら王立美術院付属美術学校の学生たち7人が結成した「ラファエル前派兄弟団」が活動の起源となった。当時の美術教育の主流では、15世紀以前のヨー

ロッパ絵画は未熟で無価値と判断されてきたが，彼らは中世絵画に見られる注意深い自然観察や飾り気のない優雅さ，神に対する人間の偽らざる畏敬の念といったものを強く感じ，ラファエロ(英語読みではラファエル)に倣うことを押しつけていた美術学校の教育のあり方に反発して，「ラファエロ以前」への回帰を唱えた。

▶活動　ミレイの《オフィーリア》，ロセッティの《ベアタ・ベアトリクス》が1862-63年に相次いで発表されると，当代随一の美術評論家ラスキンなどから絶賛され，「自然をあるがままにとらえる」彼らの手法は一時代を築き上げていく。彼らの象徴主義的な技法は，この10年ほど後にパリに異なったかたちで登場してきた「印象派」と並び，19世紀後半のヨーロッパ美術界を代表するグループへと発展した。

▶影響　19世紀後半のイギリスの画家たちはもとより，「アーツ・アンド・クラフツ運動」で中世のデザインや製作技法の復元を試みたモリス商会の作品，さらには日本でも青木繁や藤島武二，そして19世紀末のロンドンに留学していた小説家の夏目漱石などにも影響を与え，近代日本の美術界にとって大きな衝撃となった。

●関連項目：アーツ・アンド・クラフツ運動／印象派

●参考文献：高橋裕子『イギリス美術』岩波新書，1998年

[君塚直隆]

律令制

▶概略　中国を中心として，東アジア諸国にかつて存在した律令により規定された制度により国家を統治する制度。

▶律令格式　律令は，律(刑罰法)と令(教令法)の成文法であり，格(単行法令)とそれらを補足する式(施行細則)を併せた律令格式の語にて，律と令とを軸とした成文法の意味に用いられる。律令そのものは，中国では，秦・漢に律が作られ，発達し，ついで，補足法として，令が作られ，隋・唐の時代には，格と式が整備された。

▶日本の律令　我が国の律令は，この隋・唐の法体系を学び，7世紀後半から10世紀前半にかけて，編纂施行されたものである。7世紀後半に「近江令」(非存在説もあり，体系的な法とみる可能性も指摘されている)，「飛鳥浄御原令」(682施行)，8世紀には，「大宝律令」(701制定・施行)が制定され，これにて，我が国の律令が完成し，その施行の20年後には，「養老律令」(718頃編纂・752施行)が編纂される。この後，新たな律令は明治維新を迎えるまでに制定された事実がないので，この「養老律令」が我が国の原則的な国法ということになるが，律令制が実際に機能していたのは，律令制定より10世紀中葉までの間に過ぎず，この期間を指して，律令時代もしくは律令制時代という。

▶律令の実際　我が国の律令は，中国のそれに学び，制定されたものであるが，大和王権以来の体制や国情に合わせて取捨選択が行われている。その内容としては，公地公民制を基礎として，すべての人民を良・賤の身分に分かち，良を官人・公民・品部・雑戸，賤は，官戸・陵戸・家人・公奴婢・私奴婢にそれぞれ区

分し，良民の官人(官吏)には，官位相当制に規定された官職と位階が与えられ，それに伴う各種の特権が与えられた。中央集権的に統治するための官制として，中央には二官八省制(神祇官・太政官―八省〔中務・式部・治部・民部・兵部・刑部・大蔵・宮内〕)，地方は国郡里制が敷かれた。土地制度としては，全国の田地を公地とし，班田収授法の規定により，6歳以上のすべての男女に口分田が班給され，これを前提とした税制として，租と課役の庸・調と雑徭が行われた。租はすべての口分田に課される土地税，庸・調は人頭税で成人男子に課せられたものである。庸は1年に10日間，中央にての力役，もしくはその代納として布・米などの物納を課すもので，調は絹などを中心とした地方の物産の物納を課すもの，雑徭は年間60日を限度として課された地方にての力役である。

●参考文献：瀧川政次郎『律令の研究』刀江書院，1931年／仁井田陞『唐令拾遺』東方文化学院東京研究所，1933年(東京大学出版会復刊，1983年)／律令研究会『訳註日本律令』東京堂出版，1975-1999年／井上光貞ほか『律令』(日本思想大系3)岩波書店，1976年／押部佳周『日本律令成立の研究』塙書房，1981年／井上光貞『日本古代思想史の研究』岩波書店，1982年／森田悌『日本古代律令法史の研究』文献出版，1986年／坂本太郎『律令制度』(『坂本太郎著作集』7)吉川弘文館，1989年

[宮崎和広]

臨床宗教師

▶概要　被災地，医療機関，福祉施設などの公共空間でスピリチュアルケアと呼ばれる心のケアを提供する宗教者のこと。欧米のチャプレンに対応する日本語として考え出された。国内の複数の大学に養成講座があり，その人材育成の動きが始まっている。また，2016年2月には日本臨床宗教師会も発足し，活動は全国に広がりつつある。チャプレンを手本とするが，臨床宗教師の場合は，キリスト教，仏教，神道など，さまざまな宗教的背景を持つところに特徴がある。

▶欧米　キリスト教の影響が色濃いヨーロッパやアメリカでは，臨床にかかわる宗教者として，特定の教会に属さず，医療・福祉施設，軍隊など人の生死に関わる現場において，患者や隊員，遺族の心のケアに携わるチャプレンが存在する。議会，刑務所，学校などにもチャプレンの活動の場がある。また，災害時には，地域の宗教者がボランティアのチャプレンとして地域の人々に安心を与え，軍や警察などと協力して被災者や支援者のケアに従事している。

▶日本　国内で臨床宗教師を育成する動きの発端となったのは2011年3月に発生した東日本大震災であった。震災後の5月に，宮城県下の宗教法人が多数加盟する宮城県宗教法人連絡協議会が主体となって「心の相談室」が開設され，キリスト教や仏教の宗教者が宗教や宗派を越えて連携し，医療関係者，研究者，ボランティアもそれに協力して，被災者や遺族の心のケアや相談にあたった。この活動を踏まえ，2012年には東北大学大学院文学研究科に実践宗教学寄附講座が設立され，人の死に関する宗教的な心のケ

アを行うことを目的として、理論教育と臨床実習を組み合わせた臨床宗教師研修が開始された。その後、龍谷大学や鶴見大学、高野山大学など他の大学や研究機関でもこのような取り組みが行われるようになり、2018年3月からは一般社団法人日本臨床宗教師会によって認定臨床宗教師の資格認定が始まった。臨床宗教師がスピリチュアルケアを行う際には、対象となる人の価値観や人生観、信仰を尊重しながら、宗教者としての経験を生かして、悲嘆や苦しみに寄り添うことが目指される。寄り添いの具体的な形として、教え導くのではなく相手の気持ちに真摯に耳を傾ける「傾聴」が重視される。また、公共空間では宗教の異なる人や信仰を持たない人との対話が前提となるため、「布教・伝道」は目的とされないし、されるべきではない。

●参考文献：谷山洋三『医療者と宗教者のためのスピリチュアルケア～臨床宗教師の視点から』中外医学社, 2016年

[髙井啓介]

歴史画

▶**語義**　物語画ともいう。ヨーロッパの伝統的絵画のジャンルのひとつで、聖書、ギリシア・ローマ神話、古代の歴史などのエピソードを描いたものを指す。たとえば「受胎告知」「ヴィーナスとアリアドネ」「カエサルの死」といった主題の絵画作品がこれに当たる。ルネサンス当時のイタリア語でイストリアといい、史実であるなしを問わずなんらかのストーリーのある絵画を意味した。神話の登場人物などを組み合わせて新たな意味（しばしば教訓的なもの）を表現した寓意画も、歴史画に含まれる。16世紀までには歴史画は高尚な芸術であるとみなされるようになり、他の絵画ジャンル——人物の登場しない風景画や静物画、生身の人間の肖像画や平凡な日常を描いた風俗画など——に対して歴史画を圧倒的上位に置く位階観が、美術アカデミー☞のシステムの中で明確に保持されていった。

▶**歴史画の条件**　イタリア・ルネサンスの芸術理論家レオン・バッティスタ・アルベルティ（1404-72）は著作『絵画論』（1435）の中で、歴史画はそこに描かれている人物たちの魂の動きが表れていることにより、見る者の魂を動かすことができると述べ、歴史画こそ画家がめざすべき最高の仕事であると主張した。ルネサンスにおける絵画様式の革新、具体的には遠近法の理論化や陰影を使った立体表現の発達などにより、リアリティのある描写が可能になったことを背景に、演劇や弁論と同じように観衆を感動させることができれば、絵画もこれら古代の学芸と対等な格式を得られるだろうと考えたのである。したがって真の歴史画とは、神々や聖人、英雄などによる非凡で高潔な行為を主題とし、迫真の再現的描写によって、物語の内容と登場人物の感情が、誰の目にも明らかに描き出されている絵画のことであり、見る者を深く感動させてその精神を高めることができるものでなければならなかった。

●関連項目：美術アカデミー

●参考文献：アルベルティ『絵画論』（三輪福松訳）中央公論美術出版, 1971年, 改訂新版

2011年／エリカ・ラングミュア『物語画』（高橋裕子訳）八坂書房, 2005年

[小野寺玲子]

レコンキスタ

▶**語義** レコンキスタとは，9世紀以降にイベリア半島☞北部のアストゥリアス王国で語られるようになった理念であり，「再征服」を意味する。イスラーム勢力を信仰の敵として捉え，滅ぼされたキリスト教王国西ゴートを再興する，という考えである。しかし，アストゥリアス王国と西ゴート王国は，基本構造からして大きく異なり，連続性は見出せない。南下と拡大を続けるなかで，アストゥリアス王国がその領域支配の正統性を得るために，「西ゴート王国を継ぐ」というレコンキスタ理念を創出したと考えられる。

▶**キリスト教諸国の勃興** 711年，イベリア半島に北アフリカからイスラーム軍が侵入した。滅ぼされた西ゴート王国の貴族ペラーヨは北西部の山岳地帯に逃れ，先住民であるアストゥリアス人によって王に選出された。これがアストゥリアス王国の始まりである。ペラーヨは722年頃コバドンガの戦いでイスラーム軍に勝利し，その北上を阻止した。南下を進めたアストゥリアス王国は改名してレオン王国となる。王国東部の対イスラーム軍最前線にあったのがカスティーリャ伯領であり，やがてレオン王国を吸収して，11世紀前半にカスティーリャ・レオン王国が成立する。イベリア半島北東部では，バルセローナ伯を中心とする封建国家が築かれた。ピレネー山脈西部のバスク人は，ナバーラ王国を樹立している。

動機や要因は様々であったが，諸国はそれぞれ南へ向けての勢力拡大を進めた。

▶**レコンキスタ運動の進展** イベリア半島を広域にわたって支配していたイスラーム勢力の後ウマイヤ朝が崩壊すると，レコンキスタ運動は大きく進展する。1085年には，かつての西ゴート王国の都でアンダルス☞の主要都市であったトレドをカスティーリャ・レオン王アルフォンソ6世が攻略した。新たなイスラーム勢力ムラービト朝の北上阻止に貢献した騎士が，叙事詩『わがシッドの歌』のエル・シッド☞である。ムラービト朝に替わってアンダルスに支配を確立したムワッヒド朝は，1212年のラス・ナバス・デ・トロサの戦いでキリスト教諸国の軍に大敗した。レコンキスタ運動はコルドバやセビーリャなどの主要都市を征服し，最終局面に入った。この頃には，レオンとの分裂と再統合を経たカスティーリャ王国と，バルセローナ伯を中心に成立したアラゴン連合王国が二大勢力になっており，カスティーリャ王国の王女イサベルとアラゴン連合王国の王太子フェルナンドは結婚し，1492年にアンダルス最後の拠点グラナダを陥落させ，レコンキスタは完成した。

●**関連項目**：アンダルス／イベリア半島／エル・シッド

●**参考文献**：関哲行「レコンキスタのスペイン」関哲行編『スペイン』山川出版社, 2002年, 37-47頁／関哲行「レコンキスタ運動の進展」関哲行・立石博高・中塚次郎編『世界歴史大系 スペイン史1－古代～近世－』山川出版社, 2008年, 162-170頁／黒田祐我

「レコンキスタの始まりとキリスト教諸王国の成長」立石博高・内村俊太編著『スペインの歴史を知るための50章』明石書店, 2016年, 61-65頁

［三猪みづほ］

煉獄

▶**語義**　煉獄とはカトリックの教義において死後に生前の罪を浄め天国に入ることを可能とする場ないしは状態。

▶**由来**　死後の世界として清い魂の行く天国(殉教者や聖者の行き先)と悪しき魂の行く地獄があると初期のキリスト教は考えていたが、天国へ直行するほど清くはなく、また地獄で永遠の罰を受けるほど悪くはない魂が浄化され天国に迎えられる可能性があることは早くから確信されていた(ルカ, ヒッポのアウグスティヌス, オリゲネス)。12~13世紀に教会の要請として煉獄の教義が「誕生」したとの説があるが、初代教会が抱いていた考え方が徐々に理論化されて13世紀に対外的公式に文書化されたとするのが妥当。

▶**永遠の地獄と救い**　キリスト教の地獄は永遠の罰でありそこから救われる可能性はない。仏教の地獄はいかに長くても輪廻転生の一環であり次の生があり永遠ではない。地獄で女性を救う観世音菩薩、子どもを救う地蔵菩薩も想定されている。非永遠の点で仏教の地獄はカトリックの煉獄に相当(山田晶)。

▶**煉獄の状態**　煉獄が魂の浄化を行う以上、何らかの罰が与えられるとの考え方があり、ダンテ『神曲』の煉獄は地獄とかわらないような浄化の火が亡者に与えられる。一方、中世の伝承では亡くなった教皇が温泉場で作業することが浄化であったなど、軽い罰が想定される場合もある。要は犯した罪が清められる程度との考えであり、それをどう考えるかによるものであろう。死者のための祈り(仏教で言えば死者の追善の供養)が死者の世界に有効か否かの点で考えれば、永遠の地獄の魂には祈っても救いがないので、煉獄の魂が信じられていると言える。死後の世界を否定する人々も、必ずしも死者への祈りや追善を効果のないものとは考えていないようである。

▶**リンボ**　「幼児の楽園」などと訳される。洗礼を授かる前に死亡した幼児について、カトリック教会は長くリンボに行く旨を教義としていた。受洗していないので天国には入れないが、罪は犯していないので地獄へは行かない。この教義について近年見直しがなされ、天国へ迎えられる可能性が示唆された。元来旧約時代の父祖がキリストを待つ場(古聖所)であったが、キリストの冥府下りにより父祖が天国に上げられ、以後は幼児のリンボのみとなった。

●関連項目：幽霊

●参考文献：山田晶『アウグスチヌス講話』新地書房, 1986年／ジャック・ル・ゴッフ『煉獄の誕生』(渡辺香根夫, 内田洋訳)法政大学出版局, 1988年／多ケ谷有子「「煉獄」の誕生についての一考察」『関東学院大学文学部紀要』第88号, 29-47頁, 2000年／多ケ谷有子「日本仏教の地獄は永遠か？」『関東学院大学人文科学研究所報』第34号, 83-99頁, 2010年／教皇庁国際神学委員会『洗礼を受けずに亡くなった幼児の救いの希望』(岩本潤一訳)カ

トリック中央協議会, 2010年／岩本潤一「洗礼を受けずに死んだ幼児は救われるか──教皇庁国際神学委員会『洗礼を受けずに亡くなった幼児の救いの希望』をめぐって」(翻訳と解説)『カトリック社会福祉研究(長崎純心大学)』第10号, 83-182頁, 2010年／多ケ谷有子「中世キリスト教における地獄の恐怖」『関東学院大学文学部紀要』第128号, 21-41頁, 2013年

[多ケ谷有子]

ロイヤル・ウェディング

▶**語義** 広義では世界の皇室・王室の主要メンバーの結婚式を指すが, 狭義ではイギリス王室☞の皇太子やその長子の結婚式を意味することが多い。近年では, 衛星放送などを通じて世界中にその模様が実況中継されることが多く, 数十億人が視聴している。

▶**起源** 皇帝, 国王や皇太子, 王女等の結婚は, 古今東西に広く見られるものであった。しかしその多くはあくまでも「一族内部での結婚式」が基調とされ, 婚礼の様子が城外の庶民に見られることはなく, 領民(国民)全体から祝福が寄せられることも少なかった。これに風穴が開けられる契機となったのが第一次世界大戦☞である。史上最初の本格的な総力戦となったこの大戦で, ハプスブルク, ドイツ, オスマンの各帝国が消滅した。また同時期に生じた革命でロシア帝国も崩壊した。勝利を収めたイギリスでも, 男子普通選挙権や女子選挙権が実現し, 貴族政治の時代から大衆民主政治の時代へと移り変わった。時のイギリス国王ジョージ5世は, これを機に王族の結婚式を宮殿内のチャペル(彼自身もここで挙式した)からウェストミンスター寺院へと場所を移して挙式させることにした。手始めは彼の従妹パトリシア王女(1919.2)であり, 長女メアリ(1922.2), 次男ヨーク公爵(のちのジョージ6世：1923.4)も相次いでウェストミンスター寺院で挙式した。さらに四男ケント公爵(1934.11)の時には, 式を終えた後にバッキンガム宮殿のバルコニーに家族全員が姿を現し, 国民から祝福を受けるのが習わしとなった。

▶**現代** こうした慣習は, 第二次世界大戦☞終結直後の1947年11月に行われたエリザベス王女(のちのエリザベス2世☞)の結婚式でも踏襲された。また, 1981年7月のチャールズ皇太子とダイアナ妃の婚礼時には, ロンドンを横断するかたちでさらに宮殿から遠いセント・ポール大聖堂で華やかに執り行われた。2011年4月のウィリアム王子とキャサリン妃の結婚式は再びウェストミンスター寺院で執り行われ, 世界中で30億人もの人々がテレビやユーチューブで視聴したとされている。こうしたイギリス王室の結婚式のあり方に触発され, 近年では, デンマーク, スペイン(ともに2004), スウェーデン(2010)など, ヨーロッパ各国の皇太子の結婚式もテレビ中継され, 国民全体から広く祝福を受けるようになっている。

●**関連項目**：イギリス王室／エリザベス2世／第一次世界大戦／第二次世界大戦

●**参考文献**：君塚直隆『ジョージ五世』日本経済新聞出版社, 2010年／君塚直隆「ロイヤル・ウェディングを解説して」『KGU比較文化論集』第4号, 2012年

[君塚直隆]

ろう文化

▶**語義** Deaf culture ろう文化とは、ろう者たちによって習得され、共有され、伝達される行動様式ないし生活様式の体系である。ろう者とは、耳の聞こえない人、特に手話を日常言語として用いる人々のことを言う。

▶**歴史** 手話は、手指や顔の表情を用いた視覚的な言語である。手話が、身振りやジェスチャーではなく、音声言語と同じく、二重分節性を持ち固有の文法をそなえた言語であることは、言語学や脳科学などの研究によって明らかになっている。しかし従来、手話は、音声言語を用いる聴者たちによって、音声言語に比べて劣ったものだと誤解され、否定されてきた。ろう者に対する教育も、当初は手話による方法が用いられていたが、19世紀になると、ろう者に音声言語を習得させることを重視する口話法が優勢になっていった。口話法とは、発音の訓練（発話）と、相手の口の動きを読み取る訓練（読話）を行うことで、ろう者も音声言語を身に着けることができるようになる、という考え方である。1880年、ミラノろう教育国際会議で「口話が手話よりも優れていることは議論の余地がない」という決議がなされ、世界中のろう学校で口話主義教育が主流となっていった。日本でも、1933年に当時の鳩山一郎文部大臣が口話を支持する訓示を述べ、全国のろう学校が口話主義へと転換した。口話主義の学校では、手話は口話の上達の妨げになる、という考えから、手話が禁止されるようになった。生徒が手話を話すと体罰が加えられたり、「手話札」という札を首にかけて立たせるというような罰が与えられた。しかし、生徒たちは、休憩時間や放課後など、教師の目のとどきにくい場所で手話を使い続けた。20世紀半ば以降になると、手話言語学が発展し、手話が言語であるとする考え方が確立していった。アメリカでは、ろう者コミュニティを言語的少数者、文化的集団としてとらえる視点が生まれた。こうした動きにともない、世界中のろう学校でも手話を用いた教育が次第に行われるようになってきた。1981年には、スウェーデン議会で、手話を言語として認知し教育で用いるとともに、書き言葉を第二言語として習得させることをめざすバイリンガル教育が確立された。日本では、1995年、木村晴美と市田泰弘による「ろう者とは、日本手話という、日本語とは異なる言語を話す、言語的少数者である」とうたう「ろう文化宣言」が発表され、話題となった。

▶**人工内耳** 人工内耳手術は、蝸牛に手術で電極を埋め込むことで、部分的な聴力の獲得をもたらす技術である。生まれつき耳が聞こえないろう児に対する手術も行われている。しかし、ろう児に対するこの手術を推進する考え方の背景に、聞こえないことや、手話を用いるろう者になることは不幸である、という前提が見られることもある。その意味で、ろう児に対する人工内耳手術は、ろう文化を破壊するものとして、ろう者コミュニティからの批判を受けている。

●関連項目：障害学／優生学
●参考文献：現代思想編集部編『ろう文化』青土社，2000年／全国ろうをもつ親の会『ぼくたちの言葉を奪わないで―ろう児の人権宣言』明石書店，2003年／亀井伸孝『手話の世界を訪ねよう』岩波ジュニア新書，2009年

[永野潤]

68年5月革命

▶前提　第五共和政☞初代大統領ドゴール(1959〜69)治下のフランスは，急速に農業国から，技術官僚(テクノクラート)によって社会の隅々まで高度に管理された，重化学部門を中心とした工業国へと移行した。それに加えて，67年から68年5月以前にかけて，失業が増大し，実質賃金が低下するという形で経済危機が高まった。また，経済計画への過度の集中により，住宅・教育投資等の社会資本整備の立ち遅れも生じていた。これらのことから，5月革命勃発前，大衆の不満が蓄積されていた。

▶経過　発端は，パリ郊外に新設されたパリ大学ナンテール分校における，ダニエル・コーン=ベンディットら極左学生による占拠事件であった。運動はソルボンヌ等フランスの各地の大学に広がっただけでなく，次第に労働運動と結びつき，全国の工場が停止し，フランス全土が麻痺した。当局は当初，事件を軽視していた。ポンピドゥー首相はナンテール分校が閉鎖された5月2日に外国訪問に出発し，11日に慌てて帰国した。ドゴール大統領も忠告を振り切って14日に外国に赴き，4日後に旅行を中断して帰国した。大統領は事態の収拾をはかろうとし

たが，ここで主導権を握ったのはポンピドゥー首相であった。彼は学生と労組の分断を企図して労使間の調停に乗り出し，その結果グルネル協定が結ばれた。ストは依然続き，これ以降危機は政治化したが，30日に大統領が国民議会解散と総選挙を宣言すると，これを機にストは沈静化し，世論も急速に冷めていった。

▶帰結　68年6月に行われた総選挙でドゴール派(共和国防衛連合＝UDR)は圧倒的多数を獲得したのに対し，左翼勢力(共産党，民主社会主義左翼連合＝FGDS)は議席を半減させた。危機感から従来の中道右派の支持者であった保守的ブルジョワジー・地方名望家層がドゴール派を支持したが，これはドゴール個人のカリスマによる勝利ではなく，治安回復の立役者であったポンピドゥーの率いる政党としてのUDRの勝利であった。5月革命により個人独裁としてのドゴールの時代が終わったのである。

●関連項目：第五共和政
●参考文献：中木康夫『フランス政治史 下』未來社，1976年／柴田三千雄・樺山紘一・福井憲彦編『フランス史 3』山川出版社，1995年／渡邊啓貴『フランス現代史』中公新書，1998年／柴田三千雄『フランス史10講』岩波新書，2006年

[土屋元]

六信五行

▶語義　ムスリム☞に義務として課されている六つの信仰箇条と五つの信仰行為のこと。

▶六信　その存在を信じることが義務であるとされているものである。それらは，

①唯一絶対神「アッラー」の存在，②霊的な存在としての諸々の「天使」(マラーイカ)の存在，③神が，自ら創造した人間を正しく導こうとして遣わす諸々の「使徒」(ルスル)の存在，④使徒に携えられて人びとに伝えられた神の啓示である諸々の「啓典」(クトゥブ)の存在，⑤人間の暮らす現世がいつか終わりを告げ，最後の審判が行われた後に来る「来世」(アーヒラ)の存在，⑥神は人間のすべての行いを知りつくしており，その意味で人間の全行為は神が予定していたという信仰の表明である「神の予定」(カダル)。ここでの使徒とは，ムハンマドのことのみを指すのではなく，アダム，ノア，モーセ，ダビデ，イエスといったムハンマドに先行する25人の使徒たちを含む。また，啓典はクルアーンだけではなく，モーセに授けられた「律法の書」，ダビデに授けられた「詩篇」，イエスに授けられた「福音書」といった諸啓典の存在をも信じることが求められる。このことが，ユダヤ教徒とキリスト教徒を「啓典の民」と考えるゆえんである。その上でムハンマドとクルアーンを最後にして最良の使徒，啓典であると考える。

▶**五行** 六信が内面の信仰にかかわるのに対して，五行は信仰の行為をあらわすものである。それらは，①「アッラー以外に神はなく，ムハンマドは神の使徒であることを私は証言します」という章句を唱える「信仰告白」(シャハーダ)，②夜明け(ファジュル)，正午(ズフル)，午後(アスル)，日没(マグリブ)，夜半(イシャー)の1日5回の礼拝，③信者に課せられた義務としての喜捨(ザカート)，④ラマダーン月の1ヵ月間，日の出から日没まで一切の飲食と性行為を断つことが求められる断食(サウム)，⑤マッカ巡礼(ハッジュ)である。ただし，ラマダーン月の断食は，病人・子ども・旅人・妊婦などは免除される。また，マッカ巡礼は比較的ゆるやかな規定であり，「可能であれば」一生に一度は果たすべき義務であるとされる。

●関連項目：ムスリム
●参考文献：東長靖『イスラームのとらえ方』山川出版社，1996年／『岩波イスラーム辞典』岩波書店，2002年／『新イスラム事典』平凡社，2002年／佐藤次高『イスラーム―知の営み』山川出版社，2009年

[熊倉和歌子]

魯迅

▶**概略** ろじん，ル・シュン(1881-1936) 現代中国の作家・思想家・批評家・翻訳家・文学史家。本名は周樹人。浙江省紹興の地主・官僚の家に生まれる。少年時代，祖父の入獄と父の病死のために家が没落。1898年に南京の新式学堂(江南水師学堂，間もなく江南陸師学堂附設鉱物鉄道学堂へ)に入学し，厳復による近代西欧思想の翻訳書に接した。1902年に官費留学生として日本に派遣され，東京の弘文学院に学び，1904年に仙台医学専門学校に入学したが，文学に志を転じて1906年に退学して東京に戻る。この間，浙江省出身者の形成した反清の革命団体「光復会」に加入，また，夏の一時帰国中に妻・朱安と結婚。東京で文学活動を始めるが計画した雑誌の発行が頓挫した。「文化偏至論」「摩羅詩力説」などの評論

を雑誌『河南』に発表し，弟の周作人☞と共同して，ロシア・東欧の短編小説の翻訳『域外小説集』を出版した。1909年に帰国。杭州，紹興で教師をする中で辛亥革命☞を迎え，1912年に臨時政府の教育部員となり，北京に移住。1918年，文学革命に呼応して白話(口語)小説「狂人日記」を雑誌『新青年』に発表し，創作，評論，翻訳において旺盛な文学活動を再開した。1923年，「孔乙己」(1919)，「故郷」(1921)，「阿Q正伝」(1921-22)など，辛亥革命後の中国社会の暗黒を描いた14の短編・中編を集録した創作集『吶喊』がまとめられる。『新青年』の分裂，文学革命の陣営内部の思想的分化，また日本留学以来助け合って文学運動を進めてきた弟の周作人との「不和」の中で，戦国時代の詩人屈原の詩句「路は漫漫として其れ修遠なり，吾れ将に上下して求め索ねんとす」を巻頭に揚げ，さまよい歩く知識人の心情を色濃く反映した第二創作集『彷徨』(1926)の諸篇を執筆，また，自らの内面の矛盾ないし人間存在に関する思考と哲学を象徴的に描いた散文詩集『野草』(1927)の諸篇を1924-26年の間に発表した。1925年，北京女子師範大学の校長排斥運動で学生を支持し，1926年の三・一八事件の中で，政府と『現代評論』派の文化人らを激しく批判した。この間，学生だった許広平を知った。8月に北京を去り厦門大学の教授に，さらに1927年1月に広州の中山大学の教授を務めるが，四・一二クーデターに抗議して辞職，秋に上海に移って許広平と同居し，1929年に長男海嬰をもうけた。

上海ではプロレタリア文学を提唱する創造社・太陽社から批判を浴びたが，かえってその革命観・文学観の安易さを批判し，革命文学論争を展開した。1930年，地下共産党主導の自由運動大同盟と中国左翼作家連盟に相次いで参加し「左連」の中心となった。その後，左連内部から分化し国民党に接近するに至った第三種人をめぐる論争の中，日本の侵略が深まるにつれて，文芸界における抗日統一戦線のあり方をめぐる国防文学論争の中で，左連内部のセクト主義などを厳しく批判し，周揚ら共産党の文芸工作者との溝は深まった。国防文学論争のさなかの36年10月19日に上海で急逝した。著作は前記各種のほか，北京大学などで中国小説史の講義を行った際の講義プリントを基礎にした『中国小説史略』(1923-24)，回想録風の作品集『朝花夕拾』(1928)，神話・歴史を取材した短編集『故事新編』(1936)と評論14冊がある。また，翻訳は著作集に匹敵するほどの分量があり，日本，東欧，ロシア・ソ連のものが多く，日本では，漱石，鴎外，芥川，有島，武者小路などの小説・戯曲と，厨川白村，片上伸の評論がある。全集には，魯迅逝去直後の『魯迅全集』20巻(1938)，著作と翻訳を別々にまとめた『魯迅全集』10巻(1956-58)と『魯迅訳文集』10巻(1958)，生誕百周年を記念して著作・書簡・日記(注釈付，索引1巻)を網羅した『魯迅全集』16巻(1981)と改訂版18巻(2005)がある。日本では16巻本の完訳版『魯迅全集』20巻(1984-86)が学習研究社から刊行されている。

▶「狂人日記」 1918年5月に『新青年』4巻5号に掲載された短編小説。主人公の狂人は，まわりの人間がみな自分を食おうとする妄想を抱く。書物を調べると，「仁義道徳」と書かれた本の行間に，「人を食う」と書かれたのが見えてくる。やがて自分も兄と同様に妹の肉を食べたということに気付く。人を食ったことのない子どもはいるかもしれない。子どもを救え…。儒教思想☞が支配する中国伝統社会の暗部への批判，自分自身も「食人」の歴史に組み込まれている絶望的認識を口語文日記体一人称で描いた「狂人日記」は，思想と形式の両面で文学革命のイデオロギーを体現した作品である。ゴーゴリ，ガルシン，アンドレーエフ，ニーチェの影響は指摘されている。

▶「阿Q正伝」 1921年12月4日から22年2月12日，北京の日刊紙『晨報』の文芸副刊『晨報副刊』に隔週1回で連載した中編小説。未荘という村の日雇い農民で名前も定かではない阿Qは，趙旦那から同じ日雇い農民の小Dまで村人にいじめられているが，独特の「精神勝利法」で自己満足している。跡取り息子の欲しさに趙家の女中呉媽に言い寄ったため村にいられなくなり，城内に行き，盗賊の手先をして得た金品を持って村に戻り，しばらく村人の注目をひくが，また馬鹿にされる。その後，辛亥革命☞が起こり，村の地主たちが慌てふためくのを見て革命に憧れるが，さっさと革命党を組織した村の若旦那たちに追い返される。やがて阿Qは趙家盗難事件の犯人にされて訳のわからぬうちに処刑されるが，その処刑は村人の楽しい見物でしかなかった。自らの敗北・屈辱を分裂した精神によって自己の内面で処理するか，または自分より弱い立場の他人に転嫁するか，という中国人の国民性を鋭く指摘し，民衆が変わらなければ中国の変革が起こらないという辛亥革命の不徹底さを批判した作品。中国現代文学の代表作である。阿Qという文学典型はアジアをはじめ世界文学において語られ続けている。

●関連項目：周作人／辛亥革命
●参考文献：竹内好『魯迅』世界評論社，1948年／藤井省三『ロシアの影―夏目漱石と魯迅』平凡社，1985年／銭理群『心霊的探求』上海文芸出版社，1988年／丸尾常喜『魯迅―「人」「鬼」の葛藤』岩波書店，1993年／阿部兼也『魯迅の仙台時代―魯迅の日本留学研究』(改訂版)東北大学出版会，2000年／藤井省三『魯迅事典』三省堂，2002年／代田智明『魯迅を読み解く―謎と不思議の小説10篇』東京大学出版会，2006年

［鄧捷］

ロビンソン・クルーソー

▶モデル 1711年にアレクサンダー・セルカークというスコットランド出身の水夫が，チリ沖の絶海の孤島セント・フェルナンデス島にただ一人取り残され，絶望の中で耐えること4年ののち，通りかかった船に救出されロンドンに戻ってくるという事件が起こった。当時は航海談や海賊談など海の男の物語は数多く出ていたが，このセルカークという男の帰還は一つの事件となり当時，発達期にあったイギリス・ジャーナリズムの大きく取り上げるところとなる。翌年には本人自

身の手になる自伝パンフレットまで出版され，当時の人々の間で耳目を集める存在になっていた。このセルカークをモデルにして創られたといわれているのがダニエル・デフォーの『ロビンソン・クルーソー』(1719)である。

▶作者　作者であるデフォーは，宗教的にはピューリタンといわれた，主流派であったイギリス国教徒から差別と弾圧を受けていたグループに属しており，政治的にはオランダから迎えたオレンジ公ウィリアムを支持したプロテスタント系の多作な政治パンフレット作家・風刺詩人であり，自ら下着類の卸業やワインの輸入業などをしたこともある商人でもあった。当時の文壇からは三文文士として蔑まれていたものの，彼はほぼ独力で『レヴュー紙』(1704-1711)という新聞を出し続けたエネルギッシュなジャーナリストとしても名を馳せていたのだが，1719年に上述のセルカークをモデルにした『ロビンソン・クルーソー』を書いてフィクションという新しい創作の道を切り開き，以後1720年代にさまざまな初期小説を書き文学史に名をした人物である。

▶解釈　この作品の代表的な三つの解釈を紹介しよう。まずは，「経済人ロビンソン・クルーソー」である。マックス・ウェーバーなどによって代表されるこのクルーソー像は，孤島における主人公の意識と行動のうちに，計画性と合理性とバランスのとれた企業精神の発露を見るもので，リスクを冒しても一発のやまをあてることを狙う投機的精神とは正反対の，堅実な近代的な資本主義を生みだしていく「経済人」としての精神を読み取るものである。それから2番目には，イアン・ワットなどが詳述する近代的「個人主義者」としてのクルーソー像もある。家族などの伝統的な価値観に縛られず，金銭と個人的な欲望追求を自己の行き方の中核に据えるクルーソーは，第1番目の「経済人」的な側面とともに近代的個人主義のモデルになっていくと考える見方である。しかし近年では，このような解釈は西欧中心的およびキリスト教中心的な見方として批判されるようになってきており，クルーソー像のもつ「植民地主義者」的な側面が指摘されるようになってきている。クルーソーは最終的には従僕フライディをキリスト教に教化し「野蛮人」を文明化するという名目でこの島を占有し，イギリス帝国主義による領地拡張を生んでいくモデルになっているという批判なのである。古典的名作は相反する解釈さえも許容する複雑な解釈系をもつといわれるが，この作品もその典型的なものであろう。

●関連項目：ポスト・コロニアリズム

●参考文献：ダニエル・デフォー『ロビンソン・クルーソー』(武田雅明訳)河出文庫, 2011年／イアン・ワット『小説の勃興』(藤田永祐訳)南雲堂, 1999年

[仙葉豊]

ワイマル共和国

▶名称　1918年11月に勃発したドイツ

革命によって成立した共和制のドイツ国(1919-1932)の通称。ドイツ中部の都市ワイマルで憲法制定議会が開催されたのでこの名がある。

▶概要　ドイツ革命の混乱が続く1919年1月に選挙が実施され，2月にワイマルに招集された憲法制定議会が社会民主党のエーベルトを共和国大統領に選出し，革命のなかで主導権を握った社会民主党が民主党・中央党などと中道左派連合の政権を組織して，7月にはドイツ国憲法（ワイマル憲法）を制定した。憲法には国民主権が謳われ，基本的人権が保障されていた一方，共和国は，男女普通選挙権で選出され，立法権をもつ国会と，直接選挙で選ばれ，首相の任免権や軍の統帥権，緊急令発布権などの権限を有する大統領というふたつの権力が並び立つ構造をもっていた。

▶第1期　ワイマル共和国の歴史は3期に区分される。第1期は混迷期。1919年6月，領土削減や軍備制限，巨額賠償などドイツに大きな制約と負担を課したベルサイユ条約を中道左派の政府が承認すると，カップ一揆など右派勢力による反政府活動が活発化。翌年の国会選挙では中道左派政党が後退して政局が混迷。1923年には賠償支払い請求の圧力に対して政府は超インフレ策で抵抗するが，大きな社会不安を引き起こした。1924年には賠償支払いが緩和され，アメリカの資金によりドイツ経済も再建されて情勢は安定に向う。

▶第2期　第2期は安定期。1924年末の選挙で右派政党が進出して中央党・国家人民党などの中道右派連合の政府が成立，1925年の大統領選挙では旧帝国陸軍元帥のヒンデンブルクが当選。この右派の大統領と中道右派の政府下で政治も安定する。また同年のロカルノ条約により国際関係も改善された。だが1928年の国会選挙で中道右派が後退して政情がふたたび不安定に。左派から右派までの大連合政府が成立したものの，1929年にアメリカ発の恐慌がドイツに波及し，1930年3月には失業者対策をめぐる対立から大連合が瓦解した。

▶第3期　第3期は崩壊期。国会の機能マヒを受けてヒンデンブルクは大統領権限にもとづく政府（大統領政府）を組織し，その背後で軍部・右派勢力による帝政復活クーデタの機会をうかがった。ところが共和国の合法的転覆をねらうヒトラー率いる極右政党ナチ党が1930年9月の選挙で躍進して帝政復活派の目論見が狂い出す。1932年ヒンデンブルクは大統領に再選されるが，同年の国会選挙ではナチ党が第一党になる。帝政復活派はナチ党に分裂工作を試みるも失敗。1933年1月大統領はヒトラーを首相に任命し，今度はヒトラーとナチ党を手なずけようとするが，ヒトラーは反対に大統領の緊急命令権を利用してワイマル憲法を事実上停止させ，そこからヒトラー＝ナチ党独裁体制を創り出すに及んで，ワイマル共和国は崩壊した。

●関連項目：国家議事堂炎上事件／ドイツ革命

●参考文献：セバスティアン・ハフナー『ドイツ帝国の興亡』（山田義顕訳）平凡社，1989年

／木村靖二『ドイツ史（新版 世界各国史）』山川出版社, 2001年

[篠原敏昭]

ワクフ

▶**語義** イスラーム特有の財産寄進制度。原義は「停止」を意味するアラビア語で、シャリーア☞の用語として所有権の移転、つまり、売買、相続、贈与することを永久に停止することを意味する。

▶**ワクフ制度の概要** ワクフは、なんらかの収益を生む私財の所有者が、そこから得られる収益をある特定の慈善目的に永久に充てるため、私財の所有権を放棄するイスラーム法上の行為である。寄進者（ワクフ設定者）は、寄進する財（ワクフ財源）から得られる収益の使途（ワクフ対象）をあらかじめ設定し、その後は設定者が指名する管財人がワクフ財源とワクフ対象に指定された施設の維持・管理、財務といったワクフ組織全体の経営にあたった。ワクフ制度の初期の発展については不明であるが、ワクフについての法規定が整備されたのは、8世紀末から9世紀にかけてであると考えられている。その後、イスラーム世界全体に広まった。20世紀以降、それまでワクフ制度が果たしていた公共・宗教事業を国家が担うようになり、ワクフ制度は廃止、縮小された。

▶**ワクフ制度の社会的機能** ワクフ財源となったのは、主として、農地や短期契約で賃貸される都市不動産、店舗や工房、キャラバンサライなどの商業施設であった。ワクフ対象となったのは、モスクやマドラサなどの宗教施設の運営、病院や孤児院の運営、旅人や貧者への施しなどであり、都市のインフラや大衆に向けた公共福祉サービスを提供した（慈善ワクフ）。為政者にとって、ワクフを設定することは都市の社会生活に必要なインフラの構築だけでなく、それらが提供するサービスを通じて支配の正当性を視覚化するといった政治的な目的達成にも結びついた。他方、制度上、寄進者やその子孫はワクフ財源の運用による収益の一部を受取ることが認められ、またワクフ財源の収支を管理する管財人に自分の子孫を任命することもできた。このため、軍人や官僚、商人などの富裕者は、ワクフを子孫に一定の収益を残すための手段の一つとして利用した。このように、ワクフを設定する側と、ワクフからの恩恵を受ける側双方の要求に応えるかたちで、ワクフ制度は大いに発展した。

▶**信心の発露としての寄進** サダカ☞の一形態として、ワクフ制度が果たした役割にも注目する必要がある。すなわち、寄進者がワクフを設定する背景には、政治的・経済的な目的だけでなく、ワクフを通じて救貧などの喜捨を施すことによって、神に自己の救済を求めようとする心性がある。

●**関連項目**：サダカ

●**参考文献**：『岩波イスラーム辞典』岩波書店, 2002年／『新イスラム事典』平凡社, 2002年／長谷部史彦編『中世環地中海圏都市の救貧』慶應義塾大学出版会, 2004年／三浦徹編『イスラーム世界の歴史的展開』放送大学教育振興会, 2011年

[熊倉和歌子]

渡辺綱伝説

▶**語義**　渡辺綱(わたなべのつな)は実在の人物。その渡辺綱を中心とする平安時代の源頼光とその四天王・渡辺綱，坂田金時(公時)，碓井貞光(うすいさだみつ)(貞道)，卜部季武(うらべすえたけ)(平末武)が活躍する伝説。特に鬼退治伝説(羅生門・戻橋伝説)，酒呑童子征伐伝説。

▶**成立**　源頼光とその実在の家臣をモデルに，後世成立。『古今著聞集』に，綱が死んだ牛に矢を放って鬼同丸を発見したとの手柄話がある。

▶**歴史上の渡辺綱**　実在の渡辺綱は源頼光に仕えた武士で，渡辺党の系図で渡辺の祖先とされる。伝953(天暦7)-1025(万寿3)。墓が多田神社・小童寺(いずれも兵庫県川西市)にある。

▶**出身地**　「みたの源次」と称される(『剣巻』等)。埼玉県鴻巣市箕田近辺が有力。他に東京都港区三田説がある。双方に史跡がある。

▶**渡辺党**　摂津国(大阪)渡辺を本拠とする武士団。『平家物語』で源頼政の配下として活躍。水主集団でもあり，壇ノ浦の戦いの時には入水した建礼門院(安徳天皇母)を引き上げ，礼を尽くして義経へ。遠藤盛遠(後の文覚)は同族。袈裟御前と盛遠の伝説は，関東時代の妻盗み伝承に由来か。

▶**鬼退治伝説**　①謡曲『羅生門』：羅生門に出現の鬼と対決，綱は鬼の片腕を斬るが，鬼が復讐を宣言して終わる。『言継卿記』天文元年(1532)4月29日演能記録あり。伝信光作。②『剣巻』：頼光の使いの帰途，一条戻橋で女と遭遇。馬で送るが鬼に変身して綱をつかみ空中を飛ぶ。綱は頼光の名剣で鬼の腕を切って北野神社に落下。剣の名を鬼切(鬼丸)と変える。安倍晴明が占い，頼光の命で腕を石の唐櫃に封じ物忌み。忌み明け前夜，育ての母が来訪。鬼の腕を望まれ，見せると鬼に変身，奪還される。鬼は破風から脱出，渡辺党は家に破風を設けない。③『太平記』巻第32：宇陀の森に妖怪出現，人や家畜を奪う。綱が行くと出ないので女装して誘う。片腕を斬ると叫んで逃走。鬼の腕は頼光の邸に封じるが頼光の母が訪問。腕を見ると奪還して身に付して牛鬼に変身，頼光は鬼の首を切るが，むくろは綱をつかんで破風から脱出(永和本など古態本では綱はそのまま行方不明。岩波大系の流布本などでは綱は助かる。鬼に拉致される方が，破風を忌避する渡辺の伝承と合う)。

▶**酒呑童子伝説**　公卿の娘など都の若い女性が行方不明に。大江山の酒呑童子の拉致と判明。頼光は綱を筆頭とする四天王と平井保昌(史実では和泉式部の夫)の6人で遠征。洗濯女から知って本拠へ。貴人の姿の童子と面会，酒宴に及ぶ。ご馳走は若い女性の血や肉。頼光は神々からの強い酒を酒呑童子に飲ませ酔わせる。別室で寝入り鬼の姿に戻った童子を縛って，退治。首を内裏へ。別説では首は途中の大枝山で動かず，葬る(現老いの坂の首塚神社)。話自体京都郊外の大枝山との説もある。中国の『白猿伝』が典拠との説がある。

▶**鬼退治と酒呑童子伝説との関係**　もともとは起源は異なる(島津久基)。江戸時代初期の浄瑠璃本では融合。先に都の鬼退治

があり，その後酒呑童子退治とするもの（御伽草子など）と鬼は酒呑童子退治の残党とするもの（謡曲『羅生門』など）とある。明治期のちりめん本では綱に斬られる都の鬼は酒呑童子自身。

▶**絵画との関係**　古くから絵巻とされ，また舞台芸術（歌舞伎など）でたびたび取り上げられたことから，国芳から凧絵や祭りの山車に至るまで，絵画・造形美術の大衆的人気のあるテーマとされた。江戸時代の歌川国芳の絵が有名。

▶**世界での類話**　小泉八雲や英国のパウエルは『ベーオウルフ』との類似を20世紀初頭に指摘。世界的に分布の，アールネ／トンプソンの話型カタログ301番に分類される物語の波及とも関連しよう。

●関連項目：ベーオウルフ

●参考文献：永積安明・島田勇雄校注『古今著聞集』岩波書店, 1966年／松尾葦江「平家物語剣巻」(長禄本) 市古貞次校注『平家物語 (四)』小学館, 405-50頁, 1987年／水原一考定『新定源平盛衰記 一』新人物往来社, 1988年／伊井春樹監修・阪急文化財団 逸翁美術館編『絵巻 大江山酒呑童子・芦引絵の世界』思文閣, 2011年

［多ケ谷有子］

事項索引

あ

アーサー王　005, 054, 055, 129, 130, 194, 205, 206
アーツ・アンド・クラフツ運動　006, 030, 031, 169, 223, 232
アートマン　190
アーヒラ　240
アーユルヴェーダ　006, 007, 008
アール・ヌーヴォー　033, 222, 223
アイルランド共和国軍　008
アイルランド自由国　008
アウクスブルクの宗教平和令　054
アウクスブルクの和議　035
アウシュヴィッツ強制収容所　009, 010
アウステルリッツの戦い　160
赤狩り　101, 214, 215
アカデミズム　025, 026, 070, 102, 185
赤の恐怖　214
芥川賞　042, 043, 096, 136
アシュターンガ・ヨーガ　228, 229
飛鳥浄御原令　232
アストゥリアス王国　235
アスレティシズム　010, 011, 100, 213
アスワン・ハイ・ダム　120
ASEAN→東南アジア諸国連合
　　──経済共同体　150
アダム　014, 131, 240
新しい村　114
アッバース朝　039, 093
アフプアア　178
アッラー　040, 173, 176, 196, 218, 240
アトリビュート　011, 012, 060
アナル学派　211
アフガニスタン　137, 138
アフリカ
　　──系アメリカ人　061, 079, 165, 167, 187, 216
　　──中心主義　216
　　──の年　121
アフロ・アメリカン統一機構　215
アヘン戦争　116
アボリショニズム　081
アマチュアリズム　012, 013

アメリカ
　　──化　061, 116
　　──革命　013
　　──禁酒協会　065
　　──禁酒同盟　065
　　──至上主義　195
　　──南部連合　160
　　──反酒場同盟　065
　　──労働総同盟　066
アメリカン・ドリーム　014, 015
アラブの春　015
アリスティッド・ブリアン提案　231
アリストテレス主義　047
アルカーイダ　015
アルジェリア独立問題　135
アレイオス派　093
アングロ・ジャパニーズ・スタイル　103
アンダルス　016, 017, 022, 045, 046, 235
アン・デア・ヴィーン劇場　104
安楽死　225

い

EC　150, 230
イード　045, 051, 052, 088, 173, 195, 211
EU　049, 149, 150, 229
イエズス会　080
イエナの戦い　160
医学モデル　111
イギリス
　　──王室　018, 019, 024, 237
　　──産業革命　019, 020
　　──帝国　018, 019, 024, 033, 085, 121, 171, 243
　　──二大政党制　020, 034
イジュマー　093, 103
イスマーイール派　094
イスナード　174
イスラーム
　　──原理主義　020
　　──主義　020, 021, 034, 089, 099
イスラエル　120, 127, 128, 197
異性愛カップル　171

1月25日革命　015
夷狄　140, 141
いのちの教育　123
イバーダート　103
イフラーム　173
イベリア半島　016, 017, 021, 022, 045, 046, 123, 124, 235
イマーム　039, 040, 093, 094, 103, 173, 174, 195
移民　014, 026, 027, 053, 066, 085, 101, 113, 115, 116, 121, 133, 165, 167, 178, 179, 183-185, 191, 231
イラン・イスラーム革命　040
医療化　023
医療人類学　022, 023, 071
殷王朝　140, 143
韻書　164
印象主義　025, 026, 097, 102, 103, 186
印象派　025, 026, 057, 114, 232
インターナショナル・スタイル　168
インダス文明　228
インディアン　013, 133
インド会社　013, 087
インヴィジブル・カレッジ　047
インペアメント　111
陰陽五行　027, 028

う

ヴァージニア植民地　081, 199
ヴァーチュオーソー　047
ヴァルナ　052
ヴァンゼー会議　010
ウィーン
　──会議　031, 090, 118, 152, 182
　──改造　028, 030, 050
　──工房　006, 030, 031, 033, 168, 169, 182, 223
　──体制　031, 032, 090, 170, 171, 186, 187
　──分離派　030-033, 103, 131, 222, 223
ヴィクトリア的道徳観　101
ヴィシュヌ神　190
ウィンザー王朝　019, 044
ヴェーダ　006-008, 190
ヴェール　034, 060, 121, 122
ウェストファリア条約　035, 118
ウェストミンスター憲章　085
ウェストミンスター寺院　237
ヴェトナム戦争　204
ウェヌス（ヴィーナス）　012, 060

ヴェルサイユ
　──宮殿　036, 148, 153
　──講和会議　036
　──条約　157
　──体制　035, 135, 139, 157
　──＝ワシントン体制　036
ウォダム・カレッジ　047
ヴォルステッド法　064
浮世絵　026, 097, 102
浮世草子　082, 212, 213
歌合せ　038
歌会始　037, 038
写し絵　038, 039
ウドゥー　195
ウパニシャッド聖典　228
ウマイヤ朝　016, 039, 093, 235
ウマイヤ朝　016, 039, 093, 235
ウンマ　021, 040, 041, 088, 093, 094, 098, 099, 104, 173, 196, 218

え

英国国教会（イングランド国教会）　018, 019, 024, 054, 105, 189
英国病　020, 085
エイズ自助グループ　041, 042
エキマン鏡　038
エキュメニズム（教会一致）　024
エクスキャリバー　005, 054
エジプト　015, 021, 086, 088, 089, 097, 120, 127, 160, 193, 218
エジプト遠征　160
　──・ナショナリズム運動　089
エスニック・コミュニティ　066, 116
エスニックスタディーズ　216
エスニック・リバイバル　216
エスノグラフィー　201
越境の文学　042
エッフェル塔　043, 044
エデンの園　147, 226
江戸時代　059, 086, 096, 120, 134, 142, 145, 156, 163, 164, 187, 246, 247
エリート　010, 066, 174, 175, 198, 221
エルヴィーラ　222
遠近法　097, 185, 234
円卓の騎士　005, 054

お

王化思想　140, 141, 144
王朝体制　116, 117
黄檗宗　082
近江令　232
王立協会　047
王立マニュファクチュア　087
オーストリア
　　──王位継承戦争　159
　　──大公国　117
　　──帝国　031, 089-091, 118, 152
オーナム　191
オクスフォード大学　047
小倉百人一首　187
オスマニザシオン　049
オスマン帝国　031, 054, 099, 117, 135
夫方居住　220
音仮名　056
御伽草子　058, 212, 247
小野宮流　223
オリエンタリズム　034, 051, 052, 211, 212
音義　164

か

カースト　027, 052, 053, 190, 191, 212
カーディー　039
カールスバート決議　091
改革開放　155
会議外交　031
会議体制　031, 170
カイサーン派　094
楷書体　081
外人傭兵　159
ガイバ　094
ガウェイン　005, 054, 055, 130
科学革命　048
科挙　116
楽友協会　183
かくれキリシタン　135
影人形　039
貸し宮殿　029
カシミール紛争　084
仮借文字　056
カスティーリャ語　123, 124
カスティーリャ・レオン王国　045, 235
語り本　203
カップ一揆　244

カトリック　008, 009, 013, 018, 024, 043, 046,
　　054, 063, 064, 068, 069, 072, 086, 092, 093,
　　105, 112, 115, 116, 124, 130, 134, 137, 150,
　　171, 189, 227, 230, 231, 236, 237
仮名草子　050
カフェ　056, 057, 058
神の国の福音　017
仮名（かみょう）　050, 056, 059, 081, 163, 164, 212
ガラハッド　005, 130
カリフ　093, 196
カルケドン信条　018
カルチュラルスタディーズ　201
カルマ　007, 008, 190, 228
カルマ・ヨーガ　228
カロリング朝　035
寛永有識　224
漢王朝　028, 143, 144
漢学　163
環境レイシズム　133
漢奸　107
官展　186
カントリー・ハウス　147
官費留学生　210, 240
漢文御廃止之議　076
カンマーシュピーレ　223

き

気　027, 028
技術官僚（テクノクラート）　239
義書　164
寄進　245
擬人像　011, 012, 060, 066
犠牲　010, 031, 066, 070, 087, 088, 098, 115, 135,
　　137, 138, 173, 180, 188, 225
犠牲祭（イード・アルアドハー）　088, 173
北アイルランド（アルスター）　008
北朝鮮　138, 204
北ドイツ連邦　153
吉祥天　190
儀鳳暦　086
基本法　183-185
義務論　115
キヤース　103
キャラバンサライ　245
旧移民　115
91年憲法　198
95ヵ条の提題　105
9.11事件　021

キューバ危機　204
清正井　129, 177, 178
教会旋法　069
強制移住法　133
強制収容　009, 010, 060, 061, 079
教養教育　011-013, 061, 062, 174, 175, 201
共和国　008, 009, 026, 043, 062, 063, 078, 083-085, 107, 121, 122, 124, 125, 139, 146, 150, 151, 155, 179, 180, 183, 196, 197, 204, 207, 211, 231, 239, 243, 244
　──防衛連合　239
共和制　024, 033, 063, 095, 117, 120, 151, 244
共和制危機　033
ギリシア古典期　097
キリシタン版　080, 081
キリスト教　011, 016-018, 021, 022, 024, 029, 040, 045, 048, 058, 063-065, 068, 069, 080, 088, 092, 093, 098, 100, 105, 106, 109, 111, 127, 128, 130, 133, 134, 137, 149, 176, 189, 194, 195, 205, 210, 213, 227, 233, 235-237, 240, 243
キリスト教禁令　080
ギルド　006, 087, 168
義和団運動　116
キングパワー財団　192
禁酒運動　064, 065
禁酒法　064, 065, 101, 108
近世木活字印刷　080
金ぴか時代　065, 066
勤労者党　179, 180

く

寓意画　060, 066, 234
クエーカー　024
クォータ制　176
公家　163, 223, 224
クシャトリヤ　052
九条流　223
クピド（キューピッド）　012
口分田　233
グラマースクール　175
クラレンドン委員会　175
クラン　072, 073
グランド・ゼコール　066, 067, 170
クリアランス→清掃
クリミア戦争　031, 170
クルアーン（学）　034, 039, 040, 089, 093, 098, 103, 173, 196, 218, 240

グルネル協定　239
グレゴリオ暦　086, 159
グローバリゼーション　069, 070
訓仮名　056
郡県制　109, 144, 208, 209
クンダリニー　229

け

慶長の役　080
啓典（の民）　040, 088, 098, 176, 218, 240
啓蒙　042, 047, 057, 068, 071-073, 076, 107, 110, 117, 118, 151-155, 158
　──児童誌　071, 152
　──主義　057, 073, 107, 110, 158
KKK　072, 101
ゲーテ時代　073, 074, 110, 155
劇団みんわ座　039
下剋上　109
結婚記念塔　223
ゲットー　010
月曜デモ　074, 075, 181, 208
元嘉暦　086
言語　022, 027, 042, 043, 052, 066, 068, 070, 084, 106, 111, 115, 123, 124, 127, 132, 145, 149, 152, 154, 155, 173, 175, 183, 192, 198, 218, 222, 238
源氏　037, 038, 156, 203
幻燈　038, 039
言文一致　075-077
　──会　076
憲法制定ドイツ国民議会　153
硯友社　076, 077, 078

こ

紅衛兵　107
甲賀三郎伝説　206
黄巾の乱　028, 155
孝子説話　212, 213
公衆　152
公地公民制　232
高等師範学校　066, 067
公民権運動　061, 073, 079, 082, 099, 100, 113, 132, 133, 215, 216
功利主義　115
口話　238
　──主義　238
　──法　238

ゴースト　188, 227
ゴースト・ストーリー　188
コーラン　017, 189
5月革命　136, 239
古活字版　050, 080, 081
五行生成説　028
五行相勝説　028
五行相生説　028
五紀暦　086
国王至上法　189
国郡里制　233
国際連盟　036
黒人　052, 072, 073, 079, 081, 082, 099, 100, 101, 113, 116, 131, 132, 161, 162, 166, 167, 172, 188, 215, 216
　──奴隷　073, 079, 081, 161, 162, 172, 188
　──奴隷制度　073, 079, 081, 161, 162, 188
国勢調査　199
国性爺合戦　082, 083, 142, 143
国民
　──公会　198
　──国家　076, 159, 192, 198, 211
国民主権　062, 198, 230, 244
国民党　078, 107, 139, 200, 241
国民優生法　225
国立行政学院　067
五山　080, 081, 163
　──版　080, 081, 163
　──文学　163
古辞書　164
個人主義　107, 113, 158, 199, 243
国家
　──人民党　083, 244
　──と国民を保護する緊急令　083
国会議事堂放火事件　083, 084, 158
国家と国民の危難を除去する法律　083
国家と国民を保護する緊急令　083
コットン・クラブ　167
五徳終始説　028
コバドンガの戦い　235
護法善神　119
コミュナリズム　084
コムニタス　146
コモンウェルス　009, 019, 044, 045, 085, 197
　──競技大会　085
　──諸国首脳会議　085
暦　018, 055, 085, 086, 119, 142, 156, 159, 163, 173, 192, 203, 246
コリントの信徒への手紙　092, 128

ゴルゴタの丘　154
コルソ　029
コルベール主義　087
コンコード・レキシントンの戦い　014
コンコルダ　160, 231
コンスタンティノポリス公会議　093

さ

災異思想　028
再定住センター　061
ザイド派　094
再保障条約　187
サウム　240
ザカート　087, 103, 240
嵯峨本　080, 081
ザクセン朝　035
冊封（体制）　143, 144
冊命　144
サクレ・クール寺院　043
鎖国　082
挿絵　071, 081, 102, 145
サダカ　087, 088, 245
雑徭　233
サハーバ　088, 173
サバルタン　211, 212
ザブフ　176
差別　015, 032, 042, 051, 052, 079, 085, 100, 111, 113, 115, 127, 166, 167, 171, 177, 184, 199, 215, 216, 224, 243
サライェヴォ事件　135
サラスヴァティー女神　190
サラトガの戦い　014
サラフ　021, 088, 089, 099
サラフィー（主義）　021, 088, 089, 099
サロン　025, 186
三・一八事件　241
三月革命　029, 089-091, 104, 105, 118, 153, 170, 182
三月前期　090, 105, 118, 153, 182, 183
産業革命　006, 018, 019, 020, 074, 110, 226
三言二拍　037, 141, 142
三国同盟　186, 187
サン・ジェルマン・デ・プレ　057
サン＝シモン主義　049
30年戦争　151
山上の説教　018, 091, 092, 093, 106, 128
サンスクリット語　056, 228
三大原理　105

三帝協定　186
三部会　198
三位一体　018, 092, 093, 106, 128, 158, 159, 195
三民主義　116

し

シーア派　040, 093, 094, 103, 104, 173, 174
GHQ　132
シヴァ神　190
ジェントルマン　010, 011, 012, 047, 062, 125, 174
シグロ・デ・オロ　046
死刑停止　094, 095
自己決定　167, 225
古辞書　164
字書　164
私小説　095, 096, 098, 114
四神相応　096
自然
　――主義　076, 078, 095-098, 114
　――淘汰　224
四大奇書　141, 142
七年戦争　117, 159
実験哲学　047
実存主義　057
卓袱料理　082
児童　068, 071, 072, 152, 172
　――誌　071, 152
　――文学　172
シノワズリー　102
ジハード　041, 098, 099, 138
資本主義　066, 101, 165, 198, 204, 226, 243
市民階級　071, 072, 091, 095, 152, 154, 183
自民族中心主義　216
ジム・クロウ法　079, 099
ジャーティ　052
シャーフィイー派　103
社会主義
　――統一党　208
　――労働者党　180
社会ダーウィニズム　100, 119, 213, 224, 225
社会民主党　083, 084, 150, 151, 184, 244
　――モデル　111
シャクティ　229
写実主義　097, 194
ジャズ・エイジ　065, 072, 073, 101, 167, 195
社団　198, 234
シャハーダ　218, 240
ジャポニスム（ジャパニズム）　026, 033, 097, 102, 103, 221
ジャポネズリー　102
シャリーア　020, 021, 039, 040, 041, 094, 098, 099, 103, 104, 174-176, 193, 218, 245
シャリバリ　104
シャンソン　044, 112
シャン・ド・マルス公園　043
自由
　――学芸　185
　――公正党　021
　――黒人　082
　――主義　031, 082, 089, 090, 114, 136, 153, 163, 195, 204
　――党　020, 033, 076
　――の息子たち　013
　――の娘たち　013
　――リズム　069
周王朝　140, 143, 208
銃規制法　108
宗教
　――改革　018, 024, 035, 054, 092, 093, 105, 106, 117, 128, 189
　――改革者　092
　――戦争　024, 035, 054
銃社会　108
重商主義　087
シュードラ　052
十二イマーム派　040, 094, 173, 174
十二支　156
銃砲規制法（削除：銃規制法）　108
終末期医療　023
儒学　027, 028, 083, 140, 143
儒教　028, 109, 141, 149, 155, 209, 212, 242
受胎告知　234
出生前診断　225
シュテファン（大聖堂，教会）　029, 104
酒呑童子　246, 247
シュトゥルム・ウント・ドラング　073, 074, 109, 110
ジュニャーナ・ヨーガ　228
シュマルカルデン同盟　054
手話　111, 238, 239
手話言語学　238
手話札　238
春秋　109, 115, 139, 140, 209
　――時代　109, 139, 140
　――戦国（時代）　139, 209
障害　023, 110, 111, 224, 225, 239
　――学　110, 111, 225, 239

──者　110, 111, 224, 225
　　──者抹殺作戦　225
小家族　071
上座仏教　149
肖像画　019, 234
象徴　009, 011, 012, 033, 034, 043, 063, 068, 143, 146, 177, 178, 182, 189, 191, 194, 204, 208, 210, 211, 215, 232, 241
象徴詩　210, 211
小ドイツ主義　090
小農業者党　179
浄瑠璃　082, 213, 246
諸行無常　203
職人　006, 030, 068, 091, 115, 168
女性
　　──解放運動　034
　　──参政権運動　112, 113
　　──参政権協会　113
女性不浄観　166
徐福伝説　155
白樺派　006, 098, 113
ジレンマ　108, 114, 115
新移民　115, 116
新印象主義　025
辛亥革命　107, 116, 117, 241, 242
新格律詩　200
進化論　072, 097, 100, 101, 195, 224
新居制　220
親魏倭王　144
新月社　200
人権宣言　062, 136, 198, 230, 239
人工内耳　238
新詩　211
人種隔離（教育，制度）　079, 131, 132
人種主義　072, 100, 113
人種奴隷制　081
真珠湾攻撃　060
神聖ローマ　035, 053, 074, 090, 091, 112, 117, 118, 152, 153, 159
　　──皇帝　053, 112, 118
　　──帝国　035, 074, 090, 091, 117, 118, 152, 153, 159
真善美　114
身体文化　100, 118, 119
心的外傷後ストレス障害　023
新哲学　047
人道主義　113, 114
シン・フェイン党　008, 009
神仏習合　119, 120

神仏分離令　120
シンボル　011, 012, 034, 101, 121, 122, 152, 198
新約聖書　017, 127

す

ズィンミー　041
枢軸国　138
スエズ　120, 121
　　──運河　120
　　──戦争　120, 121
スカーフ　034, 063, 121, 122, 126, 127, 231
　　──禁止法　121, 122, 231
　　──事件　121, 231
　　──論争　034, 063, 121, 127, 231
スタジ　121
　　──委員会　121
　　──報告書　121
ステュアート王朝　018
ストックレー邸　030
スパルタクス団　151
スピリチュアリズム　228
スピリチュアリティ　106, 122, 123, 129, 178
スピリチュアル　122, 123, 178, 233, 234
　　──ケア　123, 233, 234
　　──ペイン　123
　　──マーケット（スピマ）　122
スペイン
　　──王位継承戦争　159
　　──独立戦争　160
スペイン語　123, 124, 145
スペイン内戦　124, 125
スポーツ　010-013, 061, 062, 100, 119, 125, 126, 175, 201, 202, 203, 213, 214, 229
スルターン　099, 196
スレイヴ・ナラティヴ　188
スンナ（派）　039, 040, 093, 094, 103, 104, 174, 195

せ

清華学校　200
生活の美　031
生活レイシズム　184
政教協約→コンコルダ
政教分離　124, 126, 127, 230, 231
整形庭園→フォーマル・ガーデン
聖書　017, 018, 024, 048, 063, 064, 091-093, 105, 106, 126-128, 147, 175, 185, 189, 194, 206,

207, 226, 234
――無謬説　194
西漸運動　161, 199
清掃　133
聖地巡礼　058, 128, 129, 178
正統　005, 031, 075, 093, 136, 141, 185, 195, 235
　　――カリフ　093
　　――主義（レジティマシー）　031
西方教会　093
聖杯（伝説）　005, 055, 129, 130, 194
整版印刷　080
西部戦線　135, 151
静物画　186, 234
西洋式活字印刷　080
勢力均衡（バランス・オブ・パワー）　031
聖霊降臨祭　130
世界恐慌　036, 085
ゼツェッション　032, 131
セルフ・メイド・マン　199
世論　033, 064, 068, 072, 074, 106, 152, 214, 239
全国黒人地位向上協会　131, 215, 216
全国女性参政権協会（NWSA）　113
戦後文学　048, 049, 064, 098, 132, 136, 137, 217, 218
先住民　013, 061, 079, 133, 179, 199, 209, 210, 235
前千年王国説　194
先祖崇拝主義　216
全体小説　132
センチュリー・ギルド　006
セント・フェルナンデス島　242
仙人　134, 155
1850年の妥協　161
潜伏キリシタン　129, 134
全米女性参政権協会（NAWSA）　113
全米女性参政権協会　113
全米ライフル協会　108
宣明暦　086, 156

そ

租　041, 233
総合芸術　032, 033
創造
　　――科学　195
　　――説　100
　　――社　210, 211, 241
ソビブル（絶滅収容所）　010

た

ターイファ　016
ダール・アルイスラーム　041, 098, 103
ダール・アルハルブ　041, 098, 103
第一次世界大戦　019, 020, 033-036, 085, 099, 135, 138, 139, 150, 157, 170, 171, 187, 200, 237
第一次戦後派　132, 136, 137
第一帝政　160
太陰暦　086
大江会　200
大学寮　163
大恐慌　020, 165
大芸術　186, 222
第五共和政　135, 136, 239
　　――憲法　136
大黒天　134, 190
第三世界　052, 121
第三の新人　132, 136, 137
第三身分　198
大正　006, 039, 095, 113, 114, 217
　　――教養主義　114
　　――デモクラシー　114
対テロ戦争　108, 137, 138
大ドイツ主義　090
第二次英仏百年戦争　159
第二次世界大戦　009, 019, 020, 026, 036, 044, 045, 057, 060, 061, 085, 135, 138, 139, 157, 170, 204, 205, 207, 229, 230, 237
第二次戦後派　136
第二次中東戦争　120
第二帝政　049, 050
対仏大同盟　160
太平天国　116
大宝律令　163, 232
ダイヤモンド・ジュビリー　045
太陽暦　086
第四共和政　120, 135
大陸封鎖令　160
竹本座　082
脱ヴェール化　034
脱宗教性　063, 121, 230, 231
脱魔術化　152, 153
種板　039
多文化主義（マルチ・カルチャリズム）　063, 216, 217
魂の言語　154, 183
タリバン　137, 138

ダルマ　190
断食明けの祭　088
断種法　224, 225
男女　020, 122, 137, 146, 174, 176, 177, 193, 195, 233, 244
　　——同権　195
　　——平等　122
単旋律音楽　069

ち

父　005, 033, 044, 053, 059, 070, 071, 082, 092-094, 130, 145, 158, 188, 215, 227, 236, 240
千々の悲しみ　112
地中海協定　186
血の日曜日　009
チャイナ・マニア　221
中央党（ドイツ帝国）　083, 150, 151, 244
中華
　　——思想　140, 141, 144
　　——人民共和国　107, 139, 155
　　——民国　078, 116, 117
　　——民国臨時政府　116, 117
中期プラトン主義　093
中原　048, 049, 139, 140, 141
中国
　　——共産党　155
　　——現代詩　200, 210, 211
　　——左翼作家連盟　241
　　——三教　109, 155
　　——白話小説　037, 051, 083, 141, 194
　　——同盟会　116
中道　024, 136, 204, 239, 244
調　233
超越主義　158, 159
朝貢　140, 141, 143, 144
聴者　111, 238
朝鮮
　　——式活字印刷　080
　　——戦争　204
調和型私小説　098
ちりめん本　144, 145, 207, 247

つ

通過儀礼　145, 146, 191, 220
ツーリズム　129, 178
ツバル　085
妻方居住　220

冷たい戦争→冷戦　204

て

ディアスポラ　146, 147, 211
ディアナ　011, 012
TV5　198
ディーワーリー　191
庭園　147, 148
貞享暦　086
帝国主義（的思想）　021, 033, 034, 088, 100, 120, 170, 213, 243
定時法　156
ディスアビリティ　111
ディストピア　227
適者生存　100, 224
デッサウ　072, 167, 168
鉄のカーテン　204
テューダー王朝　018, 024
テルミドールの反動　198
テロリスト　072, 137, 138
天　027, 028, 148, 149, 208, 209
天安門事件　075
天意　148
天子　028, 148, 149, 208, 209
天正遣欧少年使節団　112
天人相関説　027, 028
デンマーク戦争　153
天命　148, 149

と

ドイツ
　　——解放戦争　160
　　——革命　090, 150, 151, 243, 244
　　——騎士団　117
　　——啓蒙　071, 072, 110, 151, 152, 155
　　——工作連盟　006, 168
　　——国民議会→フランクフルト国民議会
　　——帝国（第二帝国）　090, 117, 150-153, 158, 170, 186, 244
東西——（統一）　074, 075, 205, 207, 208, 230
　　——連邦　090, 091, 118, 152, 153, 180, 183, 204, 207
　　——・ロマン派　068, 074, 152-154, 155, 183
ドイツのための選択肢　184
東欧革命　180, 181, 197, 208
同化　007, 111, 115, 116, 133
道教　109, 155

同性愛　024, 041, 171, 195, 225
　　──カップル　171
同性愛（者）　024, 041, 171, 195, 225
道徳　011, 065, 071, 098, 101, 109, 114, 123, 126, 152, 212, 213, 216, 221, 242
　　──週刊誌　071, 152
　　──的ジレンマ　114
東南アジア諸国連合　011, 149
東方教会　093
逃亡奴隷取締法　161
ドゥルガープージャ　191
唐話　142
ドーシャ　007
ドーズ法　133
トーピアリー　148
独ソ戦　139
独ソ不可侵条約　010, 157, 180, 208
独立革命　081, 158
都市計画　029, 050
特権商事会社　087
トランセンデンタリズム　158
奴隷　026, 061, 066, 072, 073, 079, 081, 082, 113, 131, 158, 160-163, 172, 188, 226
　　──貿易　081
トレブリンカ（絶滅収容所）　010
トロッコ問題　114

な

ナヴァラートゥリー　191
長い18世紀　031, 032, 159
ナショナル・トラスト運動　006
ナット・ターナーの反乱　161
70人訳聖書　127, 128
ナバーラ王国　235
ナポレオン　029, 031, 049, 067, 074, 090, 110, 117, 118, 159, 160, 169, 170, 198, 231
　　──戦争　029, 031, 090, 159, 170
　　──民法典　160
ナスル朝グラナダ王国　016
南京　082, 107, 117, 240
南北戦争　065, 072, 073, 081, 082, 099, 100, 113, 158-162, 172, 179, 188
　　──再建　161

に

ニカイア・コンスタンティノポリス信条　018, 093
二月革命　031, 089, 091, 170

二官八省制　233
ニコライ教会　074
西側陣営　204
錦影絵　039
西ゴート王国　235
廿四孝　213
日系人（日系アメリカ人）　061
日清戦争　076, 077, 116
日中戦争　107, 132, 200
二頭制　136
日本
　　──漢文　056, 163, 164
　　──植民地台湾　078
　　──聖公会　024
日本臨床宗教師会　233, 234
ニューエイジ運動　122
ニューディール　165
ニュルンベルク（軍事裁判）　139
女人禁制　166
女人五障　166

ね

ネイション・オブ・イスラム　215
ネーション　084
ネオ・ヒンドゥーイズム　191

の

能力主義　067
ノルマン王朝　018
ノルマンディ上陸作戦　139

は

パーシヴァル　129, 130
ハー・ハー　148
バーミンガム　019
パールヴァティー女神　190
ハーレム　101, 166, 167
　　──・ルネッサンス　101, 166, 167
バイオエシックス　022
バイシャ　052
バイリンガル教育　238
バウハウス　006, 031, 167, 168, 169, 222
バカロレア　066, 067, 169
博士家　163
白人　024, 061, 072, 079, 081, 082, 085, 099, 100, 113, 116, 121, 131, 133, 161, 162, 167, 172,

　　　　178, 179, 199, 211, 215, 216
　　──系移民自治領　085
　　──至上主義　072, 113
　　──優越主義　116
パクス・アメリカーナ　171, 214
パクス・ブリタニカ　032, 170, 171, 187
パクス・ロマーナ　170
バクティ・ヨーガ　228
白話小説　037, 051, 083, 141, 142, 194
パシュトゥーン人　137
バスティーユ牢獄　198
バス・ボイコット　079
長谷川弘文社　145
ハタヨーガ　229
パックス　171, 172
ハッジュ　172, 173, 240
ハディース　039, 040, 103, 104, 173, 174
ハティーブ　195, 196
ハナフィー派　103
ハノーヴァー王朝　018, 033
ハビトゥス　201
ハプスブルク家　035, 053, 117, 118, 159, 181
バプテスト　106, 195
　　──教会　195
　　──派　106
パブリックスクール　010-013, 062, 174, 175, 213
破滅型私小説　098
ハラーム　176
ハラール（食品）　175, 176
ハラフ　088
バラモン　052, 053
パリ
　　──条約　014, 199
　　──政治学院　067
　　──大学，パリ大学ナンテール分校　239
パリテ　063, 171, 176, 177, 231
　　──監視委員会　176
　　──のための10人宣言　176
バルコニー（バッキンガム宮殿）　237
パレスティナ　051, 146
パレ＝ロワイヤル　057
バロック　030, 069, 182, 183
パワースポット　122, 123, 129, 177, 178
ハワイ王朝　178
汎愛学舎　072
ハンガリー
　　──王国　117
　　──動乱　179, 197
バンコク宣言　149

万国博覧会　006, 033, 043, 102
ハンセン病　225
半大統領制　136
パンチャカルマ　007, 008
班田収授法　233
ハンバル派　103
反米武装勢力　138
万有引力　048
汎ヨーロッパ・ピクニック　074, 075, 180, 181

ひ

ビーダーマイアー（期，様式）　181
PTSD→心的外傷後ストレス障害
ヒエラルキー　052, 053
東アジア文化圏　143
東インド会社　013
東側陣営　204
ピカレスク小説　046
庇護権　183-185
ヒジャーブ　034
美術アカデミー　025, 026, 097, 103, 185, 186, 221, 234
ヒジュラ暦　173
筆触分割　025
ビスマルク体制　032, 170, 171, 186
ビスミッラー　176
ビッグ・ブラザー　226
美的革命　154
非同盟諸国首脳会議　121
非分離派　189
非米活動委員会　214
非暴力　075, 079, 202, 215, 228
百人一首　038, 187
ピューリタン　018, 024, 105, 106, 188, 189, 243
　　──運動　105, 106
　　──革命　018, 024
ピューリッツァー賞　188
標準語　076, 110
ピルグリム・ファーザーズ　188, 189, 199
ヒンドゥー　052, 084, 085, 128, 189, 190, 191
　　──教　052, 084, 085, 128, 189-191
　　──・ナショナリズム　084

ふ

ファトワー　040, 193
プア・ホワイト　172
ファンタジー　130, 131, 193, 194

ファンダメンタリスト　101, 194, 195
フィットネス　118, 119, 229
フィリオクエ論争　093
風景画　154, 186, 234
風俗画　234
フェミニスト　112, 171, 176
フェミニズム　108, 113, 172, 177
フォア・オルト　029
フォア・シュタット　029
普墺戦争　153
フォーマル・ガーデン　148
不可触民　052
福音
　　——書　017, 040, 091, 092, 128, 156, 207, 240
　　——派（エバンジェリカル）　195
武家　094, 223
武昌蜂起　116
復活　017, 018, 031, 039, 065, 073, 083, 086, 090, 094, 097, 109, 153, 195, 244
仏教　037, 056, 094, 095, 109, 119, 120, 128, 134, 142, 143, 149, 155, 163, 166, 190-192, 203, 217, 233, 236
不定時法　156
フトバ　195, 196
普仏戦争　043, 153, 186
部分的核実験停止条約　204
普遍主義的フェミニズム　177
プラーナ　191
フライディ　243
ブラウン対トピーカ教育委員会裁判　099
ブラック・ナショナリズム　216
ブラック・パワー　079
ブラック・ムスリム　215
フラッパー　101
プラハの春　015, 180, 196, 197
ブラフマー神　190
ブラフマン　190, 228
フランクフルト国民議会　090, 153
フランコ独裁期　124
フランコフォニー　197, 198
　　——憲章　197
　　——国際組織（OIF）　197, 198
フランコフォン　197
フランス
　　——革命　031, 058, 067, 074, 090, 118, 154, 159, 160, 198, 230
　　——銀行　160
　　——語を共有する諸国の元首・首相会議　197
　　——人権宣言　062, 230

　　——版コモンウェルス　197
プランタジネット王朝　018
ブランデンブルク　117
　　——選帝侯国　117
　　——＝プロイセン公国　117
フランドル楽派　112
フリーダム・ライド　079
フリジア帽　057
プリフェクト - ファギング制　011, 175
プリマス植民地　189, 199
ブリュメール18日　160
ブルカ　122
ブルカースドルフ療養所　030
ブルク劇場　029, 030
ブルシェンシャフト運動　091
ブルジョワ革命　198
ブルック・ファーム　158
ブレイディ法　108
プレッシー対ファーガソン裁判　099
フレンチ・アンド・インディアン戦争　013
風呂　039
プロイセン
　　——王国　089, 090, 117, 118, 152, 153
　　——憲法制定議会　090
ブロードウェイ　167
プロコープ　057
プロテスタント　009, 020, 024, 035, 054, 063, 064, 105, 106, 115, 188, 194, 195, 227, 230, 231, 243
プロフェッショナル　012, 013
プロレタリア文学　095, 098, 114, 132, 241
フロンティア・スピリット　014, 015, 161, 172, 189, 199
文化
　　——資本　201
　　——大革命　078, 107, 211
　　——モデル　111
文化技術協力機構（ACCT）　197, 198
文学会　077
文学カフェ　057, 058
文明化（の過程）　126, 133, 202, 203, 243
分離派会館　223
文禄の役　080

へ

米国愛国者法　138
平氏　203
米女性参政権協会　113

ヘイズ・ティルデンの妥協　162
米西戦争　199
米ソ冷戦　121, 139, 156, 204, 205, 230
北平　078
平和の祈り　074
ベウジェツ（絶滅収容所）　010
ヘウムノ強制収容所　010
北京　078, 107, 117, 200, 201, 241, 242
ベネルクス三国　230
ヘボン式ローマ字　145, 207
ベル・エポック　057
ベルリン
　──会議　186
　──の壁　074, 075, 158, 180, 181, 197, 204, 205, 207, 208
ベンガル分割令　084
弁財天　190
変成男子　166
変体漢文　163

ほ

ホイッグ党　020, 033
ボイルの法則　048
封建制　109, 140, 143, 144, 208, 209
ポウハタン族　209, 210
暴力　010, 021, 072, 075, 079, 083, 126, 167, 184, 202, 215, 228
法輪功　155
ボーア戦争　119
ホーエンシュタウフェン朝　035
ホーエンツォレルン家　117
ポーランド回廊　157
ホーリー　191, 227
ホーリー・ゴースト　227
ポールター・ガイスト　227
保革共存政権（コアビタシオン）　136
ポカホンタス　209, 210
北米植民地（英領）　013, 081
保元の乱　094
保守党　020, 033, 120
ポスト印象主義　026
ポスト・コロニアリズム　052, 211, 212, 216, 243
ボストン茶会事件　013
ポチョムキンの街　030
ボディビルディング　118
ポピュラーカルチャー　201
ボヘミア王国　117
ポリティカル・コレクトネス　133

ポリフォニー　112
ホロコースト　009, 010
ホワイト・ニガー　116
ポンガル　191
本地垂迹説　120
梵天　166, 190

ま

マーガレット・ガーナーの子殺し事件　188
マーシャル・プラン　196
マーストリヒト条約　229, 230
マーリク派　103
マーリン（魔法使い）　005
マイダネク（絶滅収容所）　010
マイノリティ　052, 061, 079, 133, 216
魔術的観念論　154
マスキュラー・クリスチャニティ　011, 065, 213
マタイによる福音書　091, 092, 128
マチルダの丘　223
マッカ　088, 172, 173, 214, 240
マッカーシズム　214
マッカ巡礼　172, 173, 240
マディーナ　088
マドラサ　039, 040, 245
マトン　174
マニュファクチュア　019, 087
マフディー（救世主）　094
マフミル　173
マムルーク朝　088, 173
マラーイカ　240
マリア　012, 032, 112, 118, 134, 159, 167, 169, 181, 223
マルタ会談　205
マルチ・カルチュラリズム→多文化主義
マンチェスター　019
万葉仮名　056, 164

み

ミサ曲　069, 112
緑の騎士　055
南アジア地域協力連合（SAARC）　149
身振り　238
宮城県宗教法人連絡協議会　233
民芸運動　006
民事連帯契約（PaCS法）　171
ミンストレル・ショウ　099
ミンバル　195

む

ムアーマラート　103
ムスリム　021, 034, 039, 041, 084, 087-089, 098, 099, 122, 126, 173, 174, 176, 193, 196, 215, 218, 239, 240
　——同胞団　021, 089, 099
ムフティー　039, 040, 193
ムラービト朝　016, 045, 235
ムワッヒド朝　016, 235

め

明白なる運命　199
メイフラワー号　188
メキシコ戦争　161
メシア　017
メソジスト　024
メランコリー　218, 219
メリトクラシー／能力主義　067

も

モードレッド　005, 054
木製活字　080
モスク　040, 084, 099, 195, 196, 245
モチーフ　011, 012, 026, 030, 044, 069, 097, 102, 194, 221
モテトゥス　112
物語画　182, 234, 235
モリス商会　006, 232
モルガン・ル・フェイ　005
モントゴメリー　079
モンマルトル　043, 057

や

屋敷地共住集団　220
ヤルタ会談　139

ゆ

唯一絶対神　240
唯美主義　102, 103, 221
　——運動　221
憂鬱症　219
ユーゲント　222
ユーゲントシュティール　006, 031, 033, 103, 169, 222, 223

ユーゴスラヴィア紛争　230
有識故実　223, 224
優生学（思想）　100, 111, 224, 225, 239
優生保護法　225
ユートピア　172, 225-227
幽霊　072, 188, 227, 228, 236
ユーロ　150, 230
雪解け　204
ユダヤ　017, 130
ユダヤ教　016, 017, 040, 088, 092, 098, 116, 127, 176, 230, 231, 240
ユダヤ人　009, 010, 017, 018, 042, 072, 115, 127, 139, 146, 147, 225
ユニテリアン主義　158
ユリウス暦　086

よ

庸　160, 169, 231, 233
幼年期　071
養老律令　232
ヨーガ　008, 228, 229
ヨークタウンの戦い　014
ヨーロッパ
　——協調（コンサート・オブ・ヨーロッパ）　031
　——共同体（EC）　230
　——憲法条約　230
　——中央銀行　230
　——連合（EU）　017, 149, 150, 229, 230
予備課程　168
読（み）本　036, 037, 051, 142, 187, 203
四書　174
4体液説　219
四大奇書　141, 142

ら

ラージャ・ヨーガ　228
ライシテ（脱宗教性）　063, 121, 122, 126, 127, 170, 230, 231
ライプツィヒ　071, 073-075, 151
ラクシュミー女神　190, 191
羅生門伝説　205
ラマダーン，ラマダーン月　088, 240
ラテン語　034, 062, 068, 069, 092, 093, 123, 129, 151, 158, 163, 170, 175, 230
ラファエル前派　006, 231
　——兄弟団　231
ランスロット　005, 130, 148

り

理工科大学校　066, 067
リコンストラクション　099
リセ　059, 067, 160, 169, 170
理性　023, 051, 063, 068, 069, 073, 089, 109, 126, 152, 153, 158, 170, 176, 202, 243
律詩　200
立法議会　198
律法の書　040, 240
律令（制）　143, 163, 166, 232, 233
律令格式　232
リドレス運動　061
リベラルアーツ　061
リュ・ド・フォッセ・サン・ジェルマン　057
両刀論法　114
リング通り　029, 030
臨床宗教師　123, 233, 234
輪廻転生　052, 190, 236
リンボ　236
倫理（的）ジレンマ　114, 115

る

類書　164
ルスル　240
ルネサンス　060, 069, 097, 111, 112, 185, 231, 234

れ

霊性　122, 123
冷戦　180, 205, 208, 214
レーガン大統領暗殺未遂事件　108
歴史画　012, 025, 026, 182, 185, 186, 234
レコンキスタ　016, 017, 045, 046, 123, 124, 235, 236
劣等人種　009
レッドパワー　133
連合軍　118, 132, 139, 160
連合国　036, 135, 138, 139, 151, 207
煉獄　055, 227, 228, 236

ろ

ロイヤル・ウェディング　237
ろう者　111, 238
労働騎士団　066
労働党　020
ろう文化宣言　238
ローマ
　──・カトリック教会　068, 069, 092, 105
　──神話　011, 012, 234
羅馬字会　076
ロカルノ条約　244
68年5月革命　136, 239
六書　056, 174
六信　088, 173, 218, 239, 240
六信五行　088, 173, 218, 239
ロゴス・キリスト論　093
ロシア革命　135, 179
ロビンソン・クルーソー　242, 243
露仏同盟　170, 187
ロベスピエール派　198
ロマ　005, 010, 030, 054, 055, 057, 068, 069, 073, 074, 123, 130, 131, 152-155, 158, 170, 182, 183, 194, 205, 217, 225
ロマン的イロニー　154
ロンドン万国博覧会　006, 033
論理学　114

わ

ワーテルローの戦い　160
ワイマル　006, 073, 083, 084, 150, 151, 167, 243, 244
　──共和国　243
　──憲法　244
和歌御会始　037
ワグナー法　165
ワクフ　088, 245
枠物語　058, 072
和刻本　050
ワシントン大行進　079
渡辺綱伝説　205, 206, 246
ワッハーブ運動　088
ワルシャワ条約機構　180, 196, 197
ワルトブルク祭　091

人名索引

あ

アーデルング，ヨーハン・クリストフ　071, 072
アーノルド，トマス　010, 011
アームストロング，ルイ　167
アイゼンハワー，ドワイト．D　120
アイヒロート，ルートヴィヒ　181
アイヤンガール，B・K・S　229
アガサンスキー，シルヴィアンヌ　177
浅井了意　050, 051
アサド，バッシャール　015
アサンテ，モレフィ・K　216
アダムズ，ジェーン　131
アダムズ，トランスロウ・ジェイムズ　014
アナス，マールク・ブン　174
アフガーニ　021, 088
アブドゥフ，ムハンマド　021, 088, 089
安部公房　136
阿部次郎　114
安倍晴明　246
安倍能成　114
アポリネール，ギヨーム　044, 057
アミーン，カースィム　089
荒正人　132
アリー，ムハンマド　093, 094
有島武郎　064, 114
アルジャー，ホレイショ　015
アルニム，アヒム・フォン　067, 068, 154
アルバート公　033
アルフォンソ6世　045, 235
アルベルティ，レオン・バッティスタ　234
アンソニー，スーザン・B　113
アンダーソン，マリアン　167
アンドレーエフ，レオニード・ニコラエヴィッチ　242

い

イエス・キリスト　017, 018, 091-093, 105, 106, 127, 128
石橋思案　077
イッテン，ヨハネス　168
伊藤整　098

井上哲次郎　076
井原西鶴　076, 081, 212
岩野泡鳴　097
巌谷小波　077

う

ヴァイセ，クリスティアン・フェリクス　072
ヴァリニャーノ，アレッサンドロ　080
ヴァルトミュラー，フェルディナント・ゲオルク　182
ヴァレラ，エイモン・デ　009
ヴィーラント，マルテーン　110
ヴィヴェーカーナンダ　229
ヴィクトリア女王　018, 019, 033, 034, 045
ヴィラード，オズワルト・ギャリソン　131
ウィリアム王子　019, 044, 237
ウィリアム4世　033
ウィルソン，トマス・ウッドロー（大統領）　036
ヴィルヘルム2世　033, 150, 187
ウェーバー，マックス　243
植木枝盛　076
上田秋成　036
植村正久　064
ウェルズ，アイダ・B　131
ヴェルデ，アンリ・ヴァン・デ　222
ヴェルンドルファー，フリッツ　030
ウォーナー，チェールズ　065
ウォーリング，ウィリアム　131
ヴォルテール　057
歌麿　102
内村鑑三　064
宇都宮（頼綱入道）蓮生　187
ウッラー，シャー・ワリー　088
梅原龍三郎　114

え

エーベルト，フリードリヒ　151, 244
エカテリーナ2世　030
エッシェンバッハ，ヴォルフラム・フォン　130
エッフェル，ギュスターヴ　043, 044
エドワード8世　044

江原啓之　122
エマソン，ラルフ・ウォルドー　158, 159
江見水蔭　077
エリアス，ノルベルト　126, 202, 203
エリザベス1世　024
エリザベス2世　019, 024, 044, 085, 237
エリントン，デューク　167
エル・グレコ　046
エル・シッド　045, 046, 235
袁世凱　117
エンデル，アウグスト　222
遠藤周作　063, 064, 136, 137

お

オヴィントン，メアリー　131
黄檗宗　082
大岡昇平　048, 049
応神天皇　056
大槻文彦　076
大橋音羽　077
小川国夫　063, 064
荻生徂徠　142
オケゲム，ヨハネス　112
尾崎一雄　095
尾崎紅葉　076, 077
オサリヴァン，ジョン　199
小田切秀雄　132
オットー1世　035
オバマ，バラク　044
オブリスト，ヘルマン　222
オルブリヒ，ヨーゼフ・マリア　032, 223

か

カーダール，ヤーノシュ　180
カーネギー，アンドリュー　066
カール5世　053, 054, 112
カール大帝　035
加賀乙彦　064
葛西善蔵　095, 098
カッザーフィー，ムハンマル・アル＝　015
角倉素庵　080
カポネ，アル　065
嘉村磯多　095, 098
カメハメハ1世　178
亀屋熊吉　038
カラカウア王　179
ガリソン，ウィリアム・ロイド　082

カルヴァン，ジャン　024, 105, 231
カルザイ大統領　138
ガルシン，フセーヴォロド　242
カルデロン　046
カロザース，C　145
川上眉山　077
川端康成　043
カント，イマヌエル　073, 074, 152
漢の武帝　056
カンペ，ヨーハン・ハインリヒ　071, 072

き

キーン，ドナルド　043
菊池大麓　076
木崎さと子　064
岸田劉生　114
北村透谷　064
曲亭馬琴　037
キルヒャー，アタナジウス　038
キングスリー，チャールズ　213
キング，マーティン・ルーサー　079, 108, 215

く

クック，ジェームズ　178, 179
屈原　241
クライスト，ハインリヒ・フォン　073
クライニー　174
グラッドストン　020, 033
グラント将軍　161
グリフィス，D・W　073
グリム，アルベルト・ルートヴィヒ　068
グリム，ヴィルヘルム　067
グリム兄弟　068
クリムト，グスタフ　032, 033, 102
グリム，ヤーコプ　067
グリルパルツァー，フランツ　182, 183
クリンガー，フリードリヒ・マクシミリアン・フォン　109, 110
クリンガー，マックス　032
クリントン，ビル　108
車谷長吉　096
グレイ伯爵　020
グレゴリウス1世　068, 069
クレメンズ，サミュエル・ラングホーン　172
グロピウス，ヴァルター　167, 168
黒田清輝　026

け

ゲーテ, ヨハン・ヴォルフガング・フォン　073, 074, 109, 110, 155
ケネディ, ジョン・F　108
ケルスティング, ゲオルク・フリードリヒ　182
ゲンシャー, ハンス・ディートリヒ　181
ケント公爵　033, 237

こ

小泉八雲　043, 205, 247
侯孝賢　078
孔子　109
幸田露伴　076, 077
江文也　078
ゴーギャン, ポール　026, 102, 114
ゴーゴリ, ニコライ　242
ゴールトン, サー・フランシス　224
コール, ヘルムート　181
コーン＝ベンディット, ダニエル　239
コクトー, ジャン　044
ココシュカ, オスカー　031
小島信夫　136, 137
後白河天皇　094
小杉天外　097
コッツェブー, アウグスト・フォン　091
ゴットシェート, ヨーハン・クリストフ　110
ゴットワルト, クレメント　196
ゴッホ, ヴィンセント・ファン　026, 102, 114
コドヴィエツキ, ダニエル　071
ゴドウィン, E・W　103
小林永濯　145
小林源次郎　039
小林秀雄　048, 095, 098
コリンズ, マイケル　008
ゴルバチョフ, ミハエル　204, 205
コルフ, ヘルマン・アウグスト　073, 074
コロンブス, クリストファー　133
ゴンパーズ, サミュエル　066
コンブ, エミール　231

さ

サーレフ大統領　015
サイード, エドワード　051, 052, 211
サヴィニー, フリードリヒ・カール・フォン　067
佐伯一麦　096
ザグルール, サアド　089
佐々木基一　132
サッチャー, マーガレット　009, 020
ザビエル, フランシスコ　134
サルコジ, ニコラ　136
サルトル, ジャン＝ポール　057
山東京伝　037
サンドウ, ユージン　118, 119
三遊亭圓朝　050, 051, 076

し

椎名麟三　064
シーレ, エゴン　030
シヴァーナンダ, スワーミー　229
シェイクスピア, ウィリアム　058, 109, 210
ジェームスⅠ世　125
ジェフリー, モンマスの　005, 054
志賀直哉　064, 095, 098, 114
ジスカールデスタン, ヴァレリー　136
シスレー, アルフレッド　025
持統天皇　059
渋川春海　086
島尾敏雄　064
島崎藤村　064, 097
島田秀平　177
島村抱月　097
ジャクソン, ジェシー　216
シャンパーニュ, マリ・ド　129
ジャン・パウル　073
シュヴァイツァー, アルバート　092
シュヴィント, モーリッツ・フォン　182
周作人　107, 108, 210, 211, 241, 242
シューベルト, フランツ・ペーター　154
シューマン, ロベール　230
シューマン, ロベルト　154
シュトゥック, フランツ・フォン　222
シュレージンガー, アーサー　216
順徳天皇　187
庄野潤三　136
ジョージ3世　033
ジョージ4世　033
ジョージ5世　033, 044, 237
ジョージ6世　044, 237
ジョスパン, リオネル　169
ジョンソン, アンドリュー　162
ジョンソン, ジェームズ　131
シラー, フリードリヒ・フォン　073, 074, 109, 110
シラク, ジャック　121, 122, 136, 176
信西　094

す

スーラ，ジョルジュ　025
スターリン，イオシフ　139, 157, 179, 180, 196, 197, 204, 226
スタジ，ベルナール　121
スタンダール　048
スタントン，エリザベス・ケネディ　112, 113
ステッカー，サイデン　043
ストウ夫人　161
ストーン，ルーシー　113
スピノザ，ベネディクト・デ　170
スペンサー，ハーバード　100
スミス，ジョン　167, 209, 210
スミス，マミー　149, 167
スラーンスキー，ルドルフ　196
スレイマン1世　054
スローン，ハンス　048

せ

セザンヌ，ポール　026, 114
セルカーク，アレクサンダー　242, 243
セルバンテス　046

そ

荘子　155, 200
曽野綾子　064
ゾラ，エミール　097, 102
ソロモン，シメオン　221
孫文　116, 117

た

ダーウィン，チャールズ　097, 100, 101, 224
ダーウード，アブー　174
ターナー，ヴィクター　146
ダービー伯爵　020
ダイアナ　045, 237
大グレゴリオ　069
醍醐天皇　038
タイミーヤ，イブン　088
平清盛　094, 203
タカキ，ロナルド　216
アーロン・ダグラス　167
ダグラス，フレデリック　082
竹田出雲　082
武田泰淳　136
建部綾足　037
ダニング，エリック　202, 203
高橋たか子　064
ダビデ　240
タムソン，D　145
田山花袋　095, 097
ダランベール，ジャン・ル・ロン　057
ダンテ　227, 236

ち

チェイニー，ジョージ　219
チェンバレン，B・H　059
近松秋江　098
近松門左衛門　082, 083
チトー，ヨシップ・ブロズ　121
チャーチル，サー・ウィンストン　139, 204
チャールズ2世　047
チャールズ皇太子　045, 237
チョーサー，ジェフリー　058

つ

ツヴィングリ，フリードリヒ　105
都賀庭鐘　037
津島佑子　064
ツルゲーネフ，イヴァン　076
鶴淵初蔵　039

て

ティーク，ルートヴィヒ　073
ディクソン・ジュニア，トマス　073
ディケンズ，チャールズ　020
鄭芝龍　082
鄭成功　082
ディドロ，ドニ　057
ティルミーズィー，アブ・イーサー　174
手島精一　039
デフォー，ダニエル　243
デューイ，ジョン　131
デューラー，アルブレヒト　219
デュファイ，ギヨーム　111, 112
デュフィー，ラウル　044
テレル，メアリー・チャーチ　131
天智天皇　187
天武天皇　038, 059, 164

と

トゥースィー　174
トゥーマ，ジーン　167
トウェイン，マーク　065, 172
トールキン，J・R・R　194
ドガ，エドガー　102
徳川家康　080
徳川和子　224
徳川綱吉　212
徳川慶喜　076
徳川吉宗　082
徳田秋声　077, 097
ドゴール，シャルル　136, 239
舎人親王　059
ドプチェク，アレクサンドル　197
トマージウス，クリスティアン　151, 152
外山正一　076
豊臣秀吉　080, 112, 144
トルーマン，ハリー・S　044, 061, 204, 214
トロア，クレティアン・ド　129
ドローネー，ロベール　044

な

中川一政　114
中島待乳　039
中原中也　048, 049
中村光夫　095, 098
ナサーイ　174
ナジ首相　180
ナセル，ガマール・アブド　120, 121
夏目漱石　049, 114, 232, 242
ナボコフ，ウラジミール　042
ナポレオン1世　117, 159, 160, 169, 198, 231
ナポレオン3世　031, 049

に

ニーチェ，フリードリヒ　242
ニコライ2世　033
西周　076, 109, 140, 208, 209
西村賢太　096
ニュートン，アイザック　048
ニューマン，ヘンリー　062

ぬ

額田王　038

ね

ネーメト，ミクローシュ　181
ネブリハ，アントニオ・デ　123
ネルー，ジャワーハルラール　121

の

ノア　240
ノヴァーリス　073, 154
ノヴォトニー，アントニーン　196, 197
野間宏　132, 136

は

パークス，ローザ　079
ハーストン，ゾラ・ニール　167
ハーディー，アブド・ラッボ・マルスール　015
バーデン公，マックス・フォン　151
バーバワイヒ，イブン　174
パーマストン，ヘンリー・ジョン・テンプル　031, 170
ハーマン，ヨーハン・ゲオルク　109, 159
バーン＝ジョーンズ　006, 231
ハーン，ラフカディオ　043, 205
ハクスレー，オルダス　226
長谷川武次郎　145
長谷川天渓　097
パタンジャリ　228
バダンテール，エリザベート　177
ハッジャージュ，ムスリム・ブン　174
バッハ，アレクサンダー・フォン　030
埴谷雄高　132
ハミルトン，アレグザンダー　014
林羅山　050
バルセローナ伯　235
バルト，ロラン　044
ハント，ウィリアム・ホフマン　231
ハント，リン　198
バンナー，ハサン　021, 089, 099
ハンバル，アフマド・ブン　174

ひ

ビアズリー，オーブリー　102
ピープス，サミュエル　048
ピール　020, 033
ピウス7世　160
ピカソ，パブロ　057, 125

ピサロ，カミーユ　025
ビスマルク，オットー・フォン　032, 150, 153, 170, 171, 186, 187
ヒトラー，アドルフ　009, 036, 083, 084, 124, 138, 157, 158, 225, 244
ビバール，ロドリーゴ・ディアス・デ　045
卑弥呼　144
ヒューズ，トマス　011, 213
ヒューズ，ラングストン　167
ヒューストン，チャールズ　131
ピラト，ポンティオ　017
平野謙　098, 132
ヒルト，ゲオルク　222
広津柳浪　077
ヒンデンブルク，パウル・フォン　083, 084, 244
ビンラディン，オサマ　137, 138

ふ

フィッチーノ，マルシリオ　219
フィッツジェラルド，F・スコット　015, 101
フィリップ王子(エディンバラ公)　044
フィレプ，マリア　181
ブーアズィーズィー，ムハンマド　015
馮夢竜　141
プーミポン・アドゥンヤデート国王　191, 192
フェリーペ2世　054
フェルディナント1世　054
フェルナンド2世　017
フォークナー，ウィリアム　015
藤田嗣治　057
藤原定家　187
藤原実定　187, 203
藤原仲成　094
二葉亭四迷　076
フック，ロバート　047
ブッシュ，ジョージ(父)　205
ブッシュ，ジョージ・W(子)　108, 137, 138
フューラー，クリスティアン　074, 075
ブラウン，オリヴァー・L　099, 131
ブラウン，サミュエル・ロビンス　207
ブラウン，ジョン　161
ブラウン，フォード・マドックス　006, 011, 099, 131, 148, 161, 207, 213
ブラウン，ランスロット・ケイパビリティ　148
フランクリン，ベンジャミン　014
フランソワ1世　054
フランツ1世　118
フランツ2世　118

フランツ・フェルディナント　135
フランツ・ヨーゼフ　029
ブラント，マリアンネ　169
フリードリヒ2世　117, 159
フリードリヒ，カスパール・ダーヴィド　154
フリードリヒ大王　151
ブルデュー，ピエール　201
ブレイディ，ジム　108
ブレンターノ，クレメンス　067, 068, 154
ブロイアー，マルセル　168
フロベール，ギュスターブ　097
聞一多　200, 201

へ

ベイカー，ジョセフィン　167
ヘイズ，ローランド　167
ペイター，ウォルター　221
ベーコン，フランシス　047
ベートーヴェン，ルートヴィヒ・ヴァン　032
ベーレンス，ペーター　222
ベガ，ロペ・デ　046
ベケット，サミュエル　042
ペッヒェ，ダゴベルト　030
ベネシュ，エドヴァルト　196
ヘネップ，A・ファン　146
ベネデックス，ローベルト　104
ヘミングウェイ，アーネスト　057, 125, 172
ヘルダー，ヨーハン・ゴットフリート　109
ヘルダーリン，フリードリヒ　073
ベルナール，クロード　097, 121
ベンアリー，ジョン・アビディン　015
ヘンリ8世　024, 054

ほ

ホイッスラー，J・M　102, 221
ホイットマン，ウォルト　159
ボイル，ロバート　047, 048
ボーヴォワール，シモーヌ・ド　057, 177
ホーネッカー，エーリヒ　074
ポール，アリス　113
北斎　102
穆木天　210, 211
ポジュガイ，イムレ　181
ホフマン，ヨーゼフ　030-032
ボロン，ロベール・ド　130
ホワイト，ウォルター　131
本阿弥光悦　080

本多秋五　114, 132
ポンピドゥー，ジョルジュ　136, 239

ま

マーシャル，サーグット　131
マーラー，グスタフ　032
マイヤー，ハンネス　168
マウントバッテン伯爵　009
前島密　076
正宗白鳥　064, 097
マッカーシー，ジョセフ　214
マックギネス，マーティン　009
マックス（バーデン公）　151
マディソン，ジェイムズ　014
マネ，エドゥワール　102, 186
マリア・テレジア　159
丸岡九華　077
マルコムＸ　215, 216
マロー，エドワード　214
マロリー，トマス　005, 054
マンデラ，ネルソン　045

み

三浦綾子　064
三浦朱門　136
ミケランジェロ　185
三島由紀夫　043, 136, 217, 218
ミスタンゲット　044
ミッテラン，フランソワ　136, 176
源義朝　094
源頼光　246
都屋都楽　038
ミラー，アーサー　015, 057
ミルデ，ヴィンツェンツ　104
ミレイ，サー・ジョン・エヴァレット　231, 232

む

ムーア，アルバート　221
武者小路実篤　114
ムスタファ＝ソリマン＝アガ　057
ムッソリーニ，ベニト　124, 138
ムバーラク，ムハンマド・ホスニー　015
ムハマド，イライジャ（尊師）　215
ムンタザル，ムハンマド　094

め

メサロシュ，フェレンツ　181
メッテルニヒ，クレメンス・フォン　031, 089, 091, 170
メルヴィル，ハーマン　159
メルケル，アンゲラ　184

も

モア，トマス　225, 226
モーザー，コロマン　030
モーセ　040, 240
モーパッサン，ギー・ド　044, 097
モディリアーニ，アメデオ　057
本居宣長　059
モネ，クロード　025, 102
森内俊雄　064
森鷗外　076
モリス，ウィリアム　006, 222, 226
モリスン，トニ　100, 187, 188

や

安岡章太郎　136, 137
柳宗悦　006, 114
山田美妙　076, 077
山上憶良　038
山室静　132
楊逸　042, 043

ゆ

柳美里　096
雄略天皇　038
ユッカー，Ｋ・Ｊ　169
ユトリロ，モーリス　044

よ

ヨーゼフ２世　118
予言者ムハンマド　034, 040, 088, 093, 094, 103, 173, 174, 196, 218, 240
吉行淳之介　136
ヨセフ，アリマタヤ　130

ら

ラーコシ，マーチャーシュ　180

ラーマクリシュナ　229
ライス，トマス・D　099
ライト，リチャード　099
羅貫中　142
ラスキン，ジョン　006, 232
ラファエロ　185, 231, 232

り

リーパ，チェーザレ　060
リービ英雄　042, 043
リーマーシュミット，リヒャルト　222, 223
リダー，ラシード　021, 088, 089
リヒター，アードリアン・ルートヴィヒ　182
リリウオカラニ（女王）　178, 179
リンカーン，アブラハム　014, 082, 131, 160-162

る

ルイ14世　057, 087, 159
ルソー，ジャン・ジャック　057
ルター，マルティン　035, 054, 105, 227, 231
ルドルフ1世　035
ルノワール，オーギュスト　025

れ

レイトン，フレデリック　221

レーガン，ロナルド　061, 108, 195, 205
レッシング，ゴットホルト・エフライム　152
レン，クリストファー　048

ろ

老一官　082
老子　155
ローエ，ミース・ファン・デア　168
ローズヴェルト　060, 139, 165
ロートレック　057, 102
魯迅　107, 240-242
ロセッティ，ダンテ・ゲイブリエル　006, 221, 231, 232
ロック，アレン　167
ロックフェラー，ジョン　014, 066
ロドリゲス，ジョアン　156, 157
ロブソン，ポール　167
ロルフ，ジョン　210

わ

ワシントン，ジョージ　014
ワシントン，デンゼル　215
渡辺綱　205, 206, 246
ワット，イアン　243
ワット，ジェイムズ　019
和藤内　082

書名・作品名索引

あ

愛卿伝　051
アヴェ・マリア　112
阿Q正伝　241, 242
アシュターンガフリダヤ・サンヒター　007
アタルヴァ・ヴェーダ　190
アテネーウム　154
アデンまで　137
アフリカの緑の丘　172
アメリカの分裂　216
アメリカの歴史　014
アメリカン・スクール　137
アンクル・トムの小屋　161

い

イギリスの病　219
生きるに値しない命を終わらせる行為の解禁　225
イコノロギア　060
居酒屋　068, 097
出雲風土記　163
一利那　077
一方本　203
今様廿四孝　213
色葉字類抄　164

う

ヴァージニア・ニューイングランド・サマー諸島歴史概説　209
ヴェル・サクルム　032, 103
うき草　076
浮雲　076
雨月物語　036, 037, 051, 142, 143

え

英国列王記　005
英霊の聲　217
江島土産滑稽貝屏風　077
江戸むらさき　077
延慶本　203, 204

お

オックスフォードのトム・ブラウン　213
伽婢子　050, 051
覚えておこう－学校統合への道程　100
オリエンタリズム　034, 051, 052, 211, 212
温故知新書　164

か

絵画論　234
怪談　043
怪談牡丹燈籠　051, 076
懐風藻　163
ガウェイン卿と緑の騎士　055
カスティーリャ語文法　123
固き絆　088
仮面の告白　217
我楽多文庫　077
ガラスの靴　137
河南　241
カンタベリー物語　058, 059
漢和希夷　050

き

奇異雑談集　050
黄菊白菊　077
狂人日記　241, 242
金閣寺　217
今古奇観　142
近代能楽集　217
近代文学　048, 064, 095, 098, 132
金瓶梅　142

く

暗い絵　132
クランズマン　073
クリスマス・キャロル　227
グリム童話集→子供と家庭のメルヘン集
グレート・ギャツビー　015, 101

け

血縁の二公子　058
月詣集　187
ゲルニカ　125
源氏物語　037, 038, 156
言文一致論概略　076
源平盛衰記　203, 204

こ

好去好来歌　043
紅燭　200
弘仁式　166
黄蜂　132
国性爺合戦　082, 083, 142, 143
国民の創生　073
古事記　038, 059, 163, 206
古事記伝　059
古事談　058, 095
五朝小説　050, 051
子どもと家庭のメルヘン集　067, 154
古文孝経　080
金色夜叉　187

さ

サーマ・ヴェーダ　190
西遊記　142
五月鯉　077
サド侯爵夫人　217, 218
三国志演義　037, 142, 143
山上の十字架　154
三人法師　058

し

史記　109
詩経　200
私小説論　095
死水　200
自然論　158
児童の友　072
詩篇　240
ジャズ・エイジの物語　101
シャッフル・アロング　167
シュヴァーベンの学校教師ビーダーマイアーの歌の喜び　181
種の起源　100

小公女　076
情詩人　077
少年の魔法の角笛　068, 154
小文学　077
白樺　006, 098, 113, 114
神学政治論　170
神曲　227, 236
新字一部四十四巻　164
新児童の友　072
新青年　241, 242
新撰字鏡　164
新勅撰集　187
新日本文学　132
真如の月　077
新訳華厳経音義私記　164

す

水滸伝　142
スシュルタ・サンヒター　007
すばらしい新世界　226
スポーツと文明化——興奮の探求　202, 203
スポーツの書　125

せ

星条旗の聞こえない部屋　043
醒世恒言　141
聖杯の由来の物語　130
セールスマンの死　015
説文解字　056, 164
節用集　164
1984年　226
千紫万紅　077
剪灯新話　037, 050, 051
剪灯新話句解　050, 051
剪灯余話　050
善女伝　058

そ

荘子　155, 200
楚辞　200

た

第二の性　177
太平記　082, 206, 246
大宝律令　163, 232

誰がために鐘は鳴る　125
多情多恨　076
竪琴草紙　077
旅画師　077

ち

千々の悲しみ　112
チャラカ・サンヒター　007
忠臣水滸伝　037
嘲戒小説天狗　077

つ

通過儀礼　145, 146, 191, 220
徒然草　080, 203

て

貞観式　166
テッチェン祭壇画　154

と

時が滲む朝　043
吶喊　241
トム・ブラウンの学校生活　011, 213
鳥の議会　059
トレック　206
トロイルスとクリセイデ　059
ドン・キホーテ　046, 194

な

長門本　203

に

二十四孝　212, 213
二人比丘尼色懺悔　076, 077
二年前　213
日本書紀　056, 059, 086, 163
日本書紀集解　059
日本文学小史　217, 218
日本霊異記　206
ニュー・ニグロ　167
日本書紀通證　059

の

野火　048, 049

は

破戒　097
拍案驚奇　141
ハックルベリー・フィンの冒険　172
花ざかりの森　217
英草紙　037
ハマータウンの野郎ども　201, 202
薔薇物語　058
播磨風土記　163
パルチヴァール　130

ひ

百人秀歌　187
百美人　077
百万塔陀羅尼　080
ビラヴィド　187, 188

ふ

フィロソフィカル・トランザクション　047
風俗小説論　095
風流京人形　077
蒲団　095, 097
ブラック・ボーイ　100
俘虜記　048, 049
文明化の過程　126, 202, 203

へ

平家物語　096, 203, 204, 246
ベーオウルフ　005, 205, 206
北京銘　078
ペルセヴァルまたは聖杯の物語　129

ほ

彷徨　241
豊饒の海　217
保元物語　037, 094, 095
牡丹灯記　050, 051
牡丹の灯籠　050, 051
ボロ着のディック　015
本朝水滸伝　037

本朝孝子伝　212
本朝二十不孝　212, 213
本朝廿四孝　213

ま

馬可伝福音書　207
枕草子　038
馬太伝福音書　207
窓辺のふたり　182
マナール　089
マハーバーラタ　190
万年学生　104
万葉集　037, 038, 043, 056, 217

み

ミクログラフィア　048
ミサ・パンジェ・リングァ　112
都の花　077
民権自由論　076
明清闘記　082, 083

む

ムスナド　174
娘博士　077
ムワッター　174

め

明月記　037
メデア　183

や

訳文筌蹄　142
八坂本　203
ヤジュル・ヴェーダ　190
約翰伝福音書　207
柳桜　077
やまと昭君　077

ゆ

憂国　217
ユートピアだより　226
雪の玉水　077
指輪物語　194
喩世明言　141

ら

ラーマーヤナ　190
ライオンと魔女　194
ライプツィヒ児童週刊誌　071

り

リグヴェーダ　190
旅心　211

る

類聚名義抄　164
ル・タン　044

れ

レイテ戦記　048, 049

ろ

ロビンソン・クルーソー　242, 243

わ

わがシッドの歌　045, 046, 235
わが友ヒットラー　217, 218
和漢朗詠集　038
早稲田文学　097
和名類聚抄　164
ワンちゃん　043

比較文化事典【増補改訂版】

2015年2月20日　初版第1刷発行
2019年2月28日　増補改訂版第1刷発行

編　集	関東学院大学国際文化学部比較文化学科
発行者	大　江　道　雅
発行所	株式会社 明石書店

〒101-0021東京都千代田区外神田6-9-5
電　話　03（5818）1171
ＦＡＸ　03（5818）1174
振　替　00100-7-24505
http://www.akashi.co.jp

装幀　　明石書店デザイン室
組版　　有限会社閏月社
印刷・製本　モリモト印刷株式会社

（定価はカバーに表示してあります）　　　　ISBN978-4-7503-4796-7

|JCOPY|〈(社)出版者著作権管理機構　委託出版物〉
本書の無断複写は著作権法上での例外を除き禁じられています。複写される場合は、そのつど事前に、(社)出版者著作権管理機構（電話 03-3513-6969、FAX 03-3513-6979、e-mail: info@jcopy.or.jp）の許諾を得てください。

異文化間教育学大系【全4巻】

異文化間教育学会【企画】

◎A5判／上製／◎各巻3,000円

第1巻　異文化間に学ぶ「ひと」の教育
小島勝、白土悟、齋藤ひろみ【編】

海外子女、帰国児童生徒、留学生、外国人児童生徒など異文化間教育学が対象としてきた「人」とその教育に焦点をあてる。

第2巻　文化接触における場としてのダイナミズム
加賀美常美代、徳井厚子、松尾知明【編】

家族、小・中・高等学校、大学、外国人学校、地域など異文化間教育が展開する場に焦点をあて、これまで蓄積してきた成果をレビュー。

第3巻　異文化間教育のとらえ直し
山本雅代、馬渕仁、塘利枝子【編】

アイデンティティ、差別・偏見、多文化共生、バイリンガルなど異文化間教育学会が主要な研究主題にしてきたもの取り上げる。

第4巻　異文化間教育のフロンティア
佐藤郡衛、横田雅弘、坪井健【編】

異文化間教育学の大系化や学的な自立の試み、新しい方法論や研究の試みなどを取り上げ、新たな異文化間教育学の手がかりを探る。

〈価格は本体価格です〉

アジア諸国の子ども・若者は日本をどのようにみているか 韓国・台湾における歴史・文化・生活にみる日本イメージ
加賀美常美代編著 ◎2400円

自分の"好き"を探究しよう！ お茶の水女子大学附属中学校「自主研究」のすすめ
お茶の水女子大学附属中学校編 ◎1600円

異文化間教育 文化間移動と子どもの教育
佐藤郡衛著 ◎2500円

異文化間を移動する子どもたち 帰国生の特性とキャリア意識
岡村郁子著 ◎5200円

言語教育における言語・国籍・血統 在韓「在日コリアン」日本語教師のライフストーリー研究
田中里奈著 ◎5000円

多文化共生のための異文化コミュニケーション
原沢伊都夫著 ◎2500円

対話で育む多文化共生入門 ちがいを楽しみ、ともに生きる社会をめざして
倉八順子著 ◎2200円

多文化教育がわかる事典 ありのままに生きられる社会をめざして
松尾知明著 ◎2800円

多文化教育の国際比較 世界10カ国の教育政策と移民政策
松尾知明著 ◎2300円

多文化共生のためのテキストブック
松尾知明著 ◎2400円

多文化共生キーワード事典【改訂版】
多文化共生キーワード事典編集委員会編 ◎2000円

多文化共生政策へのアプローチ
近藤敦編著 ◎2400円

まんが クラスメイトは外国人 20の物語 はじめて学ぶ多文化共生
「外国につながる子どもたちの物語」編集委員会編 みなみななみ まんが ◎1200円

まんが クラスメイトは外国人 入門編 「外国につながる子どもたちの物語」編集委員会編 みなみななみ まんが ◎1200円

移民政策のフロンティア 日本の歩みと課題を問い直す
移民政策学会設立10周年記念論集刊行委員会編 ◎2500円

自治体がひらく日本の移民政策 人口減少時代の多文化共生への挑戦
毛受敏浩編著 ◎2400円

〈価格は本体価格です〉

異文化間葛藤と教育価値観
日本人教師と留学生の葛藤解決に向けた社会心理学的研究
加賀美常美代著 ◎3000円

多文化社会日本の課題 多文化関係学からのアプローチ
多文化関係学会編 ◎2400円

多文化ソーシャルワークの理論と実践
外国人支援者に求められるスキルと役割
石河久美子著 ◎2600円

地球時代の日本の多文化共生政策
南北アメリカ日系社会との連携を目指して
浅香幸枝著 ◎2600円

多文化社会の教育課題 学びの多様性と学習権の保障
川村千鶴子編著 ◎2800円

多様性を拓く教師教育 多文化時代の各国の取り組み
OECD教育研究革新センター編著 斎藤里美監訳
布川あゆみ、本田伊克、木下江美、三浦綾希子、藤浪海訳 ◎4500円

思春期ニューカマーの学校適応と多文化共生教育
実用化教育支援モデルの構築に向けて
潘英峰著 ◎5200円

外国人の子ども白書 権利・貧困・教育・文化・国籍と共生の視点から
荒牧重人、榎井縁、江原裕美、小島祥美、志水宏吉、南野奈津子、宮島喬、山野良一編 ◎2500円

世界と日本の移民エスニック集団とホスト社会
日本社会の多文化化に向けたエスニック・コンフリクト研究
山下清海編著 ◎4600円

移民の子どもと格差 学力を支える教育政策と実践
OECD編著 斎藤里美監訳
布川あゆみ、本田伊克、木下江美訳 ◎2800円

移民の子どもと学校 統合を支える教育政策
OECD編著 布川あゆみ、木下江美、斎藤里美監訳
三浦綾希子、大西公恵、藤浪海訳 ◎3000円

現代アメリカ移民第二世代の研究 移民排斥と同化主義に代わる「第三の道」
アレハンドロ・ポルテスほか著 村井忠政訳者代表 ◎8000円

トランスナショナル移民のノンフォーマル教育
世界人権問題叢書86 女性トルコ移民による内発的な社会参画
丸山英樹著 ◎6000円

国際理解教育ハンドブック グローバル・シティズンシップを育む
日本国際理解教育学会編著 ◎2600円

教師と人権教育 公正、多様性、グローバルな連帯のために
オードリー・オスラー、ヒュー・スターキー著
藤原孝章、北山夕華監訳 ◎2800円

社会情動的スキル 学びに向かう力
経済協力開発機構(OECD)編著
ベネッセ教育総合研究所企画・制作
無藤隆、秋田喜代美監訳 ◎3600円

〈価格は本体価格です〉